왕초보를 위한 블록체인의 모든 것
개정증보판

왕초보를 위한 블록체인의 모든 것 개정증보판

발행일 2024년 7월 19일

엮은이 나윤서
펴낸이 나윤서
펴낸곳 해피에너지랩스
출판등록 2019. 3. 8(제2019-000014호)
주소 서울시 동작구 흑석로13바길 9-1, 1층(흑석동)
홈페이지 http://www.happyenergylabs.com
전화번호 010-7118-9975
이메일 happyenergylabs@gmail.com

편집/디자인 (주)북랩
제작처 (주)북랩 www.book.co.kr

ISBN 979-11-966857-2-0 03320 (종이책) 979-11-966857-3-7 05320 (전자책)

이 도서의 국립중앙도서관 출판예정도서목록(CIP)은 서지정보유통지원시스템 홈페이지(http://seoji.nl.go.kr)와
국가자료공동목록시스템(http://www.nl.go.kr/kolisnet)에서 이용하실 수 있습니다.
(CIP제어번호: 2019015253)

왕초보를 위한 블록체인의 모든 것

나윤서 엮음

해피에너지랩스

유명한 경영학자이자 CEO인 돈 탭스콧(Don Tapscott)은 『블록체인 혁명』이라는 책에서 이렇게 이야기하였습니다.

"블록체인은 근본적인 자동화를 위한 특별한 플랫폼이다. 사람 대신 컴퓨터가 작업하고 자산과 사람을 관리한다. 사물인터넷을 통해 많은 신규 비즈니스와 고용기회가 만들어질 것이다. 상대적으로 별다른 스킬이 요구되지 않는 일상적인 업무가 반복되는 시장의 경우에는 실업률이 확대될 수도 있다. 개발도상국에서는 기업가들이 블록체인과 암호화폐를 활용해 자본을 조달하게 된다. 자산과 지적재산권을 블록체인으로 보호하게 된다. 가장 가난한 공동체에도 고용기회를 제공할 수 있다. 수백만 명의 사람이 신설 기업의 소액 주주가 되고 경제 교환 활동에 참여할 수 있다. 블록체인은 원조 활동의 반경을 넓힌다. 정부 투명성을 높이고, 부패를 줄이며 좋은 정부를 위한 환경을 만드는 데 기여할 수 있다. 이것은 여러 영역에서의 일자리 창출을 위한 사전 조건이다."

블록체인은 과연 앞으로 우리가 사는 이 지구의 사회적 환경을 얼마만큼 바꾸어 갈까요? 당신은 블록체인에 관심이 있습니까? 당신은 암호화폐에 관심이 있습니까? 있다면 왜 관심을 가지십니까? 이 책을 들고 있는 당신은 분명 블록체인이나 암호화폐에 관심을 갖고 있는 사람이 분명합니다. 그 이유야 어찌 되었든….

블록체인과 암호화폐에 우리는 관심을 가질 수밖에 없고 관심을 가져야 합니다. 기술의 발전은 하루가 다르게 변화 발전하고 있습니다. 우리 아날로그적 인간이 따라가기 참으로 벅찰 정도입니다. 그럼에도 불구하고 우리는 사물의 본질을 파악하고 알아야 하는 것처럼 이 기술들에 주목하고 대략적으로라도 알아야 합니다. 우리가 사는 사회적 그리고 생존의 터전인 기업적 환경이기 때문입니다.

지금 우리는 눈만 뜨면 인터넷을 자유롭게 열어 사용합니다. 블록체인 기술 또한 몇 년 후면 아주 자연스러운 우리의 일상이 될 것입니다. 블록체인이라는 것이 쉽게 말하면 인터넷이 좀 더 진화 발전된 것이라 할 수 있습니다. 즉, 블록체인이란 신뢰가 더욱 담보된 제2의 인터넷입니다. 자산과 가치의 이동까지 가능한 인터넷. 우리가 블록체인 기술들을 속속들이 다 알 필요는 없습니다. 우리가 기본적인 애플리케이션을 사용할 줄 알아야 다른 사람들과 소통하고 시대에 발맞추어 살아갈 수 있듯이, 블록체인과 그것을 기반으로 이루어지는 생태계가 어떤 분야에서 어떻게 이루어질 수 있는지 알아야 우리가 다른 사람들과 소통하기가 수월합니다. 마치 가정식 전화기를 사용하다 휴대 전화를 사용하는 것처럼 우리는 숨을 쉬듯 자연스럽게 우리 곁으로 다가오는 기술들에 친화적이고 개방적이어야 합니다.

블록체인에 관한 전반적인 내용을 담고자 하였습니다. 이 책은 미완성 작품입니다. 블록체인 기술은 날마다 변화, 발전해 가고 있기 때문입니다. 완성된 기술이 아닙니다. 현재의 기술 수준은 완벽한 상태가 아닙니다. 모든 것을 완벽하게 만들어 놓은 후에 짜잔 하고 우리 앞에 나타난 기술이 아닙니다. 우리와 함께 호흡하며 함께 의견을 모아 진화하고 발전해 가는 기술입니다. 그러나 더 늦기 전에 기본적인 개념들에 대해서 우리가 살펴볼 필요가 있기에 부족하지만, 펜을 들었습니다. 저도 배워가는 입장입니다. 공부하면서 아니 정확히 표현하자면 블록체인에 대해 공부하기 위해 이 책을 썼습니다.

『화폐전쟁』에서 쑹훙빙은 '새로운 세계의 규칙을 만들어내고자 시도할 수 있는 담력'이 중요한 강대국의 요건 중 하나라고 하였습니다. 과연 우리나라 그리고 각각의 우리 개인은 새로운 세계의 규칙을 만들어내고자 하는 담력을 가지고 있습니까? '부는 그것을 보호하고 가치를 높여줄 수 있는 곳으로 흘러가게 마련'이라고 하였습니다. 미래의 진정한 부는 어떻게 창출될 것인가? 이제는 '공동 가치창출'의 시대, 함께 사회적 가치를 만들어 낼 수 있는 곳에 부가 자연스럽게 흘러들어올 것입니다. 이 책이 작은 마중물이 되어 공동의 아름다운 가치창출의 새 시대를 열어갔으면 합니다. Happy Energy Labs(HELA) 그리고 HELA가 궁극적으로 이루고자 하는 GLC(G Love Community)와 뜻을 같이하는 모든 분과 함께 아름다운 세계적 가치를 만들어나가길 원합니다.

이 책은 앞서 블록체인에 대해 선구자적으로 책을 쓰신 많은 분들이 계시기에 나올 수 있었습니다. 참고문헌 상의 저자분들을 제가 일일이 찾아뵙고 인사를 드리지 못했지만 이 책을 엮어감에 있어 많은 참고와 도움이 되었습니다. 모든 저자분들께 진심으로 감사를 드립니다. 이 책을 쓸 수 있도록 지속적으로 도움을 주신 이상민 작가님,

2019년 4월 29일에 이어 이 개정판이 나올 수 있도록 적극적으로 도움을 주신 World NFT Metaverse Association 김두환 이사장님, WHITESTONE UNIVERSITY 이홍찬 이사장님, 블록체인정보인증원 한백희 의장님께 특별히 감사의 말씀을 전합니다. Happy Energy Labs CEO분들의 변치않은 응원과 격려, GLC 방 분들의 응원과 격려에 늘 감사한 마음입니다. 이 책을 또한 프로답게 편집해주신 북랩의 편집 디자이너분들께도 깊은 감사의 말씀을 전해드립니다. 부족한 아내와 엄마의 빈자리를 묵묵히 메꿔주고 있는 남편과 시부모님, 그리고 우리 두 아이들에게 사랑과 감사를 전합니다. 인생의 고비마다 함께 해주고 있는 친 오라버니와 새언니에게도 감사합니다. 제 삶의 곁에서 기도와 사랑으로 함께 해주고 계시는 수많은 분들, 일일이 모두 나열할 수는 없지만, 함께 해주시는 그분들이 계시기에 오늘의 제가 있습니다. 마지막으로 이 책을 사랑해주시고 구매하여 소중히 보아주시는 독자분들께도 미리 감사의 말씀 드리고 싶습니다. "나의 힘이 되신 여호와여 내가 주를 사랑하나이다."

부족하지만 이 책이 대한민국 그리고 우리 각 개인이 미래를 준비해 나가는 데 있어 견인차 역할을 해줄 수 있는 "인식 전환의 마중물"이 되어 주기를 기대합니다. "미래는 준비하는 자, 만들어가는 자의 몫"입니다. 감사합니다.

2024. 7. 19.
BOM 나윤서 씀

차례

1장 암호화폐로 돈을 번 사람들은 누구인가요?

블록체인과 암호화폐 이 화두는 우리 시대와 동떨어진 문제가 아니라, 바로 우리의 삶이며 우리와 동시대를 살아가는 사람들의 현실이다. 그래서 이렇게 시작해본다. 암호화폐로 돈을 버는 사람들은 누구인가? 물론 아직도 현재 진행형이기 때문에 무엇이라 단정할 수는 없다. 그러나 분명 그 사람들은 존재하고 그러기에 어찌 보면 신기루라 느끼면서도 그것을 따라 많은 사람이 암호화폐 투자에 뛰어들었다. 이로 인해 지난 2017년 암호화폐 광풍이 불던 9월 대한민국 정부는 ICO(Initial Coin Offering, 암호화폐 공개)를 전면 금지하기에 이르렀다. 그러나 이 모든 것에도 불구하고 여전히 우리는 관심이 있고 블록체인에 관심을 가져야만 한다. 과연 암호화폐로 돈을 번 사람들은 누구인가?

리 샤오라이

중국의 리 샤오라이(Li Xiaolai, 李笑来)는 2014년 5월 10일 기준, 비트코인(bitcoin) 10만 개 이상을 보유하고 있다.[1] 비트코인 10만 개는 2018년 11월 12일 빗썸의 비트코인 시가 7,258,000원으로 환산하면 7,258억 원이다. 그는 중국에서 최초로 비트코인 관련 글을 블로그에 쓰면서 "이 물건이 나온다면 천하는 뒤집어질 것이다."라고 썼다. 그는 중국에서 영어 강사를 하고 있었던 2011년 트위터를 통해 처음으로 비트코인을 알게 되었다.

중국에 사는 조선족으로, 정체성에 의문이 많았던 그는 국적이 없는 돈이라는 점에서 비트코인에 매료되었다. 2011년 리 샤오라이는 처음으로 2,100개를 평균 6달러(총 약 1,400만 원)에 구매했다. 비트코인의 가격이 2017년 초부터 치솟으며 그는 비트코인 강연을 주로 하게된다.

> "비트코인은 사회혁명입니다. 인터넷이 세계를 변화시킨 이유는 정보를 이동시키는 비용을 '0'에 가깝게 만들었기 때문입니다. 정보의 유통비용이 없어졌기 때문에 모든 것이 다 정보화되었지요."

비트코인이 세상을 바꿀 것이라는 신념을 가진 그는 중국 산시성에 직접 채굴공장까지 만들었다. 채굴기를 2,300대 정도 보유하고 있다. 비교적 최근까지도 활발하게 강연과 사업을 진행해 오던 그는 최근 2018년 11월 13일 뉴스에 의하면 현재 잠적 중인 것으로 나타나고 있다.[2]

로저 버

1979년 1월 미국 캘리포니아 산호세에서 태어난 로저 버(Roger Ver)는 '비트코인 예수' 혹은 '비트코인 전도사'로 알려진 사람이다.[3] 그는 세인트 키즈 네비스 시민이 된 후 2014년 미국 시민권을 포기했다. 2005년부터 일본으로 건너와 일본에서 살고 있다. 로저 버는 2011년 초에 비트코인에 투자하기 시작했다. 2011년 로저 버가 세운 회사 메모리딜러스(Memorydearlers)가 비트코인으로 지불한 첫 번째 업체이다. 2012년에는 비트코인으로 구입이 가능한 쇼핑몰 bitcoinstore. com을 만들기도 했다. 그는 비트코인 파운데이션(Bitcoin Foundation)의 창립자 다섯 명 중 한 명이다. 로저 버는 한국 블록체인 산업계에도 큰 관심을 가지고 P2P 거래소 진행 등 다양한 활동에 관심을 보이고 있다.

우지한

세계 최대 암호화폐 채굴기 생산 겸 채굴업체인 비트메인(Bitmain)의 창업자 우지한(Wu Jihan, 吳忌寒), 기존 비트코인을 하드포크하여 비트코인 캐시(Bitcoin Cash)를 만들었다. 그래서 '채굴 왕' 또는 '비트코인 캐시의 아버지'라고도 불린다.[4] 우지한은 중국 최고의 명문 대학교인 베이징대학교를 졸업하고, 사모펀드 매니저 등을 역임한 금융 전문가 출신이다. 그는 2011년 사토시 나카모토가 쓴 비트코인 백서를 읽고 최초로 중국어로 번역을 했다. 이 일을 계기로 우지한은 비트코인 세계에 발을 들여놓게 되었다. 2011년 우지한은 자신이 가지고 있던 10만 위안(약 1,700만 원)을 모두 투자해, 약 2만 개의 비트코인을 한 개당 1달러 가격으로 매입했다.

우지한은 2013년 반도체 엔지니어인 잔커퇀(Micree Zhan, 詹克团)과 함께 채굴기 제조업체인 비트메인(Bitmain, 比特大陸, 비트대륙)을 창업했다. 잔커퇀은 중국과학기술대학을 졸업한 반도체 디자인 전문가였다. 우지한은 잔커퇀을 영입하면서 파격적인 조건을 제시했다. 연봉을 지급하지 않는 대신, 만약 기존 GPU 방식의 채굴기가 아니라 주문 제작 반도체를 사용한 에이식(ASIC) 채굴기 개발에 성공한다면 잔커퇀에게 비트메인 회사 지분의 60%를 주겠다고 약속한 것이다. 잔커퇀은 이 조건을 수용하고, 연구개발을 시작한 지 반년 만인 2013년 11월 55㎚(나노미터) 반도체 BM 1380 및 앤트마이너(Antminer) S1 비트코인 채굴기 개발에 성공하였다. 이후 비트메인은 비트코인 채굴 난이도가 높아질수록 제품을 업그레이드해서 앤트마이너 S9까지 만들었다.

우지한과 잔커퇀이 공동 창업한 비트메인 회사의 본사는 베이징에 있다. 중국 내몽골 자치구에 있는 오르도스(Ordus, 鄂尔多斯)에서 전세계에서 가장 큰 비트코인 채굴장을 운영하였다. 미국 온라인 매체인 쿼츠는 오르도스 채굴장을 방문한 뒤, "이 채굴장의 하루 전기요금만 39,000달러(약 4,400만 원)에 달한다."라고 밝혔다. 우지한은 블룸버그와 인터뷰에서 "오르도스 채굴장의 하루 매출만 250,000달러(약 2.7억 원)"이며, "조만간 미국에 3억 달러를 투자해 대규모 채굴장을 건설하겠다."라고 밝혔다. 비트메인은 오르도스 이외에도 전기요금이 저렴한 중국 윈난성 산악 지방과 신장 자치구(신장 웨이우얼 자치구) 등에 대형 채굴장을 운영하고 있다. 비트메인은 앤트마이너라는 브랜드를 가진 에이식 채굴기를 대량 제작하여 전 세계에 판매했으며, 세계 최대의 마이닝 풀인 앤트풀(Antpoo)을 운영하고 있다. 비티씨닷컴(BTC. com)과 해시네스트(Hashnest)라는 자회사도 운영하고 있다. 우지한은 비아비티씨(ViaBTC) 회사에도 투자했다.

끊임없는 기술 개발을 통해 우지한이 이끄는 비트메인은 채굴기 시장에서 후발주자이었음에도 불구하고, 글로벌 채굴기 시장 점유율 70% 이상을 차지하게 되었다. 비트메인이 처음 채굴기 제조 시장에 뛰어든 2013년 당시 이미 50개에 달하는 업체가 채굴기용 칩(chip) 개발에 뛰어든 상태였다. 비트메인은 채굴기용 칩을 직접 판매하지 않고, 칩을 탑재한 채굴기 완제품을 판매하는 전략을 채택함으로써 후발주자라는 약점을 이겨내고 채굴기 시장의 1위 업체로 성장할 수 있었다.

우지한은 기존 비트코인을 하드포크하는 방식으로 비트코인 캐시를 창시했다. 기존의 비트코인은 최초의 암호화폐라는 큰 가치를 가지고 있었지만, 많은 문제점이 있었다. 비트코인을 만든 초기 단계에서는 사용자 집단이 소규모였기에 큰 문제가 되지 않았지만, 점차 많은 사람이 사용하기 시작하면서 비트코인 거래량이 많아졌고, 그로 인한 속도 문제가 발생하게 됐다. 특히, 1MB로 제한된 비트코인 블록 용량으로 인한 확장성(scalability) 문제가 크게 대두되었다.

수년간 비트메인 등 중국 채굴업체들과 비트코인 개발자들과의 이견 조율은 잘 이루어지지 않았다. 마침내 2017년 7월 미국 뉴욕에서 채굴업체들과 비트코인 코어 개발자들의 극적인 합의가 성사되었다. 이 뉴욕 합의에 따라 기존 비트코인 진영은 세그윗(SegWit)을 진행했다. 여기에서 세그윗이란 Segregated Witness의 약자로, 굳이 번역하자면 '분리된 증인'이라 할 수 있다. 분리된 증인을 통해 얻을 수 있는 주된 효과는 거래 가변성(Transaction Malleability) 문제를 해결하는 것이다. 부가적으로 블록 사이즈가 늘어나는 효과를 기대할 수 있다.[5] 중국 채굴업체들은 세그윗에 순순히 협조했으며, 그 대신 기존 비트코인에서 하드포크한 새로운 암호화폐를 만들게 되었다.

2017년 8월 1일 우지한 대표가 이끄는 비트메인과 중국 여러 채굴업체가 호응하여 비트코인 캐시라는 새로운 암호화폐를 만들었다. 정확히 8월 1일 18:14(UTC: 협정세계시)에 우지한이 투자한 중국 채굴업체인 비아비티씨(ViaBTC)가 비트코인 캐시의 첫 번째 블록을 생성했다. 비트코인 캐시의 제네시스 블록에는 6,985개의 거래내역이 담겼으며, 블록 크기는 1.915㎆로 기존 비트코인에 비해 저장 공간이 대폭 확장되었다.

우지한에게는 '비트코인계의 예수'라고 불렸던 로저 버라는 동료가 있다. 이들은 같은 신념을 가지고 있다. 우지한 대표가 말하는 '무허가성'과 로저 버의 '경제적 자유'는 각각 다르게 표현되었지만, 결국 같은 주장을 하고 있다. 즉, 누군가에 의한 제약이 없는 환경 속에서 자유로운 경제활동을 하게 되면, 그들의 삶의 질은 올라갈 수밖에 없다는 것이다. 그리고 그 중심에 비트코인 캐시가 있다고 한다. 그들은 비트코인 캐시가 속도와 용량적인 면에서, 변화하는 새로운 시대에 화폐의 기능을 소화할 수 있는 가장 적합한 암호화폐라고 설명하였다. 그런데 중국 언론 매체 오데일리 플래닛 데일리(Odaily Planet Daily)에 의하면 비트메인의 CEO 우지한과 잔커퇀의 사임을 검토하고 있다고 한다.[6] 원인은 실적 저조의 이유인 듯하다.

왜 우리는 암호화폐를 알아야 하는가?

　우리가 블록체인과 암호화폐를 알아야 하는 진짜 이유는 무엇일까? 종이화폐가 점차 없어지기 때문일까? 화폐(currency)를 이해하는 자가 시대에서 성공했기 때문일까? 아니면 화폐 발행을 국가나 중앙화된 독점화된 기관이 아닌 개인이 발행할 수 있는 시대가 오기 때문일까? 과연 우리는 블록체인에 대해 무엇이 궁금하며 왜 궁금한가? 블록체인이 가져올 변화란 과연 무엇인가?

　1994년 넷스케이프가 처음 나왔을 때를 기억해보자. 그때는 예전보다 정보를 이용하기가 쉬워졌다고 생각했다. 몇 년 뒤 e-커머스라는 단어들이 나오기 시작했고 지금의 전자상거래나 지불, 금융거래, 이메일의 일상화를 가져왔다. 지난 20년간 사업의 패턴과 일하는 방식, 생활하는 방식의 변화를 불러왔다. 생각을 공유하는 방식, 삶의 방식, 사회적 관계를 맺는 방법에까지 지대한 영향을 미치고 있다. e-커머스에서 많은 쇼핑몰 사업 시도가 있었고, 아마존, 알리바바를 비롯한 몇몇 거대기업이 지금의 시장을 주름잡고 있다. 블록체인도 각 개인이, 기업이, 정부가 관심을 가지고 적용하고, 실패하고, 진화하면서 우리의 삶에 거대한 영향을 줄 것이다. 넷스케이프로 시작된 인터넷이 정보의 사용을 용이하게 함으로써 세상에 영향을 미쳤다면, 블록체인은 정보에 신뢰성, 가치성을 제공함으로써 지금의 세상에 영향을 미칠 것이다.[7]

2장 도대체
암호화폐는
무엇인가요?

도대체 암호화폐는 무엇인가? 먼저 화폐에 대해 살펴보자.

화폐의 개요

인간은 태어나 부모님의 도움을 받고 자라다가 일정한 시기가 되면 자립을 하게 된다. 먹고 살아가는 생존의 일차적 문제 해결을 위해 일을 해야 한다. 인간사회의 기초는 경제활동이며, 경제활동의 근간은 화폐이다. 화폐로 우리는 우리가 일하는 가치를 평가, 보상받기 때문이다. 화폐의 개념은 무엇인가? 화폐는 기본적으로 가치의 척도, 즉 계산 단위(unit of account)의 성격을 가진다. 화폐는 교환의 매개 수단이다. 화폐는 가치의 저장 수단이자, 미래의 지불 수단이다. 화폐란 상품의 생산이나 교환과 독립적으로 존재하는 여러 사회적 관계로 구성되는 '청구권' 또는 '신용'이기도 하다. 화폐란 지불에 대한 잠정적인 '약속'이다. 사회경제 공동체 속에서 형성되고 청산되는 채권 - 채무 관계가 바로 화폐이다.

노벨상 수상 경제학자 밀턴 프리드먼(Milton Friedman)은 화폐경제에서 얍(Yap)섬의 라이 스톤(Rai Stone) 이야기를 하고 있다. 돈은 그 자체로서 가치 있는 것이 아니라 나와 내가 속한 공동체가 가치 있다고

'신뢰'하고 '보증'해주기 때문에 가치를 지니는 것이다. 화폐는 사람과 사람 사이의 약속인 것이다. 1만 원의 가치가 있는 것은 모든 사람이 1만 원의 가치가 있다고 믿어 주기 때문이다.

화폐는 처음 식품 화폐(보리, 밀) - 물품 화폐(조개껍데기 등) - 금속 화폐(동전) - 지폐(휴대성이 좋음) / 전자화폐 등으로 발전되었다. 2016년 한국은행의 지급수단 이용행태 조사 결과 동전이나 지폐 등 물리적 화폐는 13%, 나머지 87%는 통장의 잔고나 신용카드 명세서와 같이 컴퓨터에 기록된 숫자에 지나지 않는다고 하였다.[8] 전자화폐의 장점이라면 귀찮게 들고 다닐 필요가 없다. 잔돈도 생기지 않는다. 시간이 지나도 변질되거나 파손되지 않는다. 그러나 전자화폐는 이중 지불(double spending)이라는 결정적 문제가 있다. 현대 사회는 '신뢰를 보증할 제3자'를 데려와 이중 지불의 문제를 해결해 왔다. 이 중개자가 바로 은행이다. 제3자는 개인 간의 거래를 기록 및 검증해준다. 개인들은 이 제3자를 신뢰하기 때문에 중복 지불 없이 편리하게 전자화폐를 쓸 수 있게 된 것이다.

전자화폐도 조금 세분해 보면 다음과 같은 종류가 있다. 첫째, 전자화폐. 전자화폐는 금융 기관이 보증하는 통장이나 체크카드 및 신용카드 같은 형태의 화폐이다. 디지털 머니로 법정 통화 결제를 디지털로 대체한 티머니, 기프트 카드 등도 있다. 둘째, 가상화폐. 가상화폐는 발행 주체가 정부나 금융 기관이 아닌 화폐, 즉 게임머니, 싸이월드의 도토리, 쇼핑몰의 포인트 등이 있다. 셋째, 암호화폐. 암호화폐는 네트워크 참가자들의 합의가 가치를 보증해주는 암호화된 화폐이다. 거래소를 통해서 실제 화폐(fiat money)로 현금화할 수 있다. 현금화하는 비율, 즉 암호화폐의 가격은 수요와 공급에 따라 변동한다.

화폐의 통화분류

돈의 공식적인 표현으로 통화나 화폐라는 용어를 사용한다. 통화는 유통하는 화폐라는 뜻이다. 금화도 화폐 기능이 있지만, 일반적으로 유통하지는 않으므로 통화가 아니다. 법정통화는 한 국가의 법에서 결제나 지급 수단으로 이용할 권리를 보장하는 화폐이다. 법정통화와 암호화폐를 구별하려고 명목화폐(fiat money)라고 할 때도 있다.

종이화폐와 암호화폐의 차이는 무엇일까? 먼저 발행 주체의 유무가 다르다. 발행주체가 존재하고, 금전 채무의 변제 수단으로서 법적 효력을 지닌 종이화폐를 법정화폐(법정통화)라고 부른다. 둘째, 발행 상한의 차이를 들 수 있다. 법정화폐에서는 발행 상한이 없어서 지폐를 대량 발행하는 일이 이론상 가능하다. 화폐는 많이 발행될수록 상대적으로 가치가 떨어져서 인플레이션을 유발할 수 있다. 이와 달리 비트코인은 발행 상한(약 2,100만 BTC)이 미리 정해진 화폐이다.

암호화폐는 왜 출현하게 되었는가?

2008. 9. 15. 미국의 리먼 브라더스 사태[9]

사토시 나카모토는 비트코인을 왜 만들려고 생각했을까? 제네시스

블록의 여백에는 다음과 같은 말이 적혀 있다. "2009년 1월 3일, 영국 재무장관, 두 번째 은행 재정 원조 초읽기에 들어가다(The Times 03/Jan/2009 Chancellor on brink of second bailout for banks)" 이것은 영국 〈더 타임스〉 1면 톱기사 제목을 그대로 옮긴 것이다. 사토시는 왜 비트코인을 만들었을까? 중앙은행이 화폐 가치를 지켜주지 못한 것에 대한 실망감이 있었던 것 같다. 사토시 나카모토는 다음과 같이 말했다. "우리는 중앙은행이 우리의 화폐 가치를 지켜줄 것이라고 믿지만, 신용화폐의 역사는 그런 믿음에 대한 배신의 연속이었다. 우리는 은행이 우리의 돈을 잘 보관해 줄 것이라고 믿지만, 은행은 지극히 낮은 준비금만 남기고 신용 버블을 일으킬 정도로 대출을 해왔다.[10]"

1971년 미국은 금을 보유하고 있는 만큼 화폐를 찍어낼 수 있다는 금본위제를 폐지한다. 정부는 재정 적자가 있을 때마다 돈을 찍어내서 메꾸어왔다. 2008년 9월에 리먼 사태가 발생했을 때도 그 충격으로 파산 위기에 빠진 주요 금융기관에 공적자금을 투입하여 구제하려는 움직임을 보인 것에 사토시 나카모토가 강한 분노를 느낀 것이 아닌가 싶다. 2008년 9월 15일, 미국의 투자은행인 리먼 브라더스가 파산하면서 금융 위기가 발생했다. 이것이 바로 '리먼 사태'이다. 이 리먼 사태의 발단은 이렇다. 미국과 유럽의 은행이 원칙대로라면 대출이 안 되는 신용이 낮은 사람이나 법인에게까지 서브프라임 모기지론이라는 상품을 통해 돈을 빌려준 것이다. 여기에 리먼 브라더스를 비롯한 투자은행이 이 대출을 기초상품으로 한 복잡한 파생상품을 투자가에게 판매했다. 원래 신용이 낮은 개인이 서브프라임 모기지론의 대출금을 상환할 수 없게 되자 이 거액의 투자 융자 자금이 회수 불가능해지면서 전 세계적으로 손실이 발생했다.

위험을 감수해야 할 각 금융기관이 먼저 책임을 져야 했다. 그럼에도 불구하고 이런 금융기관을 대마불사(Too big to fail)라는 이유로 도산시키지 못하고 납세자에게 부담을 주는 형태로 정부가 구제한 것에 사토시 나카모토는 강한 불만을 가진 것 같다. 물론 구제금융이 이루어지지 않았다면 경제에 더 나쁜 영향을 끼쳤을지도 모른다. 경제활동은 개인이나 기업의 합리적, 비합리적 판단에 기초한 행동의 결과이기 때문에 예측하기가 굉장히 힘들다. 정부나 중앙은행이 화폐발행권과 금융 시스템의 구제로 경제를 통제하면, 이것이 실패했을 때 여파는 어떤 형태로든 납세자와 예금자에게 남아 불이익을 받을 가능성이 있다. 사토시 나카모토는 이런 상황을 혐오했고 어떤 형태로든 절대 관여나 관리를 받지 않는 완전한 의미의 '자유로운 화폐'를 만들고 싶었던 것으로 보인다.

암호화폐는 어떤 출현 과정을 거쳤는가?[11]

"암호학의 아버지"라 불리는 데이비드 차움. 그는 뉴욕대학교와 UC 산타바바라 대학교의 교수로 1982년 국제암호학회(IACR, International Association for Cryptologic Research)를 처음으로 창설했다. 1980년대에 이미 암호학을 화폐와 투표 등 다양한 영역에서 활용하는 방안을 연구해 논문과 특허를 냈다. 「추적 불가 전자 메일, 주소, 그리고 디지털 익명성」(1981), 「추적이 불가능한 결제를 위한 은닉 서명(Blind Signature)」(1983), 「신분 없는 보안: 빅브라더를 이기는 방법」(1985) 등이 그것이다.

암호기술을 적용하여 원장, 암호화된 계좌, 은닉 서명, 이중 지불 방지를 위한 시스템 등을 구상한 차움은 1990년 디지털 화폐 회사 디지캐시(DigiCash)를 설립하고 디지털 화폐 'E캐시(E-Cash)'라는 암호화폐를 만들었다. E캐시는 거래내역을 다른 사람이 알 수 없도록 익명성을 보장했다. 차움은 E캐시 라이선스를 기관에 판매해 각국 중앙은행과 상업은행, 기업 등이 E캐시를 활용할 것을 기대했으나 사람들의 관심을 받지 못했다. 디지캐시는 IPO[1]에 실패하며 급속히 몰락했다. 비록 암호화폐는 실패(1998년 디지캐시 파산)[12]했으나 시대를 앞서간 그의 사상과 암호학 기술은 블록체인을 통해 이어지고 있다.

1980년대 후반 데이비드 차움에게 영감을 받는 운동가들이 있었다. '사이퍼펑크(Cypherpunk)'[2]는 대규모 감시와 검열에 맞서 개인의 자유와 안전을 지키기 위한 방안으로 강력한 암호화 기술을 활용해야 한다고 주장하는 사람들로 구성된 일종의 연합체이다. 전 세계 정부나 기업의 비윤리적 행위와 관련한 비밀문서를 폭로하는 웹사이트인 위키리크스(wikileaks)도 이 운동에 뿌리를 두고 있다. 위키리크스의 창립자 줄리언 어산지(Julian Assange)는 호주 출신의 해커였다. 1990년대 사이퍼펑크 중심 인물로 활약하기도 했다. 사이퍼펑크에게 익명 디지털 통화 시스템은 익숙한 개념이었다. 그들 가운데 몇 명은 비트코인이 등장하기 전에 이러한 통화를 구상하고 시도했었다.

1998년 비트코인이 등장하기 약 10년 전, 사이퍼펑크 운동가 웨이

---

1) IPO(Initial Public Offering)란 비상장기업이 유가증권시장이나 코스닥시장에 상장하기 위해 그 주식을 법적인 절차와 방법에 따라 주식을 불특정 다수의 투자자에게 팔고 재무내용을 공시하는 것이다. 출처: 네이버 지식백과

2) 사이퍼펑크는 암호화 또는 해독에 사용되는 알고리즘을 의미하는 단어 사이퍼(cypher 또는 cipher), 그리고 문명과 기술의 발달로 인해 발생하는 인류의 괴리감을 표현한 공상과학 장르인 사이버펑크(cyberpunk)라는 단어를 합쳐서 만들어졌다. 사이퍼펑크는 일사불란한 연합체가 아니라, 암호화 기술이 필요하다는 철학을 가진 사람들끼리 이메일을 주고받으면서 수학, 암호학, 철학 등에 대한 토론 및 논쟁을 진행하는 이메일 리스트였다. 1997년에는 총 2천여 명의 가입자를 자랑했다.

다이(Wei Dai)는 비트코인과 비슷한 시스템을 설계했다. 암호학 전문가이며 수학, 철학에도 관심이 깊었던 그는 P2P 거래와 분산 원장 시스템을 접목해 B머니(B-Money)라는 전자화폐를 발표했다. 그러나 개념 발표로만 그치고 실제 시스템이 만들어지지는 않았다. 영국인 암호학자 아담 백(Adam Back)은 1997년 해시캐시(Hashcash)라는 시스템에 작업증명(PoW, Proof of Work) 개념을 도입했다. 스팸 메일을 막기 위해 메일을 보내는 사람이 시간을 들여 작업증명을 해야만 해시캐시 인증을 받도록 한 것이다. 백은 현재 비트코인 기술을 개발하는 기업인 블록스트림(Blockstream)의 대표를 맡고 있다. 미국의 컴퓨터 과학자이자 암호학자인 닉 자보(Nick Szabo)는 1998년 작업증명을 기반으로 하는 비트골드를 고안했다. 황금이 중앙관리 개체 없이도 가치를 유지하는 것을 온라인으로 구현 시도한 시스템이었다. 위의 세 가지는 비트코인에 큰 영향을 준 것으로 보인다.

10년이란 시간이 흐른 2008년 10월 31일 한 편의 논문이 발표되었다. 국가도 없고 은행도 없이 컴퓨터와 인터넷만 있으면 전 세계에서 이용할 수 있는 암호화폐 비트코인의 개념을 설명하는 논문이었다. 본문이 발표된 지 두 달 후인 2009년 1월 3일 비트코인이라는 화폐가 실제로 발행되기 시작했다. 관리하는 사람 없이 정해진 프로토콜(Protocol: 복수의 컴퓨터나 중앙 컴퓨터와 단말기 사이에서 데이터 통신을 원활하게 하기 위해 필요한 통신 규약)에 따라 2140년까지 2,100만 개의 비트코인이 만들어지게 된다는 내용이다.

사토시 나카모토는 자신의 컴퓨터에 비트코인 프로그램을 설치했다. 그의 컴퓨터는 블록을 생성하기 시작했고, 채굴 보상으로 들어오는 비트코인을 그의 지갑으로 옮기기도 했다. 첫 블록 생성 후 6일간의 테스트를 거친 다음 그는 전문가들에게 이 소식을 알렸다. 탈중앙화된 전자화폐는 이미 여러 번 실패한 데다 이름있는 인물이 아닌, 처음 듣는 인물이 만들었다고 하니 관심을 기울이는 사람이 거의 없었다. 그때 두 번째 노드가 나타났다. PGP(Pretty Good Privacy)라는 이메일 정보 보안 프로그램 회사의 개발자로 일하던 할 피니(Hal Finney)였다. 할 피니는 전자화폐를 만들려고 시도한 적이 있었기에 관심이 많았다. 비트코인 프로그램을 다운로드해서 채굴을 시작했고, 사토시 나카모토는 처음으로 다른 사람에게 비트코인을 보낼 수 있게 되었다. 할 피니는 사토시 나카모토와 메일을 주고받으며 비트코인 시스템이 개선되도록 도왔다. 일주일 정도 시간이 지난 뒤, 컴퓨터가 고장날지도 모른다고 걱정해 노드를 중단했다. 할 피니가 채굴한 비트코인은 1,000개였는데 2018년 10월 시세로는 약 71억 정도이다. 안타깝게도 피니는 2018년 8월 2010년경 진단받았던 루게릭병으로 사망하여 냉동 보관되었다. 그사이 프로그램을 다운로드하는 사람들이 조금씩 늘었다. 그해 11월 비트코인 포럼이 만들어졌다. 그로부터 10년에 가까운 시간이 흘렀다. 이제 전 세계에 수많은 컴퓨터가 비트코인 네트워크를 유지하고 있다. 누구도 종료시키지 못하는 시스템 그 마지막 한 대의 컴퓨터, 그 컴퓨터마저 없어져야 비트코인은 사라진다. 2018년 7월 초 기준으로 비트코인 네트워크에는 9천 개가 넘는 노드가 있다. 비트코인 네트워크의 특성상 이 모든 노드가 비트코인 네트워크의 장부 내역을 갖고 있기 때문에 이 노드 중 대부분이 없어진다 해도 복구가 가능하다.

비트코인의 가격 형성 과정

비트코인은 2009년 1월 3일 최초의 블록이 생성된 지 열흘 만인 2009년 1월 12일에 최초로 송금되었다. 같은 해 10월 5일 최초로 달러화 대비 교환가치(1BTC=0.00076, 미 달러=0.89원)가 제공되었다.[13] 2010년 5월 22일에는 플로리다의 프로그래머인 라즐로 한예츠(Laszlo Hanyecz)가 10,000비트코인을 피자 2판에 구매하는 거래가 성사되었다. 2011년 1월 27일에는 최초로 국가화폐(짐바브웨 달러)와 거래(4BTC=100조 짐바브웨 달러)되었다. 2013년 4월 1일에는 비트코인 가격이 100달러를 돌파하였다. 4월 6일에는 최초로 한국 내 비트코인 거래소인 코빗(Korbit)이 오픈하였다. 같은 해 11월 28일, 비트코인 가격은 1,000달러를 돌파하였으나 2015년 1월에는 200달러 아래로 폭락하기도 하였다. 2016년 12월 22일에는 800달러를 돌파하면서 연중 최고가를 기록하였다. 2017년 4월 3일, 일본은 비트코인을 정식화폐로 인정하였다. 8월 3일에는 시카고옵션거래소(CBOE)가 비트코인 파생상품 출시를 검토하게 되었다. 같은 해 11월 29일에는 비트코인 가격이 10,000달러를 상회하였다. 2018년 2월 6일에는 다시 6,000달러 이하로 하락하였으나, 2월 15일에 다시 10,000달러에 진입하였다.

위에서 언급한 추이들을 보면, 비트코인은 마치 지난 10년간 그 가치를 인정받으려고 애쓰는 생물과도 같은 느낌을 받는다. 불과 며칠 만에 시세가 수백만 원에서 수천만 원을 오가며 널뛰기를 반복하기도 하였다. 2018년 5월 현재 9백만 원대(9,000달러)에서 박스권을 형성하는 모양새를 유지하고 있다. 2018년을 마무리하는 12월 28일 현재 비트코인은 3,628달러(4,090,000원)를 유지하고 있다. 이렇게 비트코인 가격의 등락 폭이 큰 상황으로 미루어 볼 때, 비트코인은 화폐(coin)라기보다는 자산(asset)의 의미에 더 가까워 보인다. 암호화폐의 가격은 여러 가지 복합적 원인의 결과이겠지만 실물경제변수의 변동, 암호화폐 수급 상황, 새로운 암호화폐의 공급 등 다양한 경제환경의 영향을 받기 때문에 정확한 원인을 예측하기가 매우 어렵다. 비트코인의 2017년부터 2018년 2년간의 가격 차트를 살펴보더라도 2,300달러에서 거의 20,000달러를 오르내리다 보니[14] 가격 예측을 하기가 쉽지 않다는 어려운 점이 있다.

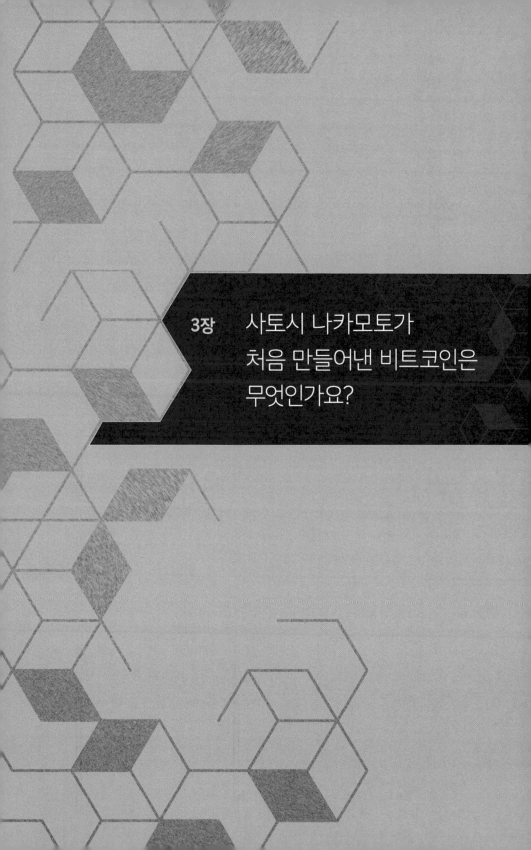

3장 사토시 나카모토가
처음 만들어낸 비트코인은
무엇인가요?

사토시 나카모토가 만든 비트코인은 새로운 시대를 여는 첫 포문이다. 중간 은행을 거치지 않고 지구촌 누군가에게 바로 송금할 수 있는 새로운 금융의 혁명이다. 인터넷 공간에서의 새 역사의 창조이다.

　　비트코인은 도대체 무엇일까? 비트코인은 혁신적인 결제 네트워크이자 신종 화폐[15]이다. 비트코인은 인터넷을 통해서 주고받을 수 있는 돈이다. 비트코인은 중앙권한이나 은행이 없는 운영을 위해 피어 투 피어 기술을 사용한다.[16] 거래의 관리와 비트코인의 발행은 네트워크에 의해 공동으로 이루어진다. 별도의 중간관리자 없이도 사용자가 인터넷을 이용하여 타인에게 가치를 안전하게 넘겨주는 일이 가능하도록 하는 기술이 블록체인(Blockchain)이다.[17] 비트코인의 가장 큰 특징은 중간매개체가 존재하지 않는다는 점이다. 비트코인은 관리자가 없을지라도 운용을 시작한 이후로 지금까지 단 한 번도 작동을 멈춘 적이 없다. QR코드로 만들어 간편하게 서로 주고받을 수도 있다. 거래 장부는 분산된 컴퓨터에 동일하게 여러 군데 안전하게 저장된다. 거래수수료가 거의 들지 않는다.

비트코인 백서

블록체인의 역사는 2008년 10월 31일 암호학(Cryptography)이라는 메일 리스트[18]에 사토시 나카모토가 공개한 9쪽 분량의 Bitcoin P2P e-cash paper에서 시작되었다. 사토시 나카모토의 「Bitcoin: A Peer-to-Peer Electronic Cash System」[19] 논문(paper)은 이전부터 계속되어 왔던 암호학 및 전자화폐의 연구 성과를 종합한 것이다. 사토시 나카모토가 이 논문에서 제기한 주요 내용은 이렇다. 첫째, 지금까지 존재해 왔던 디지털 네트워크 공간에서 개인 대 개인 간의 거래에서의 이중 지불의 문제가 해결(Double-spending is prevented with a peer-to-peer network)된다. 둘째, 중간에 제3자의 중개 없이도 신뢰할 수 있는 거래가 가능하다(No mint or other trusted parties). 셋째, 참여자들은 익명으로도 참여가 가능하다(Participants can be anonymous). 넷째, 작업증명을 통해 새로운 코인이 생성이 된다(New coins are made from Hashcash style proof-of-work). 비트코인은 지금까지 해결하지 못했던 인터넷 P2P 네트워크에서의 이중소비의 문제를 중개자 없이도 해결했다. 이것이 비로 획기적인 화폐의 혁명인 것이다. 참가자들이 익명으로 참가할 수 있는 상황에서도 비잔틴 장군의 문제를 해결하는 방법으로 암호화폐인 비트코인을 그 보상, 즉 대안으로 제시를 했던 것이다.

Bitcoin: A Peer-to-Peer Electronic Cash System

Satoshi Nakamoto
satoshin@gmx.com
www.bitcoin.org

Abstract. A purely peer-to-peer version of electronic cash would allow online payments to be sent directly from one party to another without going through a financial institution. Digital signatures provide part of the solution, but the main benefits are lost if a trusted third party is still required to prevent double-spending. We propose a solution to the double-spending problem using a peer-to-peer network. The network timestamps transactions by hashing them into an ongoing chain of hash-based proof-of-work, forming a record that cannot be changed without redoing the proof-of-work. The longest chain not only serves as proof of the sequence of events witnessed, but proof that it came from the largest pool of CPU power. As long as a majority of CPU power is controlled by nodes that are not cooperating to attack the network, they'll generate the longest chain and outpace attackers. The network itself requires minimal structure. Messages are broadcast on a best effort basis, and nodes can leave and rejoin the network at will, accepting the longest proof-of-work chain as proof of what happened while they were gone.

출처: https://bitcoin.org/bitcoin.pdf

인터넷 P2P 네트워크에서의 이중소비의 문제는 어떻게 해결?

중개자 없이 어떻게 이런 문제 해결?

참가자들이 익명으로 참가할 수도 있는 상황에 비잔틴 장군의 문제는 어떻게 해결하지?

네트워크상에서 참가자들이 이 문제를 해결할 때 그 보상으로 코인을 주자… Bitcoin

비잔틴 장군의 문제란 무엇인가? 신뢰할 수 없는 자들이 모여 서로 공동 작업을 하는데, 내부에서 배신자가 생기지 않으려면 어떻게 하면 좋을까? 지금까지 컴퓨터 공학에서는 답이 없는 문제로 여겨져 왔다. 그런데 블록체인이 이 문제에 답을 내린 것이다. 부정행위에 도전하는 것보다 마이닝에 협력해서 보수를 받는 것이 이득이다. 블록체인은 나쁜 짓을 하면 손해를 보기 때문에 하지 않는다는 성악설이 전제된다. 블록체인은 '나쁜 짓은 채산에 맞지 않는 구조'인 것이다. 이렇게 해서 누가 참여하는지 몰라도 신뢰할 수 있는 구조를 만들 수 있게 되었다.

블록체인의 구체적인 작동방식은 어떻게 되는 것인가?

합의 검증을 통해 신뢰 구축[20]

블록체인은 어떤 단계를 거쳐 이루어지는가? 블록이 형성되는 첫 번째 단계는 이중지불의 위험이 없는 거래 정보나 기록을 모아 유효한 개별 블록을 형성하는 '채굴(Mining)'이라고 불리는 과정이다. 채굴이란 일정한 해시(Hash: 유일무이한 지문) 알고리즘을 통해 특정한 난이도의 해시값을 생성해내는 작업이다. 이때 해시값이란 데이터를 고유하게 식별하는 고정 길이 숫자 값을 말한다. 채굴을 통해 '목푯값(Target Hash Value)'을 먼저 찾아내는 사람은 블록 생성 권한을 획득하게 된다. 두 번째는 생성된 후보 블록이 전체 네트워크 참여자들에게 전달돼 각 네트워크 참여자들이 전송받은 새로운 블록의 유효성, 해당 블록에 포함된 거래의 유효성을 검증하는 단계이다. 50% 이상 참여자의 동의를 거쳐 유효성이 확인되면 후보 블록은 이전 블록과 체인으로 연결되어 블록체인 원장으로 완성된다.[21] 비트코인 네트워크는 특정 거래 이후 여섯 개의 블록이 추가된 후 현존하는 컴퓨팅 파워로는 거래를 변경하는 것이 불가능하다. 공유 네트워크상에 있는 대다수 사람의 동의를 받아야 타당한 거래로 인정받는다. 이것이 바로 '분산된 동의'이다.

블록체인에 기반을 둔 비트코인은 과거부터 현재까지 이루어진 모든 거래를 기록하고 공개한다.[22] 다수의 비트코인 노드(node: 네트워크 참가자)가 거래 기록을 공유하므로 데이터 일부분이 손상되어도 다른 노드에서 재생이 가능하기 때문에 데이터는 소실되지 않는다. 비트코인은 암호기술을 사용한 암호화폐이다. 블록체인은 비트코인과 함께 발명된 기술이다. 블록체인이라는 이름 그대로 일정 기간의 거래를 블록화해서 체인처럼 연결하는데, 앞 블록의 내용을 뒤 블록이 봉인하는 방식으로 신뢰성을 구축한다. 그리고 다수의 노드가 동일한 거래 이력을 기록하여 신뢰성을 담보한다. 블록체인은 원래 비트코인에 쓰인 기술이지만 블록체인 자체의 유용성이 눈길을 끌면서 응용 연구가 확산되었다. 비트코인에서 블록체인이 떨어져 나온 셈이다.

비트코인 거래내역은 과거부터 현재까지 전부 기록되고, 한번 기록되면 변경이 불가능하다. 블록체인에서 '왜 관리자가 없는데도 불법행위와 변조가 불가능'한가? 첫째, 블록체인에는 중앙 서버가 없다. 설령 해킹으로 네트워크 일부에 침입하여 데이터를 파손했다 치더라도 다른 장소에 공유된 데이터로 복원할 수 있다. 둘째, 블록이 체인(사슬) 구조로 연결되어 있다. 블록체인의 블록은 특정 함수로 계산된 해시값에 기초하므로 블록 속 데이터를 바꾸면 해시값도 바뀌게 된다. 셋째, 중간에 데이터를 변조하여 블록체인이 갈라지더라도 '가장 긴 체인이 옳다'라는 규칙이 있어서 그것을 뺀 나머지 체인은 자동으로 파기된다. 관리자가 없는데도 불법행위 및 변조가 불가능한 구조를 완성했다는 점이 블록체인의 특징이다.

검증에 대한 보상으로 비트코인 지급

채굴은 블록에 타당한 블록을 제출하기 위해 수학적 문제를 푸는 작업을 의미한다.[23] 채굴자가 문제를 풀고 타당한 블록을 제공하면 보상을 받는 데 이는 컴퓨팅 파워와 자원을 기여하기 때문이다. 수학적 문제를 푸는 과정을 작업증명이라고 한다. 자물쇠를 열기 위해 여러 숫자를 조합해 보는 것을 생각하면 된다. 블록체인에 새로운 블록을 추가하고 보상을 받기 위해서는 자물쇠 비밀번호를 알아내야만 한다. 숫자들을 조합해서 여러 번호를 시도하게 된다. 네트워크에 참여하고 있는 모든 사람이 임의로 숫자를 생각해서 자물쇠를 풀려고 한다. 처음으로 비밀번호를 파악한 사람이 보상을 받고 블록을 체인에 추가할 수 있다. 작업증명은 많은 컴퓨팅 파워가 필요하다. 이에 대한 대안으로 권한증명(PoA, Proof of Authority)과 지분증명(PoS, Proof of Stake)이 활용되기도 한다.

블록체인 기술을 바탕으로 몇 가지 간단한 규칙을 적용해 만들어진 최초의 암호화폐가 비트코인이다. 비트코인은 누가 만들어서 배포하는 것이 아니라, 오직 암호를 찾은 데 대한 보상으로만 생겨난다. 이 '암호 찾기'를 '채굴'이라고 부른다.[24] 이렇게 생겨난 비트코인은 종이나 동전으로 된 실물이 없이, 태생부터 디지털이라는 점에서 2017년까지만 해도 '가상화폐(Virtual Currency)'라고 불렸다. 가상화폐에는 사실 온라인 게임에서 사용되는 '골드'나 싸이월드의 '도토리'처럼 인터넷에서 생겨난 모든 화폐가 포함된다. 그래서 2018년부터는 가상화폐라는 용어보다는 설계 자체가 암호화 기술을 응용했다는 점에서 비트코인과 같은 다양한 코인과 토큰은 '암호화폐'라는 용어로 불린다.

비트코인으로 살펴보는 블록체인의 원리

장부는 한 번 기록된 후에는 변경이나 삭제가 불가능하다. 장부에 기록하기 전에 확실하게 검증한다. 이 검증을 단일 주체에게 권한을 주지 않고, 비용이 지불되도록 하였다. 검증에 참여하려는 사람은 이 돈을 씀으로써 자신이 '신뢰할 만한 사람'이라는 것을 증명한다. 당첨된 사람에게는 네트워크의 가치와 연동되는 보상을 준다. 당첨되면 검증을 해준 대가로 네트워크는 보상을 지급한다. 검증을 거친 데이터를 변경할 수 없는 장부에 영구 기록하는 것이 블록체인의 핵심이다. 블록체인은 단일 주체 없이 기록을 보관하고 검증할 수 있다.

블록체인은 '탈중앙화된 신뢰'를 만드는 기술이다. 여기서 신뢰를 만들어 내기 위해 해시함수를 사용하는데 해시 기계(함수)의 특징은 다음과 같다. 입력값이 무엇이든 출력값의 형식은 정해져 있다. 입력값이 조금만 달라져도 전혀 다른 출력값이 나온다. 즉, 아무런 규칙성이 없다. 같은 입력값에는 반드시 같은 출력값이 나온다. 출력값을 안다고 해서 입력값을 알아낼 수는 없다.

비트코인의 장단점

비트코인의 장점이라면 돈에 대한 자유일까? 2008년 미국의 금융위기를 통해 화폐란 결국 은행이 통제하는 숫자에 불과하다는 것을 알게 되었다. 정부는 화폐 통제를 통해 간접적으로 국민들의 경제생활을 통제한다. 이자율을 올린다든지, 내린다든지 등의 방법으로. '내가 소유한 돈에 대한 자유'야말로 비트코인의 핵심 가치다. '누구의 통제도 받지 않는 화폐'라는 아이디어를 현실화한 첫 번째 사례가 비트코인이라는 것이다. 권력에 의한 셧다운(shutdown)이 불가능한 구조이다. 누구에게나 열려 있다. 세계은행은 금융 서비스를 받지 못하고 살아가는 사람의 수가 전 세계 20억 명이 넘는다고 한다. 비트코인은 특히 금융 인프라가 갖춰지지 않은 지역에서 더욱 가치를 가진다. 비교적 저렴한 수수료로 금융 서비스를 누릴 수 있다. 거래량이 몰릴 때는 수수료가 매우 높아지지만, 그 중윗값은 0.7달러(bitinfocharts.com) 정도이다.

비트코인도 아직 개선해야 할 점이 많이 있다.

첫째는 가격 변동성이 높다는 것이다. 비트코인이 현재 결제 수단으로 널리 쓰이지 못하는 중요 이유이다. 가치척도의 역할을 해야 하는 화폐는 가치가 일정해야 한다. 그러나 비트코인은 그 가격이 참으로 지금까지 변화무쌍하다. 널뛰기하는 이유는 '돈'이 아니라 '투자자산'으로 인식하고 있기 때문이다.

둘째는 속도와 시간당 처리량이다. 비트코인의 거래 체결 시간은 최소 10분이다. 사토시는 10분에 하나씩 블록이 생성되도록 해두었다. 비트코인의 시간당 거래 처리량이 한 블록에 1㎆로 제한되어 있다. 비트코인은 1초에 최대 6~7개의 거래밖에 처리하지 못한다. 비자(Visa)는 1초당 평균 2,000여 개의 거래를 처리한다. 최대 속도에서는 초당 12,000여 개를 처리한다.

셋째는 비트코인의 확장가능성(Scalability) 문제이다. 비트코인이 결제 수단으로 널리 사용되기 위해서 반드시 넘어야 할 산이 있다. 일단 사용한 비트코인은 엎질러진 물과 같다. 일단 일어난 거래는 누구도 취소나 변경할 수 없다.

넷째는 완벽한 익명성을 보장하지 않는다. 웹페이지를 사용할 때 남기는 쿠키 기록, 거래 신청을 발송한 IP 주소를 알아낼 수도 있으며 거래소나 지갑 프로그램의 개인 정보가 유출될 수도 있다. 2013년 FBI는 거래내역을 추적해 비트코인을 기반으로 마약을 거래하던 실크로드라는 웹사이트 운영자를 체포했다.

다섯째는 느린 업데이트 문제이다. 비트코인은 업데이트 자체가 아니라 모든 사람이 업데이트를 하도록 설득하기가 어렵다. 비트코인에는 총 세 그룹의 이해관계자가 있다. 프로토콜을 만들어내는 개발자가 있고, 블록 생성을 담당하는 검증자가 있으며 비트코인을 사용하는 사용자가 있다. 새로운 비트코인 프로토콜의 도입은 사용자와 검증자들의 '투표'로 결정한다.

여섯째는 지나친 에너지 소모이다. 비트코인은 블록을 생성하려면 복잡한 문제를 풀어야 하는데 이 과정을 채굴이라고 한다. 채굴에는 컴퓨터 장비와 전기 에너지가 필요하다. 비트코인을 유지하는 비용이라 하겠다. ASIC이란 비트코인 채굴을 위해 특화된 컴퓨터로, 비트코인의 해시 문제를 풀어낸다. 암호화폐 사이트 디지코노믹스(Digiconomics)에 따르면 1초에 계산하는 해시의 총량은 100경(1경은 1조의 1만 배)이라고 하였다. 2018년 4월 현재 비트코인 네트워크가 쓰고 있는 전기량은 미국 기준 약 550만 가구가 쓰는 전기의 양과 같다고 한다. 알렉스 드 브리스는 국제 학술지 '줄(Joule)' 최신호에 게재한 논문에서 비트코인 네트워크가 매년 쓰는 최소 전력을 2.55기가와트로 추정했다.[25] 이는 아일랜드가 쓰는 연평균 전력량과 맞먹는 수치다. 비트코인이 처리하는 거래량은 전체 경제 규모의 1%도 되지 않는다.

일곱째는 중앙집중화이다. 소수의 채굴자에게 비트코인 내부의 권력이 집중되어 있다. 지금 개인이 채굴을 시작하면 전체 컴퓨팅 파워의 천만분의 1, 10분에 한 번씩 문제가 나오니 1년 내내 돌려도 보상을 얻을 확률이 50만 분의 1밖에 안 된다. 대신 수만 대의 장비를 보유한 거대 채굴 회사가 등장했다. 비트코인 채굴은 최근 몇 년 사이 대형 채굴 회사 중심으로 완전히 정리되고 있다. 컴퓨팅 파워 중 77%를 상위 6개의 풀(pool)이 보유하고 있는 실정이다. 가장 원시적으로 비트코인을 얻는 방법은 채굴이다. 비트코인을 채굴하기 위해서는 암호를 풀어야 하는데 처음에는 노트북으로도 채굴이 가능했지만 갈수록 난이도가 높아져 지금은 PC 한 대로는 몇십 년을 돌려도 받기 어렵다. 그래서 사람들은 힘을 모아 같이 채굴하고 채굴되는 코인을 나누어 갖는다. 이것이 채굴풀(mining pool)이다. 비트코인을 보면 BTC.com 채굴풀이 16.1% 해시율을 차지하고, AntPool이 15.2%, unknow 13.6% ViaBTC가 13.2%, SlushPool이 10.4%, BTC.TOP이 9.3%를 차지한다.[3] 채굴풀의 2019년 1월 27일 현재는 약간 변화된 모습을 보여주고 있다[26]. BTC.com 채굴풀이 13.8% 해시율을 차지하고, AntPool이 11.4%, unknow 21.4% ViaBTC가 7.8%, SlushPool이 10.9%, BTC.TOP이 9%를 보여주고 있다. 3달 사이에 약간 unknown

---

3) 비트코인 채굴풀, https://www.blockchain.com/ko/pools?(2018. 10. 22. 현재)

이 7.8% 정도 늘어난 모습을 보여주고 있다. 채굴되는 비트코인은 거의 이 비율대로 배분되는데, 2020년 7월이면 세 번째 반감기가 찾아와 보상이 12.5개에서 6.25개로 줄어든다.

비트코인 채굴은 CPU(중앙처리장치)를 이용하던 방식에서 GPU(그래픽 처리장치) ASIC 장비로 전환되었다. 2017년 암호화폐가 인기를 끌며 그래픽 카드가 동이 나는 일이 벌어졌고, 그래픽 카드 회사들은 채굴에 특화된 그래픽 카드를 출시할 거라 발표하기도 했다. 결국 전문 채굴기(ASIC, Application-Specific Integrated Circuit)가 등장했고 현재는 일반인이 비트코인을 취미로 채굴할 수 있는 시대는 지나갔다고 봐도 과언이 아니다. 그런데 채굴자들에게 왜 보상이 주어지는 걸까? 그들이 장비를 구입하고 돌리고 전기요금까지 내면서 노드를 유지하기 때문이다. 그들이 없으면 장부도 없다. 비트코인은 채굴자들이 블록체인을 유지시켜주는 데 대한 보상이다. 채굴자는 코인 생태계에서 가장 먼저 만들어진 핵심축인 것이다. 작업증명 방식의 채굴코인은 비트코인 말고도 여럿 있기 때문에 채굴자들은 선택해 채굴할 수 있다. 채굴로 생산되는 코인의 양은 일정하기 때문에, 채굴하는 사람이 많아지면 한 사람당 돌아가는 코인의 양은 줄어든다. 반면 채굴하는 사람이 적어지면 한 사람당 돌아가는 코인의 양은 늘어난다. 그러나 채산성은 채굴량만으로 결정되는 것이 아니라 채굴하는 코인의 가격도 영향을 미치기 때문에 채굴량이 적더라도 코인 가격이 오르면 채산성은 높아질 수 있다. 채산성=(하루 채굴량×코인 가격) / 하루 비용, 그래서 코인 생태계를 이해하기 위해서는 채굴자들의 움직임도 유심히 지켜볼 필요가 있다.

비트코인이 10년이 지난 지금에도
여전히 살아남을 수 있었던 이유는 무엇이었을까?[27]

첫째, P2P를 이용한 분산 컴퓨팅을 채용했다. P2P 방식을 채용한 비트코인은 센터 유지비용이 발생하지 않는다. CPU, 기억장치, 통신비용이 줄어들어 일반 이용자가 보유한 인터넷상의 리소스만으로 가동이 가능하다. 둘째, 채굴 행위에 보수를 지급함으로써 거짓을 말하거나 부정행위를 하려는 이용자를 몰아낼 수 있는 견고한 시스템을 만들었다. 셋째, 독자적인 화폐 단위인 'BTC'를 사용했다. 시스템의 안전성 유지를 위해서는 채굴의 보수만큼 BTC를 추가 발행하면 된다. 외부에서 비용을 투입하지 않아도 시스템을 유지할 수 있다. 이처럼 시스템 유지비용을 자급자족하는 구조를 구축한 것이 비트코인이 시장에서 교환가치를 유지하는 하나의 이유가 되고 있다.

현재로서는 거래소를 통해 비트코인을 구매하는 방법이 가장 손쉽고 일반적이다. 구매한 비트코인은 자신의 월렛(지갑)으로 옮기면 된다. 비트코인의 화폐단위는 "BTC"라고 부른다. 블룸버그를 비롯한 일부 금융정보 매체에서는 "XBT"라는 단위를 쓰기도 한다. 통상 화폐가 국가관리에서 독립된 경우에는 선두에 "X"라고 쓰기 때문이다. XAU(AU는 금의 원소기호), 은은 XAG(AG는 은의 원소기호)라고 표기하는 것과 동일한 원리이다. 비트코인의 최소 단위는 'Satoshi(사토시)'이다. 1Satoshi는 소수점 이하 8자리, 즉 0.00000001이다. 비트코인의 창시자 사토시 나카모토를 기리기 위하여 Satoshi라고 부른다. 2018년 12월 28일 현재 1Satoshi는 0.04원이다.

4장 그럼
실제로 이 비트코인은
현실에서 쓰이는 거에요?

실제로 이 비트코인은 현실에서 쓰이고 있다. 비트코인은 화폐로서 현실에서 교환가치로 결제 수단으로 사용되기 위해 탄생되었다. 이 화폐는 인터넷 공간에서 값없이 뚝딱 만들어진 것이 아니다. 개인 대 개인 간의 거래가 실제로 정상적으로 잘 이루어졌음을 기존의 중개자 대신 검증해주고, 또한 그 거래 데이터들을 암호화해서 블록에 분산하여 동일한 내용을 여러 번 저장해 주는 수고에 대한 정당한 대가로 받는 화폐이다. 다만 이 화폐는 인터넷 공간에서 돈으로서의 이중 지불되지 않도록 철저히 블록체인 기술 기반으로 만들어진 교환 가치이다.

2009년 1월 비트코인 네트워크가 가동되었다.[28] 그 후 마이크로소프트, 델, 익스피디아 등 여러 기업이 비트코인 결제를 도입하였다. 비트코인의 가치가 2017년 5월에는 시가총액 규모가 약 170억 달러까지 확대되었다. 비트코인의 가치가 이렇게까지 오르고 지지를 얻은 이유로는 중국에서 비트코인 매매가 대성황을 이루었기 때문이다. 특히 부유층을 중심으로 비트코인 대량구매가 성행했다. 화폐 가치가 떨어지고 있는 중국 위안화로 자산을 보유하는 데 불안을 느낀 중국 부유층이 비트코인에 주목한 것이다.

비트코인의 가장 큰 이점은 뭐니 뭐니 해도 해외 송금에 있다. 낮은 수수료로 송금이 가능하다. 365일 24시간 언제든 거의 실시간으로 송금이 가능하다. 환율과 환전 수수료도 없다. 세계 2위의 인구를 자랑하는 인도의 경우 연간 송금액이 한화로 78조 원을 넘을 정도이고 1회 송금액은 보통 10만 원 정도라고 한다. 은행 송금을 할 때 수수료는 20% 가까이 드는데 이는 굉장히 높은 수수료이다. 비트코인은 기부할 때도 효과적이다. 은행 같은 중개자를 경유하지 않고 저비용, 실시간, 직통으로 송금이 가능하다는 점이 비트코인의 가장 큰 이점이다.

그럼 실제로 비트코인은 현실에서 어떤 형태로 쓰이고 있는지 궁금하다. KBS 파노라마는 2014년 실제 생활 속에서 비트코인이 사용되고 있는 다양한 사례를 보여주고 있다. 2014년 당시 벌써 다양한 형태로 삶 속에서 비트코인이 사용되고 있다.

미국의 클리블랜드 거리는 비트코인의 글로벌 화폐의 면모를 보여주고 있다. 75년 된 초콜릿 가게도 비트코인을 받는다. 가게 주인은 "비트코인은 수수료가 1% 정도밖에 안 돼요. 게다가 어떤 나라의 화폐와도 교환할 수 있지요. 원하면 비트코인으로 보관해도 되고요. 홍보 효과도 누리고 또 다른 가치 저장 수단도 생기고, 수수료도 훨씬 저렴하니 1석 3조의 효과입니다."라고 말한다.

대표적인 비트코인 사용 미국 기업으로는 소매 관련 온라인 쇼핑몰인 overstock.com, 우주 관련 벤처기업인 Virgin Galactic, TV쇼, 소프트웨어, 음악 등을 P2P로 직접 다운로드할 수 있는 The Pirate Bay, 비트코인으로 이용자들에게 팁을 지불할 수 있는 Reddit, 이베이의 자회사인 PayPal 등이 있다. 이러한 다양한 기업 중에서 ChangeTip은 사용자들로 하여금 실제 상품에 대해서 비트코인을 사용할 수 있고, 팁을 줄 수 있으며, 페이스북, 트위터 등의 다양한 소셜 미디어에도 'love button'을 클릭하여 비트코인으로 팁을 줄 수 있는 서비스를 제공한다. 또한, 과거에는 비트코인으로 현금인출만 가능했으나 최근에는 스타벅스, 아이툰, 아마존을 이용할 수 있는 기프트카드를 구매할 수 있다(Coindesk, 2015.08.28.).

일본에서도 비트코인은 다양하게 사용이 되고 있다. 외국인들이 일본의 전통의상인 기모노를 입어보고 싶은 경우, 일본에 오기 전 미리 일본의 기모노 대여업자에게 비토코인으로 결재하고 예약을 한다. 빠르게 대금 결제가 이루어지고 외국인들이 일본을 방문하여 기모노를 바로 대여해서 입어볼 수 있게 된다.

유럽 특히 네덜란드 공항에서도 적극적으로 암호화폐가 사용되고 있다.[29] 네덜란드 암스테르담 스히폴(Schiphol) 공항은 가상화폐(암호화폐)를 구매할 수 있는 ATM을 유럽 공항에서는 유일하게 2018년 6월 19일 설치를 했다. 취급하는 암호화폐는 비트코인과 이더리움이다. 니키 브레서르(Nicky Bresser) 네덜란드 스히폴 공항 사업 매니저는 2016년 2017년 전 유럽에 걸쳐 암호화폐에 대한 관심의 증대, 특히 젊은이들 사이에 엄청난 관심의 증가로 고객 서비스 차원에서 ATM 설치를 하게 되었다고 한다.[30]

유럽의 경우 2013년 3월 키프로스 예금 인출 사태가 있었다. 구제금융 조건으로 예금의 1%를 세금으로 받겠다는 EU의 방침 때문에 예금 인출 사태가 대대적으로 일어났다. 46달러이던 비트코인은 한 달 만에 230달러까지 치솟았다. 시중은행은 일반적으로 예금 이상의 대출로 화폐 총량, 통화량은 항상 지폐발행량보다 많다. 일반적으로 6배가 더 많다고 노구치 유키오(히토츠바시대학교 명예교수)는 이야기한다. 이러한 일련의 일들로 새로운 화폐 비트코인에 대한 관심이 갑자기 증가하게 된 것이다.

건당 거래 수수료는 5유로이다. 수수료가 조금 비싼 편인데 공급업체의 의견과 비트코인의 가장 비싼 수수료 등을 종합적으로 고려하여 정했다고 한다. 이 ATM기는 네덜란드 기업 바이코인(Byecoin)이 스히폴 공항에 공급했다. 거래 건수는 공개적으로 밝히기는 어렵지만, 꽤 많은 거래 건수가 일어나고 있어 매우 만족하고 있다고 한다. 앞으로 ATM 대수를 늘릴지 여부는 2018년 12월까지 ATM을 운영하며 이용객의 반응을 종합하여 분석을 통해 정할 예정이라고 한다.

현금서비스를 해주는 ATM기가 여기저기 도처에 깔려 있듯이 앞으로 암호화폐를 구매하거나 다른 암호화폐로 교환해주는 ATM기가 머지않아 우리 삶에 다가오지 않을까 조심스럽게 전망해본다. 실제 2018년 12월 29일 현재 4,104개의 암호화폐 ATM이 2019년 3월 25일 현재 4,452개로 꾸준히 전 세계에 설치되어 가고 있다.[31]

독일 베를린도 도시 인구의 15%가 외국인으로 이루어져 있어 새로운 것에 대한 거부감이 적은 곳이다. 한 게스트 하우스는 40유로, 55,000원인 매출액 비중이 처음 3~5%에서 시작해서 비트코인을 받기 시작하면서 대략 10%까지 올라갔다고 한다. 2014년 현재 베를린에는 비트코인으로 결재가 가능한 곳이 50군데 정도 있다. 그래서 베를린은 비트코인의 수도라고도 불린다.

비트코인 활용도가 타 도시에 비해 큰 베를린은 비트코인 활용도가 높다. 독일 베를린은 유럽의 블록체인 수도로 부상하고 있다.[32] 베를린 내 여러 상점에서는 비트코인을 이용한 결제가 가능하다. 온라인 거래에서도 쉽게 비트코인을 활용할 수 있다(Die Welt, 2016.05.01.). 비트코인의 활용도가 높은 베를린에는 다양한 업종의 IT 기업이 생겨나고 있다. 9flats.com(개인주택 단기임차 온라인 플랫폼)이나(GRUEND-ERSZENE, 2013.04.08.) Lieferservice.de(음식배달 서비스 온라인 플랫폼) 등이 주목을 받고 있다(Ecommerce magazine, 2013.11.08.). 또한 '룸77(Room77)'이라는 레스토랑은 전 세계 최초로 비트코인 결제를 시작한 소매상으로 베를린 시내 크로이츠베르크(Kreuzberg)에 위치한다. 룸77은 비트코인 사용자들의 명소이다. 세계 최초의 비트코인으로 결제가 가능한 오프라인 레스토랑이다. 신용카드는 사절, 외륵 플라쩨(비트코인 레스토랑 '룸77' 주인)는 "저는 비트코인을 유럽중앙은행이나 독일중앙은행보다 더 믿습니다."라고 말한다.

아르헨티나나 우간다 등 소위 금융이 덜 발달한 제3세계 국가에서 비트코인 등 암호화폐는 중요한 화폐 수단으로 떠오르고 있다. 아르헨티나 산티아고에서 비트코인은 은행 문턱을 넘기 힘든 소상공인에게도 기회를 주고 있다. 매출 규모가 너무 작아 전자상거래를 할 수 없었는데 비트코인을 받으면서 매출이 증대되었다고 한다. 지금은 매출의 30%가 비트코인으로 결제가 된다고 한다. 최근 국가 부도 위기를 맞고 있는 아르헨티나, 물가는 날이 갈수록 올라가고 있다. 페소 가치가 급격히 하락하고, 물가는 상승하고 있다. 불법 환전상이 난무하다. 이로 인하여 비트코인에 대한 관심이 급격히 증대하고 있다. 2001년 아르헨티나 폭동으로 인하여 민간연구소 발표기준으로 아르헨티나의 인플레이션율이 2014년 25~35%에 달한다고 한다.

게릭 헤일먼, 런던정치경제대학(LSE) 교수는 "우리는 이런 가상화폐를 지금까지 본 적이 없습니다. 글로벌 대안 화폐이며 완전히 새로운 것이죠. 그것이 가져올 잠재적인 충격 중 하나는, 화폐 문제가 있는 아르헨티나와 같은 나라의 사람들에게 대안을 제공한다는 점입니다. 자신들의 자산을 높은 인플레이션으로 인해 잃지 않도록 자기들 페소를 비트코인으로 바꿔둘 수 있는 거죠. 비트코인은 금융 분야의 개혁을 일으킬 수 있는 잠재적인 힘이 될 수 있습니다."라고 이야기한다. 비트코인으로부터 시작된 암호화폐의 조용한 혁명은 상대적으로 금융의 혜택을 받지 못했던 제3세계 국가들의 삶을 점진적으로 바꾸어갈 것으로 보인다.

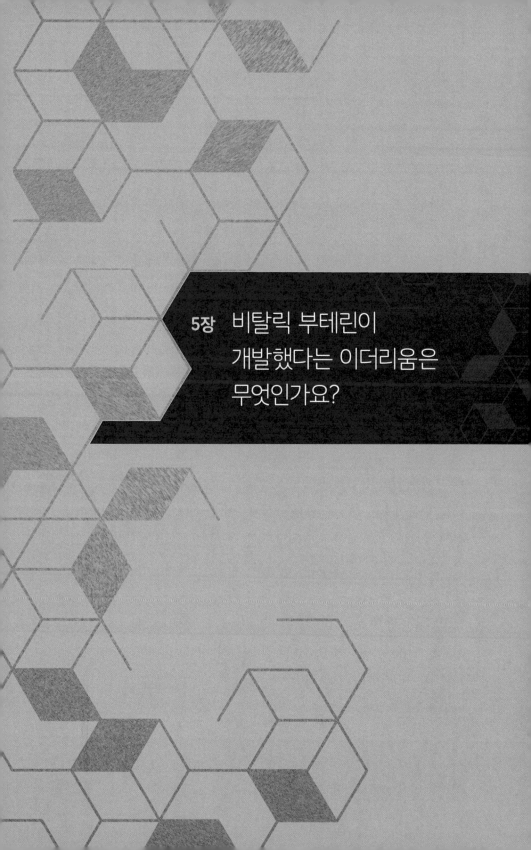

5장 비탈릭 부테린이
개발했다는 이더리움은
무엇인가요?

비트코인이 출현하게 된 기반기술인 블록체인 기술은 세상에 없던 기술이었다. 물론 그동안 앞서 2장 화폐의 역사에서 살펴본 것과 같이 데이비드 차움으로부터 시작된 암호학 연구로부터 꾸준히 발전하여 마침내 2008년 비트코인이 태동하게 되었다. 비트코인이 유명해진 것은 실제 할 피니(Hal Finney) 등이 노드에 참여해 채굴과정을 통해 비트코인을 실제로 생성해 냈기 때문이다. 더 나아가 2010년 5월 18일에는 피자 두판과 비트코인과의 최초 실물 거래가 있었기에 암호화폐가 우리 삶에 뿌리를 내릴 수 있게 되었다. 그러나 사람들은 차츰 비트코인도 비트코인이지만 그 비트코인이 존재할 수 있게 한 블록체인 기술에 더 집중하게 되었다. 왜냐하면 단순히 화폐 시스템의 혁명에 그치지 않고 블록체인 기술은 중간 매개체 없이도 인터넷상의 신뢰를 만들어주는 새로운 방식이기 때문이다. 이에 착안하여 비탈릭 부테린(Vitalik Buterin)[33]은 블록체인이 화폐의 기능을 뛰어넘어 더 넓은 분야로 확장될 수 있도록 블록체인 플랫폼으로서의 이더리움[34]을 개발하였다.

2013년 비탈릭 부테린은 캐나다 토론토에서 『차세대 스마트 계약과 탈중앙 애플리케이션 플랫폼』이라는 제목의 이더리움 백서를 발간했다. 그는 이 백서에서 탈중앙 분산응용프로그램인 디앱(DApp, Decen-tralized Application)을 만들기 위한 새로운 오픈소스 기반 블록체인 플랫폼의 개념을 정립하였다. 이더리움은 튜링완전(Turing-complete) 프로그래밍 언어가 내장된 블록체인이다. 개발자가 어떠한 종류의 응용 프로그램도 자유롭게 작성할 수 있다.[35] 또한, 네트워크 안에서 이더(Ether)가 애플리케이션을 구현하기 위한 연료(gas)로 사용된다. 이더리움은 비트코인의 한계에 대한 비탈릭 부테린의 생각을 집대성한 결과물이다. 혁신적인 결제 네트워크이자 새로운 암호화폐이다. 이더리움은 탈중앙화 결제 네트워크를 표방하는 비트코인과 달리, 다양한 애플리케이션을 구동할 수 있는 블록체인 기반 디앱 플랫폼이다.

2014년 비탈릭 부테린은 캐나다 워털루 대학교를 중퇴하고, 찰스 호스킨슨(Charles Hoskinson), 미하이 알리지에, 앤써니 디 이오리오(Anthony Di Iorio) 등과 함께 이더리움 재단(Ethereum Foundation)을 공동 설립했다. 또한, 개발자 개빈 우드(Gavin Wood)와 조셉 루빈(Joseph Lubin)을 영입하였다. 2014년 8월 그는 "개발자들에게 암호학적으로 안전하고, 탈중앙화된 소프트웨어 개발을 지원하는 월드 컴퓨터가 되겠다."라는 원대한 비전을 제시했다. 이더리움 재단은 이더리움 플랫폼 개발 자금을 모으기 위해 크라우드펀딩 방식인 ICO를 진행하여, 약 3만 비트코인을 모았다. 3만 비트코인은 당시로는 파격적으로 큰 투자금액이었으며, 2014년 이전에 진행된 모든 ICO 가운데 가장 큰 금액이었다. ICO로 막대한 투자 자금을 모으는 데 성공하여, 이더리움 개발 프로젝트는 재무적으로 안정적으로 진행될 수 있었다.

이더리움은 2013년 당시 19세이던 비탈릭 부테린이 작성한 '이더리움 백서(Ethereum White Paper)'에서 출발했다. 2014년 초 이더리움 공동 창업자인 개빈 우드가 이것을 프로그램으로 구현하기 위한 계획을 발표했다. 같은 해 6월에는 크라우드 세일이 열렸다. 이듬해 2015년 6월 이더리움의 정식 베타버전인 프론티어를 공개했다. 이더리움의 핵심은 스마트 콘트랙트이다. 스마트 콘트랙트(smart contract)란 '돈에 조건을 다는 것'이다. 어떤 조건을 만족하면 어떠한 행동을 하라는 내용까지 같이 기록한다. 계약 내용은 블록체인에 의해 자동으로 실행된다. 자동으로 실행되는(smart) 계약(contract) 즉 스마트 콘트랙트는 블록체인 위에 기록된 '조건'이다. 스마트 콘트랙트(smart contract)를 이용하면 계약의 조건과 이행 내용, 장래 발생할 프로세스 등을 블록체인상에 기록할 수 있다. 이더리움 채굴자에게는 임무가 하나 더 있는데거래 안에 담겨 있는 코드(스마트 콘트랙트)를 실행시키는 것이다. 따라서 제3자를 거치지 않고 프로그램을 통해 자동으로 계약을 실행하는 일이 가능하다. 거래 검증과 별개로 코드를 실행시킬 때는 그 코드에 따라 일정한 메모리와 컴퓨팅 파워가 필요한데 이때 사용되는 수단이 '이더(either)'이다.

이더리움은 사용자 간의 스마트 콘트랙트를 지원하기 위한 암호화폐이다. 2015년에 처음으로 발행되었다. 비트코인 다음으로 큰 시가총액이다. 수많은 Dapp의 플랫폼적인 성격을 갖고 있다. 2016년 이더리움의 DAO 콘트랙트 취약점을 이용한 해커의 공격 때문에 하드포크를 진행하여 이더리움 클래식과 이더리움으로 분리되었다.

이더리움 이전의 블록체인 플랫폼은 사용자의 목적에 맞는 커스터마이징이 사실상 불가능했다. 블록체인이 암호화폐 활용과 무관한 영역에서는 한계가 있었다. 이에 반해 이더리움은 '튜링 완전성(Turing-Completeness)'을 갖춘 확장용 언어를 갖춰 스마트 콘트랙트를 쉽고 간단하게 프로그래밍할 수 있도록 하였다. 튜링 완전성이란 수학적 시뮬레이션인 튜링머신의 수준까지 프로그래밍이 가능하다는 뜻이다. 이는 일반 컴퓨터에서 실행할 수 있는 프로그래밍이 모두 가능하도록 설계됐다는 의미로써 문자 그대로 '무한대의 확장성'을 갖는다.[36] 이더리움은 DApp을 실행할 수 있는 탈중앙화된 플랫폼이다.

수많은 토큰들의 이더를 기반으로 DApp들을 만들어 왔다. ERC20 기반의 토큰들은 2018년 12월 29일 현재 159,763개의 토큰이 존재한다.[37] 그중에 Top 순위에 뽑혀 올라와 있는, 화면상에 보여주고 있는 토큰들은 https://etherscan.io/tokens에 의하면 838개이다. 2018년 12월 29일 오전 10시 10분 현재까지 이더리움은 총 6,971,128개의 블록을 형성하고 있다.[38]

이더리움의 한계는 무엇인가? 첫째는 속도와 시간당 처리량이다. 이더리움은 1초에 평균 13.55개의 거래를 처리한다.[39] 페이스북과 같은 글로벌 서비스는 1초에 수십만 개의 요청을 처리한다. 속도를 개선하기 위해 현재 계속 연구 중이다. 둘째는 불완전한 코드이다. 2016년에 다오(The DAO)의 해킹 사태가 있었다. 2016년 크라우드 펀딩을 통해 천억원에 가까운 돈을 모았다. 그런데 해킹을 당해 약 3분의 1에 해당하는 어마어마한 돈을 잃었다. 해커는 블록체인 자체가 아니라 다오가 사용하는 스마트 콘트랙트 코드에서 약점을 찾아냈다. 셋째는 불완전한 계약이다. 현실에는 수많은 변수와 우연이 존재한다. 돌발상황이 수시로 발생한다. 이런 상황을 보완하기 위해 스마트 콘트랙트 계약과 관련하여 법적 조정을 도와주는 서비스(Mattereum, Codeligit)가 등장하기까지 했다. 이러한 이더리움의 한계를 극복하기 위해 후발주자들은 보다 발전된 블록체인 기술로 시장에 계속 진입하고 있다. 이오스(EOS) 5위, 카르다노(Cardano) 11위, 네오(NEO) 18위, 퀀텀(Qtum) 27위 등은 이더리움의 경쟁자들이다(순위는 2018년 12월 29일 현재 코인마켓캡 순위 기준[40]임).

현재 암호화폐 시장규모는 208조[https://coinmarketcap.com/ko/(오늘 2018년 11월 16일 기준, 2018년 12월 29일에는 148조 5천억 시장으로 하락해 있음)], 작년 2017년 10월 22일 기준 세계증시 시가총액이 약 10경 327조원이었으니(http://www.etnews.com/20171022000094) 증시 가액의 대략 0.2% 수준이다. 과연 1년 후 혹은 3년 후는 증시 가액의 몇 프로까지 올라갈지 궁금하다.

많은 이가 스마트 콘트랙트(Smart Contract)와 탈중앙화 앱을 블록체인 기술의 미래로 인식해 이더리움을 '블록체인 2.0'이라 명명했다. 이더리움이 블록체인 2.0으로 각광받는 이유는 솔리디티(Solidity) 때문이다. 솔리디티는 이더리움 가상머신(Ethereum Virtual Machine)에 의해 수집되는 프로그래밍 코드를 위한 프로그래밍 언어이다. 주로 이더리움 네트워크에서 스마트 계약과 탈중앙화된 애플리케이션에 사용된다.

2017년 『하버드 비즈니스 리뷰(Harvard Business Review)』는 블록체인이 경제적/사회적 시스템에 새로운 근간을 만들 수 있다고 공표했다. 블록체인이 어떻게 진화할지를 다루었다. 인터넷 초창기를 연상시키면서 무한한 가능성이 실현될 수 있다고 예견했다. 비트코인은 주로 금융거래의 분산 원장을 위해 사용된다. 이더리움은 분산된 컴퓨팅 플랫폼에서 애플리케이션을 운영할 목적으로 고안되었다. 비트코인은 금융거래를 위한 화폐이고, 이더리움의 이더(ETH)라는 암호화폐는 단순히 거래를 위한 목적이 아니다. 블록체인상에 있는 전체 컴퓨팅 플랫폼을 가지고 있는 이더리움에게 화폐는 네트워크의 작은 부분일 뿐이다. 두 개가 상이한 목적으로 사용되는 진짜 이유는 비트코인에서도 스마트 계약의 기능이 있지만 무한반복의 문제점을 내재하고 있다. 이를 극복하고자 나온 스마트 계약 특화 블록체인인 이더리움은 최대 가스(Gas) 사용량이라는 개념을 도입해서 무한반복의 문제점을 해결했다.

비트코인 네트워크가 가진 문제점 중 하나는 전 세계 최고 슈퍼컴퓨터를 합한 것보다 더 강력하지만 블록을 추가할 때 임의로 숫자를 생성하면서 프로세싱 파워를 낭비하고 있다는 점이다. 반면 이더리움은 블록체인 애플리케이션 개발자가 다양한 응용 프로그램을 개발할 수 있다. 개발자는 스스로 블록체인을 생성할 필요가 없으며, 블록체인에 연결되어 있는 컴퓨터를 사용할 수 있다. 이더리움은 컴퓨터 네트워크를 잘 구축해 놓았다. 이더리움 플랫폼은 또한 이더리움 가상머신(EVM, Ethereum Virtual Machine)과 프로그램 언어 솔리디티를 비롯해 다양한 튜링 - 완전한 언어들을 사용할 수 있기 때문에 모든 형태의 거래를 프로그래밍화 할 수 있다. 스마트 계약을 구현할 수 있고 탈중앙화된 애플리케이션도 개발할 수 있다. 이더리움은 개발자들에게 자율성과 효율성을 제공한다. 이더리움이 충실하게 스마트 계약기능을 기술적으로 잘 서포트하고 DApp들을 자유롭게 구현해 갈 수 있도록 안전하고 확장성 높은 플랫폼으로서의 기능을 얼마만큼 잘 수행해 나갈지 흥미롭게 지켜볼 필요가 있다. 일부 속도 문제 등 이더리

움의 한계를 지적하기도 하지만 블록체인 기술은 완성형이 아닌 지속
적으로 발전해 가고 있기 때문에 누구에게나 공평하게 발전의 가능성
을 열어두고 싶다.

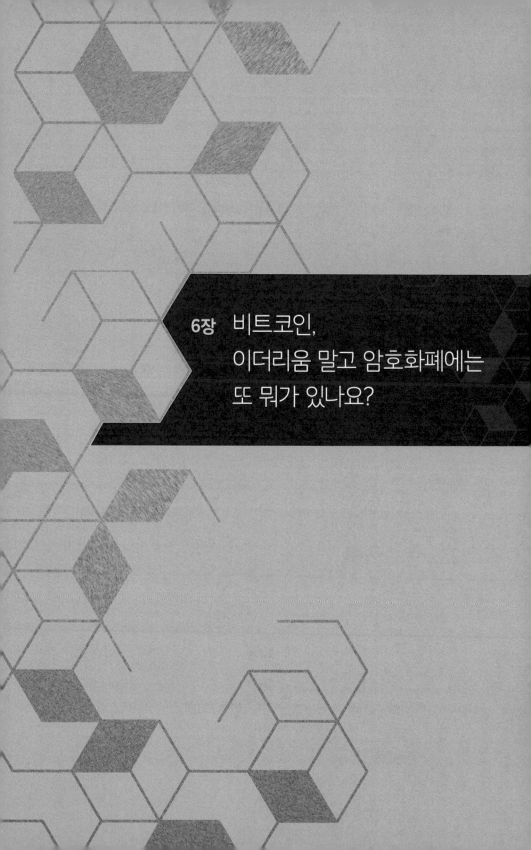

6장 비트코인,
이더리움 말고 암호화폐에는
또 뭐가 있나요?

암호화폐에는 비트코인과 이더리움만 있는 것은 아니다. 수십 개, 수백 개를 넘어 2018년 10월 22일 코인마켓캡 기준 2,112개에 달한다. 암호화폐의 규모를 가늠하는 기본적인 지표는 코인당 가격, 코인 공급량, 시가총액(=마켓캡)이다. 예를 들어 2018년 10월 22일 기준으로 이더리움 1개당 $205.59이고 공급량은 1억 개를 조금 넘어 102,721,562개이다. 시가총액(마켓캡=코인가격×공급량)은 205억 달러이다. 비트코인은 공급량이 1,733만 개로 이더리움보다 적지만 1비트코인의 가격이 6,500달러이므로, 시가총액이 1,126억 달러로 암호화폐 가운데 부동의 1위 자리를 지키고 있다. 2,112개 암호화폐 시가총액을 모두 더하면 암호화폐 전체 시가총액이 나오는데 2018년 10월 22일 기준 2,096억 달러 수준이다. 원화로 230조 원이다. 2018년을 마감하는 12월 29일 현재 시점에서는 시장의 여러 변수로 인해 암호화폐 전체적 가격이 떨어져 148조 5천억 원 시장규모를 보이고 있다.[41] 한 달여 지난 2019년 1월 29일 현재 여전히 비슷한 수준으로 134조 2,100억의 시장 규모를 보이고 있다.

전체 시가총액 가운데 비트코인이 차지하는 비중은 2016년까지만 하더라도 90%에 가까웠으나 2017년 초부터 급격히 떨어져 2018년 10월 기준 54% 수준이다. 2018년 12월 29일 현재는 조금 더 떨어져 51.8% 비중을 보이고 2019년 1월 27일 현재는 0.7% 상승한 52.5% 비

중을 보이고 있다.[42]

그만큼 다른 암호화폐가 많이 성장했다는 의미이기도 하다. 비트코인을 제외한 암호화폐의 시총 순위는 다이내믹하게 변한다. 불과 1년 전과 비교해 10위권 내에 여전히 자리를 지키고 있는 암호화폐는 비트코인, 이더리움, 리플, 라이트코인 4개뿐이다. 새로 발행되는 암호화폐의 진입도 빠르다.

암호화폐가 왜 이렇게 많을까? 암호화폐 종류는 지금도 계속 늘어나고 있다. 수많은 암호화폐가 모두 똑같은 기능을 가지고 있는 것은 아니다. 저마다 조금씩 다른 기능이 있으므로 기능에 따라 분류해보자. 첫 번째는 분산 원장 코인, 가장 기본에 충실한 암호화폐이다. 돈이 오고 간 기록(원장)을 공유한다. 최초의 분산 원장인 비트코인을 비롯해 비트코인 캐시, 라이트코인, 도지코인 등이 있다. 이를 부담스러워하는 이용자들을 위해 익명성을 추가한 코인들도 있다. 대시, 모네로, 제트캐시 등이다.

두 번째는 플랫폼 코인이다. 블록체인 기술에 스마트 콘트랙트 기능을 더했다. 플랫폼 코인은 분산화된 네트워크를 제공한다. 이더리움, 네오, 이오스, 퀀텀, 스트라티스, 라이즈 등이 있다.

세 번째는 애플리케이션 토큰이다. 안드로이드나 iOS에서 구동되는 앱처럼 분산화된 블록체인 네트워크에서 구동하는 앱이 있다. 댑(DApp) 또는 디앱이라 부른다. 플랫폼 네트워크에 맞추어 개발하게 되는데, 이 안에서 통용되는 화폐를 일반적으로 '토큰'이라 부른다. 앱 내부 결제 등으로 활용된다. 가령 이더리움 토큰들은 오미세고(암호화폐 결제 시스템), 카이버(암호화폐 분산화 거래소), BAT(광고), 어거 노시스

(예측 시장), 엣지리스(카지노), SNT(메신저) 등이 있다. 퀀텀을 기반으로 한 토큰들에는 메디블록(의료 정보 공유), 에너고(에너지 거래 시스템), 보디(예측 시장), 밍크(저작권 보호 및 판매) 등이 있다.

블록체인을 기반으로 한 수많은 디앱이 활발하게 개발되고 있다. 우리가 일상생활에서 분산화된 앱을 사용하게 될 날도 머지않아 보인다.[43] 이미 작동하고 있는 블록체인 기반 SNS인 스팀잇도 있다. 이와 같이 수많은 코인이 있는데, 비트코인의 대안(alternative)으로 나왔다고 해서 알트코인(altcoin)이라고 부르기도 한다. 이러한 알트코인들은 크게 지불코인, 플랫폼코인, 유틸리리 토큰 등으로 구분하기도 한다. 알트코인들에 대해 간략히 알아보자.

알트코인

라이트코인(LTC, Litecoin)[44]

비트코인이 세상에 등장한 지 2018년 기준 10년의 세월이 지났다. 그사이 2천 개가 넘는 암호화폐가 탄생했다. 앞으로 더 많은 암호화폐가 생겨날 것으로 보인다. 라이트코인은 구글(google), 코인베이스(미국의 최상위권 암호화폐 거래소) 출신 찰리 리(Charlie Lee)라는 인물이 만들었다. 2011년 10월 깃허브(Github[45]: 공개적으로 프로그램의 소스 코드를 저장하고 관리할 수 있는 사이트로서 세계 최대 개발자 커뮤니티 중 하나)의 오픈소스 클라이언트를 통해 시작했다. 라이트코인(Litecoin)은

2011년 발행된 코인이다. 비트코인을 금이라 한다면 은에 해당하는 코인이다. 비트코인의 높은 경직성과 낮은 유동성을 해결하기 위해 거래 속도를 높인 코인이다. 실제 현실 세계에서 이루어지는 거래에 사용할 수 있게 되는 것을 목표로 하고 있다. 비트코인의 최대 발행량이 2,100만 개인 반면 라이트코인은 4배 많은 8,400만 개이며 블록 생성 시간은 10분에서 4분의 1인, 2분 30초로 줄였다.

비트코인 캐시(Bitcoin Cash, BCH)[46]

비트코인의 블록 크기는 1MB로 예전에는 크고 광활해 보였지만 10분마다 2,000건이 넘는 거래가 발생하자 한계에 부딪혔다. 문제 해결을 위한 의견이 갈렸다. 한 그룹은 세그윗(전자서명 분리: 신용카드나 수표를 사용할 때 서명을 하듯 비트코인도 사용할 때 서명이 들어간다. 그런데 비트코인은 이러한 서명이 거래 전체 용량의 50% 이상 상당 부분을 차지하기 때문에, 이 서명 부분을 별도로 처리하면 용량 부족을 어느 정도 해결할 수 있다. 그래서 블록 크기를 늘리지 않고도 비트코인 네트워크의 속도를 증가시킬 수 있는 방법으로 제안된 것이 세그윗이다)을 통해 1MB 공간을 보다 효율적으로 활용하려는 그룹이 있었다. 다른 그룹은 이에 반대하고 블록 크기를 2~8MB로 키워 문제를 해결하려는 그룹이 있었다. 비트코인 사용자와 채굴자 합의가 필요했다. 2017년 5월 비트코인의 이해관계자에 해당하는 58개의 회사가 모여서 해결책을 논의했다. 이 가운데 채굴자 그룹이 2017년 8월 하드포크를 감행해 비트코인 캐시가 탄생했다. 이러한 큰 문제점은 채굴의 중앙집중화이다. 비트코인 캐시(BCH)는

2018년 11월 15일경 비트코인ABC와 비트코인SV로 분리되었다.[47] 비트코인의 초기 정신인 '특정 주체가 권력을 갖지 않는 탈중앙화된 화폐'에 역행한다는 것이다. 월드 페이먼트 리포트(World Payment Report)[48]에 따르면 전 세계에서 일어나는 하루 결제량(현금 거래 제외)은 약 14억 건이라고 한다. 비트코인 캐시가 정말 세계적으로 통용되는 화폐가 되어 그중 절반을 처리하는 상황이라면 한 블록에 1.2GB씩은 들어가야 한다. 8MB인 현재보다 150배는 커져야 한다는 뜻이다.[49]

리플(Ripple, XRP)[50]/스텔라(Stella, XLM)[51]

리플은 '당나귀'라 알려진 파일 공유시스템과 마운트 곡스를 만든 제드 맥칼렙이 만들었다. 일반적인 블록체인 네트워크와 달리 한정된 참여자들만으로 합의를 이룬다. 덕분에 수수료가 저렴하고 빠르다. 채굴자 등을 통해 화폐가 추가로 공급되는 다른 암호화폐와 달리, 리플을 개발하고 운영하는 리플 랩스는 전체 수량을 미리 발행한 다음 시장에 유통시킨다. 제드 맥칼렙은 리플과 결별하고 새로 스텔라를 만들었다. 리플의 프로토콜을 개량한 독자적인 합의 프로토콜(SCP, Stellar Consensus Protocol)을 사용하며 스텔라 루멘이라는 자체적인 화폐를 사용한다. 리플처럼 수수료가 싸고 빠르다. 자체적인 화폐 말고도 네트워크상에서 달러나 원화 같은 다양한 자산을 취급할 수도 있다. 기존 금융기관과 협업하고 있는 리플과 달리, 스텔라는 개발도상국과 금융 소외 계층을 주요 고객으로 한다.[52]

리플은 탈중앙화된 송금플랫폼이다. 해외 송금 업무가 필요한 금융기관이 편리하게 해외 송금을 할 수 있게 해주는 블록체인이다. 일반적인 화폐, 디지털 화폐, 상품을 전달할 수 있게 해준다. 블록체인 데이터 구조와 자체적인 합의 프로토콜을 사용한다. 블록이나 블록체인 대신 원장(ledger)이라는 용어를 사용한다. Hawala 네트워크[4]에서 이뤄지는 것과 유사한 방법으로 신뢰 체인(trust chain)을 통해 돈과 상품이 전송된다. 게이트웨이 및 일반적인 노드라는 두 가지 종류의 노드가 존재한다. 게이트웨이는 보증금과 하나 이상의 화폐 또는 상품의 인출을 지원한다. 게이트웨이는 대게 등록된 금융기관, 거래소, 판매자 등이다. XPR은 리플의 기본 화폐로 1,000억 개의 XPR이 최초에 생성되었으며 리플 회사에 의해 소유되고 있다.[53] 리플에는 채굴자도 없고, 새로운 화폐의 발행도 없다. 리플은 은행들이 겪는 문제점을 해결하고 효율성을 높여주고, 협력의 효율화를 위한 프라이빗 블록체인(Private Blockchain)이다.

은행 간 거래는 지급 - 청산 - 결제 단계를 거친다. 정보만 기록(지급단계)하고 나중에 실제 얼마나 빚졌는지를 계산(청산 단계)하고 일정 기간에 모아서 한 번씩 돈을 주고받아 정산(결제 단계)한다. 하루에 한 번씩 한국은행을 통해 서로 주고받은 돈을 '청산'하고 '결제'한다. 은행 간 해외 송금 시 발생하는 비효율을 살펴보자. 국내(가)은행 - 국내 중개은행 - 외국 중개은행 - 외국(나)은행 여러 과정을 거쳐 국제 송금이 이루어진다.

---

4) Hawala는 주로 이슬람적 전통을 따라 중동, 북아프리카, 중앙아프리카, 인디언 부족들이 비공적인 돈 브로커(money broker)들을 통해 비공식적으로 가치를 전달하는 시스템이다. 직접 돈이 움직인다기보다 컴퓨터 네트워크상의 전송방식이다.

리플은 SWIFT(국제은행 간 통신협정)를 대체하고자 한다. 현재 해외 송금 시스템이 SNS 메시지라면 리플은 단톡방과 비슷하다. 이렇게 단톡방을 개설하듯 리플 네트워크에 여러 은행을 가입하게 해, 서로 중개 은행을 거칠 필요 없이 각자의 IT 시스템을 리플 블록체인과 연결하여 은행 간 거래를 처리하게 한다. 국경에 구애받지 않고 10초 이내에 하나의 거래를 처리할 수 있어 기존의 2~10일 걸리던 결제(settlement)에 비해 훨씬 빠르다. 리플에는 '채굴 경쟁'이 없다. 탈중앙화를 위한 장치를 없애고 검증할 사람을 미리 지정함으로써 훨씬 더 빠르고 효율적으로 거래를 처리한다. 리플에는 '인센티브'가 없다. 리플사가 리플의 기본 설정 자체를 자신들이 운영하는 검증자들로 지정해 놓았고, 이외의 다른 검증자를 설정할 경우 자신들이 책임질 수 없다는 문구를 걸어놓았다. 리플에는 '블록'도 없다. 그저 길게 연결된 거래 목록이다. 은행 간 거래를 효율화하는 시스템이 목표인 리플에게는 탈중앙화보다 효율성이 중요하다. 리플에는 '게이트웨이'라는 내부 거래소가 있다. 게이트웨이는 실제 원화나 달러 등을 받고 디지털 수표를 발행해 준다. 이 수표는 정확히 말하면 화폐 차용증이다. XRP는 어디에 쓰는 걸까? 리플에는 자체 화폐인 XRP 외에 IOU(I Owe You)라는 리플 수표도 있다. 이 리플 수표를 사용하면 원화, 달러화 혹은 비트코인 등 다양한 화폐를 리플 내에서 거래할 수 있다. 인센티브 역할도 아니고 돈을 주고받는 것 역시 수표를 통해 가능하다면 과연 XRP의 역할은 무엇인가? XRP의 목적은 리플 네트워크 내 '연결 통화(Bridge Currency)'가 되는 것이다. 연결 통화는 서로 다른 화폐 쌍에게 나누어져 있던 거래량을 집중시킨다. XRP의 가치는 리플 네트워크를 사용하는 은행이 얼마나 많은 가가 아니라 얼마나 많은 은행이 XRP를 사용해 환전을 하느냐에 달려 있다. 리플은 2012년 발행되었다.

익명성 코인

익명성 코인으로 대시, 모네로, 제트캐시 외에도 대시로부터 하드포크를 통해 분리된 피빅스(PIVX) 등 익명성을 강조하는 코인들이 늘어나고 있다. 이 중 하나인 버지(Verge)는 세계 최대 포르노 사이트 폰허브(pornhub)에서 결제를 지원하는 제휴를 발표하며 다양한 반응을 이끌어냈다. 이들이 얼마나 완전한 익명성을 보장하는지에 대해서는 여전히 많은 이야기가 오가고 있다. 개인정보 보호를 중시하는 투자자가 많아지면서 익명성 코인에 대한 관심과 수요 역시 증가하고 있다.[54]

대시(Dash, DASH)[55]

블록체인의 지갑은 너무나 투명해 지갑 주소만 알면 모든 내역을 볼 수 있어 부담스럽다. 지갑의 투명성을 제거하고 익명 거래가 가능하도록 하는 대표 코인 세 가지가 있다. 2014년 1월 가장 먼저 발행된 대시는 작업증명과 지분증명이라는 독자적인 방식을 혼용한다. 대시는 어디서나 사용될 수 있는 디지털 캐시를 표방한다. 서비스증명(PoSe, Proof of Service)은 마스터 노드와 관련이 있다. 신규 발행코인은 채굴자에게만 분배되는 게 아니라 마스터 노드에게도 분배된다. 마스터 노드는 대시 1천 개 이상을 보유하고 노드를 구성하는데, 이들은 여러 건의 거래를 모아 뒤섞은 다음 전송하여 지갑 내역 확인을 어렵게 한다.

대시(Dash)는 탈중앙화된 화폐이다. 트랜잭션을 거의 즉시 처리한다. ISP(Internet Service Provider)가 사용자를 추적하는 것도 방지한다. 비트코인 네트워크에는 채굴자(miner)와 일반 노드라는 두 가지 유형의 노드가 있다. 하지만 대시에는 채굴자, 마스터 노드(maternode), 일반 노드라는 세 가지 유형의 노드가 있다. 비트코인의 단점은 프라이버시 문제, 거래 체결 속도 문제, 채굴자의 중앙집중화, 거버넌스(Governance)의 부재 등을 들 수 있다. 대시는 비트코인의 여러 단점을 동시에 해결하려고 하였다. 이를 위해 대시는 마스터 노드라는 새로운 역할과 거버넌스 시스템을 도입하였다.

마스터 노드는 채굴자들이 할 수 없는 특수 기능을 지원, 사용자를 대표하여 의사결정을 한다. 국회의원과 비슷한 역할을 한다. 채굴자들의 권력을 견제한다. 마스터 노드가 되면 보상을 받는다. 블록이 한 번 생성될 때 채굴자에게 45%, 마스터 노드에게 45%, 내부 예산에 10%를 분배한다. 마스터 노드가 되기 위해서는 보증금을 내야 한다. 마스터 노드가 되려면 계좌에 1만 DASH(2019년 1월 27일 현재 8억 2천3백만 원의 가치, 1DASH 82,316 KRW) 이상을 보유해야 한다. 그 정도의 DASH를 가지고 있다면 대시 네트워크의 가치가 오르도록 행동할 수밖에 없다고 여기는 것이다. 마스터 노드가 되면 네트워크에 필요한 일들을 해야 한다. 마스터 노드가 해야 하는 또 다른 일은 블록체인을 저장하는 것이다. 마스터 노드는 반드시 자신의 컴퓨터에 대시의 블록체인 전체를 가지고 있어야 한다. 채굴자들의 권력 집중을 방지하는 효과가 있다. 마스터 노드는 중요 안건에 대해 투표권을 행사한다. 대시의 거버넌스 시스템에도 아직 미숙한 점이 많다. 우선 찬성을 받은 프로젝트 대부분이 개발팀 멤버에 의해서 제출된다는 점이다. 아직은 개발팀이 새로운 안건에 대한 대부분의 권력을 가지고 있는 셈이다.

대시(Dash)의 '에볼루션'은 개발 중인 새로운 서비스이다. 할머니도 쓸 수 있는 암호화폐 인터페이스를 목표로 하고 있다. 암호화폐의 '토스(Toss)'와 같은 앱이 되고자 한다. 가장 중요한 기능 중 하나가 상대방의 주소를 몰라도 돈을 보낼 수 있는 기능이다. 상대방의 연락처나 ID를 통해 검색하고 보낼 수 있다. 자동이체 기능이나 에볼루션과 연결된 온라인 상점들에서는 간편결제도 가능하도록 개발하고 있다.

모네로(Monero, XMR)[56]

모네로는 링 시그니처(ring signature)와 스텔스 주소(stealth address), 링 CT(ring confidential transaction) 기술을 개발하여 익명성을 강화했다. 링 시그니처는 보내는 사람 외에도 다른 여러 명이 함께 서명해 누가 보냈는지 알 수 없게 한다. 스텔스 주소는 일회용 주소를 사용해 거래 당사자가 아니면 받는 사람이 누구인지를 알 수 없게 한다. 링 CT로는 전송금액까지 감출 수 있어 높은 수준의 익명성 기술로 평가받는다. 거래하는 사람과 오가는 돈의 액수를 모두 암호화해 비공개로 바꾸는 방법으로 문제를 해결한다. 현재까지 프라이버시 보호가 가장 강력하다. 익명성을 극대화한 암호화폐이다. 그렇다 보니 정부의 규제나 감시 대상이 되기 좋다는 것이 모네로의 단점이기도 하다. 모네로를 사용하려면 커맨드 라인 인터페이스라는 것을 사용해야 한다. 가령 'Send Monero'같은 텍스트 명령어를 쳐야 한다. 암호화 기술이 적용되는 곳은 크게 세 군데이다. 가짜 서명을 사용해 <u>보내는 사람</u>을 숨긴다. 링 시그니처(Ring Signature) 여러 명이 같이 서명하는 방식으로 이를 숨긴다. <u>수신자</u>가 누구인지 숨기기 위해 스텔스 주소(Stealth address)를 사용한다. <u>받는 사람의 주소</u>를 공개하지 않기 위해 일회용 주소를 생성한다. Ring CT라는 복잡한 암호화 기술을 통해 거래액을 숨긴다.

제트캐시(ZCash, ZEC)[57]

제트캐시는 비트코인을 포크한 여러 코인 가운데 하나로 영지식 증명(zeor-knowledge proof) 기술 중 하나인 zk-SNARKs(zero-Knowledge Succinct Non-interactive ARgument of Knowledge)를 활용한다. 영지식 증명이란 상대방에게 문제의 답을 알려주지 않으면서 내가 정답을 알고 있다는 사실을 증명하는 방법이다. 내 키를 노출하지 않으면서 내가 키를 알고 있다는 사실을 보여주는 것이다.

익명성 코인은 프라이버시 보호라는 장점도 있지만 음성적인 거래에 악용될 소지도 분명히 존재한다. 특히 돈세탁과 관련한 우려가 큰 편이다. 최근에 해킹으로 인해 큰 피해를 입은 코인체크 일본의 거래소는 이러한 염려 때문에 대시, 모네로, 제트캐시의 거래를 중단했다.[58] 그러나 이러한 우려만으로 익명 코인의 장점이 완전히 가려져서는 안 될 것이다. 기업은 익명 코인을 이용해 고객의 신원을 보호할 수 있고, 개인의 민감한 정보 노출을 막는 등 다양한 방면으로 유익하게 쓸 수 있다.

확장성 솔루션 Loom SDK

룸 네트워크는 이더리움 확장 솔루션으로 더 쉽게 말하자면 이더리움 위의 이오스(EOS)를 표방한다. SDK는 Software Development Kit의 약자로 블록체인을 알지 못해도 블록체인을 만들 수 있다. 그리고 이더리움 네트워크에 연결되는 자신만의 사이드 체인을 가질 수 있다. 즉, 이더리움으로 블록체인 보안을 보증하면서 자신만의 DApp을 사이드체인에서 운영할 수 있는 것이다. 특이하게 룸 네트워크는 백서가 없다. '말은 쉽다. 우리는 제품으로 보여주겠다'라는 게 그들의 모토이다. 비탈릭 부테린이 3월 31일 성능이 빠른 DApp을 만들기 위한 모델로 '룸 네트워크와 같은 시스템[59]이 적합할 것'이라고 언급하여 주목을 받았다.

룸 네트워크는 크립토좀비(CryptoZombies)[60]라는 이더리움 기반 게임 겸 학습프로그램을 운영하고 있다. 이더리움의 프로그래밍 언어인 솔리디티(Solidity)를 기초부터 가르치고 있다. 동시에 자신의 캐릭터에 세력을 키우는 게임의 요소를 가미한 프로그램으로 사람들에게 쉽게 지식을 전수하고 있다. 룸 네트워크에 의하면 크립토좀비를 통해 약 20만 명의 개발자들이 솔리디티에 대해 학습했다고 한다. 룸 네트워크는 블록체인 기반 DApp이 현재까지 직관적이지 못한 UI(User Interface)를 갖고 있으며, 이것이 대중들이 댑을 이용하는데 있어 큰 장애물로 작용한다고 주장한다. 따라서 유저들이 더 쉽게 사용할 수 있는 댑을 만들 수 있게 하는 데 중점을 두고 있다. Loom SDK의 공개 베타 버전이 2018년 6월에 공개되었고, 매주 업데이트될 계획이라고 한다.[61]

7장 블록체인 용어가 어려워요.
자주 사용하는
용어 좀 알려주세요

암호화폐(crypto currency)[5]

블록체인 기반의 전자화폐를 구현할 때 디지털 서명, 해시(Hash), 체인 등 암호화(encryption) 기술을 활용해 설계된 거래 수단들을 지칭해 암호화폐라고 한다(예: 비트코인, 이더리움 등).

가상화폐(virtual currency)

가상 세계에서 활용되는 모든 거래 수단이 이에 해당한다(예: 게임 내에서 사용되는 하트/보석/캐시 등).

디지털자산(digital asset)

다양하게 생성되고 있는 블록체인 기반 프로젝트들의 성격을 설명하기에 '화폐'라는 개념은 불충분한 부분이 있다고 여겨져 새롭게 사용되고 있는 용어이다.

명목화폐(Fiat Money)

원화이나 달러처럼 실질적인 가치와는 관계없이 표시된 가격으로 통용되는 법정인 화폐를 의미한다.

---

5) 『처음 배우는 블록체인』 13~18페이지 용어 정리를 참조하여 새로 정리함

이중지불(double-spending)

지폐나 동전으로 지불을 할 경우, 해당 물건을 직접 판매자에게 넘겨주므로 지불한 사람에게는 물리적으로 그 돈이 남아있지 않게 된다. 신용카드 등을 사용하거나 온라인 거래를 할 경우, 제3자(은행, 신용카드 회사 등)가 해당 거래가 유효한지를 검증한다. 그러나 가상화폐는 디지털 코드이기 때문에 컴퓨터 파일을 복사하듯 상대적으로 쉽게 조작하거나 복사할 수 있다. 비유하자면 친구에게 이메일로 사진을 보내도 해당 사진은 자신의 컴퓨터/드라이브에 여전히 남아 있다. 원본이 사라지지 않는 것이다. 비트코인은 시간 순서대로 모든 거래 기록이 적혀 있는 장부를 네트워크상에 있는 모든 노드(유저)가 공유하는 블록체인 개념을 통해 조작과 위조/변조의 가능성을 차단했다. 이렇게 이중 지불(돈을 지불하고도 원본이 남아 있어 같은 가상화폐를 여러 군데에 사용하는 행위)문제를 해결함으로써 비트코인은 그 전에 존재한 다른 분산화된 전자화폐들의 한계를 넘어설 수 있었다.[62]

비트코인(Bitcoin)

2008년 사토시 나카모토가 제안한 암호화폐 시스템이다. 기존 전자화폐와 달리 관리자 없이도 자율적으로 동작하는 분산 시스템이다.

이더리움(Ethereum)

암호화폐 종류의 하나로 알려졌지만 블록체인 기반 애플리케이션을 개발하고 운용하는 플랫폼이라는 뜻도 있다. 튜링 완전한 프로그래밍 언어 기반의 애플리케이션을 개발할 수 있다.

블록체인(Blockchain)

관리자 없이 자율적으로 동작하는 분산 시스템 기술을 통칭한다. 거래내역을 '블록'이라는 데이터 단위로 저장한 후 해당 블록의 해시값을 다른 블록에 저장시켜 체인 형태의 연결고리를 만든다.

DApps(Decentralized Applications)

탈중앙화 애플리케이션의 줄임말이다. 특정 관리자가 없어도 계속 동작하면서 스마트 콘트랙트를 실행하는 애플리케이션이다. 이더리움에서 동작하는 DApps는 분산 시스템에서 자율적으로 스마트 콘트랙트를 실행하므로 자율 분산 애플리케이션이라고도 한다.

스마트 콘트랙트(Smart Contract)

IT 기술을 이용해 계약 내용을 자동으로 실행하는 것을 스마트 콘트랙트라고 한다. 예를 들어, 전자화폐의 잔액이 일정 액수 이하면 신용카드로 자동으로 충전하는 서비스도 스마트 콘트랙트의 하나이다. 이더리움은 스마트 콘트랙트를 적용한 대표적인 블록체인 기반 애플리케이션 플랫폼이다.

주소(Address)

공개키 암호로 암호화폐를 받거나 보내는 단위로 임의 문자열이다. 공개키를 바탕으로 만들고 비밀키가 있는 프로그램으로 암호화폐의 이용권한을 얻을 수 있다.

지갑(Wallet)

암호화폐 거래에 필요한 개인키를 저장한 공간을 뜻한다. 암호화폐 자체는 블록체인에 공유해 저장한다. 지갑에는 하드월렛과 소프트월렛이 있다. 하드월렛(Hard Wallet)은 USB와 같이 별도의 저장공간에 저장하는 개념이다. 해킹을 당할 염려가 적지만 분실의 위험이 있으니 잘 보관해야 한다. 소프트월렛(Soft Wallet)은 인터넷에 연결된 공간이면 언제든지 지갑에 접속할 수 있는 지갑개념이다. 내가 별도로 보관하는 개념이 아닌 나는 그 개인키만 잘 기록해 두고 있으면 된다. 보통 거래소 지갑이나 별도의 지갑 앱을 다운로드해서 사용하게 되는데 해킹의 위험성이 있다.

디지털 자산(Digital Asset)

다이아몬드와 고급 자동차 등의 실제 자산 소유권 거래내역을 블록체인으로 디지털화한 것을 말한다. 실생활에서 이용할 수 있는 서비스로 적용할 수 있는지 검증하는 중이다.

거래(Transaction)

일반적으로는 시스템 안에서 더 나눌 수 없는 처리 단위를 의미한다. 블록체인에서는 코인과 토큰 소유권을 포함하는 데이터를 주고받는 것을 뜻한다. 작성자의 전자서명을 적용해 코인 및 토큰 발행을 증명하거나 내용을 조작한 사실이 없음을 보장하는 데 사용한다.

블록(Block)

여러 거래를 모아 만든 데이터 단위이다. 거래를 블록에 저장하면 올바른 거래인지 검증하며, 작업증명 알고리즘 등을 이용해 이중 지급을 막는다. 블록 높이(Block Height)가 0이면 맨 처음 생성한 블록이며 이를 제네시스(genesis) 블록이라고 한다. 해시값(Hash Value)은 암호화폐를 구분하는 작은 크기의 데이터를 말한다. 원본 데이터에서 해시값을 계산하는 함수를 해시 함수(Hash Function)라고 한다. 관계값을 찾기 어렵게 만드는 해시 함수는 암호화 해시 함수(Cryptographic Hash Function)라고 한다.

채굴(Mining)

비트코인과 블록체인 기반 암호화폐는 누구나 새로운 블록 생성에 참여해 보상으로 암호화폐를 얻는다. 이러한 행동을 채굴이라고 한다. 19세기 미국에서 벌어졌던 골드러시에서 유래한 용어이다. 채굴에 참여한 사람은 채굴자(miner)라고 한다.

합의를 위한 알고리즘

합의(consensus)

알고리즘 분산 시스템의 모든 프로세스가 같은 결괏값을 결정하는 과정을 합의라고 한다. 시스템에서 발생하는 에러를 막고 무결성을 보장한다. 블록체인 시스템은 누구나 블록을 생성할 수 있는 구조이므로 블록의 소유권과 생성 순서를 결정하는 합의 알고리즘을 사용한다.

작업증명(PoW, Proof of Work)

블록체인에서 블록들을 이어가려면 합의가 필요하다. 작업증명 알고리즘은 채굴했다는 사실을 증명한 후에 블록을 생성하게 만드는 방법이다. 작업증명은 불특정 다수가 참여할 수 있는 환경에서 유효한 알고리즘이다. 작업증명은 비트코인을 비롯한 주요 퍼블릭 블록체인에서 채택하고 있는 합의 알고리즘이다. 블록을 만들어 배포한 후 많은 참가자가 사용하는 것을 올바른 블록으로 정의하기 때문에 참가자의 수에 영향을 받지 않고 얼마든지 참가자를 늘릴 수 있다. 단 파이널리티(Finality: 블록체인이 분기되었을 때 최종적으로 하나의 유효한 블록체인으로 확정되는 것)가 불확실하거나 확률에 의존할 수밖에 없다는 단점이 있다. 작업증명 방식은 속도가 느리다는 한계점이 있다. 에너지 소모 역시 심각한 문제이다.[63]

'해시'라는 킷값을 맞히기 위한 의미 없는 정보를 작성하다 보면 어느 순간 이전 블록과 연결되는 키를 찾을 수 있다. 전체 해시 양이 늘어나면 키를 찾는 시간이 빨라지게 된다. 그럴 때마다 난이도를 조정해 블록 생성 시간을 일정하게 한다. 해시값을 찾는 행위를 채굴이라 한다. 채굴하는 코인은 거의 모두 작업증명 방식이다. 예를 들어 비트코인, 이더리움, 비트코인 캐시, 라이트코인, 대시, 모네로 등이 작업증명 방식을 채택하고 있다.

지분증명(PoS, Proof of Stake)

대량 통화를 소유하고 있는 참가자는 그 통화 가치를 지키기 위해 '시스템 신뢰성을 손상시키지 않을 것'이라는 전제를 바탕으로 한다.

지분증명 방식은 컴퓨팅 자원 소모가 아닌 자신이 가진 지분(stake)을 통해 블록을 생성한다. 즉 자신이 가지고 있는 지분과 지분이 생성된 날짜에 의해 결정된다. 채굴에 들어가는 어마어마한 비용을 아끼고 해시 독점 문제(51% 공격, 블록체인 위·변조 가능)를 해결하기 위한 방식으로 코인 보유량에 비례해 추가적으로 블록을 생성하고 신규 발행 코인을 얻는다. 대표적인 지분증명 코인은 Lisk, RISE, ARK 등이 있다. 처음에는 작업증명으로 하다가 지분증명으로 전환하는 블록체인도 있는데 바로 이더리움이 그 한 예이다. 지분증명은 작업증명 시스템이 필요로 하는 유지비용(전력, 장비, 가격 등)이 늘어남에 따라 해결책을 찾기 위해 등장한 개념이다. 코인의 보유량이나 보유한 코인의 나이에 따라 블록 생성자가 될 확률이 조정되며, 이를 통해 합의를 형성한다.

위임형 지분증명(DPoS, Delegated Proof of Stake)

위임형 지분증명의 특징은 투표를 통해 블록 생성자를 선정한다는 것이다. 지분증명(PoS)에서는 보유하고 있는 암호화폐 비중(해당 암호화폐의 전체 수량 중 몇 %를 보유하고 있는가)을 통해 다음 블록을 증명하고 그에 따른 거래비용을 벌 기회가 주어진다. 위임형 지분증명은 이처럼 지분을 가진 사람들이 정해진 수의 증인을 자신의 권한을 통해 선출하는 구조다. 정확한 비유는 아니지만, 주주총회의 개념을 생각하면 쉽다. 댄 래리머(Dan Larimer)가 참여한 비트셰어(BitShares), 스팀(Steem), 이오스(EOS) 등에서 대표적으로 사용되고 있다.

중요도 증명(PoI, Proof of Importance)

블록체인에 블록을 추가할 수 있는 자격을 부여하는 시스템 구축은 지분증명과 유사하지만, 단순한 코인 보유량 외에도 실제 코인 사용량, 블록 생성을 위해 담보로 잡아둔(vested) 코인의 양 등 여러 변수를 조합해 블록체인에 대한 기여도를 파악하는 방식이다.[64]

프랙티컬 비잔틴 장애 허용(PBFT, Practical Byzantine Fault Tolerance)

프랙티컬 비잔틴 장애 허용(PBFT)은 작업증명과 지분증명의 단점인 파이널리티 불확실성과 성능 문제를 해결하는 합의 알고리즘이다. 대표적인 프라이빗 블록체인 오픈소스 플랫폼 중 하나인 하이퍼레져 패브릭(Hyperledger Fabric)에서는 바로 이 PBFT 방식을 채택한다. PBFT 방식은 네트워크의 모든 참가자를 미리 알고 있어야 한다. 참가자 중 한 명이 프라이머리가 되고 자신을 포함한 모든 참가자에게 요청을 보낸다. 그 요청에 대한 결과를 집계한 뒤 다수의 값을 사용해 블록을 확정한다. 작업증명과 지분증명은 수천, 수만 개의 노드를 만들 수 있지만 PBFT는 수십 개의 노드가 한계이다.

비잔틴 장군의 문제(Byantine General Problem)

P2P 네트워크에서는 정보의 지연과 미도달이라는 사태를 피할 수는 없다. 데이터를 위·변조할 의도가 없다 해도 이중 송신에 따른 중복 처리나 잘못된 정보에 의한 오작동 등의 위험이 있다. 이러한 분산 네트워크 문제를 해결하기 위해서는 먼저 '비잔틴 장군 문제'에 대한 이해가 중요하다. 비잔틴 장군 문제는 레슬리 램포트(Leslie Lamport)

가 1982년 분산 네트워크의 오류에 대처하는 방법을 논하기 위해 처음으로 제기한 명제이다. 레슬리 램포트(Leslie Lamport)가 논문을 통해 전투에 나선 비잔틴 제국의 장군들이 풀어야 할 딜레마에 빗댄 용어로, 악의적인 노드가 분산 시스템에 참여한 상황을 처음으로 모델링한 것이다. 비잔틴 장군의 문제는 흩어져 있는 비잔틴의 장군들이 동시에 특정 성을 공격하려 할 때 내부에 첩자가 있음에도 불구하고 성공하기 위해서는 어떻게 해야 하는가에 대한 문제이다. 여러 곳에 흩어져 진지를 구축한 장군(프로세스)들은 공격이나 퇴각 명령(메시지)을 서로 주고받아 일사불란하게 대처해야만 승산이 있다. 문제는 반역자(오류 프로세스)가 섞여 있어서 메시지가 정확히 전달될 것이라는 보장이 없다는 것이다. 따라서 단 하나의 합의된 진짜 명령어를 구별하는 방법을 고안해야 한다.

비트코인이 내놓은 해결책은 메시지를 만들기 위해 투입한 작업을 기반으로 메시지의 진위를 검증하는 프로세스를 두고, 그 메시지들의 유효성을 보장하기 위한 검증 시간에 제한을 두는 것이었다.[65] 신뢰할 수 없는 자가 서로 모여 공동 작업을 하는데 내부에서 배신자가 생기지 않으려면 어떻게 하면 좋을까? 이것이 비잔틴 장군 문제라고 불리는 것이다. 지금까지 컴퓨터 공학에서 답이 없는 문제로 여겨져 왔다. 그런데 블록체인이 이 문제에 답을 내린 것이다. 부정행위에 도전하는 것보다 마이닝에 협력해서 보수를 받는 것이 이득이다. 블록체인은 나쁜 짓은 채산에 맞지 않는 구조라는 것을 기본으로 한다. 블록체인은 나쁜 짓을 하면 손해를 보기 때문에 하지 않는다는 성악설이 전제된다. 이렇게 해서 누가 참여하는지도 모르는데 신뢰할 수 있는 구조를 만들어냈다.

메인넷(Main Net)과 테스트넷(Test Net)

메인넷은 독립적인 암호화폐로 인정하는 프로그램을 출시 운용하는 네트워크이다. 테스트넷은 블록체인 애플리케이션을 개발할 때 사용하는 메인넷과 같은 구조의 네트워크이다. 메인넷을 이용하면 수수료를 내야 하거나 배포한 프로그램을 제거할 수 없는 등의 문제가 있으므로 테스트넷을 제공하는 것이다. 대표적인 이더리움 기반 테스트넷은 작업증명 알고리즘을 적용한 롭튼(Ropsten)과 권한 증명 알고리즘(POA, Proof of Authority)을 적용한 코반(Kovna), 린키비(Rinkeby)가 있다. 테스트넷에서 운용하는 암호화폐 역시 채굴비용이 있다.

코인(Coin)과 토큰(Token)

코인과 토큰의 가장 큰 차이는 자신만의 네트워크(메인넷)를 가지고 있는가 아니면 다른 코인의 네트워크 위에서 작동하는가의 차이이다. 메인넷이 있는 블록체인 시스템에서 발행한 암호화폐를 코인이라고 한다. 메인넷의 블록체인 시스템을 빌려 암호화폐를 발행하면 토큰이라고 한다. 보통 토큰 사용이 활발해지면 별도의 메인넷을 만들어 코인으로 승격시킨다. 토큰(Token)은 코인과 같은 기능을 하지만 코인에 종속된 암호화폐이다. 토큰은 기능형 블록체인 위에서 작동하는 스마트 콘트랙트와 DApp을 통해 발행되는 암호화폐들이다. 토큰은 사용하는 네트워크와의 관계 혹은 메인넷의 안정성 등에 영향을 받는다는 문제를 갖고 있다.

확정(Confirmation)

거래를 블록에 저장시켜 기존의 거래내역과 새로운 거래내역을 검증하는 것을 확정이라고 한다. 연결된 블록의 개수를 확정 횟수라고 한다. 확정 횟수는 신뢰도를 나타내는 지표로 이용된다.

가스(Gas)

가스는 이더리움에서 애플리케이션을 실행할 때 지급하는 네트워크 수수료이다. 가스는 악성 프로그램(예: 무한 반복 프로그램)의 실행을 막는 데도 유용하다. 가스는 악성 프로그램에 많은 수수료를 부과해서 자율적으로 문제를 해결하게 한다. 참고로 이더리움을 유지하는 비용으로도 이용된다.

ERC20

ERC는 Ethereum Request for Comments의 줄임말이다. 이더리움 네트워크 개선을 제안하는 EIPs(Ethereum Improvement Proposals)에서 관리하는 공식 프로토콜이다. 일종의 인터넷 프로토콜이나 파일 형식 등을 정의하는 RFC(Requests for Comments)의 이더리움 버전이다.

하이퍼레져(Hyperledger)

하이퍼레져[66]는 리눅스 재단의 주도하에 산업간 블록체인 기술 발전을 위해 조직된 전 세계적인 오픈소스 협업 활동이다. 금융, 뱅킹, 사물인터넷, 공급망, 제조 및 기술 분야의 총 130개 이상 회원이 하이퍼레져 패브릭, 하이퍼레저 컴포저 등 8개 프로젝트에 현재 참여 중이다. 표준화된 개방형 엔터프라이즈급 분산 원장 프레임워크 및 코드 베이스 개발을 위해 노력하고 있다. 승인이 필요한 DApp을 개발할 수 있는 기술에 전념하는 프로젝트다. 패브릭이란 승인이 필요한 DApp(Chaincode라고도 불림)을 실행할 수 있는 승인된 탈 중화된 플랫폼이다. 자체적인 패브릭 인스턴스를 배포한 후 그 위에 승인이 필요한 DApp을 배포한다.

하이페레져 패브릭에서는 암호화폐가 필요 없다. 네트워크에는 허가된 사람들만 참여가 가능하다. 거래는 공개 또는 기밀사항이다. 합의는 SOLO(Single node, development), Kafka(Cash fault tolerance), SBFT(지원 예정)등의 방식을 사용한다. 스마트 콘트랙트는 가능하며, 언어는 Golang, Java, Node.js 등이 사용된다.[67]

스테이블 코인(Stable Coin)

비트코인과 같은 '화폐로서의 토큰'의 가장 큰 문제는 가격이 쉴 없이 변동한다는 가격 변동성이다. 가치안정 화폐(Stable Coin)란 일반적으로 '1코인=1달러'를 유지하도록 만들어놓은 코인이다. 화폐 가치를 고정하기 위해 담보 자산을 설정하거나, 화폐유통량을 자동으로 조절하는 등 다양한 방법이 시도되고 있다. 지속적으로 발전하고 있는 단계이다. 테더(Tether), TrueUSD, MakerDai, DigixGold, Basecoin, Kowala 등이 스테이블 코인을 시도하고 있다.[68]

확장성 솔루션(Scalability Solution)

퍼블릭 블록체인의 가장 큰 과제인 시간당 거래 처리량을 늘리기 위한 확장성 솔루션 연구가 활발하다. 별도의 체인에서 거래를 빠르게 처리하고 최종적인 결과만 메인 체인에 기록하는 것이 주요 방식이다. 비트코인에서는 라이트닝 네트워크(Lightning Network)[69]가 대표적이다. 이더리움에는 라이덴 네트워크(Raiden Network), 플라즈마(Plasma), 샤딩(Sharding) 등이 있다.

인터체인(Interchain)

인터체인 솔루션은 서로 다른 블록체인을 연결하는 기술이다. 대표적인 프로젝트의 예로서는 코스모스(Cosmos), 폴커닷(Polkadot), 블록콜라이더(Block Collider), 에이온(Aion), 아이콘(ICON) 등이 있다. 좀 더 자세한 내용은 인터체인 프로젝트[70] 비교를 참조할 수 있다.

하드포크(Hard Fork)와 소프트포크(Soft Fork)

포크(Fork)는 블록체인의 유효성과 관련해 노드 간 충돌이 있거나, 하나 이상의 블록체인이 네트워크에 있거나, 모든 블록체인이 일부 채굴자에 의해 검증될 때 발생한다. 포크(Fork)는 프로그래밍 용어로는 오픈소스 코드의 수정을 의미한다. 포크는 크게 하드포크와 소프트포크로 구분된다. 하드포크는 하드웨어적 변화 즉 물리적인 외형적 변화이다. 소프트포크는 프로그램 기능적 요소 즉 기능적 변화로 이해될 수 있다. 하드포크는 완전히 새로운 블록체인 네트워크를 만들어서 파생되어 나가는 것을 의미한다. 기존의 블록과 달라졌기 때문에 특정 시점을 기준으로 하여 새로운 네트워크를 형성한다. 블록 크기, 난이도, 정보의 형태 등의 변경이 생긴다. 하드포크의 예로는 블록의 크기를 1MB에서 8MB로 바꾸기 위해 비트코인에서 비트코인 캐시가 하드포크하여 분기한 것을 예로 들 수 있다. 비트코인 캐시(BCH)는 2018년 11월 16일 다시 하드포크되어 BCHABC와 BCHSV로 분리되었다. BCHABC는 비트코인ABC 진영 즉 세계 최대 암호화폐 채굴업체인 비트메인과 암호화폐 자산가 로저버의 비트코인닷컴이 이끌고 있다. BCHSV는 비트코인SV 진영, 즉 최대 마이닝풀 중 한 곳인 코인긱과 110만 개 이상의 비트코인을 보유한 것으로 알려진 엔체인의 수장 크레이그 라이트 등이 주도하고 있다.[71]

하드포크는 기존에 존재하던 블록체인과 완전히 갈라서서 새로운 블록체인이 만들어지는 것이다. 하드포크가 일어난 후에는 이전에 사용하던 소프트웨어로 새로운 블록의 거래내역을 확인할 수 없다. 하드포크가 일어날 경우, 새 블록체인으로의 업그레이드를 거부하고 기존 블록체인을 이어가는 사람들이 나타나기도 한다. 이럴 경우 처음 한 개였던 블록체인이 두 개 이상으로 나뉘어 각각 존재하게 된다. 예를 들어 비트코인과 비트코인 캐시, 이더리움과 이더리움클래식 등이 그것이다.

프리미엄과 재정거래(차익거래, arbitrage)

김치 프리미엄(코리아 프리미엄: 한국 거래소에서의 가격이 외국 거래소에서의 가격보다 높은 현상)은 항상 존재하는 것이 아니고, 경우에 따라서는 미국이나 다른 시장이 한국보다 더 가격이 높은 경우가 존재한다. 미국 시장에서의 가격이 높으면 '햄버거 프리미엄'이라는 표현을 사용한다. 2018년 1월 초 최대 상승장일 때는 김치 프리미엄이 50%에 육박한 때도 있었지만, 이후 조정을 맞이하여 김치 프리미엄은 예전보다 많이 사라졌다. 이처럼 각국의 프리미엄이 존재하여 가격이 저렴한 곳에서 사서 가격이 비싼 곳에 파는 것을 재정거래, 차익거래라고 한다.

에어드랍(airdrop)

ICO를 진행하는 암호화폐들이 주로 사용하는 홍보 방법이다. 말 그대로 투자자들에게 무료로 토큰을 나눠주는 행위로, 소셜미디어에 자사 ICO를 홍보해주거나 특정코인을 보유하고 있으면 토큰을 보내주는 등 다양한 형태로 진행된다. 예를 들어 오미세고(OmiseGO)의 경우 2017년 9월에 이더리움 보유자들에게 소량의 오미세고 토큰을 에어드랍 해주었다.

사전 채굴(Pre-mine)

리플처럼 미리 채굴하는 방식을 사전 채굴이라 한다. 리플 외에도 많은 암호화폐가 이러한 방식을 사용하고 있다. 사전 채굴을 할 경우 개발팀이 일정량의 암호화폐를 보유하는 경우가 많다. 이 때문에 사전 채굴, 후 분배 방식은 탈중앙화되어 있지 않다는 지적이 나오기도 한다.

규제 샌드박스(Regulatory Sandbox)

민간에서 새로운 아이디어가 생겼을 때 우려되는 규제 등이 있는 경우, 영국에서는 FCA(금융행위감독청)에 신청하면 FCA가 심사하고 인정이 되면 실증실험이 이루어진다. FCA는 그 결과를 평가한 다음 민간에 비즈니스의 실현을 위한 지원을 하게 된다. 구체적인 내용은 조금씩 다르지만 이런 규제 샌드박스 제도가 싱가포르, 아부다비, 오스트레일리아 등 많은 국가에서 시작되고 있다.[72]

분산 시스템의 장점

단일 컴퓨터와 비교할 때 분산 시스템의 주요 장점은 다음과 같다. 첫째, 계산 능력이 더 뛰어나다. 분산 시스템의 계산능력(computing power)은 서로 연결된 모든 컴퓨터의 계산 능력이 합쳐져 발현된다. 둘째, 비용이 절감된다. 분산 시스템은 여러 대의 컴퓨터로 구성되므로 초기 구성 비용은 개별 컴퓨터보다 더 많이 든다. 그러나 슈퍼컴퓨터를 제작하고 유지 운영하는 비용과 비교하면 분산시스템이 더 적은 비용이 든다. 셋째, 더 안정적이다. 분산 시스템에서는 시스템을 구성하는 개별 컴퓨터가 고장 나더라도 전체 네트워크는 문제없이 잘 작동한다. 넷째, 자연스럽게 확장된다. 전체 시스템의 계산 능력을 점진적으로 증대시킬 수 있어, 계산 요구량이 점점 더 증가하는 조직에 적용하기 좋다. 분산 시스템의 뛰어난 계산능력은 각각의 구성요소들의 계산능력을 모두 합친 결과이다. 따라서 시스템에 컴퓨터를 추가하면 손쉽게 전체 계산 능력을 높일 수 있다.

분산 시스템의 단점

단일 컴퓨터와 비교할 때 분산 시스템의 단점은 다음과 같다. 첫째,

조정 오버헤드가 발생한다. 모두가 동등한 지위를 가지는 까닭에 조정이 쉽지 않을 뿐 아니라 조정을 위한 작업에 자원이 소모된다. 그로 인해 조정 오버헤드(coordination overhead)가 발생한다. 둘째, 통신 오버헤드가 발생한다. 조정을 위해서는 소통이 필요하다. 분산 시스템 내 각 컴퓨터는 서로 통신을 주고받는다. 이로 인해 계산 능력의 일부가 통신 프로토콜 지원과 메시지 송수신 및 처리에 소모된다. 셋째, 네트워크 의존도가 높다. 넷째, 프로그램이 복잡해진다. 단일 시스템에서는 필요 없는 조정, 통신, 네트워크 이용에 관련된 추가적인 문제를 해결해야 한다. 다섯째, 보안에 신경 써야 한다. 네트워크를 통한 통신은 계산 작업을 할 때 데이터의 전송과 공유가 꼭 필요하다는 것을 의미한다.

8장

이오스가 유명하던데
이오스나 카르다노 등은
무엇인가요?

이오스

블록체인 기반 운영 체제를 목표로 하는 이더리움에 도전장을 낸 블록체인 기술들이 있다. 새벽의 여신 에오스와 같은 이름을 쓰는 이오스(EOS).[73] 이오스의 CTO 댄 라리머(Dan Larimer)[74]는 스팀의 창립자이자 비트쉐어(Bitshare)라는 거래소를 만든 사람이다.

EOS는 비트쉐어, 스팀과 같은 DPoS 합의 시스템을 사용한다. 21명의 블록 생성자(BP, Block Producer)를 투표를 통해 선정하고 이들이 블록을 만들어낸다. 빠른 처리 속도로 많은 연산을 처리할 수 있는 게 장점이다. 1년간 ICO를 진행한 후 2018년 6월 메인넷을 런칭했다.[75] 이오스(EOS)의 펀딩 규모는 2017년 6월 1억 8천만 달러(약 2천억 원), 1년간 계속 펀딩하여 총 3천억 원 정도 펀딩에 성공하였다. 이오스는 이더리움의 제한된 거래 처리량, 분권화된 시스템에서 발생하는 의사결정의 어려움, 수수료를 계속 내야 하는 불편함 등을 대표자 선출 방식과 전세금 방식으로 해결하려고 한다.[76]

이오스의 특징

　첫째, 대표자 선출을 통한 빠른 속도와 처리량이다. 블록이 0.5초에 하나씩 생성, 초당 1천 개 이상의 거래를 처리한다. 가능한 이유는 검증자의 숫자를 제한하여 투표를 통해 21명의 대표자를 뽑는다. 위임지분증명(DPoS, Delegated Proof of Stake)방식이다. DPoS방식은 대표단에게 권한을 위임한다. 126초, 약 2분마다 한 번씩 유권자들로부터 받은 지지율을 계산해 상위 21명의 대표자에게 검증 자격을 부여한다. 약 100명의 예비 후보들이 항상 대기하고 있다. 대표자가 유권자들의 뜻에 거스르는 행동을 하면 즉시 탄핵당할 수 있는 유동적인 투표시스템이다. 사고가 발생했을 때 수습이 빠르고 편리하다. 신규 발행되는 화폐 일부를 대표자들에게 보상으로 준다. 2018년 5월 기준 1년에 약 50억 원어치의 토큰을 받는다.

　둘째, 다양한 역할을 하는 대표자이다. 이오스에서는 21명의 대표단 중 80% 이상이 동의하면 특정 계좌를 동결시킬 수 있다. 이미 기록된 스마트 콘트랙트의 변경도 할 수 있다. 그 외 개발에 필요한 다양한 자원을 제공해야 한다. 대표자들은 자신이 직접 데이터 저장 공간과 강력한 컴퓨팅 파워를 갖추고 개발자들에게 빌려준다. 덕분에 블록체인들이 외부 서비스 없이도 이 자원을 활용해 디앱을 만들 수 있다. 대표자는 개인이 아니라 하나의 작은 기업일 가능성이 크다

　셋째, 수수료를 내지 않는 '전세금 방식'이다. 이더리움은 블록체인에 데이터를 기록할 때마다 사용료를 낸다. 이오스는 일정한 돈을 보증금으로 내면 그만큼의 사용량을 임대한다. 호텔과 전세방의 차이와

가깝다. 전세방은 전세금을 한 번 내면 정해진 기간 계속해서 그 방을 쓸 수 있다. 이오스의 경우는 단 한 번 돈을 내고 이오스 토큰을 사면 계속해서 일정량의 컴퓨팅 자원을 사용할 수 있다. 컴퓨팅 자원이 필요 없어지면 이오스 토큰을 다시 팔아서 전세금을 되찾을 수도 있다. 이오스 생태계 내의 사용자, 개발자, 투자자들은 자신에게 적합한 플랫폼을 찾아 옮겨 다닐 수 있다. 이오스는 여러 개의 체인이 공존하는 멀티버스(Multiverse)를 목표로 하고 있다. 제3세대 블록체인 운영체제(OS)로 불리는 이오스(EOSIO)의 개발사인 블록원(Block.One)의 파트너 리차드 정(Richard Jung)은 2018년 Inside Fintech 주최 콘퍼런스에 참가하여 블록원은 생태계 확장을 위해 디앱(DApp)을 확보하는 데 가장 주력하고 있다고 하였다.[77] 블록원은 이오스 기반 디앱 프로젝트들을 지원하기 위해 EOS VC를 설립하고 10억 달러(한화 약 1조 1,100억 원) 규모 투자기금을 마련하여 글로벌 시장에 투자하고 있다. EOS VC는 EOSIO 소프트웨어를 기반으로 하는 블록체인 중심의 포트폴리오에 투자하고 있으며 소셜 미디어, 게임, 엔터테인먼트, 핀테크, 의료, 공급망 및 물류 등 유망한 프로젝트에 투자함으로써 EOSIO 생태계의 지속적인 확장을 목표로 하고 있다.[78]

카르다노[79]

카르다노(Cardano)는 철저한 학문적 검증을 중시한다. 플랫폼 이름은 르네상스 시대 수학자 제롤라모 카르다노(Gerolamo Cardano)의 이름을 따랐다. 토큰 이름은 컴퓨터의 개념을 처음으로 고안해낸 19세기 영국 여성 수학자 에이다 러브레이스(Ada Lovelace)의 이름에 착안하여 에이다(ADA)라고 지었다. 사용된 모든 기술은 세계 각 대학의 연구자들에게 심사를 받는다. 학술 논문 심사를 거친 최초의 블록체인이다. 검증된 위임 지분증명 방식과 형식 검증이 가능한 하스켈(Haskell) 언어를 도입하였다.[80] 창립자 찰스 호스킨슨(Charles Hoskinson)[81]은 "진짜 학자들처럼 일을 해봅시다. 관련 분야의 전문가들과 제대로 된 백서를 만들고, 철저하게 심사하고, 실제로 행해보고, 반복해서 고치고, 사람들의 의견을 반영합시다."라고 이야기한다.

2017년 ICO를 통해 6,300만 달러를 펀딩 받았다. 속도 문제를 해결하기 위해 대표단을 뽑는 방식을 도입하였다. ADA를 일정 기간 보유한 사람 중에서 랜덤하게 대표단을 선출한다. 카르다노 블록체인은 블록이 생성될 때마다 보상의 일부를 내부 예산에 배정한다. 하스켈 언어는 수학적 - 컴퓨터 공학적으로 매우 엄밀한 언어이다. 오류나 버그에 대한 민감도가 매우 높아 조금이라도 오류의 소지가 있으면 실행되지 않는다. 따라서 스마트 콘트랙트에 불완전한 코드가 담길 가능성을 줄여준다. 형식 검증은 하스켈 코드 사용으로 인해 버그를 줄여주는 방법의 하나이다. 카르다노 위에서 개발을 하려면 하스켈을 새로 배워야 하는 부담이 있긴 하다.

2019년 스마트 콘트랙트 기능을 출시할 예정이다. 카르다노의 미래는 개발 진척 상황과 출시 타이밍에 달려있다. http://cardanoroadmap.com에서 진척 상황을 확인해 볼 수 있다.[82]

퀀텀83

퀀텀(QTUM)과 네오는 중국의 이더리움이라 많이 불린다. 퀀텀은 비트코인과 이더리움의 기술적 장점을 결합하여 비트코인의 가치 전달 기능과 이더리움의 스마트 콘트랙트 기능을 더한 가치 전송 프로토콜이다. 금융, 사물인터넷, 소셜미디어, 게임 등 다양한 분야의 활용을 목표로 한다. 2017년 3월 ICO를 해서 1,560만 달러(약 168억 원)를 모았다. 2017년 9월 메인넷을 런칭했다. 작업증명 방식의 비효율성을 개선하려는 데서 출발하였기 때문에, 비트코인 방식과 이더리움 방식의 장점을 모두 활용하여 지분증명(PoS) 방식을 도입하였다. 퀀텀은 2가지를 결합한 방식 즉 비트코인 방식의 블록체인 위에서 이더리움 방식의 스마트 콘트랙트를 실행시킨다. 노드에 참여하면 코인 보유량에 비례하여 코인을 분배받을 수 있다. 거래가 기록되는 층(Layer)과 스마트 콘트랙트가 실행되는 층을 분리하고 가상의 층을 만들어 이 둘을 연결한다. 퀀텀은 모바일 시장 확산에 많은 무게를 두고 있다. 비트코인 거래 기록 방식을 활용해 모바일에서도 스마트 건트랙트를 실행 가능하게 만들겠다는 Go-Mobile 전략이 목표이다. Go-Mobile이라는 전략하에 손쉽게 모바일 기기로 퀀텀 네트워크를 사용할 수 있게 하는 프로젝트를 추진 중이다. 퀀텀의 개발팀은 대부분 중국인으로 본부는 싱가포르에 있다. 최근 C.E.C Seoul Korea에서 퀀텀은 기업 버전의 QTUM-X 프로젝트를 개발하고 있다고 밝혔다.

네오[84]

네오(NEO)도 이더리움처럼 스마트 콘트랙트를 실행시킬 수 있고 디앱을 지원하며, 자체 토큰을 발행할 수 있게 하는 블록체인이다.[85] 설립자는 다홍페이(Da Hongfei)와 에릭 장(Erik Zhang)이라는 중국인들이다. 네오는 2014년 6월 앤트쉐어(AntShares)라는 이름으로 설립해 리브랜딩하며 이름을 네오(NEO)로 바꾸었다. 이더리움의 스마트 콘트랙트와 유사한 네오 콘트랙트를 구현하였다. 네오는 프로그래밍 언어로는 솔리디티만을 지원하는 이더리움의 스마트 콘트랙트와 달리 다양한 프래그래밍 언어로 스마트 콘트랙트를 작성할 수 있다. 네오는 처음부터 규제 준수를 고려해 기업이나 정부 기관이 사용하기에 꺼림칙한 특성을 최소화하여 블록체인을 설계하였다. 네오는 위임형 비잔티움 장애 허용(delegated Byzantine Fault Tolerance, dBFT)이라는 합의 프로토콜을 사용한다.[86]

네오(NEO)의 특징으로는 첫째, 디지털 ID이다. 익명성을 줄이기 위해 디지털 ID를 도입하였다. 실제 개인정보를 입력하고 디지털 ID를 만들어야 한다. 즉, 실명을 공개해야 한다. 거래를 생성할 때 무조건 실명으로 해야 하는 것은 아니지만, 거래대상이 실명을 요구할 때는 자신의 ID를 공개해야 한다. 단 거래를 검증하는 사람들은 반드시 실명을 공개하도록 되어 있다.

둘째는 속도와 완료성을 보장하는 북키퍼 시스템이 특징이다. 네오에서는 검증을 담당하는 참여자를 '북키퍼'라고 한다. 투표를 통해 뽑는다. 북키퍼의 3분의 2 이상이 블록 내용에 동의하면 유효한 블록으로 인정된다. 투표를 통해 선출된 소수의 대표가 검증을 마치기 때문에 1초에 평균 1,000개의 거래를 처리한다. 1초에 평균 13개 처리하는 이더리움에 비하면, 100배 빠른 속도라고 하겠다. 네오에서는 북키퍼의 3분의 2 이상이 동의해야만 새로운 블록이 연결되기에 포크가 원천적으로 불가능하다. 네오 블록체인에서는 두 개의 서로 다른 체인이 동시에 존재할 수 없다. 이 특성을 '완료성(finality)'이라고 한다. 북키퍼 시스템은 속도와 완료성이라는 장점을 얻는 대신 탈중앙화를 희생한다. 네오는 제도권에 도입되기 위해 효율성을 택한 것이다. 네오의 바로 뒤에는 주요 대기업들과 협력해 기업용 블록체인을 개발하는 온체인(Onchain)이 있고, 알리바바, 마이크로소프트 등과 파트너십을 맺었다.

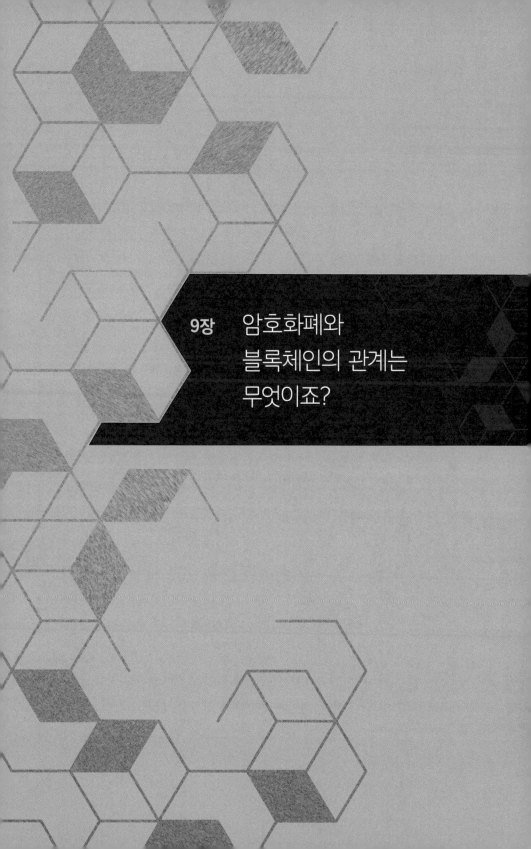

9장 암호화폐와
블록체인의 관계는
무엇이죠?

암호화폐와 블록체인의 관계는 아기와 엄마에 비유할 수 있을까? 암호화폐라는 아기는 블록체인이라는 모태를 토대로 한다. 가령 비트코인이 세상에 빛을 보게 된 것은 블록체인 기술이라는 엄마가 존재했기 때문에 가능한 것이다. 그러나 또 블록체인이라는 엄마가 세상에 알려진 것은 비트코인이라는 아기가 유명해졌기 때문이다. 아기 '비트코인'이 태어났다는 것이 세상에 알려지고 온 세상 사람들이 서로 안아보고 사랑해주고 싶은 관심과 사랑을 보였기 때문이다. 이렇게 비트코인으로 대표되는 암호화폐와 블록체인은 서로 밀접한 서로를 필요로 하는 관계 속에 존재한다.

지난번 세간에 떠들썩하게 이야기던 그 주제. 암호화폐와 블록체인, 이 둘은 분리될 수 있는 것인가? 한마디로 분리하여 생각할 수 없다. 물론 프라이빗 블록체인에서는 굳이 암호화폐라는 개념이 필요 없기도 하다. 하지만 큰 틀에서 볼 때, 가령 암호화폐 비트코인은 블록체인의 합의 검증 과정에서 생기는 보상이다. 중간에 제3자 없이 신뢰 네트워크를 만드는 기술이 블록체인 기술이다. 그 블록체인 기술이 성립되기 위한 매개체로 설계된 개념이 암호화폐이다. 블록체인, 즉 신뢰 기반의 인터넷 네트워크는 비트코인이라는 암호화폐로 인해 견고해질 수 있었다. 따라서 암호화폐와 블록체인의 관계는 불가분의 관계라고 말할 수 있다. 블록체인이 견고히 되기 위한 장치로 암호화폐가 필요한 것이다. 그리고 암호화폐의 기반 기술이 바로 블록체인 기술이다.

블록체인은 금융거래뿐 아니라 최근 부동산이나 자동차 등 자산들도 디지털화하여 블록체인상에 모든 거래를 기록하고 안전하게 활용하고자 하는 움직임이 있다.[87] 블록체인 기술은 다양한 산업을 통해 다양한 목적으로 활용 가능하다. 비트코인의 진짜 용도는 지불 수단인데 현재는 미래 투자 가치의 대상이 되고 있다.[88] 대문자 비트코인은 암호화폐 지불 네트워크, 프로토콜, 블록체인과 관련된다. 소문자로 비트코인은 일반적으로 거래소에서 교환되는 비트코인의 단위를 말한다. 블록체인과 비트코인은 어떤 기술을 근간으로 하나? 블록체인과 비트코인 모두 근간이 되는 핵심 기술은 암호화 기술이다. 암호화 기술을 근간으로 하기 때문에 가상화폐가 아니라 암호화폐(Crypto Currency)가 바른 표현이다.

암호화폐는 블록체인에 의해 소유권이 관리되는 독립적인 디지털 화폐이다. 시스템 무결성 유지에 기여한 피어(peer)에게 보상하는 결제 수단으로 사용된다.[89] 중앙집중형은 일사불란하게 관리할 수 있다는 장점이 있다. 한데 모여 있기 때문에 해킹을 당했을 때 피해가 크다. 뭔가 변화를 주고 싶을 때 빠르게 조치하기가 싶지 않다. 반대로 분산형은 일사불란한 관리는 어렵다. 그러나 해킹 위협에 대한 보안성이 강하다. 시장 변화에 맞추어 빠르게 기술을 적용할 수 있다. 블록체인의 근간이 되는 기술은 이미 1982년에 나왔다. 채굴에 대한 보상인 암호화폐 없이 분산형 기술인 블록체인이 유지될 수 없다. 그래서 암호화 기술을 비롯해 다양한 P2P 기술이 기존에도 있었지만, 비트코인을 창시한 사토시 나카모토의 2008년 논문을 시작으로 블록체인이 본격화될 수 있었던 것이다.

블록체인의 종류

블록체인은 크게 퍼블릭 블록체인(Public Blockchain)과 프라이빗 블록체인(Private Blockchain), 컨소시엄 블록체인 세 가지로 분류할 수 있다.[90] 퍼블릭 블록체인은 비트코인 또는 이더리움과 같이 누구나 블록체인에 접근 사용하며 내용을 열람할 수 있다. 프라이빗 블록체인(Private Blockchain)은 접근이 허가된 사용자만 네트워크에 접속하여 열람과 활용, 사용이 가능하다. 프라이빗 블록체인은 보통 하나의 기관에서 독자적으로 사용하는 블록체인을 의미한다. 이외에도 컨소시엄 블록체인(Consortium Blockchain)이 있는데 여러 기관이 컨소시엄을 구성해 운영하는 블록체인, 즉 허가된 기관만 네트워크에 참여하는 블록체인이다.

퍼블릭 블록체인의 관리 주체는 모든 거래 참여자(탈중앙화)이다. 한 번 정해진 법칙은 바꾸기가 매우 어렵다. 네트워크 확장이 어렵다. 합의의 과정에 시간이 소요되므로 거래 속도가 느리다. 누구나 데이터에 접근이 가능하다. 익명성으로 처리되기에 거래자 간 식별이 어렵다. 검증 알고리즘에 따라 거래 증명자가 결정되며, 거래 증명자가 누구인지 사전에 알 수 없다. 대표적인 검증 방식은 POW, POS, POI 등이다. 비트코인, 이더리움 등이 여기에 속한다.[91]

프라이빗 블록체인은 하나의 중앙기관이 모든 권한을 보유한다. 중앙기관의 의사결정에 따라 용이하게 법칙을 바꿀 수 있다. 네트워크 확장이 매우 쉽고 거래 속도가 빠르다. 데이터는 허가받은 사용자만 접근이 가능하다. 거래자간의 식별이 가능하며 중앙기관에 의하여 거래증명이 이루어진다. 활용사례로서는 나스닥의 비상장 주식거래소 플랫폼인 링크(Linq)가 이 유형에 해당된다.

컨소시엄 블록체인은 컨소시엄에 소속된 참여자만 가능하다. 컨소시엄 참여자들의 합의에 따라 상대적으로 용이하게 법칙을 바꿀 수 있다. 네트워크의 확장이 쉽고 거래 속도가 빠르다. 허가받은 사용자만 데이터에 접근이 가능하다. 거래자 간 식별이 가능하다. 거래증명자가 인증을 거쳐 알려진 상태이며, 사전에 합의된 규칙에 따라 거래 검증 및 블록생성이 이루어진다. 대표적인 검증 알고리즘으로는 Consensus-by-bet을 사용한다. R3 CEV, Tenermint, CASPER 등이 컨소시엄 블록체인 활용사례에 해당된다.

비트코인으로 대표되는 공개형 분산 원장은 여러 기술적 문제를 안고 있다. 불특정 다수가 참여하는 네트워크를 유지 관리하는데 많은 자원을 투입해야 한다. 이체와 관련된 내부 정보가 투명하게 공개되어 익명성이 요구되는 기업의 내부 고객 정보 등이 보호받지 못할 수 있다. 처리 속도가 느리다. 거래자의 익명성을 보장해 주어야 하는 등 여러 가지 단점이 존재한다.

퍼블릭 블록체인은 기본적으로 누구나 블록 후보를 만들어 제출한다. 분산합의를 통해 하나의 블록을 선정해 신뢰할 수 있는 블록으로 인정받는 구조다. 인터넷상에서 블록을 공유해야 하는 시간이 필요하다. 너무 많은 블록이 동시에 만들어지면 하나의 블록을 선택하기가 어렵다. 때문에 블록 생성시간에 제한을 두고 있다. 비트코인의 경우 약 10분을 준다. 이더리움의 경우 약 12초마다 하나의 블록이 생성된다. 퍼블릭 블록체인에서 채택하고 있는 합의 알고리즘으로 작업증명이나 지분증명을 사용하려면 내부 암호화폐가 필요하다. 퍼블릭 블록체인에서는 거래내역을 검증해 신뢰할 수 있는 블록을 만들기 위한 노드 간 경쟁이 치열하다. 경쟁 인센티브로 비트코인과 같은 암호화폐가 주어진다. 채굴은 바로 이러한 과정이다. 퍼블릭 블록체인은 멀티 프로세싱에 최적화돼 있지 않다. 퍼블릭 블록체인은 고가용성보다는 안정적으로 실행되는 것이 목적이다. 애초에 정책적으로 7~12 TPS(Transaction Per Second: 초당 처리 건수) 정도밖에 허용하지 않는다.[92]

퍼블릭 블록체인의 한계를 극복하고 인증된 참여자만을 대상으로 분산 네트워크를 구성하는 프라이빗 블록체인 기술이 부각되고 있다. 프라이빗 블록체인은 경쟁할 필요가 없다. 일반적으로 '비잔틴 장애 허용(BFT, Byzantine Fault Tolerance)'과 같은 멤버십 기반 합의 알고리즘으로 운영된다. 허가형 분산 원장이라고도 불리는 프라이빗 블록체인은 기존 퍼블릭 블록체인이 가지고 있던 한계를 극복하면서도 보안성과 안정성을 극대화시켰다. 기업의 혁신과 비용 절감을 위한 디지털 트랜스포메이션 차원에서 기업들이 프라이빗 또는 컨소시엄 블록체인을 많이 선택하고 있다. 모든 참여자가 함께 이체 내역을 처리하고 검증하면 이체 내역의 무결성 확보에는 효과적이다. 프라이버시 측면에서는 치명적이다. 법적으로 책임질 수 있는 기관만 트랜잭션을 생성해야지 누구나 트랜잭션(transaction)을 생성할 수 있다면 금융사고가 일어났을 때 책임 주체가 불분명해질 수 있기 때문이다.[93]

프라이빗 블록체인은 '허가형 원장(Permissioned Ledger)'으로도 불린다. 읽기, 쓰기, 합의 과정에 참여할 수 있는 참여자가 미리 지정되어 있다. 금융업무의 경우 읽기 권한은 거래 당사자(예: 은행)와 거래를 감독할 의무가 있는 금융감독기구 및 중앙은행에 주어진다. 쓰기 권한과 합의 알고리즘을 통한 검증 권한은 모든 거래 당사자에게 주어질 수 있다. 이처럼 프라이빗 블록체인에서는 접근 권한 설정이 맞춤형으로 설계될 수 있다. 프라이빗 블록체인의 경우 해커의 공격과 같은 다양한 상황에서 그 내용이 위·변조될 수 있는 가능성도 존재한다. 프라이빗 블록체인의 데이터가 변경되었을 때 탐지하기 위한 해결 방법은 무엇일까? 바로 '앵커링(Anchoring)'이다. 즉, 프라이빗 블록체인의 거래 데이터 또는 블록 데이터의 해시값을 주기적으로 비트코인 등 퍼블릭 블록체인의 거래 안에 포함하는 방식이다.[94]

현재 IT 클라우드 서비스 관련하여 기업들이 자체 데이터센터를 클라우드화해서 프라이빗 클라우드를 구축하고 있다. 대용량 컴퓨팅 파워가 필요하거나 일부 해외 서비스가 필요한 경우에 퍼블릭 클라우드를 활용하는 하이브리드 클라우드(Hybrid Cloud)가 대세가 될 것으로 정리되고 있다. 블록체인 기술에서도 비슷한 논의가 진행되고 있다. 프라이빗 블록체인(Private Blockchain)에서는 중앙화된 단일 조직에 의해 접속과 허가가 이루어진다. 이는 정부 은행 혹은 기관이 블록체인 상에서 데이터를 제한적이고 비밀스럽게 관리하도록 해준다. 컨소시엄 블록체인은 개인 혹은 기업에 전적인 통제권을 제공하지 않으면서 사적이며 동시에 효율적인 거래를 할 수 있다. R3 컨소시엄의 분산 원장은 블록체인의 장점을 공유하지만 엄밀히 말하면 블록체인이 아니다. 블록체인을 기반으로 하지 않는 분산 원장 또한 미래에 나타날 수 있는 하나의 트렌드이다. 이를 컨소시엄 블록체인이라고 부르기도 한다. 아래는 리눅스 재단을 중심으로 IBM과 함께 하는 대표적인 컨소시엄 블록체인인 하이퍼레저 패브릭이 여기에 해당된다.[95]

블록체인과 코인과의 관계

코인 자체로는 그저 블록체인상의 포인트에 지나지 않는다. 이것에 가치를 부여한 것이 바로 비트코인의 창시자인 사토시 나카모토(Satoshi Nakamoto)이다. 경제학자로서의 사토시 나카모토는 암호학과 프로그램의 대가이다. 비트코인을 만든 이유는 2008년에 발생한 미국발 금융위기가 직접적인 계기를 마련했다고 본다. 모두가 화폐에 대한 권리를 가지고 있는 탈중앙화된 화폐를 생각하였고 그것이 2009년 1월 3일 비트코인 발행으로 시작되었다. 비트코인은 단순히 온라인상의 포인트에 지나지 않는 것이 아니라 그것을 얻기 위해 자원을 투입하도록 만들어서 경제학적인 가치를 만든 것이다. 온라인 디지털 네트워크상에서 가치를 전달하는 하나의 수단이 새롭게 만들어진 것이다. 코인의 가치는 무엇으로 결정되는가?[96]

경제학적인 입장에서 가치라는 것은 '교환 가치'를 의미한다. 가치라는 것은 교환되는 시점과 장소에서의 희소성과 관련이 있다. 판매자 입장에서 가치는 희소성과 투입 자원량 등을 판단하여 가치가 결정된다. 코인의 가치는 투입자원의 가격과 희소성에 의해 결정된다. 투입자원이란 채굴에 들어가는 비용을 의미한다. 반감기 등으로 인해 공급량이 줄어드는 것 역시 코인의 가치에 영향을 준다. 해당 블록체인 네트워크를 사용하고자 하는 사용자가 늘어나는 것으로 인해 희소성이 늘어나게 되면 코인의 가치가 올라가게 될 것이다. 블록체인 네트워크를 사용하고 싶다면 수수료를 내야 하므로 블록체인 사용자는 코인이 필요해지게 된다.

채굴이란 블록의 사용권을 얻기 위해 자원을 투입하는 것이다. 작업증명과 지분증명으로 나뉜다. 작업증명이란 문제를 풀거나 하는 등의 실제 작업을 통해 블록체인의 사용권을 얻는 방식이다. 특정한 알고리즘만을 효과적으로 해석하기 위한 채굴 전용기계인 ASICs 장비(Application-Specific Integrated Circuit Chips) 등을 사용한다. 지분증명이란 피어 코인(Peer Coin)에서 최초로 발표한 합의 알고리즘이다. 기존의 작업증명(PoW)이 가지고 있는 에너지 낭비 등의 문제를 해결하기 위해 등장하였다. 지분증명(PoS)을 지원하는 코인을 많이 가지고 있으면 블록에 대한 권한을 가질 가능성이 커진다. 여기에서는 마치 주식에 대한 배당을 받는 것처럼 코인을 보유하고 있으면 그 보유 코인에 비례하여 보상을 준다.

작업증명은 컴퓨터의 연산력을 이용하여 문제를 푸는 방식이다. 이 문제란 암호화 알고리즘, 해시와 관련이 있다. 작업증명 방식에는 에너지 소모가 크게 들어간다. 지분증명 방식은 블록의 승인에 있어서 소유한 코인의 비율을 이용한다. 에너지의 소모가 크지 않다는 장점이 있지만 동시에 코인을 소유하기 위한 자본이 투입되어야 한다는 단점이 있다. 에너지의 낭비를 줄이면서 많은 사람이 의사결정 과정에 쉽게 참여할 수 있다는 장점이 있다. 누군가 51%의 지분을 차지한다면 네트워크 전체를 좌지우지할 수 있다는 단점이 있다(실제 일어날 가능성은 희박). 중요도 증명(PoI, Proof of Importance)은 NEM 코인에서 사용하는 방식이다. 네트워크에서의 중요성을 측정하여 중요성이 높을수록 많은 보상을 주는 방식이다. 코인의 보유뿐만이 아니라 다양한 사용자와 여러 번 거래하는 등 네트워크를 활발하게 사용하는 정도 등이 포함된다. 위임된 지분증명(DPoS, Delegated Proof of Stake)에서는 코인 소유자들은 일정 지분 이상을 소유한 사용자에게 투표를 진행한다. 지분증명(PoS)에 비해 빨리 블록이 승인된다는 장점이 있다. 반면 블록체인의 근본정신인 탈중앙화에서 벗어난다는 비판도 있다.

기업들은 다양한 기업용 IT 시스템을 사용한다. 국내 IT 시장 규모만 해도 10조 원이 넘는다. 블록체인을 기업용 시스템에 활용하는 데는 몇 가지 문제가 있다. 프라이버시 문제, 즉 기업들이 주고받는 거래 내역이나 데이터는 기업의 비밀, 특히 고객들의 자산과 같은 금융 정보를 다루는 기관들은 특히 더 중요하다. 금융 산업은 상대방의 신원을 반드시 파악하고 실명으로 거래하도록 법으로 정해져 있기 때문에 블록체인을 기반으로 한 시스템을 활용하기 쉽지 않다. 블록체인 내에서는 기업이 다른 개인들 이상의 영향력을 가질 수가 없다. 블록체인은 태생적으로 기업에 맞지 않는 기술일 수도 있다. 블록체인은 기업들이 중개하는 중앙화 네트워크에서 벗어나 단일 주체가 권력을 갖지 않고 네트워크가 운영되도록 만드는 기술이다.[97] 기존의 블록체인 기술을 수정해 기업 시스템에 적합하도록 만든 블록체인이 바로 프라이빗 블록체인이다. 프라이빗 블록체인이 퍼블릭 블록체인(Public Block-chain)과 다른 점은 운영 주체가 사용자들에게 권한을 부여할 수 있다. 프라이빗 블록체인은 사용자들이 무엇을 할 수 있고, 무엇을 할 수 없는지를 운영 주체가 결정한다.

프라이빗 블록체인은 허가형 블록체인(Permissioned Blockchain), 퍼블릭 블록체인은 무허가형 블록체인(Permissioned Blockchain)이라고도 불리워진다. 운영자가 권한을 설정할 수 있게 되면, 예를 들어 특정 사용자들에게만 거래를 볼 수 있는 권한을 설정해 프라이버시 문제를 해결할 수 있고, 본인 인증을 통해 신원을 밝힌 사람만 거래가 가능하도록 설정할 수 있다. 프라이빗 블록체인은 신뢰할 수 있는 몇몇 정해진 참여자들을 따로 지정해 검증을 맡긴다. 초당 수천 개의 거래를 처리한다. 프라이빗 블록체인은 데이터가 네트워크에 분산 저장되므로 기존의 중앙화된 서버 방식보다 분산된 형태이다.

기업들이 블록체인을 도입하는 이유는 기업들끼리 효율적으로 협력하기 위해서이다. 정보의 신뢰도가 매우 중요한 경우나 협력 수준이 높을 때라면 상대 기업에 대한 신뢰가 더욱 중요하다. 예를 들어 온라인 거래의 경우 금융회사들은 신원을 조회할 때마다 일정한 비용을 낸다. 기업 간 신뢰가 없기 때문에 중앙기관을 거치면서 추가 비용이 발생한다. 만약 중앙기관을 거치지 않고 기업끼리 서로를 신뢰할 수 있다면 이런 비용은 발생하지 않을 것이다. 이것이 프라이빗 블록체인의 가치이다. 상대방 기업에 대한 신뢰는 없더라도 블록체인에 기록된 정보는 믿을 수 있으니, 기업들이 같은 프라이빗 블록체인으로 연결된다면 중앙기관의 신뢰 보증이 필요 없게 되는 것이다.

프라이빗 블록체인은 협력의 '효율화'에, 퍼블릭 블록체인은 협력의 '탈중앙화'에 초점이 맞추어져 있다. 프라이빗 블록체인은 기존의 중앙화 방식의 효율성을 그대로 유지하면서 블록체인이 가지는 신뢰 보증의 장점만 빌려온 시스템이다. R3의 코다(Corda), 하이퍼레져(Hyperledger)재단의 패브릭(Fabric) 등이 프라이빗 블록체인의 예이다. 모두 자체 화폐가 없다. 퍼블릭에서 토큰은 다양한 사람들이 검증에 참여하기 위한 유인책으로 지급된다. 프라이빗 블록체인은 이미 검증을 맡길 특정 주체가 있기 때문에 인센티브가 따로 필요 없는 것이다. 기업들은 프라이빗 블록체인으로 인해 절약되는 비용만으로도 충분히 검증에 참여할 유인이 있기 때문이다.

암호 경제학(Crypto Economics)

탈중앙화 애플리케이션을 만드는 사람들은 특정한 규칙을 설정하고 토큰이라는 자산을 활용해 네트워크를 설계한다.[98] 토큰과 프로토콜이 만들어내는 '자발적 질서'가 탈중앙화 네트워크의 핵심이다. 인센티브와 규칙을 잘 활용해 이 질서를 어떻게 설계하느냐가 프로젝트의 성공을 좌우한다. 토큰 경제학(Token Economics)이라고도 한다. 행동경제학, 심리학, 게임이론, 화폐 이론 등 다양한 분야에 대한 폭넓은 이해를 바탕으로 한다. 상벌점 제도와 비슷하다. 바람직한 행동에는 '상'을 바람직하지 못한 행동에는 '벌'점을 준다. 핵심은 보상이라는 도구를 통해 개인이 올바른 방향으로 행동하도록 유도하는 것이다. 앞으로 암호 경제학자(Crypto Economist)가 유망한 직업 중 하나가 되지 않을까? 블록체인과 암호화폐는 경제학이 필요하다.[99]

블록체인의 철학에 부합하는 바람직한 결제 수단의 조건[100]

피어에게 보상하는 결제수단이 블록체인의 목표와 가치를 훼손하지 않으려면 다음의 성질을 가져야 한다. 디지털 형태로 제공되어야 한다. 그렇지 않으면 블록체인에 포함될 수가 없다. 실생활에서 결제 수단으로 인정받아야 한다. 그렇지 않다면 피어들은 시스템을 지지한 대가로 얻은 수입을 실생활에서 사용할 수 없다(예를 들어, 요금고지서 납부 등). 모든 국가에서 결제 수단으로 인정받아야 한다. 그렇지 않다면 결제수단으로 인정하지 않는 국가에 사는 사람에게는 시스템을 지원하는 것이 매력적이지 않게 된다. 이동의 제한이 있는 자본이어서는 안된다. 그렇지 않다면 다른 피어에게로 이전이 불가능해진다. 안정적 가치를 가져야 한다. 그렇지 않다면 피어는 구매력 상실이라는 경제적 위험성을 안게 된다. 신뢰할 수 있어야 한다. 그렇지 않다면 신뢰를 생성하는 블록체인의 능력을 약화시킨다. 단일 중앙기관이나 국가에 의해 통제받아서는 안 된다. 그렇지 않다면 블록체인의 분산 속성에 상충된다. 위에서 열거한 성질들은 완벽한 국제통화가 갖추어야 할 바람직한 조건에 해당한다. 즉 완벽한 암호화폐 국제통화가 되기 위해서는 디지털 형태, 실생활에서 사용, 모든 국가가 인정, 자유로운 이동, 안정성, 신뢰성, 국가의 통제를 받지 않음 등의 조건을 갖추어야 한다. 과연 이렇게 완벽한 암호화폐가 출현할 수 있을 것인가? 이것은 모든 국가가 서로 협력할 때, 지구촌 초연결 사회가 되고, 물리적인 국가의 국경이 무너지고 신뢰 인터넷 네트워크 안에서 세계가 하나가 될 때 이루어질 수 있는 일일 것이다. 블록체인이 기반기술이 되어 신뢰 있는 데이터들을 인터넷 네트워크에 제공해주고, IoT, AI 등 4차 산업 혁명을 견인하는 기술들이 함께 한다면 가능할 수 있지 않을까 조심스럽게 기대해본다.

출처: 과학기술정보통신부[101], https://www.msit.go.kr/web/main/main.do

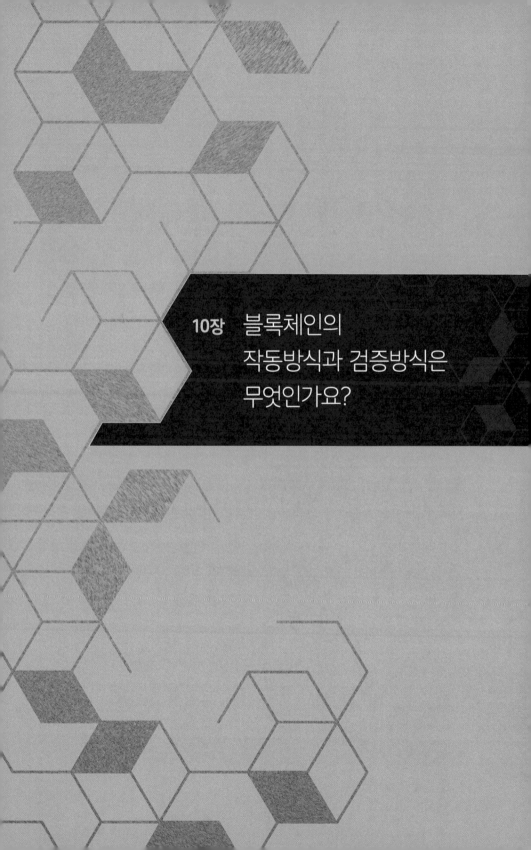

10장 블록체인의
작동방식과 검증방식은
무엇인가요?

블록체인과 탈중앙화

블록체인 내 블록의 승인 과정은 누군가에게 권한이 집중되지 않고 시스템적으로 블록이 승인되도록 한다. 그래서 블록체인을 탈중앙화된(Decentralized)된 시스템이라고 한다. 기존의 중앙화(Centralization)란 승인 권한이 중앙기관에 있는 것을 의미한다. 탈중앙화란 권한을 분산하여 모두가 가지고 있는 형태이다. 이때 일정 이상의 승인을 받으면 시스템상으로 승인으로 인정되게 된다.

블록체인의 제한 요소는 무엇인가? 현재 블록체인의 가장 큰 문제점은 속도이다. 블록체인은 정보를 담은 블록이 전체 네트워크의 51%의 승인을 받지 못하면 블록이 승인되지 못한다. 그러므로 필연적으로 합의를 위한 시간이 걸리게 된다. 이것이 네트워크상에서 데이터의 전송을 느리게 만드는 요소이다. 라이트닝 네트워크(Lightning Network)[6]나 샤딩[7], 세그윗[8] 등이 모두 이러한 속도를 해결하려는 시도이다.[102]

---

6) 라이트닝 네트워크(Lightning Network)는 암호화폐인 비트코인을 기반으로, 코드를 바꾸는 것이 아니라 네트워크에 추가로 층을 더하여서 거래속도와 높은 전송 수수료를 해결하는 확장형 솔루션을 일컫는다. 라이트닝 네트워크는 수백, 수천 건 이상의 거래를 별도의 채널에서 처리한 후 그 결과를 단 한 번만 블록체인에 기록하는 방식으로 거래 속도와 수수료를 절감하고자 한다. 한마디로 라이트닝 네트워크는 비트코인의 확장성 문제를 해결하기 위한 오프라인 프로토콜이다. 출처: https://blog.naver.com/bcexkorea/221414566644

7) 샤딩(Sharding)이란 전체 네트워크를 여러 개의 소규모 네트워크로 분할하여 처리하는 방법을 이야기한다. 예를 들어 블록체인 네트워크가 매 블록 생성 시간마다 1만 개의 거래를 처리해야 한다면, 샤딩 기술을 통해 5개의 각 샤드 네트워크 별로 2,000개의 거래를 균등하게 분할하고 병렬로 처리해 네트워크 속도를 끌어올리는 것이다. 이러한 개념이 전혀 새로운 건 아니다. 분산 컴퓨팅 시스템(Distributed Computing System)에서 많은 양의 데이터를 처리하기 위한 가장 기본적인 방법 중의 하나이며, 오늘날 구글, 페이스북, 아마존과 같이 빅데이터를 저장/관리 및 처리하는 모든 IT 기업이 이를 통해 데이터 처리의 확장성을 확보하고 있다. 출처: https://blog.naver.com/tech-plus/221369561396

8) 서명 부분을 블록에 포함시키지 않고 따로 빼서 거래정보와 별도로 전하는 방법으로 공간 확보을 한다.

블록체인의 불가역성 역시 문제가 된다. 불가역성이란 과거의 상태를 바꾸지 못하는 것이다. 불가역성으로 금전 거래 등에서는 매우 높은 보안 수준을 가지게 하지만 한 번 올려둔 스마트 콘트랙트(Smart Contract)를 수정하지 못하므로 제작할 때에 내포하고 있던 문제를 수정하거나 보완하지 못한 상태로 계속 블록체인상에서 작동되게 된다.

용량 역시 문제이다. 비트코인은 10분에 한 번씩 블록이 생성된다. 라이트코인은 2.5분에 한 번씩 최대 1MB 블록을 생성한다. 비트코인 캐시의 경우 약 10분에 한 번씩 최대 8MB의 블록을 생성한다. 앞으로 이미지나 동영상 등의 대용량 정보를 입력하게 되면 블록의 크기는 매우 큰 문제가 될 수 있다.

『Blockchain : Blueprint for a New Economy』의 저자, 멜라니 스완(Melanie Swan)에 따르면 '블록체인 1.0'은 비트코인이 활용되는 단계이며, '블록체인 2.0'은 스마트 콘트랙트를 중심으로 전반의 혁신 도구로 블록체인 기술이 활용되는 단계이다. 마지막으로 '블록체인 3.0'은 블록체인이 핀테크를 넘어 다양한 인더스트리 애플리케이션으로 확산되는 단계이다.

블록체인이라는 이름은 돈이나 상품의 거래 이력 정보를 전자 형태로 기록하면서 그 데이터를 블록으로 집약해서 체인처럼 차례차례 연결한다는 의미이다. 거래 이력 정보를 블록체인 네트워크에 참가하는 전원에게 분산하여 보관, 유지하고 참가자들의 합의를 통해 거래 데이터의 정당성을 보증하는 분산 원장(Distributed Ledger)이다. 여기에는 '가장 길게 연결된 체인을 올바른 체인으로 간주한다'는 규칙이 있다. 블록체인이 이처럼 투명하고 공정한 네트워크 시스템 위에 존재할 수 있는 것은 그 근저에 풀뿌리 민주주의 실현이라는 개념이 있기 때문이다. 블록체인은 참가자 전원이 안전하고 평등하게 분산적으로 정보를 공유하며 '연대'를 실현하는 동시에, 전 세계를 네트워크로 연결하는 인프라로 기능한다는 특징이 있다.[103]

블록체인이란 무엇인가?

블록체인이란 무엇인가? 음악 다운로드나 스트리밍 등의 전자 콘텐츠 서비스에 비유하자면 이용자가 실제로 손에 넣을 수 있는 콘텐츠와 같은 것이 비트코인, 그것을 제공하기 위한 구조(시스템)가 블록체인이라는 것이다. 블록체인이란 무결성을 확보하고 유지하기 위해, 순서에 따라 연결된 블록들의 정보 내용을 암호화 기법과 보안 기술을 이용해, 협상하는 알고리즘으로 구성된 소프트웨어 요소를 활용하는 원장의 순수 분산 P2P 시스템을 의미한다.[104] 일본블록체인협회(JBA)의 블록체인 정의[105]에 의하면, 협의의 블록체인이란 비잔틴(장군의) 문제를 포함한 불특정 다수의 노드에서 시간의 경과와 함께 그 시점의 합의가 뒤집어질 확률이 0에 수렴하는 프로토콜, 또는 이 프로토콜의 응용이다. 광의의 블록체인이란 전자서명과 해시포인터를 사용하여 조작 검출이 용이한 데이터 구조를 유지하고, 해당 데이터를 네트워크 상에서 분산하여 다수의 노드에 보관, 유지시킴으로써 높은 가용성과 데이터 동일성 등을 실현하는 기술이다. 블록체인이 해결해야 할 핵심 문제는 개수도 알려져 있지 않고 신뢰성과 안정성도 알 수 없는 피어들로 구성된 순수 분산 P2P 시스템의 무결성을 확보하고 유지하는 것이다. 사실 이 문제는 새롭게 제기된 것은 것은 아니다. 컴퓨터 과학 분야에서는 이른바 비잔틴 장군 문제(Byzantine General Problem)로 잘 알려져 있다.[106]

어려운 컴퓨터 프로그래밍적 정의이다. 쉽게 말하면 블록체인(Blockchain)은 블록(Block)의 연결망(Chain)이다. 블록이란 데이터의 집합, 체인이란 이 블록이 여럿이 연결되어서 가지고 있다는 뜻이다.[107] 체인으로 연결 분산되어 저장되기 때문에, 누군가 블록의 내용을 바꾸거나 블록을 삭제해도 다른 소유자를 통해 블록을 복구할 수 있다. 원장은 무엇인가? 원장(Ledger)이란 기본적으로 거래(transaction)의 목록이다. 데이터베이스는 원장과 차이가 있다. 원장은 새로운 거래를 추가만 할 수 있는 반면에, 데이터베이스는 거래를 추가하거나 수정하거나 삭제할 수 있다. 데이터베이스를 사용해 원장을 구현할 수 있다.

정리하면 블록체인이란 탈중앙화된 원장을 생성하기 위해 사용되는 데이터 구조(data structure)이다. 블록체인은 정보를 담고 있는 파일(블록)을 여러 사람이 나누어서 가지고 있는 네트워크를 의미한다. 블록체인은 블록이 순차적인 방식으로 구성되어 있다. 블록은 일련의 거래목록, 이전 블록의 해시, 타임스탬프(블록 생성 시점), 블록 보상 값, 블록 번호 등으로 구성되어 있다. 블록은 공통의 형식을 갖춰 내용을 작성하고 용량을 다 사용하면 암호화하여 저장한다.

비트코인의 블록체인에는 누가 누구에게 비트코인을 얼마만큼 보냈다는 거래내역이 작성된다. 비트코인의 경우 한 블록의 용량은 1MB이다. 10분에 하나의 블록이 생성된다. 블록에 내용을 작성할 수 있는 권한을 설정하고 이 권한을 가진 사람만 블록에 내용을 입력할 수 있다. 이 권한을 얻기 위해서는 어떠한 문제를 풀어야 하며, 이 문자를 푸는 행위를 채굴이라고 한다. 작업증명, 지분증명 등과 같은 다양한 합의 프로토콜이 블록체인을 안전하게 유지하기 위해 사용된다. 작업증명의 경우 블록체인을 안전하게 유지하기 위해 채굴이라는 절차에 따라 블록이 생성되고 채굴 과정은 복잡한 퍼즐을 해결하는 것을 포함하고 있다.

블록체인의 구조와 작동방식

블록체인의 구조는 어떻게 되어 있을까? 블록체인은 크게 블록 헤더(Block Header)와 블록 보디(Block Body)로 나누어진다. 블록 헤더란 블록의 이름표와 같은 정보들이다. 블록 보디란 블록의 본문으로 해당 블록 헤더의 내용이 담겨있다. 버전(Version), 이전 블록 해시(Previous Block Hash), 즉 n-1번째 블록의 블록 해시, 현재 블록 해시(Block Hash), 몇 가지 정보를 암호화하여 만든 블록의 고유번호, 블록 보디의 내용을 암호화시켜서 한 줄의 코드로 만든 머클 해시(Merkle Hash), 블록이 생성된 시간인 타임스탬프(Timestamp), 채굴에 있어서 난이도를 조절하는 수치인 비츠(Bits), 채굴을 통해 찾아낸 문제의 답인 넌스(Nonce), 암호화를 통해 얻은 코드값인 해시(Hash), 이러한 일련의 암호화 방식을 알고리즘(Algorithm)이라고 한다.[108]

비트코인에서 사용하는 암호화 알고리즘은 SHA-256이다. 블록 해시는 블록 헤더의 모든 정보를 알고리즘을 통해 암호화한 것이다. 블록 해시는 고유한 값을 갖게 된다. 블록 해시가 중요한 것은 블록 헤더의 정보들을 암호화하기 때문이다. 이 과정에서 두 가지 요소가 매우 중요한데, 이전 블록 해시와 머클 해시이다. 여기서 머클 해시는 본문(블록 보디)의 내용을 암호화한 것이다. 예를 들어 비트코인이라면 지갑 A에서 지갑 B로 넘어간 BTC의 양, 거래의 수 등이 포함된다.

블록체인의 작동방식은 어떻게 될까? 이어달리기는 팀 시합이다. 특정 팀의 어느 멤버가 바통을 쥐고 있는지 알아내려면 직전에 누구에게 바통이 건네졌는지 확인해보면 된다. 또한, 특정 시각에 누가 바통을 쥐고 있었는지 추적하려면 바통을 건넨 시각과 각 선수의 이름을 기록해 두면 된다. 목표는 소유권을 투명하고 누구나 이해 가능한 방식으로 기록하는 것이다. 해결해야 할 과제는 단순히 소유권에 대한 주장만 기록하는 것이 아니라 소유권에 대한 증거까지 제공해 소유권 자체를 증명하는 기록 방법을 찾아내는 것이다. 아이디어는 빠짐없이 기록 보관한다는 것이다. 즉, 소유권 이전이 일어날 때마다 트랜잭션 데이터는 누가 누구에게 어떤 아이템의 소유권을 언제 이전 했는지 기록한다. 소유권 목록은 잔고증명서와 비슷하다. 이에 반해 트랜잭션 데이터는 소유권 이전 내력을 기술한다. 이는 출금, 입금, 자금 이체 내역을 모두 표시해 보여주는 거래내역 조회서와 비슷하다.

트랜잭션은 현 소유자의 소유권을 다른 사람에게 이전하는 행위를 의미한다. 은행이 계좌이체를 수행하는 데 필요한 모든 정보를 요구하듯이, 블록체인은 트랜잭션을 기술하기 위해 다음의 정보를 이용한다. 다른 계정으로 소유권을 이전하려는 계정의 식별자, 소유권을 이

전받으려는 계정의 식별자, 이전하려는 재화의 총액, 이전이 완료되는 시각, 이전하기 위해 시스템에 지불해야 하는 수수료, 이전에 동의한다는 원소유자의 증명 등이다. 은행은 중앙 통제된 기관이므로 모든 고객에게 동일한 수수료 체계를 적용한다. 이에 반해 블록체인은 중앙 통제가 없는 분산 시스템이므로 통일된 수수료 체계가 없다.

블록체인상에서 보상으로 지급되는 암호화폐는 암호학을 기반으로 만들어진 전자화폐이다. 그런 맥락에서 암호화 기술의 역사와 발전을 잠시 살펴보았으면 한다.

암호화 기술의 역사와 발전

암호화 기술의 역사

암호화 기술의 역사는 수천 년을 거슬러 올라간다. 고대 암호화 기술 중 가장 유명한 사례가 율리우스 카이사르(Julius Caesar, BC 100 ~BC 44)의 사례이다. 그는 중요하거나 민감한 정보를 포함하고 있는 서신을 보낼 때 알파벳을 평행 이동시키는 방식의 암호화 기술을 사용했다. '시저 암호' 혹은 '카이사르 암호'라고 부르는 기초적인 기술이다.[109]

1982년 데이비드 차움(David Chaum)[110]은 「추적할 수 없는 지불을 위한 블라인드 서명(「Blind Signatures for Untraceable Payment」)이라는 논문을 발표했다. 1990년 차움은 디지캐쉬(DigiCash)를 설립하고 자신의 아이디어를 기반으로 디지털 화폐를 만들었다. 1994년 첫 디지캐쉬 전자

결재가 이루어졌다(보도자료, 세계 최초의 컴퓨터 네트워크를 통한 전자현금 지불 실현: 1994년 5월 27일). 전자 현금과 공공 암호화 기술을 통해 베타적 전자 네트워크 환경을 위한 고도의 보안을 확보하면서 동시에 실물 현금이 지닌 익명성을 가진 화폐가 등장했다. 디지캐쉬는 은행, 정부 기관이 추적할 수 없는 최초의 전자현금 시스템을 만들었다. 디지캐쉬는 시대를 지나치게 앞서갔다. 1994년이면 대부분의 사람이 아직 인터넷이라는 말조차도 들어보지 못했을 때이다. 이 기업은 1998년 파산을 선언했고, 이캐쉬 테크놀로지(eCash Technology)가 인수했다.

1997년 애덤 백(Adam Back)[111]이 해시 캐쉬(hash cash)로 알려진 작업 증명 알고리즘을 통해 스팸 메일과 서비스 거부(DOS) 공격을 막을 수 있는 시스템을 제안했다. 1998년 닉 재보(Nick Szabo)는 '비트콜드'라고 불리는 탈중앙화 디지털 화폐를 제안했다. 참여자들이 컴퓨팅 자원을 할당해서 암호화 퍼즐을 푸는 방식이다.

1998년 웨이 다이(Wei Dai)[112]는 「b머니, 익명의 분산 전자현금시스템 (b-money, an Anonymous, Distributed Electronic Cash System)」이라는 논문을 발표했다. 웨이 다이는 전자현금시스템 성립을 위한 다섯 가지 전제 조건을 제시했다.

첫째, 상당한 양의 컴퓨터 업무와 그에 대한 입증.

둘째, 컴퓨터 작업을 위한 보상 체계.

셋째, 모든 멤버에 의해 인정받고 업데이트되는 집합적인 그룹 원장.

넷째, 펀드 이전은 수집된 그룹 원장에 기재되고 암호화 기술 해시를 통해 입증.

다섯째, 모든 거래는 네트워크에서 입증된 공공키 암호화를 사용한 디지털 서명에 의해 싸인.

2000년 스테판 콘스트(Stefan Konst)는 암호화 기술을 통해 안전하게 확보된 체인을 구축하는 실용적인 솔루션에 관한 논문을 발표했다. 2009년 비트코인은 사토시 나카모토가 첫 번째 블록을 통해 비트코인 네트워크를 만들었을 때 학문적 아이디어를 뛰어넘어 현실이 되었다. 이처럼 비트코인은 어느 날 갑자기 태어난 개념이라기보다는 기존의 암호화 기술을 종합하고 특별히 실제 현실에서 만들어 보임으로서 실제 현실이 되어 우리 앞에 암호화폐로서 모습을 보이게 된 것이다.

제네시스 블록은 그 블록 앞에 아무것도 존재하지 않는 최초 블록을 지칭하는 말이다. 비트코인 블록체인에서는 2009년 1월 3일 최초의 제네시스 블록이 생겼다. "Chancellor on brink of second bailout for banks, The Times, 03/Jan/2009(은행을 위한 두 번째 긴급 구제 방안 발표 임박, 더 타임스, 2009년 1월 3일)"[113] 비트코인 블록체인은 SHA-256 알고리즘을 사용한다. SHA-256은 비트코인 작업증명에서 사용되는 SHA로 고정된 크기의 256비트 해시를 생성한다. 인증 없이는 복호화가 사실상 불가능하다.

암호화 기술의 발전

1970년대 이전에는 대칭 키 암호 방식을 사용했다. 암호를 걸고 푸는 쪽 모두 같은 키를 사용해 원본 데이터를 암호화하고 복호화하였다. 대칭 키 암호 방식은 속도가 빠르다는 장점이 있다. 그러나 사용자가 늘어날 때마다 대칭 키를 계속 생성 관리하는 어려움이 있었다. 1976년 공개키 암호 방식이 제공되었다. 암호화에 사용하는 키(공개키)와 복호화에 사용하는 키(비밀키)를 분리한 후 암호화에 사용하는 키를 공개키로 공유하고 비밀키가 있는 사람만 원 데이터를 얻을 수 있게 하였다. 그러나 상대방에 관한 인증 방법은 포함이 안 되었다. 1977년 공개키 암호를 발전시킨 'RSA 암호'가 등장하면서 상대방에 대한 인증문제는 해결되었다. RSA 암호는 현재 디지털 서명에도 이용되고 있다. 1979년 키 하나를 사용해 여러 데이터에 디지털 서명을 부여하는 '해시 트리(Hash Tree)'가 발표되었다. 1981년에는 키 하나로 여러 개의 일회용 비밀번호를 만드는 해시 체인(Hash Chain)이 발표되었다. 해시 트리와 해시 체인은 블록체인의 기본 데이터 구조를 만들 때 사용된다.

블록체인의 특징, 장점

표방하는 암호화폐는 다양하지만 암호화폐가 기반으로 하는 블록체인의 공통된 특징은 기존 하나의 조직 또는 기관이 막대한 비용을 지불해 일원화해서 관리하던 장부를 다음과 같이 다룬다.

• 분산형 네트워크에서 참가자들이 공동으로 보유한다는 것이다.

- P2P로 거래의 정당성을 증명하면서 거래를 블록으로 체인처럼 연결하여 정보로 보존하는 것이다.
- 블록체인은 정부나 중앙은행과 같은 관리자가 없다.
- 절대 고쳐 쓰거나 조작할 수 없다.
- 장애가 발생해도 절대 시스템이 멈추지 않는다(데이터 관리, 운용이 중단되지 않는다).

블록체인은 개방성과 함께 어떤 형태의 중앙통제나 조정 요소가 없는 시스템이다. 노드들은 소유권 명확화와 관련해서 독립적인 목격자 역할을 한다.[114]

블록체인의 이런 특징을 통해 알 수 있는 블록체인의 장점은 다음과 같다.

첫째, 오류에 강하다. 저렴한 하드웨어를 네트워크로 연결하여 놓은 가용성을 비교적 간단하게 실현한다. 비트코인의 경우 일관성 확립을 위해 통상 6회의 승인을 반복해서 '확정으로 간주'하는 현실적인 방법을 제공한다. 둘째, 데이터 조작이 어렵다. 블록체인의 블록은 차례차례 연결되는 데이터 구조로, 바로 전의 데이터 정보를 요약하면서 연결되고 공유된다. 이 때문에 과거의 거래를 조작하려면 그 이후에 연결된 모든 블록의 내용뿐만 아니라 전 노드에 보관된 블록 내용을 바꿔야 한다. 셋째, 중개자를 생략하여 비용이 적게 든다. 모든 노드가 데이터를 보관하기 때문에 투명성이 향상되고, 감독 등의 시스템(거버넌스)도 필요성이 저하되어 관리비용 절감이 가능하다. 넷째, 복잡한 계약을 자동화하는 스마트 계약이 장점이다.[115] 블록체인 데이터 구조의 가장 큰 장점은 감사(auditing) 과정을 자동화하고 애플리케이션을 투명하고도 안전하게 만든다는 것이다. 이는 사기 행위를 방지하고 데이터가 변형되는 것을 방지할 수 있으며, 구현 및 사용 방식에 따라 다른 문제들을 해결하는 데도 사용할 수 있다.[116]

기존 법정화폐의 중앙집권시스템은 모든 거래를 한 대 혹은 여러 대의 중앙 서버에서 처리하기 때문에 다량의 거래를 안전하게 처리하려면 고액의 비용이 든다. 해킹당할 우려도 있어서 강력한 보안 대책은 필수다. 비트코인이 채용한 분산장부 시스템은 복수의 컴퓨터(노드)가 동일한 거래를 처리한다. 중앙집권 시스템은 서버(백업용 예비 서버도 포함)가 다운되면 서비스 운영에 치명타를 입을 가능성이 있다. 분산장부 시스템은 일부 컴퓨터가 다운되어도 시스템에 영향을 미치지 않는다. 거래에 참여하는 다수의 컴퓨터가 전부 동시에 다운되어야만 네트워크 시스템이 멈춘다(실질적으로 제로 다운타임). 동일한 데이터가 다른 여러 컴퓨터에 존재하기 때문에 백업도 필요 없다.

비트코인은 전자서명(digital signature)이 된 가상화폐다. 전자서명이란 공개키 암호방식을 이용하여 데이터상에서 본인 확인을 할 수 있는 기술이다. 비트코인을 송금할 때에는 전자서명이 쓰인다. 비트코인을 보낸 사람이 비밀키의 소유자 본인이며, 송금이 위조되거나 변조된 것이 아니라는 사실을 전자서명으로 증명한다. 전자서명의 과정은 세 단계로 나뉜다.[117] 먼저 비트코인을 송금할 때에는 송금인의 비밀키와 수령인의 비트코인 주소가 필요하다. 송금인은 타원곡선암호라는 공개키 암호방식과 비밀키를 사용해 공개키를 작성한다. 그리고 '누가 누구에게 몇 BTC를 송금했다'라는 거래 데이터를 비밀키로 변환하여

'서명데이터'를 만든다. 마지막으로 서명데이터와 공개키를 비트코인 네트워크상의 컴퓨터(채굴자)에게 공개한다. 마이너(채굴자)는 공개키를 사용해서 서명데이터를 검증할 수 있다. 검증을 완료하면 이 송금은 정당하고 유효한 거래임이 증명된다. 전자서명에는 암호기술이 사용된다. 대표적인 암호기술의 하나로 '공통키 암호방식'이 있다. 이것은 공통키라는 하나의 열쇠를 양측이 공유하는 방법이다. 공통키로 정보에 자물쇠를 채워서(암호화) 상대에게 전송하고, 상대가 같은 공통키로 정보의 자물쇠를 풀면(복호화)된다. 공통기 암호방식은 공통키가 유출될 시 제3자가 자물쇠를 풀 수 있기 때문에 상당히 위험하다. 그래서 고안된 것이 '공개키 암호방식'이다. 이것은 공개키와 비밀키라는 두 개의 열쇠를 써서 정보를 주고받는다. 두 열쇠는 일대일로 대응하며, 짝을 이루는 열쇠가 있어야만 자물쇠를 풀 수 있다. 공개키로 정보를 잠가서(암호화) 상대에게 전송하면 공개키와 짝을 이루는 비밀키로 자물쇠를 푸는(복호화) 것이다. 공개키는 이름 그대로 누구에게나 공개되어 있지만, 비밀키는 비공개여서 수신자밖에 모른다.

비트코인의 근간 기술인 블록체인은 거래 데이터를 '블록'이라는 덩어리에 담는다. 블록 안에는 거래 데이터 외에도 바로 앞 블록의 정보가 집약된 해시값과 난스(Nonce)가 담겨 있다. "해시값"이란 주어진 데이터를 바탕으로 암호화 해시함수라는 특수한 계산식을 통해서 산출된 고정된 길이의 값을 말한다. 주어진 데이터가 같으면 반드시 같은 해시값이 나오고, 조금이라도 다르면 완전히 다른 해시값이 나온다. 또한, 해시값으로부터 원래 데이터를 역산하지 못한다. 난스란 Number used once(한번 쓰이고 버려지는 숫자)'의 약자로 새 블록을 생성하는 데 이용되는 값이다. 어떤 조건에 들어맞는 해시값을 구한 컴퓨터(노드)는 새 블록을 생성할 권리를 갖게 된다. 구체적으로는 세 가지 정보(앞 블록의 해시값, 새 블록에 담길 거래 데이터, 난스)와 타임스탬프, 버전 정보 등등을 암호화 해시함수에 넣어서 특정 해시값(2진수로 256자리)을 구하면 새 블록이 생성된다. 해시값은 그저 난스를 바꿔 가며 정답이 나올 때까지 계산을 반복하는 단순한 방법으로밖에 구하지 못한다. 블록체인에는 거래 이력을 바른 순서대로 정리하기 위한 구조가 마련되어 있다. 블록체인이란 거래 데이터가 담긴 덩어리를 블록화하여 시계열로 연결한 것을 말한다. 이 해시값들을 연결하는 기술을 해시체인(Hash chain)이라고 부른다. 블록체인에서는 작업증명과 해시체인을 채택하고 있다. 그 덕분에 거래 이력이 전부 공개되는데도 불구하고 아무도 데이터를 변경하지 못한다.

블록체인이 신뢰할 수 있는 데이터를 유지하는 방법을 '합의 알고리즘'이라고 한다. 여기서 말하는 '합의'란 '데이터값의 일치'를 뜻한다. 다수의 컴퓨터가 동일한 자료(데이터값)를 공유하고, 그것이 서로 일치할 때(합의의 달성) 작업이 이루어지므로 데이터가 유지되는 것이다. 비트코인은 변조를 방지하기 위해 컴퓨터의 '작업량'을 이용한다. 컴퓨터(노드)에 계산 경쟁을 붙여서 어떤 숫자(해시값)를 빨리 찾아내게 만드는 것이다. 전 세계에 분산된 다수의 컴퓨터가 해시값을 찾으려 단순 계산 작업을 반복한다. 가장 빨리 해시값을 찾은 컴퓨터는 새 블록을 추가할 수 있는 권리와 보수를 받는다. 그리고 새 블록에 해시값을 담아 다른 컴퓨터로 전송한다. 다른 컴퓨터들은 해시값이 똑바로 담겼는지 확인한 뒤 자기 장부에 그 블록을 추가한다.

이처럼 작업량으로 데이터를 보존하고, 작업량을 참조하여 합의를 형성하는 알고리즘을 작업증명이라고 부른다. 작업증명은 분산된 각 컴퓨터에 계산 작업을 시켜서 조건에 들어맞는 값을 도출한 컴퓨터가 생성한 블록이 옳다고 승인하는 방식을 말한다. 조건에 맞는 값을 도출한 컴퓨터에게는 코인이 보수로 지급된다. 작업증명은 다수의 컴퓨터(계산기)를 준비해서 일제히 계산하는 만큼 전기가 많이 들고 전기세도 낭비된다. 더군다나 현재는 채굴 회사 몇 곳이 전체 채굴량(작업량)의 대부분을 독점하고 있다. 소위 채굴의 과점화가 진행된 상태이다. 이런 비판 때문에 작업증명과 다른 새로운 알고리즘이 대두하였고, 이것은 알트코인에서 채용하는 작업방식이다. 지분증명은 코인 보유량에 비례하여 블록의 승인 비율을 결정한다.

11장 이더리움에서 나오는
스마트 콘트랙트와
DApps는 무엇인가요?

블록체인에 거래내역 말고 다른 것을 기록할 수는 없을까? 은행이 아니라 다른 기관을 '탈중앙화'할 수는 없을까? 비트코인 커뮤니티에서 활발하게 활동하던 젊은 개발자 비탈릭 부테린(Vitalik Vuterin)은 비트코인 블록체인의 한계를 깨달았다. 그는 비트코인과 달리 어떤 목적으로도 자유롭게 사용 가능한 새로운 블록체인을 만들고자 하였다.[118] 즉, 블록체인이 암호화폐를 넘어 무한한 가능성을 가지게 한다는 목표로 비탈릭은 새로운 블록체인을 만들기 시작했다. 그렇게 탄생한 것이 바로 이더리움이다. 이더리움은 한마디로 '프로그래밍할 수 있는 블록체인'이라 할 수 있다. 스마트 콘트랙트 덕분에 블록체인의 가능성은 '화폐 시스템을 위한 네트워크'를 벗어나 '어느 분야에든 적용할 수 있는 네트워크'로 확장되었다.

블록체인을 활용한 서비스를 만들 수 있다는 것은 '중개자가 없는 형태'의 다양한 인터넷 서비스가 생길 수 있다는 뜻이다. 인터넷뱅킹, 소셜 네트워크, 음원 스트리밍, 클라우드 스토리지 등 이 모든 것이 인터넷 기반의 네트워크이다. 은행 없는 화폐 시스템, 운영자와 광고주 없는 글쓰기 플랫폼(스팀잇), 유통사 없는 음원 스트리밍 서비스(Ujo Music), 인증기관 없는 신원조회 서비스(Uport, Civic), 관리자 없는 전자 투표 서비스(Follow my vote), 데이터 센터 없는 클라우드 서비스(Filecoin, Storj), 카드사 없는 결제서비스(Request Network) 등이 모두 블록체인을 활용한 인터넷 서비스이다. 이외에도 온라인 카지노, 도메인 주소관리, 게임 아이템 거래, 전력 거래, 클라우드 컴퓨팅, 주파수 공유(Bandwidth) 등 블록체인 활용 사례는 무궁무진하다. '중개자 없는 형태'의 블록체인 기반 서비스를 '탈중앙화 애플리케이션(디앱, Dapp, Decentralized Application)'이라고 한다.

탈중앙화가 그토록 중요한 걸까? 진짜 핵심은 우리가 사용하는 다양한 인터넷 서비스들을 탈중앙화할 수 있다는 것이다. 기차는 권력 질서로 운영되는 네트워크의 대표적인 경우이다. 철도 네트워크를 관리하는 기관이 있고, 이 기관이 열차의 운행 일정과 시간, 속도를 결정한다. 중앙기관은 기차들이 문제없이 효율적으로 운영되도록 보증하는 역할을 한다. 사용자들은 일정한 돈을 내고 기관이 제시하는 서비스를 이용한다. 자동차는 자발적 시장 질서에 따라 움직인다. 목적지와 출발시간, 속도를 알아서 결정한다. 대신 자동차 운전자들이 지켜야 할 규칙이 있다. 교통 규칙은 모두가 안전하고 빠르게 도로를 이용하기 위해 운전자들이 합의한 규칙이다. 자신이 지불하는 비용(교통 체증과 연료비)을 고려해 스스로 최적 경로를 조절한다. 지금까지 많은 네트워크가 기차방식을 사용해 왔다. 효율적, 안정적, 예측 가능(중앙화 방식의 장점)이라는 장점이 있기 때문이다. 탈중앙화 애플리케이션은 자동차 방식이다. 각자가 시장 원리에 따라 행동함으로써 네트워크가 운영된다. 자동차 방식은 자기조정 시장(Self-regulated market)이다.

『위대한 전환』 칼 폴라니(Karl Paul Polanyi)는 산업혁명의 핵심을 '기술의 변화'가 아닌 '사회제도의 변화(자기조정 시장의 확대)' 중심으로 해석하였다. 경제학의 아버지 아담 스미스(Adam Smith)는 "우리가 저녁

식사를 기대할 수 있는 것은 정육점 주인이나 양조장 주인, 또는 빵집 주인의 자비가 아니라 그들이 자신의 이익, 즉 돈벌이에 관심이 있기 때문이다."라고 하였다. 탈중앙화 네트워크는 Self-regulated market, 즉 개인들이 자신의 이익에 따라서 행동하는 개인들의 자율적 선택에 의해 운영된다. 점차 탈중앙화되고 자율적 선택이 많아지는 사회적 변화 흐름이 4차 산업혁명의 주요 흐름 중의 하나일 것이다.

블록에 거래 기록만을 담는 화폐 성격의 비트코인을 블록체인 1세대라고 한다. 블록체인 2세대는 블록에 데이터와 프로그래밍 코드를 넣고 실행하는 스마트 콘트랙트 Smart Contract 기반 블록체인 이더리움(Ethereum)이다. 이더리움은 2015년 캐나다의 천재 해커 비탈릭 부테린(Vitalik Buterin)에 의해 기획된 차세대 블록체인 플랫폼 기술로서 스위스를 거점으로 하는 '이더리움 재단(Ethereum Foundation)'에서 개발되고 있는 오픈소스 프로젝트다.[119] 2015년 10월 〈이코노미스트〉에서는 블록체인을 '신뢰 기계(Trust Machine)'로 표현하고 향후 글로벌 경제 혁신을 주도할 충분한 잠재력을 보유하고 있다고 강조했다.[120]

스마트 콘트랙트

스마트 콘트랙트의 개념은 닉 자보(Nick Szabo)가 1994년에 처음 제시했다.[121] 스마트 콘트랙트(Smart Contract)이란 '프로그램에 따라 자동으로 실행되는 계약'이라고 할 수 있다.[122] 암호학자이자 법학자였던 자보는 상업에서 사용되는 계약의 법칙을 전자 플랫폼으로 옮겨오면서

법이 아니라 프로그램을 통해 계약이 이행되고, 이에 따라 보안을 갖추는 동시에 계약의 이행에서 제3자에 대한 의존도를 줄이는 것을 목표로 했다.

자보(Szabo)는 이 개념을 처음 제시하면서 현실에 적응되는 예시를 들었는데, 바로 자판기다. 자판기는 특정 조건(특정 물품에 대한 금액 지불)이 성립되지 않으면 물건을 주지 않지만, 반대로 그 조건이 성립되면 제3자의 개입 없이 해당 물건을 바로 제공한다. 자동판매기는 돈을 투입하면 상품이 자동으로 나온다. 여기서는 매매계약서를 교환하지도 않고 사람과 사람 사이에서 돈과 상품의 교환이 합의되지도 않는다. 아주 단순한 형태이기는 하지만 기계를 통해 자동으로 계약이 실행된다고 볼 수 있다.

'프로그램에 따라 자동으로 실행되는 계약'이라는 정의를 프로그램적으로 재해석하면 '유효성을 보증하면서 계약을 보존하고 이행하기 위한 프로그램 또는 코드'이다. 블록체인은 이 스마트 콘트랙트를 고도화하는 데 중요한 역할을 담당한다. 조작되지 않는 데이터와 기록을 남긴다는 점이 가장 중요한 포인트이다. 센서가 세탁 세제의 양이 줄어들었다는 사실을 파악하면 세제의 발주와 구입 대금 이체가 자동으로 이루어진다. 이런 경우에도 역시 센서로 파악한 정보가 정확하게 기록되고 이 정보에 근거해서 직접 계약이 실행되는 것이 편리하다. 그래서 블록체인이 위력을 발휘하게 되는 것이다. 센서로 결제가 자동으로 이루어지면 비용을 들이지 않고 정확한 기록을 남길 필요가 생긴다. 그렇기 때문에 블록체인과 스마트 콘트랙의의 조합이 중요한 것이다.[123] 스마트 콘트랙트를 활용하면 계약을 집행하기 위해 추가

자원이나 인력을 사용할 필요가 없어져 중간비용을 절감할 수 있다는 이점이 있다.

디지털 계약서는 사전 정해진 조건에 따라 계약 내용을 즉각 이행할 수 있게 한다. 계약 결과 또한 명확하다. 최초의 블록체인 스마트 콘트랙트는 비트코인 스크립트이다. 비트코인 거래(transaction)에 원시 언어인 'OPCODE'로 스크립트를 작성해서 보내면 조건에 따라 자동으로 거래를 수행하는 방식이다. 비트코인은 낮은 수준의 스마트 콘트랙트만을 구현할 수 있다. 비트코인 스크립트는 상태 값을 저장할 수 없고, 반복문을 사용할 수 없으며, 비트코인 잔고 외의 다른 정보를 관리할 수 없다는 근본적인 한계가 있다.

이더리움은 비트코인 스크립트보다 고도로 진화된 스마트 콘트랙트를 지원한다. 이더리움은 비트코인 스크립팅 시스템의 한계인 다양한 상태 저장과 반복문을 허용한 스마트 콘트랙트를 지원한다. 각 명령문을 수행할 때마다 수수료[이더리움에서는 수수료를 가스(Gas)로 지칭]를 발생시키고 네트워크상에 '수수료 한계(Gas Limit)'를 설정해 무한 루프를 차단한다. 이더리움 스마트 콘트랙트 시스템의 가장 큰 특징은 가장 뛰어난 자유도를 제공한다는 것이다. 이를 가능하게 하는 것은 비트코인에는 없는 어카운트 개념과 튜링이 완전한 스크립팅 언어 지원이다. 즉, 스마트 콘트랙트는 소프트웨어이자 프로그래밍 가능한 디지털 계약서이다.

이더리움은 '분산 애플리케이션(DApp, Decentralized Application)'이라는 개념을 스마트 콘트랙트를 중심으로 구현하고 있다. 이는 디도스(DDos) 공격 대응 취약, 보안성 취약, 인터페이스 표준 이슈 등 기존의 중앙집중형 시스템의 단점을 극복할 수 있는 탈중앙화된 애플리케이션 아키텍처를 실현하는 기술이다. 스마트 콘트랙트는 다수의 관계자 간에 빈번하게 거래가 이루어지고, 계약 당사자들이 각각의 거래에 대해 수작업 또는 중복된 작업을 수행해야 할 때 편리하게 적용될 수 있다. 계약의 범위가 좁고, 객관적이며, 기계적이고, 계약 실행의 조건과 산출물이 명확하게 정의될 수 있는 분야이다.[124] 비탈릭 부테린은 스마트 콘트랙트의 개념을 블록체인 기술과 결합한 이더리움을 개발하여 암호화폐 분야에서 사토시 나카모토에 버금가는 영향력과 상징성을 지니게 되었다.[125]

블록체인 기반의 스마트 콘트랙트는 다양한 장점을 제공할 수 있다. 첫째, 속도가 빠르며 실시간 업데이트가 가능하다. 둘째, 정확성 확보다. 자동화된 거래는 신속할 뿐 아니라, 수작업으로 인한 오류에도 덜 취약하다. 셋째, 계약 불이행의 위험도가 낮다. 네트워크를 통해 자동으로 관리되기 때문에 조작, 불이행, 오류의 위험을 사실상 제거한다. 넷째, 중개인 제거다. '신뢰' 서비스를 제공하는 제3의 중개인에 대한 의존도를 낮추거나 제거한다. 다섯째, 사람의 개입과 중개인의 필요성이 적기 때문에 비용 절감이 가능하다. 여섯째, 새로운 비즈니스 모델을 지원한다. 스마트 콘트랙트는 합의에 따른 안정적인 계약의 이행을 보장해주는 저렴한 수단을 제공하기 때문에 P2P 방식의 신재생 에너지 거래에서부터 차량공유경제 서비스, 전기차 충전 서비스 등을 위한 자동화된 접근권 부여까지 새로운 종류의 비즈니스가 구현된다.[126] 이더리움 기반의 잘 알려진 디앱으로는 Golem(컴퓨터 유휴자원 공유), Augur(집단지성을 활용한 예측), Status(모바일 기반의 이더리움 접근플랫폼),

Gnosis(Augur와 유사한 예측, 선거나 시장가격등), Aragon(일종의 DAO, Decentralized Autonomous Organizations) 등[127]이 있다.

스마트 콘트랙트는 '법적 구속력(Legal Enforceability)'을 가질 수 있는 가? R3CEV의 블록체인 플랫폼인 '코다(Corda)'에서는 "코드=법"이 아니라 "코드+법" 방식을 구현한다. 코다는 1990년대 금융 암호학자 이안 그리그(Ian Grigg)의 리카르디안 콘트랙트(Ricardian Contract) 개념을 다시 가져온다. 즉, 금융 계약은 법률 언어(Legal Prose), 변수(Parameters) 그리고 컴퓨터 코드(Computer Code)로 구성된다. 계약의 상태(State of Agreement)에는 두 개의 레퍼런스(컴퓨터 코드와 법률 문서)를 가진다. '자연어'로 작성된 법률 문서는 계약으로서의 법적 구속력을, 컴퓨터 코드는 계약의 실행을 담당하는 방식이다. 지금 스마트 콘트랙트는 본 계약서를 대체한다기보다는 본 계약서에 의거한 부속 계약의 체결과 계약에 따른 자동화된 실행을 구현하는 데 적합하다. 스마트 콘트랙트는 블록체인상에서 이뤄지는 거래에 내재한 많은 위험 요인을 제거한다. 스마트 콘트랙트는 가치가 있고 교환될 수 있는 것이면 무엇이든 적용할 수 있다. 단, 스마트 콘트랙트와 현실의 법률 및 계약과의 모순을 어떤 방식으로 해소할 수 있을지 등 해결해야 할 문제가 남아 있다.

탈중앙화된 애플리케이션(Dapp, Decentralized Applications)은 오픈소스 기반 애플리케이션이다. https://www.stateofthedapps.com/에서는 각 분야별 대표적인 디앱들의 순위를 보여준다[128]. 개인 혹은 특정 회사나 조직에 의해 통제될 수 없다. 컴퓨터 네트워크 혹은 분산된 블록체인상에서 운영된다. 탈중앙화된 애플리케이션은 중앙 서버를 가지고 있지 않다. P2P 네트워크를 통해 사용자들이 서로 연결된다. 최근 블록체인 개발은 크게 두 가지 영역으로 진행되어 왔다. 하나는 누구나 이용 가능한 오픈소스코드를 활용해 탈중앙화 방식으로 개발하는 것이다. 다른 하나는 기업이나 단체 혹은 협업 그룹들이 폐쇄적 소스 코드를 가지고 중앙화된 프로그램을 개발하는 것이다. 리플은 중앙화된 소스 폐쇄형이다. 이는 금융기관 중 선택적으로 몇몇 그룹 안에서만 배포되며 분산 원장 사용 및 거래도 소규모 그룹 안에서 이뤄진다. 블록체인 기술은 계속해서 탈중앙화된 오픈소스형 블록체인 시스템과 중앙화된 소스 폐쇄형 블록체인 시스템 두 방식이 경쟁할 것이다. 정부와 대기업은 폐쇄형을 선호한다. 개인 개발자와 소규모 프로젝트 및 스타트업은 오픈소스형을 선호할 것이다.

중앙 집중화된 애플리케이션의 문제점은 무엇일까? 상대적으로 투명하지 않고, 단일 장애 지점(single point of failure)[9]을 가지고 있으며 네트워크 검열을 방지할 수 없다. 이러한 문제점을 극복하고자 탈중앙화된 애플리케이션(DApp, Decentralized Applicaion)이 등장하게 되었다.[129] 탈중앙화 애플리케이션이란 무엇인가? 탈중앙화 애플리케이션이란 백엔드가 탈중화된 피어 투 피어(peer-to-peer) 네트워크에서 동작하고 있다. 소스 코드가 오픈소스인 일종의 인터넷 애플리케이션이다. 이때 특정 피어에서 발행한 정보가 올바른지 검증하기 위한 일종의 합의 프로토콜(consensus protocol)이 피어들 사이에서 필요하다. 합의 프로토콜은 DApp이 사용하는 데이터 구조 유형에 맞게 특별히

---

9) 단일장애지점(SPOF, single point of failure)이란 만일 그 부분이 멈춘다면 시스템 전체가 마비되어 업무 수행을 할 수 없는 아주 핵심적으로 중요한 부분을 의미한다[single point of failure(SPOF) is a part of a system that, if it fails, will stop the entire system from working, 출처: wikipedia].

설계되었는데, 예를 들어 비트코인은 합의를 위해 작업증명 프로토콜을 사용한다. DApp을 사용하기 위해서는 네트워크 내 DApp을 위한 자체 노드 서버가 동작하고 있어야 하며 클라이언트를 노드 서버에 연결해야 한다.

DApp 노드는 API만을 제공하며 개발자 커뮤니티에서 이 API를 활용해 다양한 클라이언트를 개발한다. 보통은 DApp을 쉽게 사용할 수 있도록 클라이언트는 대개 호스팅 되며 노드 또한 서비스처럼 호스팅된다.

분산 애플리케이션이란 무엇인가? 분산 애플리케이션은 예를 들어 구글, 페이스북, 슬랙(Slack), 드롭박스(Dropbox) 등으로 하나의 서버 대신 다수의 서버에 애플리케이션이 분산된 애플리케이션이다. 애플리케이션 데이터 및 트래픽이 많고 애플리케이션 다운타임이 허용되지 않는 경우 필요하다. 분산된 애플리케이션 환경에서 데이터 가용성을 달성하기 위해 데이터는 다수의 서버 간에 복제된다.

탈중앙화 애플리케이션의 장점으로 DApp은 기본적으로 분산화되어 있어 단일장애지점(SPOF)이 없어 장애에 대한 내구성이 높다. 정부가 특정 콘텐츠를 삭제하도록 압력을 넣을 수 있는 중앙기관이 없으므로 네트워크 검열을 방지할 수 있다. 또한, 정부가 특히 노드들이 다양한 국가에 걸쳐서 분산화되어 있다면 애플리케이션을 종료시키는 것이 거의 불가능하다. 영리를 위해 사용자들을 속일 수 있는 단일 권위자에 의해 제어되지 않으므로 사용자들이 애플리케이션을 신뢰하기 쉽다.

탈중앙화 애플리케이션의 단점으로 네트워크 내 모든 피어가 노드로 DApp을 업데이트하거나 버그를 수정하는 것이 어렵다. 일부 애플리케이션은 사용자 ID(KYC, Know Your Customer라고 부름) 확인 과정이 필요하지만, 사용자 ID를 확인할 중앙 권위자가 없으므로 이러한 애플리케이션을 개발하는 동안 문제가 될 수 있다. 합의를 달성하기 위한 매우 복잡한 프로토콜을 이용하고 처음부터 확장성을 고려해서 개발해야 하므로 구축하기가 쉽지 않다. 따라서 아이디어를 구현한 후 나중에 더 많은 기능을 추가하거나 확장하는 것은 불가능하다. 이론적으로 DApp은 다른 DApp에 의존적일 수 있으나 실제로 DApp을 서로 결합하는 것은 매우 어려운 작업이다.

탈중앙화를 위한 세 가지 필수 요소는 블록체인, 프로토콜(규칙), 토큰(암호화폐)이다. 블록체인은 신뢰를 보증하는 기술이다. 내가 잘 모르는 사람들과도 믿고 협력할 수 있는 기반이 된다. 프로토콜(규칙)의 경우, 탈중앙화 네트워크가 자율적으로 운영되려면 모든 사람이 특정한 규칙을 지키는데 '합의'해야 한다. 거래를 신청한 주체가 본인임을 확인하는 방법, 블록을 생성한 사람에게 보상을 주는 방법, 진본으로 인정할 블록체인을 결정하는 방법 등에 대해 어떻게 합의를 이룰 것인지에 대한 규칙(프로토콜)을 정해야 한다. 네트워크 서비스 공급자들이 자기 역할을 잘하려면 인센티브가 필요하다. 이 인센티브가 바로 토큰(암호화폐)이다. 이러한 토큰에 가치를 부여하는 것은 네트워크의 '규칙'이다. 토큰은 일반적으로 특정 서비스를 사용할 수 있는 권리를 의미한다.

탈중앙화의 한계라면, 새로운 블록을 생성할 때마다 검증해야 하고, 모든 컴퓨터가 나누어서 저장해야 하는, 상대적으로 비효율적이라는 점이다. 두 번째는 알고리즘의 한계이다. 즉 사람의 판단과 결정이 필요한 서비스는 탈중앙화 네트워크로 구현이 어렵다. 사람들이 블록체인을 믿고 정보를 공유해 그 위에서 하나의 사회를 형성하게 되기까지는 꽤 많은 시간이 걸린다. 시장실패(Market failure), 즉 독과점으로 인한 비효율성, 정보의 비대칭으로 인한 역선택, 공공서비스의 공급 실패 등 효율성과 편의성을 희생하더라도 반드시 탈중앙화가 필요한 분야에서 블록체인이 좀 더 가치를 발휘하리라 여겨진다.

12장 와우! 스마트 콘트랙트는 우리 삶을 어떻게 변화시킬까요?

자율조직 DAO의 실현

스마트 콘트랙트(Smart Contract)란 중개자 없이 P2P로 쉽고 편리하게 계약을 체결하고 수정할 수 있는 기술이다.[130] 이 기술은 블록체인(Blockchain)의 분산 원장 기술(DLT, Distributed Ledger Technology)이라는 특성을 이용한다. 금융거래, 부동산 계약, 공증 등 다양한 형태의 계약을 이해 당사자 간의 공유 네트워크를 통해 자동화된 계약처리의 형태를 갖고 있다. 예를 들어, 스마트 콘트랙트를 자판기로 생각해보자. 우리가 자판기에 돈을 넣고 과자나 음료수를 뽑아 먹듯이 스마트 계약도 마찬가지다. 보통, 우리는 계약을 맺을 때 변호사나 공증인을 찾아가 돈을 주고 다양한 절차를 거쳐 계약 서류를 받을 때까지 기다려야 한다. 하지만 내가 스마트 콘트랙트를 이용한다고 가정해보자. 비트코인을 자판기 - 이를테면 원장(Ledger) - 에 넣기만 하면, 내 에스크로(escrow), 운전면허증 또는 내 계정의 어떤 서류든지 받아 볼 수 있다. 게다가 스마트 콘트랙트는 계약자와 피계약자 전원의 동의(혹은 합의)를 얻어 구체적인 규칙 혹은 처벌규정 등을 정하게 된다는 면에서 전통적 계약과 유사하다. 하지만 스마트 콘트랙트는 이러한 절차가 자동적으로 이뤄질 뿐만 아니라 자동적으로 규제들을 이해관계자들에게 강제할 수 있다.

블록체인 시스템 위에서 거래할 수 있는 자산을 암호화폐를 넘어 법정화폐, 주식 채권 부동산까지 확장하는 스마트 프로퍼티(Property)는 블록체인 2.0의 개념과 정확히 일치한다고 볼 수 있다. 일반적으로 블록체인 2.0의 개념에는 스마트 프로퍼티와 스마트 콘트랙트 외에 그 발전된 형태인 '분산형 자동화 조직(DAO, Decentralized Autonomous Organization)'이나 '분산형 자동화 기업(DAC, Decentralized Autonomous Corporation)'이 포함되어 있다.[131] 스마트 콘트랙트는 계약서를 블록체인 위에 기록하면 계약이 집행되는 자동 계약이다. DAO도 이런 새로운 서비스의 하나로 스마트 콘트랙트를 활용하여 계약이 자동으로 집행되는 하나의 조직을 고안한 것이다.

DAO[132], 분산형 자동화 조직은 관리자가 없는 분산형 장부인 블록체인의 특징을 응용한 조직이다. 관리자와 의사결정자가 없는 상태에서도 자동적으로 활동하는 조직을 가리킨다. 일반적인 기업은 이사회 등의 중앙관리자를 통해 경영이 이루어진다. DAO에는 중앙관리자가 존재하지 않는다. 스마트 콘트랙트로 경영이 자동적, 자율적으로 이루어진다. 최초의 DAO는 비트코인이라고 일컬어진다. 비트코인은 탈중앙집권적인 암호화폐 생태계로 불특정 다수 노드의 합의로 블록체인 상에서 자동으로 암호화폐가 발행되고 유통되는 시스템이다. 2009년 이후 한 번도 멈추지 않고 계속 가동되고 있다. '시스템은 계속해서 작동된다'는 신뢰가 결과적으로 비트코인의 가치를 유지시켜준다. DAO의 시스템에서는 조직의 운영자금 조달이나 지급 등이 스마트 계약으로 자동 집행되기 때문에 관리자의 승인, 결재를 기다릴 필요가

없다. DAO는 '관리자가 없어도 자기 스스로 정확하게 돌아가는 조직'이라고 할 수 있다.[133]

한편 분산형 자동화 기업(DAC, Decentralized Autonomous Company)은 'DAO의 기업판'이라고 생각하면 이해하기 쉽다. 사장이나 이사라는 경영자가 필요 없다. 블록체인 위에서 모인 주주의 출자를 기반으로 회사를 설립하고 블록체인상에서 등기를 한다. 스마트 콘트랙트를 사용한 사업 활동을 암호화폐로 진행하고 그 이익을 배당으로 주주에게 환원하는 것이다. 블록체인 위에서 자금을 조달하기 때문에 주식은 블록체인으로 발행될 것이다. 주주에게서 암호화폐로 출자금을 모집하고 배당도 암호화폐로 지급하는 방법이 예상된다.

더 다오(The DAO)는 독일의 블록체인 스타트업 기업인 슬록닷아이티(Slock.it)가 이더리움 재단(Ethereum Foundation)과 제휴하여 설립한 사업 투자 펀드이다. DAO(Distributed Autonomous Organization, 다오)란 분산형 자율 조직을 뜻한다.[134] 다시 말해 중앙 관리자가 존재하지 않아 자율적이고 분산화된 형태로 통치되는 조직이다. DAO는 비트코인과 함께 탄생한 새로운 개념의 조직 형태이다. 비트코인도 DAO의 일종이다. DAO의 중심은 규칙, 프로토콜, 계약이다. 중앙 관리자 없이 자동적이고 자율적으로 통치되는 분산형 조직이란 비트코인의 원리 그 자체와 같다. DAC(다크, Distributed Autonomous Company)도 주목을 모으고 있다. DAC란 분산형 자율 회사를 의미한다. DAC는 사람을 거치지 않고 자동으로 사업(기업)을 굴리는 데 목적이 있다.

DAO라는 개념을 실현하기 위해서 2016년 4월부터 퍼블릭 블록체인인 이더리움 기반의 스마트 계약으로 펀드를 조성하고 자금 모금을 시작했다. 그리고 6월까지 이더리움상의 화폐 '이더(Ether)'를 1억 5,000 만 달러 상당까지 모았다. 그런데 6월 17일 더 다오의 스마트 콘트랙트의 버그를 노린 해커로 인해 확보한 자금의 3분의 1이 유출되는 사건이 발생한다. 해커는 더 다오의 스마트 콘트랙트에 규정된 계약을 분할할 수 있는 기능을 사용하여 '자(子) 다오'를 만들었다.

이 문제는 플랫폼인 이더리움에까지 영향을 끼쳤다. 비탈릭 부테린은 유출된 자금을 더 다오에 돌려주기 위해 기존의 이더리움과 서로 호환되지 않는 새로운 이더리움 프로그램을 전 노드에 배포하고 갱신하는 '하드포크(Hard Fork)'를 제안한다. 이로 인해 현재 이더리움[135]과 이더리움 클래식[136] 신구 두 가지의 이더리움이 공존하는 상황이다. '분산형 자율 조직'에서는 '코드(code)가 법률'이기 때문에 그것을 자의적으로 변경해서는 안 된다는 주장도 있다. 현실적으로는 코드에 완전히 의존하는 것이 아니라 상황에 따라 인간의 판단이 필요한 부분이 남아 있다.[137]

DAO와 DAC는 사토시 나카모토가 비트코인을 만든 동기인 '정부에 통제되지 않는 사회' 실현에 공감하는 커뮤니티가 궁극적인 조직의 모습으로 생각해 온 것이라 할 수 있다. 이 배경에는 정치가가 일방적으로 규칙을 만드는 세상이 아니라 시민의 합의에 기초하여 자율적으로 정확하게 움직이는 탈중앙집권형 사회를 실현하고자 하는 강한 의지가 반영되었다고 할 수 있다. 탈중앙화 자율 기업(DAC, Decentralized Autonomous Corporation)란 무엇인가? DAO가 이익을 창출하기 위한 목적을 지니는 경우 DAC라고 정의하기도 한다.[138]

DAC의 특징을 Invictus Innovations의 DAC의 개발자이며 회장인

스탠 라리머(Stan Larimer)는 다음과 같이 이야기한다.[139] DAC는 자유롭고 독립적인 개인으로 구성된 협의체이다. 법인격은 갖고 있지 않다. 자율적으로 조직생활을 영위한다. 중앙에 한 곳에 집중되어 있지 않고 분산되어 있다. 모든 사람에 의해 점검이 가능하도록 비즈니스 규칙이 투명하다. 고객 정보는 아주 안전하게 보관된다. 서로 구성원 간에는 깊은 신뢰로 연결되어 있다. 전적으로 고객과 주주의 이익을 위해 행동한다. 자기 규율적인 행동특성을 갖고 있다. 어느 누구도 그들에 대해 매혹적이거나 강압적인 영향을 행사할 수 없다. 그들은 디지털 자산에 대한 주권을 행사한다. 그러나 법적인 능력은 아직 갖고 있지 않다.

DAO 혹은 DAC는 우리 삶을 중앙 통제적인 삶에서 점점 더 분산화된 형태로, 개인이 삶의 자율성을 높이는 방향으로 지원을 해 나갈 것이다. 회사의 단순 반복적인 일들은 시스템적으로 자동적으로 처리되고, 인간은 더욱 창조적인 삶으로 진화, 발전될 것이다.

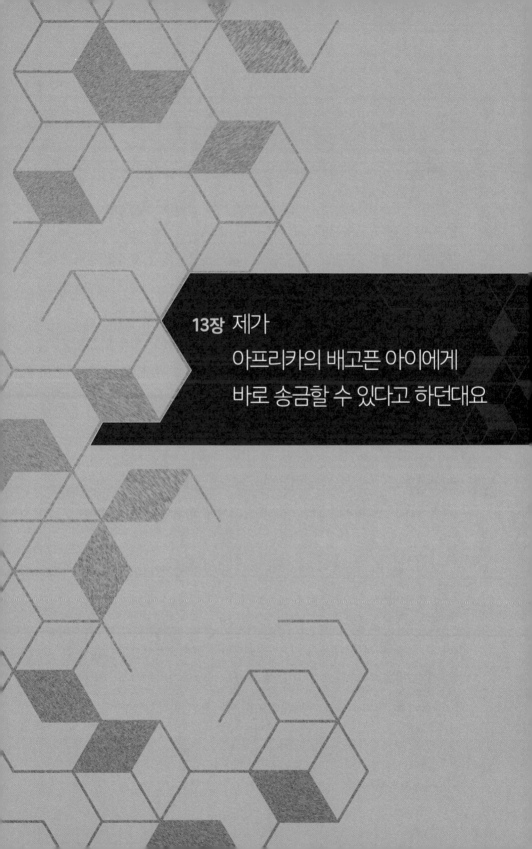

13장 제가
아프리카의 배고픈 아이에게
바로 송금할 수 있다고 하던대요

빌게이츠는 모바일 뱅킹이 가난한 사람들의 생활을 변화시킬 것이다. 20억 인구가 금융서비스를 이용하게 될 것이라고 하였다.[140] 암호화폐는 P2P 개인 대 개인 간에 중개자 없이 상대방의 전자지갑 주소만 알면 바로 그 자리에서 송금할 수 있다. 네트워크 트래픽만 없다면 바로 전송이 완료된다. 우리가 아프리카의 배고픈 아이를 도와주기 위해서는 종전에는 기부단체에 송금을 하고 기부단체에서는 국제 송금 시스템을 거쳐서 그 아이가 소속된 단체를 거쳐 그 아이에게 기부금이 전달되었다. 그러나 지금은 중간의 모든 절차가 생략되고 내가 직접 그 아이의 전자지갑 주소로 비트코인이나 이더리움을 보내주는 것이 가능하게 된 것이다.

인터넷으로 전세계가 연결되었지만 금융에 있어서는 지난 40년간 변화가 없었다.[141] 2014년 KBS 파노라마는 국제 송금에 있어서 얼마나 많은 수수료가 들어가고 있는지를 잘 보여주고 있다. 부에노스 아이레스에서 일하는 콜롬비아 이주노동자, 엄마에게 송금 1만 페소(100만원, $173)를 보내는데 송금 수수료는 무려 $17.36(10%)가 든다.

국제금융은 여러 나라를 거쳐야 한다는 이유로 높은 수수료를 매겨왔다. 특히 금융이 발달하지 않은 저개발 국가일수록 수수료는 더 높다. 비트코인의 경우 환전수수료 1%가 있을 뿐으로 송금 수수료가 없다. 우간다의 위레네 씨는 비트코인으로 송금하기 시작하였다.

"은행을 통해서 보내면 5달러를 송금해도 15달러의 수수료를 부과하거 든요. 비트코인으로는 5센트도 보낼 수 있어요. 저에게는 정말 편리해요."

전 세계 국제 송금시장은 연 5,000억, 달러 중개기관을 배제한 암호화폐 비트코인은 저개발 국가에게 보다 더 큰 혜택을 줄 수 있다. "무척 가난한 사람들이 밤새워 일하지 않고도 더 많은 돈을 쓸 수 있게 되는 거죠."라고 수잔 에시시는 말한다.

암호화폐가 가장 유용하게 쓰일 수 있는 분야 중 하나는 국제 송금 부분이다. 우간다의 위레네 쑹가처럼 타국에 와서 힘들게 일해서 번 돈을 자국의 가족들에게 보낼 때 암호화폐는 아주 저렴한 비용으로 활용될 수 있다. 외국에 유학 가 있는 자녀들에게 송금할 때 수수료가 거의 없어진다면 부모에게는 큰 희소식이 아닐 수 없다. 글로벌 초연결사회로 진입하면서 국제 송금시장은 점점 더 커지고 있다. 한국은행에 따르면 지난해 개인이 해외에 송금한 금액은 109억 4,000만 달러(약 12조 1,543억 원)로 2016년(10조 879억 원)보다 2조 원 넘게 증가했다. 올해는 지난 7월까지 77억 7,000만 달러(8조 6,325억 원)에 달하는 등 시장 규모는 연간 14조 원으로 추정된다. 지난해 기준 글로벌 외화 송금 시장 또한 620조 원에 육박한다.[142] 앞으로 커지는 해외 송금시장을 두고 암호화폐 기업들뿐만 아니라 기존 핀테크 기업들의 경쟁이 점점 더 치열해질 것으로 전망된다.

스위스 NGO 단체와 암호화폐 소프트웨어 업체가 협업해 아프리카 불우아동을 위한 구호 자금을 암호화폐로 모금한다[143]는 기사가 2018년 6월 27일 토큰포스트(Tokenpost)에 게재되었다.

26일(현지 시간) 코인텔레그래프 보도에 따르면 스위스 NGO 단체 '헬프투키즈(Help2Kids)'가 암호화폐 개발업체 '크립토팔(KryptoPal)'과 협업해 말라위 및 탄자니아 등지에 사는 불우아동에게 식량, 복지, 교육에 필요한 구호 자금 모금을 암호화폐로 진행한다. 크립토팔은 퍼블릭키를 설정하고 고객알기절차(KYC, Know Your Customer) 가이드라인을 만드는 등 기부자가 헬프투기즈 프로젝트에 참여할 수 있는 시스템을 만든다고 한다. 장기간 진행될 시범 프로젝트로 모든 성금이 추적 가능하다. 아프리카 내 성금의 실제 사용처까지 추적할 수 있는 시스템을 만들 예정이라고 한다. 전 세계 어디서든 암호화폐 기부가 가능하다. 프로젝트의 최종 목적은 구호활동 범위를 아시아 및 남아프리카까지 확장하는 것이다. 헬프투키즈의 사장 프랑크 하켄요스(Frank Hakenjos)는 "기부금을 암호화폐로 받는 것은 기존 구호활동에 소모되던 비용을 대폭 절감해준다. 적립된 기부금의 약 90%가 도움의 손길이 필요한 아이들에게 전달된다."라고 말했다. 앞으로 1년간의 개발 프로젝트라고 하니 2019년 7~8월경 이에 대한 소식을 기대해 봐야 하겠다.

스텔라(Stellar)[144]는 리플처럼 해외 송금에 중점을 둔다. 리플과 달리 P2P 형식의 해외 송금 인프라를 구축할 수 있는 오픈소스 플랫폼이다. 수수료가 저렴하고 빠르고 안정적으로 금융거래가 가능(수수료: 0.00001XLM per Transaction, 처리 속도: 2~5초, XLM은 스텔라 화폐표시)하다. 세계 최초의 비트코인 거래소인 마운트 곡스(Mt. Gox)의 창립자이자 리플(Ripple)의 공동 창립자인 제드 맥켈럽(Jed MacCaleb)과 온라인 간편 결제 업체 스트라이프(Stripe)의 패트릭 콜리슨(Patrick Collison)에 의해 2014년 7월 비영리단체인 스텔라 개발 재단(Stellar Development Foundation)이 정식으로 출범되었다. 2016년부터 아프리카 등 은행 시스템이 제대로 구축되지 않은 지역에서 시범사업을 운영 중이다.

2016년 글로벌 회계·컨설팅업체 딜로이트(Deloitte)는 스텔라 기반으로 국경 간 결제 앱인 딜로이트 디지털 뱅크(Deloitte Digital Bank)를 출시하였다. 2017년에는 IBM과 클릭엑스(KlickEx)와 제휴를 맺고 남태평양 지역에서 통용되는 국경 간 결제 솔루션을 공동 개발하였다. 이 외에도 ICICI Bank(인도 최대 민영은행), TechCrunch(북미 최대 IT 온라인 매체) 등 다양한 기업들이 스텔라 기반 결제솔루션을 개발하고 있다. 지난 2018년 9월에는 스텔라 기반의 수수료 없는 탈중앙화 암호화폐 거래소 '스텔라 X'가 출시되었다. 한편 2018년 10월 세계적 펀드 운용 그룹 피델리티 인베스트먼트(Fidelity Investments)사가 기관투자자를 대상으로 암호화폐 보관 및 투자 집행 서비스를 제공하는 '피델리티 디지털 에셋(Fidelity Digital Asset)'을 설립하였다.[145]

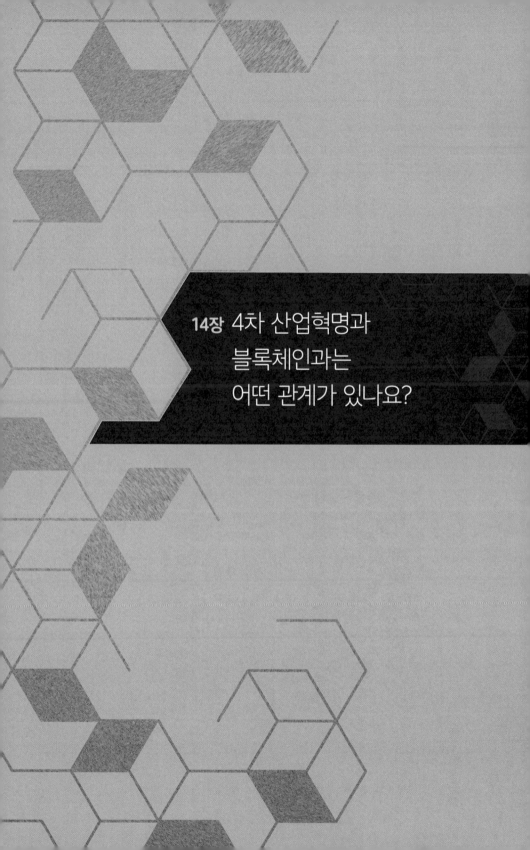

14장 4차 산업혁명과
블록체인과는
어떤 관계가 있나요?

정보통신연구원에서는 46개 언론사의 뉴스데이터를 보유하고 있는 한국언론진흥재단의 '빅카인즈' 데이터를 활용하여, 2018년 1월 1일부터 2018년 3월 31일까지 블록체인이 언급된 4,184건의 뉴스를 기반으로 텍스트 네트워크 분석을 하여 다음과 같이 블록체인과 관련된 네트워크 그래프와 4차 산업혁명 핵심기술로써의 블록체인 군집 그래프를 보여주고 있다.[146]

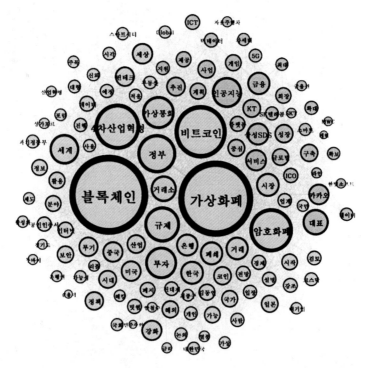

출처: 블록체인과 4차 산업혁명: 뉴스 네트워크 분석을 중심으로, 이호, 정보통신정책연구원, 2018.5.15.

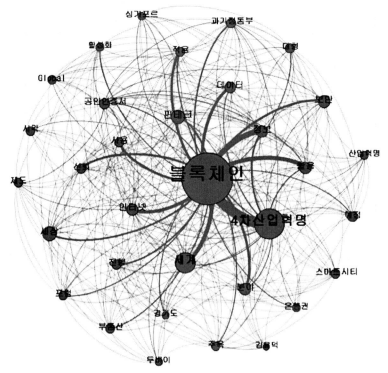

출처: 블록체인과 4차 산업혁명: 뉴스 네트워크 분석을 중심으로, 이호, 정보통신정책연구원, 2018.5.15.

세계적으로 유명한 가트너 그룹은 2017년 앞으로 유망한 10대 전략 기술에 대해 다음 표와 같이 발표하였다.

2019년 유망 기술로는 자율 사물(Autonomous Things) 즉 자율적이고 지능적 기술, 여러 데이터에 대한 확장 분석(Augmented Analytics), AI-기반 개발(AI-Driven Development), 디지털 (Digital Twins), 권한 위임된 에지 기술들(Empowered Edge), 몰입감 있는 경험(Immersive Experience), 블록체인(Blockchain), 스마트 시티 등 스마트 공간(Smart Spaces), 디지털 윤리와 개인정보 보호(Digital Ethics and Privacy), 양자 컴퓨팅(Quantum Computing) 등을 꼽았다.

Gartner's Top 10 Strategic Technology Trends For 2017		
인텔리전트 (Intelligent)	1. 인공지능과 고급 머신러닝 (AI and Advanced Machine Learning)	
	2. 지능형 앱 (Intelligent Apps)	
	3. 지능형 사물 (Intelligent Things)	
디지털 (Digital)	4. 가상현실 및 증강현실 (Virtual and Augmented Reality)	
	5. 디지털 트윈 (Digital Twins)	
	6. 블록체인과 분산 장부 (Blockchain and Distributed Ledgers)	
메시 (Mesh)	7. 대화형 시스템 (Conversational Systems)	
	8. 메시 앱 및 서비스 아키텍처 (Mesh App and Service Architecture)	
	9. 디지털 기술 플랫폼 (Digital Technology Platforms)	
	10. 능동형 보안 아키텍처 (Adaptive Security Architecture)	

출처: 가트너 2017년 10대 전략 기술, ICT, 정보화진흥원[147]

디지털 시대, 블록체인은 어떤 방향으로 디지털라이제이션(Digitali-zation)을 가속화할 것인가? 블록체인의 혁신성은 디지털 트랜스포메이션을 선도하는 다른 4차 산업혁명 기술들과 융복합될 때 더욱 두드러진다. 특히 사물인터넷(IoT) 기술을 빼놓을 수 없다. 여기에서 사물인터넷이란 사물 즉 물리적인 장치, 차량, 가전제품 등에 전자적 장치나 소프트웨어나 센서를 내장하여 실시간으로 데이터를 수집, 인터넷으로 연결하여 개별 사물들끼리 데이터를 주고받을 수 있도록 한 네트워크이다. IoT는 데스크톱, 랩톱, 스마트폰 및 태블릿 같은 전자 장치뿐만 아니라 기존의 전통적인 인터넷을 사용할 수 없는 모든 물리적인 장치 및 일상적인 개체까지도 인터넷 연결을 확장시키는 개념이다. 서로 데이터를 수집하고 인터넷망을 통해 서로 통신하고 상호작용할 수 있고 원격으로 모니터링하고 제어할 수 있도록 해준다.[148]

사물인터넷(IoT, Internet of Things)이 실현되면 수많은 데이터가 쏟아져 나온다. 그런데 만일 그 쏟아져 나오는 데이터들이 신뢰할 수 없는 데이터라면 쓰레기에 불과하다. 신뢰 네트워크를 만들어주는 블록체인 기술 기반의 사물인터넷(IoT)은 믿을 수 있는 데이터를 생성시켜줄 수 있게 해준다.[149] 따라서 블록체인은 4차 산업혁명을 좀 더 촉진시켜주는 기반 기술이라 일컬어지는 이유이다. 사물인터넷은 각 장치에 있는 센서에서 송신된 정보를 중앙집권적으로 통제하는 방식이다. 이것은 시스템을 관리하는 데 비용이 든다. 하지만 시스템 운용에 블록체인을 도입하면 비용을 큰 폭으로 줄일 수 있다. 거기에 블록체인은 견고한 보안 시스템을 갖추고 있기 때문에 사물인터넷에 적합하다. 사물인터넷은 블록체인을 활용함으로써 크게 발전할 가능성이 있다. 일례로 일본의 세종(Saison)정보시스템과 GMO 인터넷그룹이 공동 추진하는 '택배 박스'가 있다. 블록체인과 사물인터넷 기술을 활용해서 '본인만 수취 가능한 택배 박스'를 구현하려는 시도이다.[150] 또 다른 일본 기업인 스마트 밸류(smart value)와 시비라(Sivira)는 자동차를 운전할 때 운전자가 하는 행동을 블록체인상에 기록하여 그 내용을 바탕으로 보험료 할인율을 결정하는 시스템을 구축할 계획이다.

사물인터넷의 핵심 기술은 크게 센싱(Sensing) 기술, 커넥티비티(Connectivity) 기술, 플랫폼(Platform) 기술로 구분된다. 첫째, 센싱 기술은 다양한 센서를 활용해 현실 세계의 정보를 디지털 세계로 옮기는 기술이다. 온습도, 열, 가스, 조도, 초음파 등이 센서에서부터 적외선 동작 감지, 영상 감지, 생체 인식 등 유형의 사물과 주위 환경으로부터 정보를 얻을 수 있는 물리적 센서를 포함한다[151]. 둘째, 커넥티비티 기술은 연결을 지원하는 모든 유무선 네트워크 기술을 의미한다.

근거리 통신에는 블루투스(Bluetooth), 지그비(Zigbee) 또는 지웨이브 (Z-WAave) 기술이 적용된다. 공공 시설물 관리, 환경 모니터링, 공장 위험물질 관리 등 다양한 옥외 환경의 사물인터넷 서비스가 증가함에 따라 저전력 장거리 통신망(Low Power Wide Area Network, LPWAN)에 대한 수요도 확대된다. 셋째, 플랫폼 기술이다. 플랫폼에서는 신속한 개발 지원과 안정적인 인증, 보안 및 운용 효율성을 보장하는 플랫폼 이 필수적이다. 사물인터넷 플랫폼은 센서, 디바이스의 안전한 연결, 간편한 애플리케이션 개발, 다양한 데이터 저장과 처리, 지능형 룰 엔 진을 포함한 서비스 인프라를 의미한다. 특히 플랫폼에서는 해킹 또 는 정보 유출을 방지하기 위한 보안 기술이 필수적이다. 수많은 이해 관계자가 참여하고 있고 복잡한 인터넷 네트워크 환경 속에서도 수많 은 제품이 어떻게 이동하고 유지되는지 파악할 수 있고, 부정조작이 불가능하다는 것이 블록체인 기술의 큰 강점이다. 마지막으로 스마트 머신(Machine)간 안전한 자율 거래를 지원한다. 이와 같은 블록체인과 사물인터넷의 조합을 '사물체인(Chain of Things)이라 부른다. 사물 간, 시스템 간 상호 협력을 위한 커뮤니케이션도 기하급수적으로 확대된 다. 자율주행 차량은 지능형 도로 인프라와 상호 작용할 수 있고, 자 율주행 차량끼리 직접 통신하게 된다. 모든 통행료는 이동 구간별로 암호화폐를 통해 자동으로 이루어진다. 출입 통제, 영상 감시, 사고 감 지 및 예방을 목적으로 하는 보안, 안전 산업에서도 사물체인을 통해 신뢰성이 강화된다.[152]

블록체인과 인공지능이 만날 때

인공지능(AI, Artificial Intelligence)도 이 블록체인 기술이 기반이 될 때 신뢰 있는 데이터를 기반으로 학습이 촉진될 수 있고, 인공지능도 더욱 발전할 수 있다. 인공지능(AI)은 아직 기술이 태동하는 단계에 있다. 인공지능은 인간의 학습능력과 추론능력, 지각능력, 자연언어의 이해능력 등을 컴퓨터 프로그램으로 실현한 기술이다.[153] 인간의 지능으로 할 수 있는 사고, 학습, 자기 계발 등을 컴퓨터가 할 수 있도록 하는 방법을 연구하는 컴퓨터 공학 및 정보기술의 한 분야로서, 컴퓨터가 인간의 지능적인 행동을 모방할 수 있도록 하는 것을 인공지능이라고 말한다.

IBM의 왓슨(Watson), 애플의 시리(Siri), 삼성의 빅스비(Bixby), SK텔레콤의 누구(NUGU), 외환 딜러 더 봇(The Bot), 응급상황 시 대처할 수 있는 휴머노이드 로봇(Humanoid Robot) 등 음성인식 비서와 각종 번역 서비스, 테슬라 전기 자동차의 자율주행 기능 등 서비스 산업에서 일부 활용되고 있고, 점차 적용 가능한 영역도 확대되고 있다. 인공지능의 발전과 4차 산업혁명은 우리의 예상보다 빠른 시간 내에 도래할 것이다.

인공지능이란 기계가 알고리즘을 통해 인간처럼 사고, 학습, 판단할 수 있게 하는 인공적인 지능을 뜻한다. 1955년 미국 다트머스 대학의 존 매카시가 인공지능이란 단어를 최초로 사용한 이래 최근 본격적으로 부각되고 있는 이유는 인공지능이 필요로 하는 빅데이터의 수집과 저장이 가능해졌기 때문이다. 이를 분석하는 컴퓨터 능력과 기술이 정교해지고 빨라졌기 때문이다. 특히 저장장치와 연산장치 등 컴퓨터 사이언스의 발전으로 인간 수준으로 사물을 인식하고 이해할 수 있는 머신러닝 알고리즘이 등장하고 있다. 머신러닝은 데이터를 기반으로 기계를 학습시켜 이를 기반으로 판단하고 예측하게 만드는 기법이다. 머신러닝은 추측통계학의 한 분야이다. 대량의 데이터와 알고리즘을 통해 컴퓨터 자체를 학습시켜 작업 수행방법을 익힐 수 있기 때문에 인간이 가르쳐 주지 않아도 스스로 학습해 작동 원리를 깨우쳐 갈 수 있다. 머신러닝 기법 중 하나인 딥러닝은 심층 신경망(Deep Neural Network)으로서 인간의 뉴런을 모방해 노드, 입력, 출력, 가중치를 구성하고, 인공 뉴런의 여러 개를 병렬로 묶고 층을 이루어 망을 형성해 학습하는 방식이다. 병렬 연산에 최적화된 GPU(Graphics Processing Unit: 그래픽처리장치)의 진화로 인공 신경망의 연산처리 성능을 획기적으로 끌어올림으로써 딥러닝 기반의 인공지능이 급부상하고 있다.

기계학습의 한계를 뛰어넘는 연구인 '딥러닝(심층학습)'은 캐나다 토론토대학 제프리 힌튼 교수가 제시했다.[154] 힌튼 교수는 2012년 열린 세계적인 이미지 인식 경진대회인 'ILSVRC'에서 '슈퍼비전'이라는 프로그램으로 타 연구기관을 압도했다. 힌튼 교수의 딥러닝은 인공지능 연구 분야에서 획기적인 전환점을 마련했다. 딥러닝이 기계학습과 가장 다른 점은 컴퓨터가 스스로 '변수(특징)'를 만들어낸다는 것이다. 또 여러 겹으로 포개진 인간의 뇌를 모방해 신경망 네트워크 구조로 딥러닝 알고리즘을 만든다는 것이다.

블록체인은 AI에 있어 가장 안전하고 효율적인 데이터 저장소 역할을 한다. 인공지능에 영향을 미치는 블록체인의 효과는 첫째, 블록체인은 데이터 공유가 손쉽고 안전하게 실행될 수 있도록 지원함으로써 더 많은 데이터를 확보하는데 기여한다. 둘째, 블록체인은 질적으로 새로운 데이터를 확보함으로써 새로운 모델의 등장을 촉진한다. 셋째, 블록체인은 입력(input) 데이터의 감사 역할을 통해 예측력이 뛰어난 모델을 만드는데 기여한다. 넷째, 블록체인은 데이터와 모델을 지적 자산으로 교환하고 거래할 수 있도록 한다. 다른 한편으로 인공지능 기술을 통해 블록체인의 한계를 극복하고자 하는 접근도 이루어질 수 있다. 현재 스마트 콘트랙트의 경우 정적인 구조가 동적인 구조로 바뀌어야 활용가능성이 더 높아진다. 이때 인공지능의 '강화학습(Reinforcement Learning)' 기법으로 스마트 콘트랙트를 적응형(Adaptive) 모델로 바꿀 수 있다. 인공지능이 학습할 수 있는 고품질의 데이터를 제공하는 것이 블록체인이다. 블록체인을 더 똑똑한 구조로 지능화하는 것은 바로 인공지능(AI)이다. 일례로 '차량 자가 진단장치(OBD, On Board Diagnostics)'로부터 확보한 주행 기록을 블록체인으로 관리하면, 중고차 거래 시 정확한 자동차 마일리지를 확인해주는 인증 비즈니스도 가능해진다.

인공지능이 모든 사람을 효율적으로 제어하고 집안 곳곳 물건들이 모두 인터넷에 연결된 상태, 자율주행하는 자동차를 타고 이리저리 돌아다니고, 핀테크의 발달로 금융 서비스가 모두 온라인에서 이루어지며, 각종 유통채널과 물류의 전자동화 등 산업 전반과 우리의 삶에 인공지능(AI)과 기술생태계 장악이 이루어진 상태에서 가장 위협이 되는 것은 무엇인가? 많은 사람이 그 지점에서 한 단어를 떠올려 볼 수 있을 것이다. 바로 '해킹'의 위협이다. 블록체인은 바로 그 지점에서 그

것을 해결해 줄 수 있다. 4차 산업혁명을 실질적으로 가능하게 만들어 줄 수 있는 것이다. 블록체인은 블록(Block) 단위로 저장된 모든 데이터를 체인(chain)으로 연결해 구성하는 기술로, 각각의 블록은 변경되거나 삭제될 수 없고 중앙서버 없이 모든 거래 내용을 참여하는 각 개인이 모두 저장해 분산해 관리할 수 있도록 하는데 핵심이 있다. 즉 블록체인을 이루는 핵심은 보안성과 분산성에 있다.[155]

New ICT 발전 방향

New ICT(정보통신테크놀로지, Information Communication Technology)는 사물인터넷과 빅데이터 그리고 인공지능 등 다양한 기술과 서비스가 융합돼 새로운 가치를 창출해내는 전면적 개방 시스템을 의미한다. New ICT가 궁극적으로 지향하는 사회는 초연결, 초지능, 초융합 사회이다. 전통적인 ICT가 비즈니스 생활에서 인간을 지원하는 도구 역할을 했다면 New ICT는 인간을 지원할 뿐만 아니라 스스로 작동, 판단해 작업을 수행해 나가는 특징을 갖는다. 사물인터넷, 로보틱스, 인공지능 기반 인지시스템, 3D 프린팅, 나노기술, 유전공학, 양자컴퓨터 등 다양한 지능화 기술이 광범위하게 결합 융합되면서 파괴적 혁신을 주도하게 된다. 드론 배송, 자율주행차 운전, 실시간 번역, 음성, 안면인식, 자율로봇 활용 등 인간의 지성을 필요로 하는 작업이 '지능기술(Intelligence Technology)'에 의해 실현되므로 사물 시스템의 무인화를 촉진한다. 지능기술은 인간의 개입 없이 사물 스스로 판단하고 의사결정을 하도록 지원한다. 사물로 하여금 상황 인지(contextually aware)가 가능한 사고능력을 갖도록 지원하는 각종 요소기술(사물인터넷, 빅데이터, AI, 로보틱스 등)을 포함한다. New ICT는 궁극적으로 새로운 '지능 경제(Intelligence Economy)'를 촉발한다. 지능기술의 부상과 기술의 융, 복합은 새로운 경제 패러다임 변곡점을 만들어내고, 세계 경제 시스템과 사회적 구조 변화를 가속화할 것으로 예상된다(한국정보화진흥원, 2017~2018).

< 새로운 사회혁신을 견인하는 ICT 진화 방향 >

출처: 한국정보화진흥원, 4차 산업혁명 시대 ICT 진화 방향과 발전단계, http://bit.ly/2r7jly1

블록체인은 바로 지능정보사회를 향한 New ICT의 근간이다. New ICT가 지향하는 지능경제에서는 연결과 융복합이 요구되며, 이를 위한 완벽한 신뢰 프로토콜이 필수적이다. 블록체인은 바로 이 신뢰 프로토콜을 구현하는 기술이다. 블록체인은 디지털 환경에 참여자 간 신뢰프로세스를 분산구조로 재설계함으로써 신뢰성을 극대화한다. 이기종 데이터의 축적과 매시업(Mash-up: 새로운 가치 확보를 위한 융합)과 분석을 통한 인텔리전스의 창출이 바로 지능정보사회의 혁신 원천이다.[156]

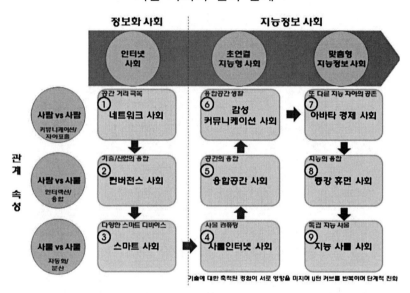

출처: 한국정보화진흥원, 4차 산업혁명 시대 ICT 진화 방향과 발전단계, http://bit.ly/2r7jIy1

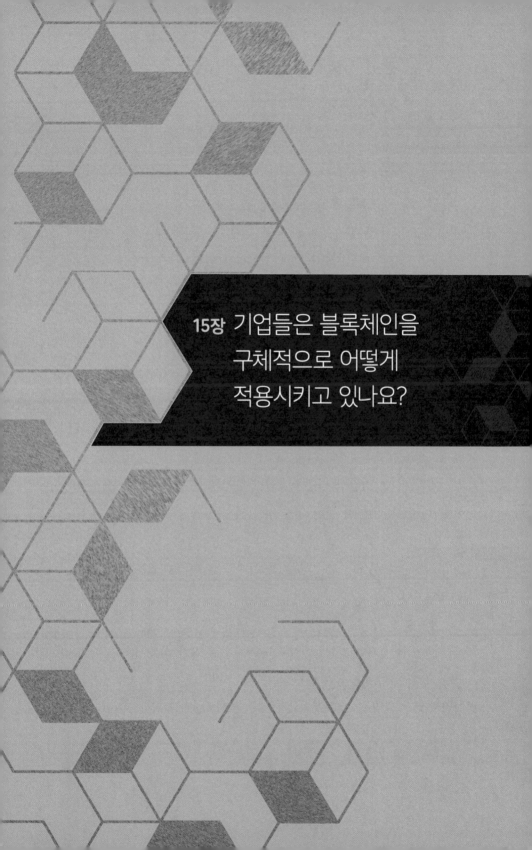

15장 기업들은 블록체인을
구체적으로 어떻게
적용시키고 있나요?

한국과학기술기획평가원(KISTEP)은 블록체인은 금융서비스 부문을 넘어 제조 및 유통 부문, 공공서비스 부문, 사회문화 부문 등 전 영역에 걸쳐 영향을 미칠 것[157]이라고 전망하고 있다. 금융서비스 부문에서는 인증 및 검증 과정이 간소화되게 된다. 거래의 청산 결제에 소요되는 시간이 단축되고, 대규모 데이터베이스 구축 비용이 절감될 것이다.[158] 실시간 국제 송금이나 환전에 대한 제약이 없어질 것이다. 여러 가지 4차 산업혁명 기술과 맞물려 데이터 분석의 활용도를 높여 맞춤형 상품 및 서비스가 제공될 것이다.

제조 및 유통 부문에서는 공급사슬의 가시성과 투명성을 제고할 수 있게 된다. 제조업에서의 사물인터넷 기술 적용의 한계를 극복할 수 있는 수단이 될 전망이다. 블록체인상의 기록을 통해 제조사, 제품을 구성하고 있는 원자재 등에 대한 정보 파악이 가능해지게 된다. 수십 억 개의 디바이스 정보를 처리해야 하는 중앙집중 시스템하에서 사물인터넷 기술 확산에 따른 기술 적용 한계를 극복할 수 있는 열쇠가 될 수 있다.[159]

공공서비스 부문에서는 공공기록물 관리 및 예산 집행 시 투명성과 관리 효율성 제고가 가능함에 따라 운영비 등 제반 비용 절감 효과가 클 것으로 예상된다. 공과금 및 과징금의 징수, 납세, 공공서비스 관련 시민행정, 여권발급, 토지등기 내역 등 일선 공공업무와 기록물의 효율적인 관리가 가능해지게 된다.

사회문화 부문에서는 작품의 출처의 정확성과 거래의 투명성 확보를 통해 소유권 진위 등 지식재산권 문제[10] 해결에 유용하게 활용될 전망이다. 미술, 음악 등 예술작품의 인증에 블록체인 기술을 이용하면 작품의 출처파악이 쉽고 사용이 투명하게 이루어지게 되므로 불법적인 복제와 유통을 미연에 방지 가능하다.[160]

기업들은 블록체인을 다양하게 접목, 적용하고 있다.[161] 사실 블록체인은 인터넷과 같은 기반 기술이라 유무형의 거의 모든 분야에 적용할 수 있다. 국제송금으로부터 시작해, 물류, 상품추적, 부동산, 의료정보공유, 숙박, 자동차 등 공유경제, SNS, 음악, 미술 저작권 관리 및 보상 등에 이르기까지 다양한 분야에 활용하고 있다. 일례로 블록체인은 음악업계에서도 주목을 모으고 있다.[162] 업루브(Uproov)라는 애플리케이션은 블록체인을 이용하여 저작권 증명을 진행한다. 닷비시(dotBC)는 플랫폼에서는 권리자 사이의 이익 분배와 같은 정보를 음악 파일에 전부 삽입하여 중앙 관리자 없이 저작권료 지급을 완결한다. 이것은 음악 전용 크라우드펀딩 플랫폼인 플레즈뮤직(PledgeMusic)의 창립자 벤지 로저스가 개발한 것으로 2016년 8월에 이미 알파버전이 공개되었다. 닷비시에서는 "MVD(Minimum Viable Data)"라고 하는 메타데이터를 음악 파일에 삽입한다. MVD에는 작곡자, 연주자 등의 권리관계는 물론 저작권료의 분배 비율이며 조건이 플러그인 형식으로 추가된다. 그래서 음악 파일이 팔린다든가 TV나 라디오에서 음악을

---

10) 2013년, 소위 '나치의 보물(Der Nazi-Schatz)'이라고 불리는 나치 정권의 약탈 미술품 1,500여 점(약 10억 유로)이 코르넬리우스 구를리트(Cornelius Gurlitt)라는 한 독일인의 아파트에서 발견되었는데 미술품의 수집 경로나 소유권 판별에 어려움이 많았다.

사용하면 자동으로 저작권료가 계산되고 지급까지 완료되는 것이다. 또한, 쉽게 자기만의 토큰을 만들고 그 생태계 안에서 자신을 홍보할 수 있고 자신의 토큰을 다른 토큰으로 교환, 거래할 수 있는 NASGO B2B 플랫폼을 기반으로 자아파 잭슨(Jaarfar Jackson)은 2018년 10월 27일 미국 LA 돌비 시어터(Dolby Theature)에서 토크나이징을 한다고 발표하기도 하였다.[163]

라주즈(La'Zooz)는 '분산형 우버'를 지향하는 서비스이다. 목표대로라면 관리자가 아닌 프로그램에 따라 운영되어 수수료가 발생하지 않는다. 라주즈는 합승 서비스에 주즈(Zooz)라는 코인을 이용하는 방안을 검토하고 있다. 차량을 공유하는 자동차 보유자에게는 보수로서 주즈가 지급된다. 스토리지(storj)는 '분산형 클라우드 스토리지'를 제공하고자 한다. 클라우드 스토리지(cloud storage)란 인터넷상에서 데이터를 보관할 수 있는 서비스로 드롭박스(Dropbox)가 유명하다.[164]

2016년 2월에 창설된 하이퍼레저 프로젝트(Hyperledger Project)란 블록체인 기술을 발전시키고 선도하기 위해 만들어진 그룹들이 하는 컨소시엄이다. 현재 컨소시엄을 이끄는 리더는 리눅스 재단이다. 참가 기업으로는 JP모건, 후지쓰, 히타치, 일본전기(NEC), 엔티티 데이터(NTT DATA), 인텔, 아이비엠, 알스리(R3) 등이 있다. 하이퍼레저 프로젝트는 블록체인을 이용할 수 있도록 하는 오픈소스 환경을 연구 개발하고, 패브릭(Fabric)과 이로하라는 블록체인도 개발한다. 비트코인이 불특정 다수가 사용하는 화폐로서 블록체인을 공개한다면 하이퍼레저 프로젝트는 사업 현장에서 활용하기 쉬운 블록체인을 구조 설계한다. 디지털 원장기술을 다루는 영국 런던의 스타트업 기업인 에버레저(Everledger)는 하이퍼레저 프로젝트에서 개발한 블록체인 소프트웨어를 아이비엠의 고성능 리눅스 서버인 리눅스원(LinuxONE)상에서 구동한다. 그리고 광산에서 소비자까지 다이아몬드의 유통과정을 추적하고 인증서와 거래 이력을 기록하는 서비스를 구축했다.[165]

미국에서는 이더리움 블록체인 기술을 사용해서 개인 간 전력 거래가 이루어진 바 있다. 2016년 4월의 일이다. 엘오쓰리(LO3)와 분산형 애플리케이션을 개발하는 컨센시스(ConsenSys)가 공동 프로젝트를 통해 일군 성과이다. 프로젝트명은 트랜스액티브 그리드(TransActive Grid)이다. 일본에서는 2016년 4월부터 전력자유화가 실시되었다.

블록체인을 **어떤 산업에서 사용하고 있는가?**[166] 언스트 & 영 블록체인 리더(Ernst & Young's Blockchain Leader)인 앵거스 챔피언 드 크레스피니에 따르면 이 기술은 보안 정책 그리고 신원 액세스 관리를 혁신시키는 데 적합하다. 각 블록체인 기록에는 블록을 추적하기 위해 사용하는 암호화된 캐시뿐만이 아니라 관련된 체인에는 다른 것들이 포함되어 있어 데이터를 수정할 수 없기 때문에 기록 보존 및 감사 목적에 적합하다. 금융 서비스(비트코인 참조)가 처음으로 블록체인을 도입했다. 하지만 의료 등의 다른 산업도 신속하게 검토하기 시작했다. 예를 들어, IBM 왓슨 헬스(IBM Watson Health)와 미 FDA(U.S. Food and Drug Administration)는 민감한 전자 의료 기록, 임상 시험, 모바일 장치 및 웨어러블(Wearable)로부터 도태된 데이터를 포함하여 안전한 환자 데이터 교환을 위해 블록체인을 활용하는 방법을 연구하고 있다. 아직 초기 단계이긴 하지만 드 크리스피니는 점차 많은 벤더가 비즈니스 전용 제품을 개발하고 있으며 "정말이지 필요하고 유용하다."라고 평가했다.

블록체인은 **이런 산업에 어떻게 도움이 되는가?** 블록체인은 트랜잭션에 여러 당사자가 개입되어 있는 경우 발생할 수 있는 엄청난 양의 기록을 보존할 필요가 없다고 IT 서비스 기업 젠팩트(Genpact)[167]의 전략 부사장, 사랍 굽타는 말한다. 그는 "블록체인과 분산형 원장은 결국 상업 세계 전체의 기록 보존을 통합하는 방법일 수 있다."라고 컴퓨터월드(Computerworld)에 보낸 이메일을 통해 밝혔다.[168] 예를 들어, 젠팩트는 얼마 전 블록체인 기반의 스마트 계약을 이용해 고객과 조직 사이에서 모든 조건을 캡처하는 금융 및 회계용 서비스를 공개한 바 있다.

액센츄어(Accenture)는 최근 블록체인 기술이 최대 10대 투자 은행 중 8곳의 인프라 비용을 평균 30% 절감하여 "연간 80억~120억 달러의 비용을 절감할 수 있을 것"이라는 내용의 보고서를 공개했다.[169] 잉글랜드 은행(Bank of England)은 블록체인을 결제, 어음교환, 정산에 활용할 수 있는 방법을 고심하고 있다. 또 다른 예로 아크로니스(Acronis)는 자사의 트루 이미지 2017(True Image 2017) 데이터 백업 소프트웨어에 블록체인 기술을 도입했다. 블록체인 플랫폼을 전자 문서 서명 또는 공증 서비스의 일종인 데이터 인증 및 확인 요소로 활용한다.

누가 개발했는지와 상관없이 기업들은 항상 새로운 기술을 도입할 때 실용적인 접근방식을 취해야 한다고 굽타는 말한다. 그는 "새로운 기술을 무시할 수는 없지만 무작정 도입할 수도 없다. 핵심은 비즈니스 문제에 적합한지 파악하는 것이다."라고 말했다. 블록체인은 이를 활용하는 제품이 시장에 출시되면서 개념에서 현실로 부상하고 있다.

굽타에 따르면 이미 15개 이상의 블록체인 분산형 원장 플랫폼과 함께 전문가 애플리케이션이 개발되고 있다. 하지만 광범위한 도입을 위해서는 일부 표준화가 필요하다. 그는 "새 기술에는 이런 문제가 흔하다. 확실한 사실은 이런 우려가 있음에도 불구하고 블록체인은 큰 관심을 받고 있다는 것"이라고 말했다.

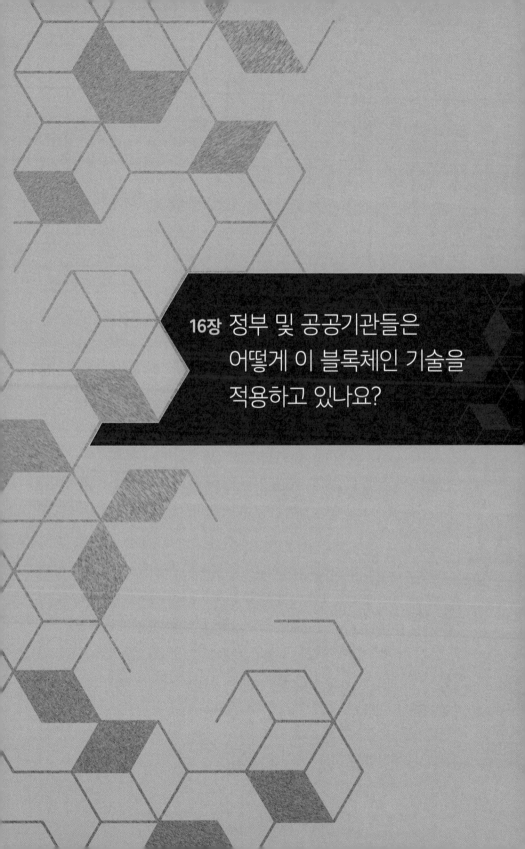

16장 정부 및 공공기관들은
어떻게 이 블록체인 기술을
적용하고 있나요?

블록체인은 정부 및 공공기관에서도 다양하게 적용되고 있다. 투표, 복지, 예산관리의 투명성, 토지등기 관리 등. 미국 재무부조차도 여러 시험 프로젝트와 테스트 프로그램들을 지원하면서 관련 법안을 준비해 나가고 있다.[170] 세계경제포럼(World Economic Forum)은 2025년까지 세계 GDP의 10%가 블록체인 산업에서 이루게 될 것을 예상하고 있다. 많은 정부가 분산형 데이터 관리 프레임 워크에 공개 기록을 저장하는 블록체인 기술에 관심을 표명했다. 에센티아(Essentia)[171]는 핀란드의 농촌 생산자 및 산림 소유자 연합체(Central Union of Agricultural Producers and Forest Owners)와 함께 전자정부 파일럿 시스템을 개발하고 있다. 이 프로젝트는 핀란드 전역의 도시 및 농촌 주민들이 그 기록에 액세스할 수 있도록 하는 것이 목표이다. 다른 용도로는 교육, 공공 기록 및 투표와 같은 정부 응용 프로그램이 포함된다.

폐기물 관리에도 블록체인이 활용된다. 월튼체인(Waltonchain)의 RFID 기술은 중국의 스마트 웨이스트 매니지먼트 시스템(Smart Waste Management System)에서 사용되고 있다. 월튼(Walton)의 블록체인을 사용하여 낭비 수준을 감독하여 운영 효율성을 개선하고 자원을 최적화하고자 한다. "크립토 밸리(Crypto Valley)"로 알려진 스위스의 주그(Zug)는 유포트(Uport)와 제휴하여 주민 ID를 등록하여 온라인 투표에 참여하고 거주지를 증명할 수 있는 블록체인 프로젝트를 개발했다. 에센티아는 암스테르담과 런던 사이를 여행하는 승객을 조사할 수 있는 새로운 시스템을 만들기 위해 네덜란드 정부와 회의를 가졌다. 현재 유로스타 열차에 탑승 한 두 나라의 승객은 여러 지점에서 국경 통제를 받고 있다. 에센티아는 승객 데이터를 안전하게 저장하는 블록체인 기반 솔루션을 연구하고 있으며 네덜란드에 기록된 측정 항목을 영국의 기관에서도 감사할 수 있도록 하고 있다. 블록체인은 데이터가 변조되지 않고 검증이 가능함을 보장하는 수단을 제공할 수 있다. 두 나라 간의 여행을 보다 간편한 절차로 할 수 있는 시스템이 기대된다.

의료 기록은 흩어져 있고, 일치하지 않은 경우가 많다. 데이터 처리 과정이 일관되지 않아 병원과 진료소가 종종 부정확하거나 불완전한 환자 기록을 가지고 작업을 해야 한다. McdRec과 같은 의료 프로젝트는 인증 및 기밀 유지를 제공하면서 데이터 공유를 용이하게 하는 수단으로 블록체인을 사용한다.[172][173]

영국 세이프셰어는 2015년에 시작된 벤처 스타트업 기업이다. 자동차나 방을 빌려주는 셰어링 비즈니스 플랫폼을 제공하는 사업자에게 보험을 제공하는 대리업자이다. 셰어링 서비스의 이용자는 블특정 다수이기 때문에, 이 회사는 계속해서 변화하는 거래 정보 등을 블록체인으로 관리하고 보험회사에 제공한다.[174] 영국 바클레이즈 은행은 영국의 4대 은행 중 하나이다. 세계 최대 규모의 블록체인 컨소시엄인 R3CEV에서 공동개발한 코다(Corda)를 이용하여 은행 간 스와프 거래의 계약서를 블록체인으로 전달하는 스마트 계약의 실증실험을 실시했다. 2016년 9월에는 업계 최초로 블록체인 베이스의 무역 거래(신용장 거래)에 성공했다. 영국 런던증권거래소는 시카고상품거래소(CME) 등과 공동으로 포스트 트레이드 분산 원장 실무 그룹(Post Trade Distributed Ledger Working Group)을 설립하고 블록체인을 사용한 증권 포스트 트레이드에 대해 연구하고 있다.

일본증권거래소 그룹(JPX)은 일본 IBM과 노무라종합연구소를 파트너로 삼아 각각 다른 방법으로 주식 시장의 포스트 트레이드 업무에서 분산 원장기술의 실증실험을 진행했다. 증권회사와 예탁결제회사 등 6개의 조직이 참가하여 증권 발행, 거래내역 조회, 자금 결제 등 7개 항목의 검증을 실시하고 그 가능성과 과제를 정리했다. 일본 스미신 SBI넷뱅크는 일본의 인터넷 전문은행이다. 예금의 입출금, 납입, 잔액 조회 등 은행 계정계 거래에 대한 실증실험을 했다. 블록체인을 이용한 부동산 거래에서 담보권 설정 말소나 매매대금 결제에 대한 연구도 시작했다.

미국 나스장 장외 주식 시장은 미국의 블록체인 기술 스타트업 기업인 체인과 제휴하여 비상장 주식거래시스템 나스닥 링크(NASDAQ Linq)를 개발하고 주식 발행과 매매를 하는 파일럿 시스템을 가동했다. 태양광 에너지를 증권화한 전력증서를 블록체인 시스템에서 유통할 계획도 발표했다. 미국 DTCC는 증권예탁청산결제기관의 지주회사이다. 그 외에도 리눅스 재단(Linux Foundation)이 IBM, 인텔 등과 협력하여 출범시킨 하이퍼레져 프로젝트(Hyperledger Project), OTC 파생상품(장외파생상품), 신용 부 도스와프(CDS, Credit Default Swap)거래, 환매 거래 등 블록체인을 활용한 다양한 실증실험들이 진행되고 있다.

우크라이나는 블록체인 기술을 활용한 투표 시스템을 개발하는 중이다. 카리브해의 작은 섬나라 바르바도스는 외화 준비에 비트코인 도입을 검토하고 있다. 중미의 온두라스는 최근 토지권리의 기록 관리에 블록체인 기술을 응용하기 위해 스타트업 기업과 파트너십을 맺는데 합의했다. 조지아 정부는 블록체인으로 부동산 관리를 할 것이라고 공표했다. 에스토니아는 행정 서비스에 블록체인 기술을 적극적으로 적용하고 있는 나라이다.

블록체인허브(BlockchainHub)는 도쿄 에비스 지역에 '블록체인 인큐베이터'라는 시설을 설립했다. 블록체인을 채택한 스타트업 기업이 창업할 때에 전문적으로 도움을 주는 시설이다. 비트플라이어에서는 일본 최초로 블록체인 사업 창출과 육성을 지원하는 '블록체인 엔젤펀드'를 조성했다.[175]

블록체인을 가장 잘 활용하는 국가로는 에스토니아 정부가 있다.[176] 에스토니아는 블록체인을 개발해 인증, 보건 기록, 세금 징수, 투표 등에 활용할 계획을 하고 있다.[177] 특히, 에스토니아 정부와 쇼카드(ShoCard) 회사는 이미 블록체인에서 신원 확인 시스템을 구축했다. 미래에 전자 신원, 여권, 운전면허증, 거주 허가증, 출생 증명서, 혼인확인서 같은 인증 서류에 폭넓게 활용될 수 있다. 에스토니아, 덴마크, 노르웨이 등 여러 국가에서 전자 투표를 시도했지만, 대규모 전자투표에 성공한 나라는 에스토니아가 유일하다.

최근 들어 비트코인을 단지 범죄조직이나 돈세탁을 위해 사용하는 정도로 간주하고 무시해 온 시각에 변화가 생겨 블록체인을 기술로 이해하기 시작했다. 금융기관들은 블록체인 기술을 기존 금융시장과 통합하려 노력하고 있다. 각국 정부는 핀테크를 장려하고 기업들이 자국에서 활동하기를 원하고 있다. 통제를 위한 노력을 기울이며 암호화폐를 하나의 새로운 지불 형태로 받아들이고 있다. 일본의 경우 2017년 4월 1일 비트코인을 합법적인 지불 형태로 인정했다.[178] 오스트리아는 최근 암호화폐에 대한 세금을 없애면서 기업들이 블록체인 기반 기술을 개발하고 비즈니스를 활성화할 수 있도록 격려하고 있다.

좋은 기술을 넘어 사용하기 편한 기술로 성장해야 빠르게 주류가 될 수 있다. 블록체인의 기술은 지속적으로 활성화되고 성장해 나가면서 오늘날 기업이나 정부가 사용하고 있는 데이터베이스 기술처럼 일반화될 것이다. 블록체인 트렌드는 일상생활에서 기존 산업이 선택할 수 있는 대안이 될 것이다. 기존 옵션들과 함께 블록체인이 대안으로서 하나의 트렌드를 제시하고 있다.

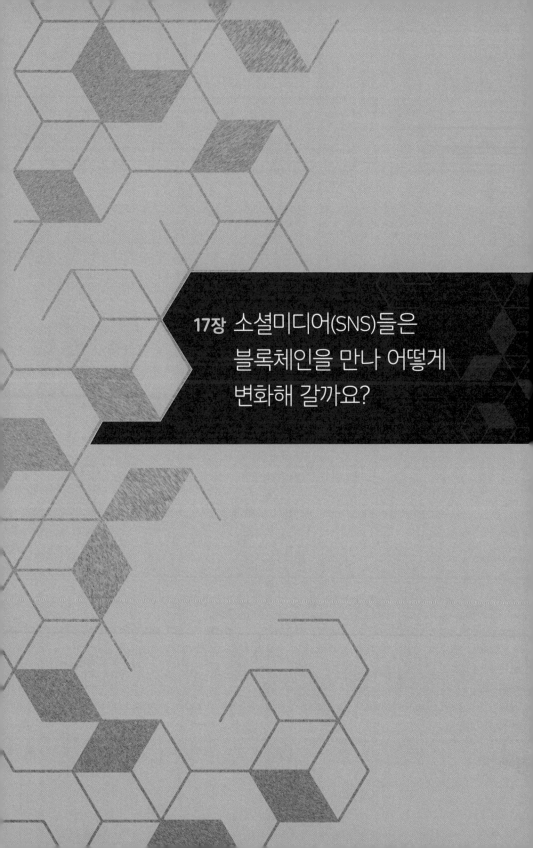

17장 소셜미디어(SNS)들은 블록체인을 만나 어떻게 변화해 갈까요?

블로그 스팀잇 사례

블록체인을 적용한 대표적인 콘텐츠 디앱 서비스라고 하면 스팀잇 (Steemit)을 들 수 있을 것이다. 현재 DApp의 사용자 현황을 보여주고 있는 state of the dapps[179] 사이트(https://www.stateofthedapps.com/ rankings/category/social?page=1) 순위에 의하면 단연 스팀잇이 1위를 차지하고 있고 2019년 1월 1일 오후 1시 25분 기준 24시간 동안 4,514 명이 스팀잇을 이용하고 있음을 보여주고 있다. 디앱 전체를 보더라도 게임 다음으로 가장 많은 사용자를 확보하고 있는 것이 스팀잇, 즉 콘텐츠 서비스이다.

스팀잇은 유저의 활동에 따라 암호화폐를 보상으로 지급하여 유저들의 콘텐츠 생산을 촉진하는 새로운 SNS 플랫폼이다. 2016년 4월 서비스를 시작한 스팀잇은 2017년 5월 17만 명 정도 가입하였으며, 출시 2년이 지난 2018년 6월 현재 가입자 수는 100만 명까지 증가하였다.[180] 유저들은 스팀잇이 광고가 없으며 좀 더 SNS 활동에 충실할 수 있다는 점을 장점으로 꼽는다. 스팀잇에는 광고가 없으며 콘텐츠 생산자는 추천에 비례하여 암호화폐로 수익을 얻고, 콘텐츠 소비자는 좋은 글을 추천하여 암호화폐로 보상을 얻는 방식으로 커뮤니티가 유지된다. 향후 스팀잇의 암호화폐인 스팀을 기반으로 한 서비스가 생겨 날 것이란 기대에 의해 스팀잇에서 발행하는 암호화폐인 스팀의 가치가 결정이 되고 있다.

스팀잇의 블록체인 인프라와 암호화폐를 연동한 다양한 비즈니스 모델이 나타나며 생태계가 확장 중이다. 대표적으로는 스팀잇과 연동된 동영상 플랫폼 디튜브(detube)가 있다. 스팀잇이 제시하는 이익 공유형 플랫폼에 주목해야 하지만 지속 가능성은 계속 지켜보아야 한다. 스팀잇은 가장 성공적으로 실생활에서 사용되는 퍼블릭 블록체인 서비스로 평가받고 있으며, 암호화폐가 성공의 결정적인 역할을 수행한다. 하지만, 스팀잇 운영자가 플랫폼 자체을 개선시키려는 유인이 부족하기 때문에 장기적인 성공 가능성은 계속적으로 지켜보아야 한다.

스팀과 스팀달러는 스팀잇이라는 SNS 플랫폼에서 사용되는 암호화폐로 2016년 4월경에 출시되었다. 가입자는 2018년 7월 기준 108만명 수준으로 빠르게 늘어나고 있다. 스팀은 비트코인처럼 채굴자들이 노드를 유지하며 블록을 생성하고 보상을 받는 방식이 아니라 투표를 통해 선정된 21명의 증인이 노드를 유지하고 블록을 생성한다(DPoS방식). 채굴은 해시 파워력에 비례하는 반면 DPoS는 자본 민주주의 방식이다. 스팀 블록체인은 독특하게 세 가지 화폐를 제공한다. 스팀, 스팀파워(steem power), 스팀달러이다. 스팀 블록체인의 기본 거래 단위는 스팀이다. 유동성 화폐이며, 거래소에서 사거나 팔 수 있고 다른 사용자에게 보낼 수 있다. 스팀파워는 장기 투자를 위한 용도로 스팀파워가 많을수록 스팀잇 내의 영향력이 올라간다. 증인을 선출하고 스팀잇 콘텐츠의 보상을 결정한다. 스팀과 스팀파워는 1:1 전환이 가능하며 스팀에서 스팀파워로 전환하는 것을 파워업, 스팀파워에서 스팀으로 전환하는 것을 파워다운이라 한다. 파워업은 즉시 반영되지만 파워다운은 파워다운 신청 시점 1주 후부터 보유한 양의 13분의 1씩, 13주에 걸쳐 지급된다. 스팀달러는 현금성 화폐로 보상을 받는 즉시 판매할 수 있다.

스팀잇의 주요 규칙이다. 첫째, 업보팅(upvoting)에 비례해 암호화폐인 스팀(steem)으로 보상을 해준다. 작가가 75%, 추천한 사람이 25%를 받는다. 이때 새로 발행한 스팀으로 보상을 준다. 둘째, 스팀을 사용해 스팀파워를 올릴 수 있다. 스팀파워가 높아지면 업보팅의 힘이 커진다. 셋째, 스팀파워에 대한 수요와 보상으로 늘어나는 공급이 균형을 이루면서 스팀 가격을 형성한다.[181]

스팀 블록체인은 블록체인+미디어 플랫폼으로 성장하기 위해 콘텐츠 생산자와 소비자에게 보상을 지급한다. 스팀잇 플랫폼에 글을 쓰면 사람들의 추천을 거쳐 7일 뒤 보상이 지급된다. 스팀달러 절반, 스팀파워 절반으로 받을 수도 있고 스팀파워로만 받을 수도 있다. 보상의 일부는 추천인들에게 지급된다. 스팀과 스팀달러는 스팀잇 유저 간에는 아이디만 알면 메시지를 보내듯 전송할 수 있다. 스팀과 스팀달러를 거래소로 보낼 때는 거래소 아이디를 넣고 거래의 지갑 주소를 메모난에 입력해야 한다. 국내 거래소를 가운데 고팍스가 스팀과 스팀달러 입출금을 지원하고 있다. 스팀과 스팀달러를 편리하게 원화로 바꿀 수 있다.[182] 스팀잇의 장점은 콘텐츠 제작자들이 제대로 보상받지 못하던 기존 콘텐츠 플랫폼과 달리 작가에게 적절한 보상이 돌아간다는 것이다. 커뮤니티를 사용하는 재미를 더해 새로운 개념의 보상 체계를 만들어냈다. 누구도 플랫폼을 소유하지 않으면서 기여자들에게 자연스럽게 보상을 해주는 생태계를 만들어가고 있다.

업라이브 기프토 사례

"기프토는 아티스트, 창작자와 팬 사이 '팬덤 이코노미'에 블록체인 모델을 접목시킨 것"이라고 박동휘 기프토코리아 총괄대표는 이야기한다.[183] 기프토(Gifto)는 탈중앙화 가상 선물(Gifting) 프로토콜로 모바일 기반의 라이브 스트리밍 어플인 업라이브(UpLive)를 개발한 홍콩 아시아 이노베이션 그룹(Asia Innovation Group Co., Ltd)이 추진한 리버스 ICO 프로젝트이다.[184] 프라이빗 토큰 세일에서 당초 자금 조달 목표 금액의 4배 이상, ICO에서는 시작 1분 만에 자금 조달 목표 금액을 달성하며, 아시아에서 최단 시간에 ICO가 완료된 프로젝트로 유명하다. 업라이브[185]는 2016년 6월 출시되어, 현재 전 세계 누적 사용자 4천 명 이상, 일간 라이브 스트리밍 업로드 건수는 2만 건 이상을 기록하고 있다. 구글과의 협력을 통해 라이브 스트리밍 중에도 41개국 언어로 번역 서비스를 제공한다. 이에 중국, 동남아시아, 중동, 북아프리카, 인도, 미국 등 14개국에 진출하였다. 지난 7월 국내 베타서비스를 통해 한국 시장에도 진입하였다. 업라이브의 기술팀은 총 200명의 엔지니어로 구성되어 있다. 대부분이 구글, 텐센트, 바이두, 알리바바와 같은 세계 유수의 IT 기업 출신이다. 또한, 중국 후난 성에 소재한 업라이브 오퍼레이션 센터에서 불법 오디오 및 비디오 콘텐츠를 검열하고 해당 콘텐츠 게시 계정에 대한 정지 또는 영구 폐쇄하는 등 건전한 생태계 조성에 노력을 경주하고 있다. 업라이브 외에도 기프토를 통해 팬들과 가상의 선물을 주고받을 수 있는 유니버설 기프팅, 자선 캠페인, 이커머스, 게임(기프트몬) 등의 서비스 제공하고 있다. 현재 기프토 월렛 사용자 수는 50만 명을 넘어섰다. 기프토는 애초 이더리움 기반으로 개발되었으나, 빠른 확장성을 확보하기 위해 지난 2018년 9월 플랫폼 블록체인 넴(NEM)과 파트너십을 체결하였다. 현재는 운용 중인 블록체인 기반 서비스를 테스트할 계획에 있다.

블록체인 기반 블로깅 서비스 스팀잇이 인기를 끌면서 플랫폼 기여도에 따라 암호화폐를 지급하는 소셜미디어들이 다수 등장했다. 그중 포레스팅은 콘텐츠 창작자가 자리를 잡고 고품질의 콘텐츠를 제작할 수 있는 전반적인 생태계를 제공해 차별화한다는 전략을 택했다.[186] 포레스팅 생태계는 글, 이미지, 동영상 등 다양한 형태의 창작물을 올릴 수 있는 '블록체인 기반 소셜네트워크서비스(SNS) 포레스팅' 외에도 창작자와 큐레이터에 소규모 대출 등을 지원하는 '디지털 뱅크 서비스'와 콘텐츠 제작 공간과 촬영장비, 편집 소프트웨어(SW), 자문 등을 지원하는 '파운데이션 서비스'로 구성된다. 게임 다음으로 온라인 콘텐츠 분야는 블록체인을 통한 적용이 앞으로도 많이 이루어질 분야일 것으로 더 많은 디앱과 블록체인 기반 SNS 다양한 서비스가 기대된다.

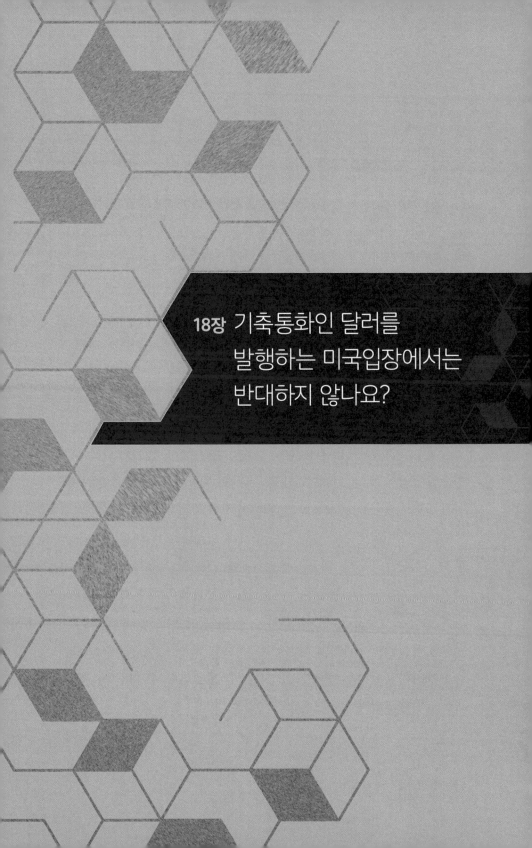

18장 기축통화인 달러를
발행하는 미국입장에서는
반대하지 않나요?

Coinmap.org에 의하면 2018년 11월 23일 13,793개에서 2019년 1월 1일 한국시간 현재 14,136개소에서 비트코인이 ATM기가 사용되고 있다. 2018년 1월 31일 11,750개였으니 약 11개월 만에 2,386개, 한 달 평균 216개 정도씩 늘어가고 있다고 볼 수 있다. 특히 미국의 경우 거의 전 지역에 골고루 분포되어 있음을 알 수 있다.

비트코인의 가격 변동성이 급격히 증가함에 따라 암호화폐에 대한 관심이 높아지고 있으며, 기술의 분권적 성격으로 기존의 글로벌 금융체제하에서 관리되지 않는 사례가 늘어나고 있어 국제공조가 이루어질 전망이다.[187] 암호화폐가 실생활에서 결제수단으로 점차 채택되고 있으나 그 정도는 2019년 1월 1일 현재, 아직은 현실에서 체감할 수 있는 수준은 아니다. 가격의 변동성, 속도의 뒷받침, 여러 법제도적인 장치 마련 등 여러 이유로 아직은 제한적인 것이 현실이다.

주요국은 기존 제도와 정책 목표에 따라 암호화폐 및 관련 시장에 다르게 접근하고 있다. 미국은 암호화폐를 활용한 불법행위 규제, 암호화폐의 과세 대상 기준, 자산운용사의 암호화폐 투자 등의 금융감독에 초점을 맞추고 규제를 강화하는 움직임을 보이고 있다. 일본은 암호화폐 사업가의 파산에 따른 이용자 보호 및 암호화폐 규제에 대한 국제사회의 요청을 바탕으로 2014년부터 암호화폐 관련 법·제도 정비를 시행하고 있다.

중국은 향후 5년의 핵심 정책인 금융리스크 관리 차원에서 암호화폐를 통한 자금의 해외유출, 암호화폐가 자금세탁 등 각종 범죄에 활용될 가능성을 미연에 방지하기 위해 강도 높은 규제 조치를 실시하고 있다. 유럽은 현행 암호화폐가 아직은 통화정책에 위협이 되지 않는다는 판단하에 별도의 대응을 하고 있지 않으나, 암호화폐가 자금세탁 및 범죄자금 융통에 악용되는 것을 막기 위한 입법을 추진 중이다.

동남아 각국에서는 해외노동자의 본국 송금, 방문 외국인의 여행경비 지출 등에 암호화폐가 많이 활용되고 있는 가운데 최근 각국 정부와 중앙은행이 규제 방안을 논의하고 있다. 특히 금융 산업이 발달한 싱가포르에서는 새로운 자금조달 수단으로 암호화폐 공개(ICO)가 활발해짐에 따라 엄격한 보고 의무와 감시체계를 구축하는 방안을 수립 중이다.

블록체인은 세계 각국의 중앙은행도 주목하는 기술이다. 은행들은 암호화폐가 기존 비즈니스 모델에 대한 위협이라고 느끼면서도 이 상황을 기회로 만들기 위해 다각도로 준비를 하고 있다. 암호화폐를 직접 발행하여 자신의 존재 의의를 부각하고 이로써 사업 기회가 확대되기를 기대하는 것이다. 만약 은행이 암호화폐를 발행한다면 언제든지 짧은 시간에 송금이 가능해지는 데다 송금 수수료도 저렴해져서 고객 서비스 향상을 도모할 수 있다. 중앙은행이 독자적으로 암호화폐를 발행하려는 움직임도 보인다. 스웨덴은행은 암호화폐를 검토하는 프로젝트를 창설했다. 네덜란드은행은 블록체인을 기반으로 한 'DNBCoin'이라는 암호화폐 개발에 전념하고 있다. 캐나다은행에서는 'CAD-Coin'이란 이름의 코인 발행을 추진하는 중이다. 싱가포르의 중앙은행(통화청)은 일본의 미쓰비시UFJ파이낸셜 그룹, 미국의 은행, 싱가포르의 거래소와 함께 24시간 대용이 가능한 송금 서비스를 시험하기 시작했다. 중국 인민은행, 캐나다은행, 네덜란드은행, 일본은행도 유럽중앙은행과 공동으로 블록체인 연구에 열중하고 있다.[188]

IMF도 블록체인 연구 실험을 진행 중이며, 이를 미래 핀테크 정책의 기반으로 삼을 것이라고 밝혔다.[189] 13일(현지시간) 코인텔레그래프 보도에 따르면, '2018 싱가포르 핀테크 페스티벌'에 패널로 참석한 IMF의 법률자문위원 로스 레코우(Ross Leckow)는 암호화폐와 블록체인 기술을 IMF가 집중 연구하고 있는 부문으로 강조했다. 로스 레코우 위원은 "IMF는 핀테크, 특히 블록체인에 더욱 집중할 것"이라고 밝히면서 "핀테크 부문을 구성하는 여러 첨단 기술을 함께 고려하면서 블록체인 기술에 대한 논의를 진행하고 있다."라고 덧붙였다. 앞서 IMF의 크리스틴 라가르드 총재, 동 헤(Dong He) 부총재도 해당 기술에 대한 긍정적인 입장을 내비친 바 있다. 동 헤 부총재는 "암호화폐가 점차 법정화폐의 존재감을 줄여가고 있다."라고도 발언했다. 로스 레코우 위원은 최근 IMF가 발표한 다양한 보고서에서 암호화폐와 블록체인에 대한 기관의 활발한 연구 진행을 확인할 수 있다고 전하며, "IMF의 블록체인 연구가 추진해갈 더 많은 일에 기반이 되어줄 것"이라고 덧붙였다.

과연 미국은 암호화폐를 반대만 할까? 그렇지는 않은 것 같다. 미국의 재무부는 비트코인을 자산으로 규정하여 자본이득으로 과세를 부과할 것을 안내하고 있다. 미국은 주마다 규제 및 과세정책이 상이하다. 연방 차원에서는 자금세탁방지기구(FinCEN), 선물거래위원회

(CFTC), 증권거래위원회(SEC) 등에서 암호화폐의 규제를 기관별로 대응하고 있다. 연방법은 아니지만 2017년 10월 미국 통합법제위원회(ULC)는 합법적 규율 테두리 안에 암호화폐 사업자를 편입시킴으로써, 암호화폐에 대한 신뢰를 제고할 수 있는 통일가상통화업규제법(Uniform Regulation of Virtual-Currency Business Act, URVCBA)을 통과시켜 모든 주에서 승인토록 권장하고 있다. 이 URVCBA는 각 주 법의 가상통화 규제를 위한 통일된 모델법으로서 기능하고 있다. 미국 증권거래위원회(SEC)[190]는 '암호화폐는 증권으로 볼 수 없지만, ICO와 관련해서는 증권과 유사한 측면이 있기 때문에 감독 당국의 규제를 받아야 한다.'는 입장이다. 2017년 7월 미국 증권거래위원회(SEC)는 토큰 발행을 증권법상 증권 발행으로 보고 증권법 규제를 적용하였다. 2018년 6월 미국 증권거래위원회(SEC)는 ICO를 증권법 테두리에 넣어 규제하겠다는 입장을 밝혔다. 제이 클레이튼(Jay Clayton) 증권거래위원회 위원장은 CNBC와의 인터뷰에서 "ICO에 사용되는 디지털 자산이나 토큰은 증권으로 우리(SEC)가 규제해야 마땅하다."라는 기존 입장을 되풀이하였다.

2018년 7월 미국 상공회의소는 ICO에 대한 당국의 가이드라인이 보다 구체적이고 자세해야 한다고 지적하면서 "ICO를 통해 발행하는 토큰이 증권인지 아닌지를 보다 구체적으로 판단할 수 있는 근거를 제시함으로써 기업들이 시장 예측 가능성과 확실성을 가질 수 있도록 도와야 한다."라고 강조하였다. 또한 증권거래위원회(SEC)와 상품선물거래위원회(CFTC)를 겨냥해 "ICO와 같이 자본을 조달할 수 있는 새롭고 혁신적인 방식을 촉진할 필요가 있다."라고 말하였다.

이러한 일련의 흐름을 통해서 볼 때 암호화폐 블록체인은 시대를 거스를 수 없는 대세의 흐름으로 바라보고, 적절한 규제방안을 찾고 있는 듯하다. 더불어 민간 사업자들도 제도권으로 인정하고 제도화나 규제방안을 마련해 줄 것을 요구하고 있다. 지금 어느 국가를 막론하고 적절한 샌드박스 내에서의 규제방안을 마련하고, 4차 산업혁명의 기반이 되는 블록체인 기술 및 산업은 적극적으로 활성화시키는 정책적 뒷받침이 요구된다 하겠다.

19장 블록체인의 기술은
다 완성된 것인가요?

비트코인은 블록체인 기술을 활용한 하나의 서비스에 불과하다. 블록체인 기술을 활용해서 만들어진 비트코인이 갖는 한계가 블록체인 원천 기술의 한계는 아닌 것이다. 그럼에도 불구하고 현재 블록체인 기술은 제약점을 갖고 있고 블록체인 기술이 보편화되기 위해서는 그 한계점을 극복해 나가야 한다. 블록체인의 가장 큰 두 가지 과제는 '확장성'과 '신뢰성 확보' 문제라고 이야기한다.[191]

블록체인 기술은 기본적으로 두 개인, 기업, 단체 간의 신뢰를 수학적 원리로 대체하려는 시도다. 이는 바꿔 말해 블록체인 기술의 수학적 원리에 대한 의존성이 커질수록 더 많은 노드(서버)가 필요하게 되며, 운영 환경에 더욱 연산 집약적이 되고, 그에 따라 비용도 증가하게 됨을 뜻한다고 베넷은 말한다. 레브라이의 라오도 이에 동의했다. 블록체인은 체인 형태이기 때문에 블록 삽입이 직렬화되어야 한다. 때문에 업데이트 속도가 병렬적인 업데이트를 하는 전통적인 데이터베이스보다 느리다. 검증되지 않은 불특정 다수의 사람이 참가할 수 있는 글로벌 규모의 네트워크에서는 이처럼 비싼 비용과 느린 속도가 용납될 수 있다.

블록체인의 스마트 콘트랙트, 지나치게 과장됐다

스마트 콘트랙트, 또는 자체 이행 계약은 별도의 이행 강제 권위체가 필요 없다는 점에서 블록체인이 가진 가장 매력적인 기능 중 하나라고 할 수 있다. 기본적으로 이는 계약 당사자들이 동의한 거래 조건이 달성될 때 그 대가로 약속된 돈이나 물건이 자동으로 상대방 당사자에게 전달되는 시스템이다. 예를 들어, 보험사 등에서 허리케인이나 가뭄과 같은 세계 기후 현상에 기반해 보험금을 지불할 수 있을 것이다. 그렇지만 베넷은 이 스마트 계약이라는 것이 사실 스마트하지도 않으며 법적으로 볼 때 진정한 의미에서의 계약이라고 하기도 어렵다고 말한다.[192] 베넷은 "개념적으로만 보면 정말 멋진 아이디어다. 이는 일종의 비즈니스 프로세스 자동화라고 할 수 있다. 비즈니스 프로세스 자동화를 위해서는 일단 자동화의 대상이 되는 프로세스가 무엇인가에 동의할 수 있어야 한다. 이 프로세스에 어떤 룰을 적용할 것인지를 합의하고 나서 이를 코드로 옮겨야 한다. 때문에 이러한 프로세스 자동화는 사람들이 생각하는 것보다 훨씬 복잡하고 어렵다."라고 말했다. 그런데 블록체인 스크립팅 언어는 아직까지 이 정도의 자동화가 가능할 만큼 성숙하지 못했으며 프로그래머들 역시 아직까지 이 언어에 대해 배워가는 단계이다. 이러한 이유로 버그나 취약성도 발생할 수 있다. 스마트 거래 당사자들은 거래 운용 방식을 어떻게 준수할 것인가, 그리고 거래 이행 여부에 대한 분쟁 발생 시 이를 어떻게 해결할 것인가에 대해서 합의를 해야 한다. 베넷은 "코딩에 실수가 있었다든가 하는 식으로 예기치 못한 상황이 발생할 경우에 대비해, 외부 경로를 통해 코딩을 수정할 수 있어야 한다. 아니면 최소한 양 당사자 모두 원하지 않았던 비상 상황에 대비해 최종 '오프 스위치(계약 파기 방법)'이 마련되어야 한다."라고 말했다.

블록체인 네트워크는 아직 성장 중이다

블록체인 네트워크가 시작된 지 현재 10년 정도의 시간이 지났다. 비트코인 가격의 폭등으로 인해 국내외 대중에게까지 인기를 얻게 된건 이제 1년 정도 되었다. 한편 블록체인이 탈중앙화라는 특성으로 인해 참여자가 늘어날수록 처음에는 생각하지 못했던 많은 문제점이 나타나고 있다. 비트코인도 그렇고, 이더리움도 그렇다. 이를 개선하기 위해 이더리움은 1단계 프론티어, 2단계 홈스테드, 3단계 메트로폴리스, 4단계 세레니티라는 개발 로드맵을 가지고 있다. 현재는 2단계 정도에 머물러 있으며, 3단계를 순차적으로 적용하고 있다. 아직 비트코인과 이더리움 또는 다른 블록체인을 통해 일반인이 경험할 수 있는 형태의 애플리케이션이 많이 부족하고, 기본적인 사용법에 있어서도 전문 지식이 필요할 만큼 어려운 것이 사실이다. 그런 점에서 "현 시점에서 어떤 블록체인이 가장 우월한가?", "어떤 블록체인이 미래에 주도권을 쥐게 될 것인가?"에 대해서 성급하게 판단하기보다는 지속적인 관심과 발전이 필요한 상황이라는 의견[193]이 다수이다.

블록체인의 과제는 크게 기술 자체의 문제, 합의 방법의 문제, 사업화 시에 발생하는 문제로 나눌 수 있다.[194] 여기에서는 블록체인 기술 자체의 문제에 대해서 간략히 살펴보고자 한다.

블록체인 기술은 현재 대량 거래에 대응하기가 힘들다. 확장성(Scal-ability)의 문제가 있다. 1초에 수천, 수만에 이르는 대량의 거래가 이루어지면 블록체인이 순식간에 장대해지고 노드에 필요한 디스크 용량, 네트워크 자원, 컴퓨터의 종합적인 처리 능력이 커진다. 그 결과 블록체인의 처리 속도가 늦어지거나 블록체인에 참가할 수 있는 노드가 한정된다.

개인정보 보호와 분산관리의 양립이 어렵다. 장부를 함께 공유한다는 투명성은 블록체인이 가진 본래의 특성이지만, 개인의 재산정보처럼 익명성이 요구될 때도 있다. 개인정보 보호와 정보를 분산적으로 보유한다는 이용 방법이 모순되는 것처럼 보이지만, 익명성을 보장하지 않으면 비즈니스가 성립되지 않는다. 이 문제에 대해서는 암호키 보관 방법, 익명성이 보장되는 정보처리 방법 등이 검토되고 있다. 이를 위해 컨센서스 알고리즘의 연구 개발도 진행되고 있다. 즉시성이 필요한 거래에는 적합하지 않다. 작업증명의 승인 속도의 문제이다. 비트코인에서 작업증명의 경우, 데이터의 정합성과 처리 효율의 균형을 맞추기 위해 약 10분마다 블록이 생성되도록 조절되기 때문에 즉시성이 요구되는 거래에는 적합하지 않다. 실제로 저비용인지 알 수 없다. 작업증명 이용 시 실제로 전력 등 시스템 전체 비용이 낮아지는지 알 수 없다는 지적이 있다.

블록체인을 비즈니스에서 실용화하기 위해 해결해야 할 과제로는 주변 애플리케이션 기능의 개발과 표준화가 필요하다. 블록체인만으로 업무 시스템이 완결되는 경우는 아주 드물다. 은행 계정계 시스템에 블록체인을 도입하면 주변 애플리케이션 기능도 동시에 개발되어야 한다. 복수의 은행이 컨소시엄을 구성할 때는 함께 장부를 공유해야 하기 때문에 표준화도 필수적이다. 앞으로 블록체인 기반의 시스템을 개발하는 각 기업에는 오픈 API, 분산 원장 기술의 데이터 형식, 장부 간 인터페이스 표준화와 같은 대응이 열쇠가 될 것이다. 계약에서는 예상하지 못한 사태에 대한 대응이 어렵다. 모든 사태를 예상해서 스마트 콘트랙트에 담기란 굉장히 어렵다[이른바 '완전한 계약'은 존재하지 않는다. 스마트 콘트랙트는 어디까지나 분산형 자율적, 사적 통치이다. 예측 불가능한 사태에 직면했을 때 대처 방법에 대해 한층 더 깊게 고민해야 할 필요가 있다. 대표적인 사태가 앞에서 살펴본 것과 같이 더 다오(The DAO)의 사태이다]. 블록체인의 기술적 제약 사항은 기존 기술을 개선하거나 개념적 변화를 수용함으로써 극복할 수 있다. 블록체인의 비기술적 제약 사항은 교육과 법제도 개선을 통해 극복할 수 있다.

기술 스타트업들이 주류 시장으로 넘어가는 과정을 설명한 제프리 A. 무어는 '캐즘 이론(Chasm theory)'에서 기술혁신을 통해 돌풍(Tornado)을 만들어내고 그 시장의 주도자가 되는 기업을 '고릴라'라고 표현하였다. 그렇다면 블록체인 업계에서의 고릴라는 누가 될 것인가? 많은 이들은 블록체인의 암호 화폐 생태계와 분산장부 신뢰 구조를 최적으로 활용할 수 있는 가장 큰 잠재력을 지닌 분야로 게임을 지목한다.[195] 디앱의 상황을 알려주는 stateofthedapps의 플랫폼 랭킹사이트에서도 실제 게임 분야는 가장 많은 사용자가 이용하는 분야이다.[196]

게임은 디지털 재화의 활용을 통한 실시간 서비스의 실행과 결과에 대한 보상, 그리고 보상의 결과로 생긴 자산의 보관, 이동 등의 요소를 포함하는, 서비스 제공자와 이용자 간의 신뢰 관계가 필수적인 대표적 대화형(interactive) 콘텐츠이다. 그렇다면 탈중앙화에 기반을 둔 블록체인 기술은 게임과 어떻게 연결되어 산업의 가치를 높일 수 있을 것인가? 이 질문은, 현재의 게임 산업이 가지고 있는 몇 가지 중요한 문제점과의 연계를 통해 정리해 볼 수 있겠다. 첫 번째, 블록체인의 탈중앙화 개념을 통해 게임사는 물론 게임 사용자들의 부가가치 증대를 기대할 수 있다. 모바일게임의 급성장으로 인해 과도하게 늘어나는 구글 및 애플 플랫폼 사용료 이슈가 블록체인 기반의 게임서비스를 통해 많은 부분 해소될 수 있다. 이는 개별 게임사들의 수익성 증대는 물론 개인 사용자의 게임사용을 위한 비용 효익을 증대할 수 있다. 두 번째, 블록체인 기반의 암호화폐 인프라가 글로벌화되는 게임들의 사용자 결제 및 자산 이동 편의성을 증대시킬 수 있다. 2017년도 뉴주(Newzoo)의 글로벌 게임 마켓 리포트에 따르면 아시아 시장에서만 512억 달러의 게임매출이 발생되었다. 게임이 블록체인 패러다임의 킬러 앱이 될 것이라는 개인적인 견해는 변함이 없지만, 그 시기와 방법에 대해서는 아직도 넘어야 할 산이 많다.[197] 예를 들어, 2017년 12월 출시된 최초의 이더리움 기반 온라인 게임은 불과 10개월 만에 게임의 단조로움과 이더리움 플랫폼의 기술적 한계로 인해 출시 초기 대비 90% 이상의 급격한 사용자 감소를 보이고 있다. 즉, 블록체인 기반의 게임이라고 해도 결국은 유저가 느끼는 '게임성'과 장애 없이 안정적으로 서비스할 수 있는 '기술성'. 이 두 가지가 뒷받침되지 않는다면 시장에서 받아들여지기가 어려울 것이다. 또한 게임 재화의 자유로운 교환, 유통이 성립되기 위해서는 유저들이 선호하는 주요 게임들이 이러한 생태계 원칙에 동의하고 참여해야 하는데, 이 또한 당장 이루어지기는 어려운 문제다. '블록체인 기반 게임'이라는 테마로 ICO를 통한 자금조달이 쉽게 이루어질 수 있다는 과도한 기대 또한 경계할 부분이다. 행여 게임 산업을 대상으로 무분별하고 과도한 투기시장이 형성될 경우, 게임 산업 생태계의 건전한 성장에 큰 위협 요소가 될 수 있기 때문이다. 그러나 변화의 큰 물결이 밀려오고 있다는 사실만은 부정할 수 없다. 새롭고 무모한 시도들이 쌓이고, 다양한 관점이 발현되고 수용되며, 이를 통한 점진적인 법·제도의 정착이 하나씩 이루어짐으로써, 블록체인이 몰고 올 새로운 파괴적 혁신이 자리 잡아갈 것이다. 블록체인은 이미 몰려오고 있다. 마음의 문을 열고 새로운 변화를 기대해 보자.

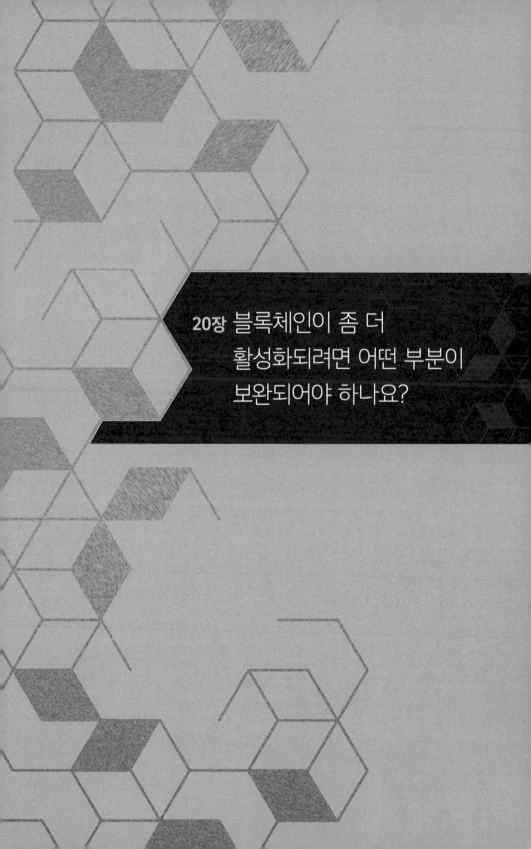

20장 블록체인이 좀 더
활성화되려면 어떤 부분이
보완되어야 하나요?

하나의 상품이나 서비스가 시장에 나와 성공을 하려면 어떤 요건이 필요한가? 상품의 경우 상품 자체와 가격이 중요한 고려대상이다. 제품이 소비자의 눈길을 끌어야 한다. 기업은 해당 제품을 매력적인 가격에 생산할 수 있어야 한다. 고구마와 같은 1차 상품이건, 5G 폴더블 스마트폰 같은 첨단 상품이건 마찬가지이다. 그러나 서비스의 경우 서비스 내역, 가격 부과 메커니즘, 직원 관리시스템, 고객 관리시스템 중 어느 하나도 간과해서는 안 된다.[198] 블록체인도 하나의 디지털 공간에서의 제공하는 서비스 상품으로 볼 수 있다.[199] 블록체인도 이제는 성공한 서비스가 나와야 한다.[200] 그래야 진정으로 블록체인 산업이 활성화되고 블록체이너들이 주장하는 내용이 힘을 얻을 수 있다.

서비스 사업관리와 관련한 문제는 서비스 디자인에서부터 시작된다. 서비스 내역에 치명적인 결함이 있다면 기업은 존속할 수 없다. 서비스 내역은 반드시 목표 소비자 그룹의 니즈(needs)와 욕망에 부합해야 한다. 제품 디자이너들은 구매자들이 중시한 제품 '특성'에 집중하지만, 서비스 디자이너들은 고객이 원하는 '경험'에 집중해야 한다. 가격 부과 메커니즘에 있어서 서비스 상품의 가격 지불은 제품과 달리 한 번의 매매거래로 끝나지 않는다. 여러 가치요소의 묶음 형태나, 매달 요금을 지불하는 가입 서비스 형태인 경우가 많다. 이런 경우 구매자들은 그들이 지불하는 금액보다 더 많은 가치를 추구하려고 한다.

서비스 산업 경영진은 기업이 선정한 특정 속성에 경쟁자보다 비싸게 가격을 부과할 수 있는 메커니즘이 반드시 필요하다. 경영진은 고객이 공평하다고 느끼는 것이 무엇인지를 창조적으로 고려해야 한다.

위의 내용을 블록체인 산업에도 적용해야 한다. 가령 디앱 서비스나 토큰 이코노미를 설계하는 경우 반드시 기업이 타켓으로 잡는 고객의 니즈에 부합해야 한다. 정말 고객이 원하는 것인가? 이 서비스가 고객의 기존의 경험과 맞물려 자연스럽게 고객의 실생활 속으로 배어 들어갈 수 있는가? 기술 이전에 그 서비스가 진정으로 고객의 삶의 질 향상에 도움이 되는가? 이전보다 간편하고 혜택을 많이 주는 서비스인가? 이러한 부분들을 진지하게 생각하고 블록체인 서비스 설계에 담아야 할 것이다.

실생활 서비스와 접목해야 한다

"블록체인 시장이 활성화되려면 앞으로 투기가 아닌 실생활 서비스와의 접목에 주목해야 한다." 2018년 9월 17일 서울 코엑스에서 개막한 '블록체인 서울 2018'에 참석한 국내외 블록체인 전문가들이 내린 진단이다.[201] 테라의 신 대표는 블록체인 프로젝트의 성공조건으로 '안정성'과 '상용화'를 꼽았다. 신 대표는 소셜커머스 기업인 티켓몬스터 창업자로 지난 4월 블록체인 결제 플랫폼 기업인 테라를 창업했다. 테라는 전자상거래 플랫폼과 암호화폐 결제 시스템을 연계한 블록체인 생태계를 만들고 있다. 그는 비트코인, 이더리움 등 암호화폐의 불규칙한 가격 변동성 문제를 지적한다. "암호화폐 플랫폼이 안정적이라도 급격한 가격 변동은 전체 생태계에 악영향을 미칠 수 있다." 이에 대한 해결책으로 암호화폐 가치를 일정하게 유지하는 '스테이블 코인(가격안정화 암호화폐)'을 제시했다. 수요가 늘어나면 암호화폐를 추가 발행하고, 수요가 떨어지면 암호화폐를 사들여 가격을 부양하는 방식이다. 암호화폐 '테라'의 담보물 역할을 하는 또 다른 암호화폐 '루나'로 테라의 공급량을 조절하겠다는 것이다. 신 대표는 "투기에 자유로우면서 탈중앙화된 스테이블 코인을 만들겠다."라고 강조했다.

최대 쟁점은 '기술의 상용화'이다. 그리고 이날 콘퍼런스 강단에 선 다른 전문가들 역시 기술 상용화 여부를 블록체인 산업 활성화의 최대 쟁점으로 꼽았다. 향후 시장 전망에 대해선 다양한 블록체인 플랫폼이 공존할 것이라는 의견이 나왔다. 보스코인의 최 대표는 "현실적으로 특정 블록체인이 모든 것을 담을 순 없다."라며 "실제 기술적 한계를 고려해도 다양한 블록체인이 나올 수밖에 없다."라고 말했다. 그러면서 "도메인별 블록체인이 과점하는 형태로 발전할 것"이라고 덧붙였다.

블록체인은 두 가지 갈등 상황에 직면하고 있다

블록체인은 두 가지 갈등 상황에 직면하고 있다. 첫째, 투명성 vs 개인정보 보호이다. 블록체인이 소유권을 검증하는 핵심개념은 개방성과 투명성이다. 개방성은 모든 사람이 서로의 트랜잭션을 검사하여 이

중 사용 문제를 해결하는 근간이 된다. 그러나 투명성과 개방성은 개인정보 보호와 정면으로 대치된다. 이때 개인정보 보호란 트랜잭션에 연계된 계좌번호나 이체 금액 등의 세부 사항이 공개되지 않도록 하는 것을 의미한다.

둘째, 보안 vs 속도이다. 블록체인은 트랜잭션 데이터 이력을 변조나 위조로부터 보호하기 위해 해시 퍼즐을 통해 감당할 수 없을 정도의 계산량을 요구한다. 이러한 성질은 상업적 응용 프로그램이 갖추어야 할 속도와 확장성에 정면으로 반한다. 많은 시간이 소요되는 작업증명을 통해 트랜잭션 데이터 이력을 보호하는 한편, 사용자의 속도와 확장성을 높이는 두 가지 요구가 서로 상충하게 된다.

그러면 이와 같은 갈등상황을 어떻게 해결할 수 있는가? 그래서 등장한 개념이 프라이빗 블록체인 그리고 컨소시엄 블록체인의 개념이다. 지금까지 설명한 블록체인은 개인정보 보호와 속도를 희생하고, 투명성과 보안을 선택했다. 투명성 대 개인정보 보호의 갈등은 데이터를 읽을 권한을 누구에게 줄 것인가를 정하는 문제와 동일하다. 갈등의 양극단에는 모두에게 읽기 권한을 주거나 오직 제한된 사용자와 노드 그룹에게만 읽기 권한을 부여하는 두 가지 방식이 있다. 공개 블록체인은 모든 사용자와 노드에게 트랜잭션 데이터를 읽을 수 있는 권한을 부여한다. 비밀 블록체인은 사전에 선택된 사용자와 노드에게만 트랜잭션 데이터를 읽을 수 있는 권한을 부여한다. 보안과 속도 중 선택을 해야 한다. 보안 대 속도의 갈등은 데이터를 쓸 권한을 누구에게 줄 것인가를 정하는 문제와 동일하다. 모두에게 쓰기 권한을 부여하는 동시에 모두에게 계산량이 엄청난 작업증명을 요구하는 방식과 사전에 선택된 사용자와 노드에게만 쓰기 권한을 부여하면서 한층 완화된 작업증명을 요구하는 두 가지 방식이 가능하다. 무승인형(permissionless) 블록체인은 모두에게 쓰기 권한을 부여한다. 누구나 블록체인-데이터 구조의 트랜잭션을 검증하고 새로운 블록을 생성 추가할 수 있다. 승인형(permissioned) 블록체인은 온-보딩 프로세스를 거쳐 신뢰성이 확인된 소수의 노드나 사용자 그룹에만 쓰기 권한을 허용한다.[202]

기업이 추구하고자 하는 방향과 목적에 맞게 블록체인의 유형을 선택해 나가야 한다. 더불어 불특정 다수의 대중을 고객을 상대로 하는 경우 고객의 경험을 감안해야 한다. 편리성 그리고 줄 수 있는 것은 무엇이고 조금 희생시킬 것은 무엇인지를 명확히 규정해야 한다. 고객을 특화시켜 그 고객들에게 적확한 블록체인 서비스를 제공해야 경쟁력 있는 블록체인 기업이 될 것으로 보인다.

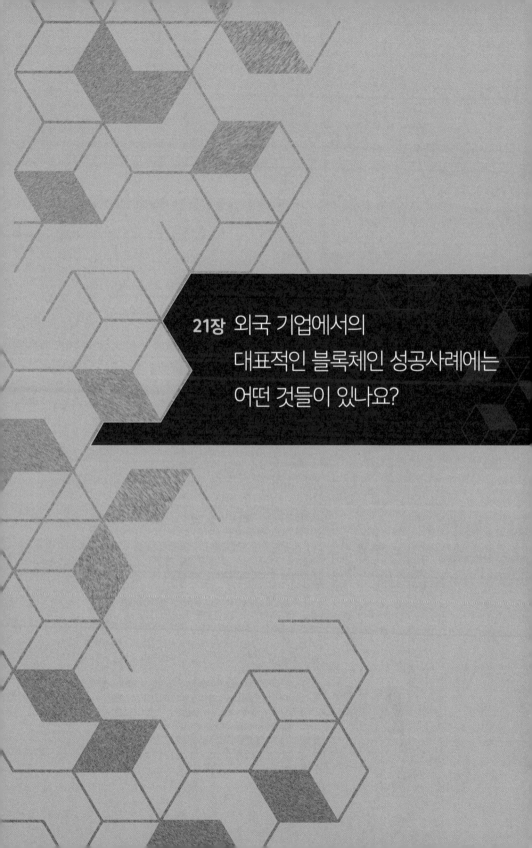

21장 외국 기업에서의
대표적인 블록체인 성공사례에는
어떤 것들이 있나요?

블록체인은 분산형 구조로서 거래의 투명성과 안정성 확보 측면에서 커다란 장점이 있다. 관련 기관들은 글로벌 협력체계를 구축하여 기술개발을 본격화하고 있다. 글로벌 금융기관들은 파트너십(R3 CEV) 체결을 통해 블록체인 시스템 구축과 국제표준 개발을 추진 중이다. IBM, 마이크로소프트(Microsoft), 인텔(Intel) 등 ICT 및 비금융권에서는 자체 플랫폼을 블록체인 기술과 연계시켜 새로운 차원의 생태계를 조성하고 있다.[203]

구분		주요 블록체인 활동 현황
R3 CEV		• 세계 최대의 블록체인 콘소시엄으로 2015년 9월, J.P. Morgan 등 9개 금융기관을 중심으로 출범하여, 현재 분산장부 구축에 IBM과 인텔, 클라우드 인프라에 아마존, IBM, MS 등 50여개 기업이 참여 • 2016년 4월, 금융기관간 계약을 기록하고 동기화하는 재무서비스용 분상원장 'R3 Corda TM'을 개발하여 공개 및 활용방안 모색
IBM		• IBM은 블록체인 기술을 산업 전반으로 활용하기 위해 자체 컴퓨팅 기술과 자원을 총동원하여 R3 CEV에서 주도적 역할을 담당 • IoT 적용을 위한 ADEPT(Autonomous Decentrailized Peer-to-Peer Telemetry) 플랫폼 개발('15년 CES에서 프로토타입 공개) 및 하이퍼레저(Hyperledger) 프로젝트에 적극 참여
MS		• 자사 클라우드인 애저(Azure)에서 블록체인 기술을 활용할 수 있는 'BaaS'를 구축하고 블록체인 관련 스타트업(ConsenSys 등)과 개발자를 끌어안고 생태계를 구축 • MS는 블록체인 기술이 전 산업에 확산될 것으로 단정하고 애저 플랫폼을 블록체인 생태계로 유치하려는 전략을 추구
Intel		• 인텔은 후발주자이지만 R3 CEV 콘소시엄과 하이퍼레저 프로젝트에 적극 참여하여 블록체인 IoT 칩과 연계 SW 개발 • 분산원장 기술로 'Sawtooth Lake' 플랫폼을 개발하여 코드를 제공하고 시장지배력 확대를 위해 소프트웨어 SGX를 지원하는 모든 인텔프로세스에서 효율적으로 작동되도록 알고리즘을 개발

출처: 블록체인 기술의 활용 동향 분석, ETRI, 임명환, 2016. 11.

실제 IBM이 2016년 발표한 보고서에 따르면 2017년까지 세계 정부 기관의 14%가 블록체인을 도입하는 것으로 나타났다. 현재 미국은 블록체인 기반 의료정보 공유시스템 도입을 검토 중인 한편 전자 투표에 블록체인을 활용하고 있다. 영국은 공공서비스 전반에 블록체인과 스마트 계약 적용을 추진 중이다. 스웨덴은 블록체인 기반 토지 등 기부 등본 저장과 스마트 계약을 도입했다.[204]

조직	종류	내용
세이프셰어 (영국)	스타트업 기업	2015년에 시작된 벤처기업, 자동차나 방을 빌려주는 셰어링 비즈니스 플랫폼을 제공하는 사업자에게 보험을 제공하는 대리업자. 셰어링 서비스의 이용자는 불특정 다수이기 때문에, 이 회사는 계속해서 변화하는 거래 정보 등을 블록체인으로 관리하고 보험회사에 제공했다.
바클레이즈 은행(영국)	은행	영국의 4대 은행 중 하나. 세계 최대 규모의 블록체인 컨소시엄인 R3CEV에서 공동 개발한 코다(Corda)를 이용하여 은행간 스와프 거래의 계약서를 블록체인으로 전달하는 스마트 계약의 실증실험을 실시했다. 2016년 9월에는 업계 최초로 블록체인 베이스의 무역 거래(신용장 거래)에 성공했다.
런던증권 거래소(영국)	증권거래소	시카고상품거래소(CME) 등과 공동으로 포스트 트레이드 분산 원장 실무 그룹(Post Trade Distributed Ledger Working Group)을 설립하고 블록체인을 사용한 증권 포스트 트레이드에 대해 연구하고 있다.
일본거래소 그룹 (JPX, 일본)	증권거래소	일본 IBM과 노무라종합연구소를 파트너로 삼아 각각 다른 방법으로 주식 시장의 포스트 트레이드 업무에서 분산 원장기술의 실증실험을 진행했다. 증권회사와 예탁결제회사 등 6개의 조직이 참가하여 증권 발행, 거래내역 조회, 자금 결제 등 7개 항목의 검증을 실시하고 그 기능성과 과제를 정리했다.
스미신SBI넷 뱅크(일본)	은행	일본의 인터넷 전문 은행, 예금의 입출금, 납입, 잔액 조회 등 은행 계정계 거래에 대한 실증실험을 실시했다. 블록체인을 이용한 부동산 거래에서 담보권 설정 말소나 매매대금 결제에 대한 연구도 시작했다.
나스닥(미국)	증권거래소	미국의 장외 주식 시장, 미국의 블록체인 기술 스타트업 기업인 체인과 제휴하여 비상장 주식 거래 시스템 나스닥 링크(NASDAQ Linq)를 개발하고, 주식 발행과 매매를 하는 파일럿 시스템을 가동, 태양광 에너지를 증권화한 전력공시를 블록체인 시스템에서 유통할 계획도 발표했다.
DTCC(미국)	증권예탁 청산결제 기구	미국 증권예탁청산결제기관의 지주회사, 리눅스 재단(Linux Foundation), IBM, 인텔 등과 협력하여 출범시킨 하이퍼레저 프로젝트(Hyperledger Project)회원, OTC[11] 파생상품(장외 파생상품), 신용부도 스와프(CDS: Credit Default Swap)거래, 환매 거래 등 블록체인을 활용한 다양한 실증실험을 하고 있다.

블록체인을 활용한 예와 실증실험

출처: 블록체인의 미래, 오키나 유리외 2인, p58

---

11) OTC: Over The Counter or off-exchange trading is done directly between two parties, without the supervision of an exchange(Wikipedia). 즉, OTC는 거래소 내에서가 아닌 두 당사자 간에 직접 거래를 하는 것을 의미한다.

에스토니아의 펀더빔(funderbeam)[205]은 2013년에 시작된 벤처기업이다. 펀더빔은 스타트업 기업에 투자를 유치하는 시스템을 블록체인상에서 제공하고 있다.[206] 투자액에 따라 독자적인 토큰(네트워크상에서 사용되는 일종의 암호화폐)을 발행하고, 이 토큰은 세컨더리 마켓(유통시장)에서 매매할 수 있다. 즉, 해당 스타트업 기업이 성장하여 투자자금을 돌려주는 단계(exit)를 기다리지 않고, 이 자금을 유동화해서 투자자 간 매매가 가능한 시스템을 만든 것이다. 이 토큰은 퍼블릭 블록체인을 활용했다. 펀더빔은 투자에 필요한 정보를 제공하는 데이터뱅크(databank)로서의 역할도 담당한다. 15만 개가 넘는 세계 각국의 스타트업 기업의 데이터 그리고 여기에 출자한 2만 명을 넘는 투자자 정보 등을 자동으로 수집하여 제공한다(투자자의 상세 정보는 블록체인 시스템 밖에서 관리하고 펀더빔이 개인정보 관리를 하고 있다).[207]

영국의 바클레이즈은행과 이스라엘의 스타트업 기업 웨이브(Wave)는 무역 거래 업무의 시간과 비용을 현저하게 감축하는 데 성공했다. 다이아몬드와 회화 작품과 같은 동산 거래에도 블록체인을 이용한다. 영국의 에버레저(Everledger)[208]는 2015년에 시작된 벤처기업이다. 다이아몬드가 광산에서 소비자에게 이동하는 과정을 추적하여 다이아몬드의 감정 정보, 거래 이력, 이전 증명 등을 블록체인에 기록 관리한다. 현재 관리하는 다이아몬드는 약 98만 개이다. API(Application Programming Interface: 시스템, 서비스를 이용하기 위한 절차나 데이터 형식 등을 결정한 규약) 제휴를 통해 경찰이나 보험회사도 이 데이터를 참조할 수 있다. 프라이빗 블록체인을 활용했으며, 스마트 콘트랙트로 거래와 매매가 용이해졌다. '기록 조작 불가', '데이터 분산으로 안전하게 관리', '빠른 정보 공유' 같은 블록체인의 장점은 다이아몬드 관리에서 굉장한 힘을 발휘한다. 예전부터 다이아몬드 거래 시장은 도난이나 감정서 위조 또는 보석에 걸린 보험금 사기 등이 빈번하게 발생하는 곳이다. 자금 세탁과 테러자금 조달의 온상이라는 오명이 따라다녔다. 창업자인 캠프(Kemp)는 에버레저의 비즈니스 모델이 이런 업계의 불건전성과 사회적인 문제를 블록체인이라는 새로운 기술로 해결하고자 탄생했다고 말했다.[209]

일본, 스위스, 중국의 사례

전 세계에서 블록체인 기술 투자에 가장 적극적인 회사 1위가 일본의 금융그룹인 SBI 홀딩스, 그리고 그 뒤를 이어 미국의 IT 기업 구글이다. 비트코인 천국으로 알려진 일본은 2017년 4월 암호화폐 법을 통과시켜 거래소 인가제를 시행하고 있다. 엔화를 암호화폐 '젠'으로 1대1 교환해주는 프로젝트도 진행 중이라고 한다. 일본의 닛폰 전기(NEC)와 NEC 유럽 연구소가 가장 빠른 블록체인 기술을 개발했다. 이는 전 세계 규모의 신용카드 거래를 지원하는 시스템에 적용될 수 있다고 한다. 세계적인 기업 코카콜라는 블록체인 기술을 이용해 근로자와 계약자의 계약 내용을 안전하게 보호하여 노동착취를 막고자 하고 있다.

스위스에는 암호화폐 밸리로 불리는 '주크(Zug) 지역'이 형성되어 있다.[210] 2018년 3월에 진행한 대통령 선거에서 집계 결과를 블록체인에 기록했다고 한다. 중국의 경우 전 세계 블록체인 관련 기업의 30%가 중국 기업이 차지하고 있다. 2017년에는 중국이 전 세계에서 가장 많은 블록체인 기술 특허를 출연했다. 세계지적재산권기구(WIPO) 자료에 따르면 중국은 2017년 225건의 블록체인 관련 특허를 출원했다. 이는 전체 406건의 절반이 넘는 수치이며 2위를 기록한 미국의 91건과도 큰 차이를 보인다.[211]

금융 산업에서는 블록체인 기반 기술을 활용해 많은 이점을 얻을 수 있다. 중개인의 개입 없이 빠르게 정보를 처리할 수 있는 블록체인의 강점은 처리 속도를 향상시키면서 비용을 절감할 수 있는 잠재력을 제공한다. 이것은 현행 통화 송금에 적용될 수 있고 금융기관의 핵심 업무에 해당되는 주식 거래, 지불 등 다양한 업무에도 쓰일 수 있다. 블록체인 기반 원장은 가치를 거래할 때 부가되는 비용을 절감할 수 있다. 거래 타당성을 입증할 정보를 요구하는 중개인 채널이 없기 때문에 처리 속도를 증가시킬 수 있다.

나스닥(NASDAQ)은 이미 주식 거래를 위해 블록체인을 사용하고 있다.[212] 나스닥은 비상장 주식 거래를 위해 블록체인을 활용한다. 주식 교환 목록에 이름을 올리기 전, 투자자들 사이에 비상장 기업 주식을 거래하는 목적으로 사용되는 것이다.[213] 나스닥의 CEO였던 밥 그레이펠드(Bob Greifeld)는 "블록체인 기술 적용의 새로운 역사가 시작되었다. 전 세계 금융 산업은 이전과 다른 혁신적인 진전을 보여줄 것이다."라고 강조한 바 있다. 나스닥, 비자카드, 시티은행, 캐피털 원(Capital One)은 금융기관끼리 거래할 때 분산 원장을 구축하기 위한 'chain.com'[214]에 3,000억 달러 이상을 투자했다.

리플(Ripple)은 은행이 기존 방식보다 훨씬 더 저렴하게 실시간 해외 송금을 가능하게 만든다. 세계 최상위 50개 은행 중 15개가 블록체인 플랫폼을 개발하면서 리플을 사용하고 있다. 유니크레딧(Unicredit)의 파올로 세데를(Paolo Cederle)은 "세계 메이저 은행 중 하나인 우리가 리플과의 파너십을 통해 기업 시장에서 분산 금융 기술을 구축하고, 글로벌 지불을 최적화하고 있다."라고 말했다.[215] 기술 기업 R3는 현재 웰스 파고(Wells Fargo), 제이피 모건(JP Morgan), 시티은행을 포함해 25개 주요 은행들과 협력하고 있다. 잉글랜드 은행(The Bank of England)은 블록체인 전담팀을 보유하고 있으며 블록체인을 가장 중요한 기술 혁신이라고 보고 있다.

건강 의료 부문

보험사가 건강 기록에 대한 접근권을 가지게 되면 과거 병력을 정확히 알 수 있고 복잡하고 시간이 오래 걸리는 검진이나 문진 없이도 정확한 정보를 통해 보험 관련 의사결정을 내릴 수 있게 된다. 젬(Gem), 티어오임(Tieroim), 필립스 헬스케어 같은 회사들은 현재 의료 기록과 관련한 블록체인 기술을 활용하고 있다. 에스토니아는 블록체인 기업의 가드타임(Guardtime)과의 협력을 통해 시민들 의료 데이터를 안전한 블록체인 데이터베이스에 저장하고 있다. 에스토니아의 환자 포털처럼 머지않은 미래에 의료 기록 관련 데이터베이스가 블록체인상에서 운영될 것이고 다른 국가에서도 이를 도입할 것으로 예상된다.

음악 부문

피어트랙스, 유이오뮤직, 마이세리아 등 스타트업들은 블록체인 기반 플랫폼에서 아티스트들이 중개인이나 음반회사 없이 음악을 직접 판매할 수 있도록 돕고 있다. 스포티파이는 최근 블록체인 기반 시스템을 개발해 비트코인 블록체인과 'InternetPlanetary File System'에서 아티스트들이 직접 디지털 레코드를 제작할 수 있게 한 미디어체인을 인수했다. 스토르지(Storj) 같은 회사는 탈중앙화된 클라우드 저장을 제공한다. 시아코인과 파일코인은 스토르지처럼 블록체인 기술과 클라우드 스토리지를 결합한 대표적 스타트업이다.

『블록체인 혁명(Blockchain Revolution)』의 저자 돈 탭스콧은 공유 경제 기업들을 강도 높게 비난한다. "공유 경제 기업들이 도대체 무엇을 공유했나?" 그의 주장은 자신들이 플랫폼을 만들었는데 모든 정보와 경제적 이익은 그들이 챙겼다는 것이다. 블록체인 기술은 승차 공유 앱을 탈중앙화해 이런 중개인 역할을 한 플랫폼을 없앤다. 라주즈(La'Zooz)라는 스타트업은 블록체인 기반의 탈중앙화된 승차 공유 플랫폼을 운영하고 있다.

예약 부문

향후 많은 전통적 호텔 예약 플랫폼이 블록체인 기반의 예약 시스템에 의해 대체될 수 있다. 웹젯(Webjet)[216]의 존 구식(John Guscic) 사장에 따르면 "전 세계적으로 25개의 호텔 예약거래 중 한 건이 서비스를 제공하고도 요금을 받지 못하는 경우"라고 한다. 예약이 없어지거나 지불이 부정확한 경우는 호텔과 여행 예약 산업 중개인 때문에 발생한다. 웹젯[217]은 최근 여행 산업을 위한 블록체인 기반 시스템 구축하고 있다.[218]

부동산 부문

부동산 관련 블록체인 기반 플랫폼은 토지 주소 기록과 소유권 이전은 물론 지방 정부와 기업들에 의한 지역 개발 및 건물 계획 변경까지 추적할 수 있다. 유비트퀴티(Ubitquity)[219]는 은행, 금융 서비스 기관, 대출 브로커 등 부동산 소유권 거래와 관련된 문서를 기록해야 하는 사람을 위해 블록체인 기반 부동산 소유권 플랫폼을 구축하고 있는 스타트업이다.[220]

마일리지 부문

기업의 마일리지 프로그램은 지역의 소규모 커피 가게부터 대형 항공사에 이르기까지 여러 산업에서 시행하고 있다. 딜로이트(Deloitte)가 최근 발간한 보고서 「고객 마일리지를 위한 블록체인 만들기」에는 어떻게 블록체인 기반 마일리지 프로그램이 기업과 고객에게 혜택을 주는지 자세히 설명한다. 이 보고서에 따르면 기존 고객 마일리지 프로그램은 낮은 고객 참여와 느린 처리 시간이 문제였고 사기 사건도 빈번한 고비용 시스템이었다. 블록체인 기반 마일리지 프로그램은 더욱 투명하고 처리 시간과 비용을 획기적으로 단축하는 한편, 보안은 강화한다. 고객이 마일리지 포인트를 얻는 거래를 했을 때, 이는 실시간으로 처리되어야 한다. 기업은 더욱더 매끄럽게 통합된 마일리지 프로그램을 통해 가치와 기회를 창출하고 다른 기업들과 함께 잠재적인 비즈니스 기회를 만들고자 한다. 로얄(Royal)이라는 스타트업은 블록체인 기반 마일리지 프로그램을 구축해 회계 부서 및 다른 기업들과 협업하고 있다. 투명성을 확보하고 적은 비용 및 빨라진 처리시간을 통해 고객 만족도를 높이려 하고 있다. 싱가포르 항공사도 블록체인 기반 로열티 프로그램을 통하여 항공사를 이용하는 고객들에게 더 많은 혜택을 주고자 하고 있으며, 회사 차원에서도 관리비용을 줄이고자 노력하고 있다.[221]

저작권 부문

어스크라이브(Ascribe)[222]는 예술 산업에서 아티스트들이 작품 소유권을 관리하고 한정판을 발행할 수 있도록 돕는다. 블록체인 기술로 예술 작품에 디지털 번호를 부여해 오리지널 창작물을 추적하고 거래가 성사되도록 한다. 예술가가 광고할 수 있는 플랫폼도 제공해 웹사이트에서 예술품을 거래할 수 있다. 유프루브(Uprov)[223]는 각종 전자기기에서 촬영한 사진 및 동영상에 증명 가능한 실시간 도장을 찍어주는 법률 및 미디어 회사이다. 시간 도장이 찍힌 영상물과 사진은 수정될 수 없기 때문에 법원에서 강력한 증거로 채택될 수 있다. 빗프루프(BitProof)[224]는 블록체인을 사용해 시간 도장을 찍는 것을 고안했다. 이 앱은 휴대폰에 있는 모든 문서에 증명 가능한 시간 도장을 찍어준다. 일단 블록체인에 문서 이력이 기록되면 수정이 불가능하다. 워런티어(Warranteer)는 이미 고프로 엘지와 계약을 체결했으며, 스마트 계약을 통해 누구나 쉽게 제품보증서를 사용, 이전, 및 보관할 수 있도록 블록체인상으로 옮겨준다.

대출 부문

마이크로파이낸스(Microfinance)는 소액 대출 회사이다. 대출을 받는 이들에게는 꼭 필요한 금액이지만 은행 입장에서는 너무 소액이라 대출이 거부되는 경우가 많은데 이 회사를 통하면 새롭게 비즈니스를 시작해 수입을 올리고 가족을 부양할 수 있다. 2006년 노벨평화상 수상자인 모하메드 유누스(Mohamed Yunus)가 이 회사와 함께 일하고 있다.[225] 소액보험 스트라텀(Stratumn)이라는 스타트업이 레몬웨이(Lemonway)와 협력해 소액보험 시장의 변화를 주도하고 있다. 이들은 렌더봇(LenderBot)이라고 불리는 블록체인을 기반으로 스마트 계약을 사용해 소액보험 계약을 생성 및 관리할 수 있게 만들었다.[226]

전자상거래 부문

오픈바자(OpenBazaar)[227]는 탈중앙화된 전자상거래 플랫폼이며, 이를 이용해 물건을 사고팔 수 있다. IP 주소가 기록되므로 사용자는 익명이 아니다. 노드는 구매자, 판매자 또는 중재자가 될 수 있다. 카뎀리아(Kademlia) 스타일의 분산 해시 테이블 데이터 구조를 사용한다. 판매자는 아이템을 네트워크에 보여주기 위해 노드를 호스팅해야 하며 계속해서 실행하고 있어야 한다. 구매자와 판매자는 비트코인, 이더리움, 라이트코인, 지캐시(zcash), 비트코인 캐시 등을 이용해 거래한다.[228]

클라우드 서비스 부문

파일코인(Filecoin)[229]은 탈중앙화된 클라우드 스토리지 서비스이다. 저장 공간을 인터넷에서 빌려 쓰는 서비스이다. 특정 회사가 아닌 개개인이 각자 남는 저장공간을 거래하는 서비스이다. 쓰지 않는 저장 공간에 타인의 파일을 저장해주고 필요할 때 다시 보내주는 저장 공간 공유 네트워크이다. 파일코인의 주요 규칙이다. 타인의 파일을 저장하는 참여자는 저장량과 시간에 따라 파일코인으로 보상을 받는다. 저장 공간이 필요한 사람은 일정량의 코인을 지불하고 여러 컴퓨터에 자신의 파일을 분산 저장하여 필요할 때 꺼내 쓸 수 있다. 파일코인의 장점은 어차피 남는 공간을 활용하는 것이고, 중개자가 없기 때문에 기업이 제공하는 클라우드 서비스보다 저렴하다. 공급을 쉽게 늘릴 수 없는 기업 서버와 달리 수요에 따라 공급이 탄력적이다. 파일코인 외에 개발 중인 탈중앙화 스토리지 서비스는 시아코인(Siacoin), 스토르지(Storj), 메이드세이프(Maidsafe) 등이 있다.[230]

인증 부문

시빅(Civic)[231]은 탈중앙화 본인 인증서비스이다. 시빅은 블록체인에 사용자 개인식별정보를 암호화된 형태로 저장해두고 누군가 ID를 제시했을 때 그 사람이 정말 본인이 맞는지 확인해주는 본인 인증 서비스를 제공하는 탈중앙화 애플리케이션이다. 시빅의 주요 규칙은 다음과 같다. 사용자는 시빅 ID를 만들고 개인정보를 블록체인에 등록한다. 사용자가 시빅으로 인증하기를 요구할 경우 웹사이트(앱)에서는 시빅 토큰을 수수료로 내고 시빅 인증자들에게 인증 요청을 보낸다. 시빅의 인증 파트너들은 시빅 토큰을 받고 본인이 맞음을 보증해준다. 시빅의 장점은 개인정보 유출 위험 없이 간편하게 본인 인증이 가능하다. 충분히 활성화되면 ID 하나로 여러 국가에서 인증이 가능하다.[232] 서로 다른 사이트 이용 정보도 하나의 ID로 관리할 수 있다.[233]

팩텀(Factom)[234]은 탈중앙화 기록 증명서비스를 한다. 팩텀이란 블록체인에 문서를 저장하는 서비스이다. 문서를 블록체인에 저장해 차후에 문서가 변경되지 않았음을 증명해주는 기록 증명 서비스이다. 팩텀의 주요 규칙이다. 사용자는 팩텀 토큰을 사용해 저장 용량을 구입한다. 용량당 법정화폐의 가격은 일정하다. 팩텀 체인의 검증자들은 데이터를 기록한 만큼 신규 발행된 팩텀 토큰을 받는다. 사용자가 많아질수록 팩텀 토큰의 총량은 줄어들고, 팩텀 검증자들에게 가는 보상도 커지기 때문에 열심히 일할 유인이 생긴다. 팩텀의 장점은 기존의 문서 공증보다 훨씬 효율적으로 문서의 진위 여부를 증명할 수 있다. 팩텀은 현재 사용 가능한 블록체인 중 가장 높은 완성도를 자랑하고 유용성이 명확한 프로젝트 중 하나로 앞으로 발전이 더욱 기대된다.

보험 부문

이 외에도 방카슈랑스(Bancassurance), 모기지(Mortage) 등에 블록체인 기술이 적용되고 있다.[235] 영업활동 및 관리의 효율성 증대를 위해 블록체인 기반 기술을 보험산업에도 적용하고 있다. 고객이 보험상품에 가입 시 은행이 보유하던 고객 정보가 보험사로 전송되어 서류 작성 등의 절차가 간소화될 수 있다. 고객 정보가 실시간으로 업데이트되어 승인 절차 간소화 및 오류 발생률 감소의 효과를 가져온다. 이를 통해 로컬 은행 채널과의 연동 절차가 간소화된다. 사업 진출상의 지리적 제약을 해소할 수 있다. 불필요한 행정 업무를 개선하여 비용 감소를 가져온다. 데이터 완전성이 강화되고 사기가 방지된다. 모기지(Mortgage) 시장에 분산 원장기술(DLT)의 개념증명(PoC)을 수립하여 부동산 리파이낸싱 시장의 가시성을 향상시킬 수 있다. 은행과 금융업 관계자들에게 더 투명한 경제생태계를 제공하며 모기지 검증 및 승인 과정의 효율화를 가져올 것으로 평가된다. 이를 통해 금융기관과 투자관계자를 위한 투명성이 향상된 생태계를 제공할 수 있다. 모기지 검증 및 승인과정이 효율화된다. 신용 리스크의 관리가 제고되고 사기 방지에 도움이 된다. 이처럼 다양한 분야에서 다양하게 블록체인 기술을 적용하여 관련 산업들을 변모시켜 가고 있다.

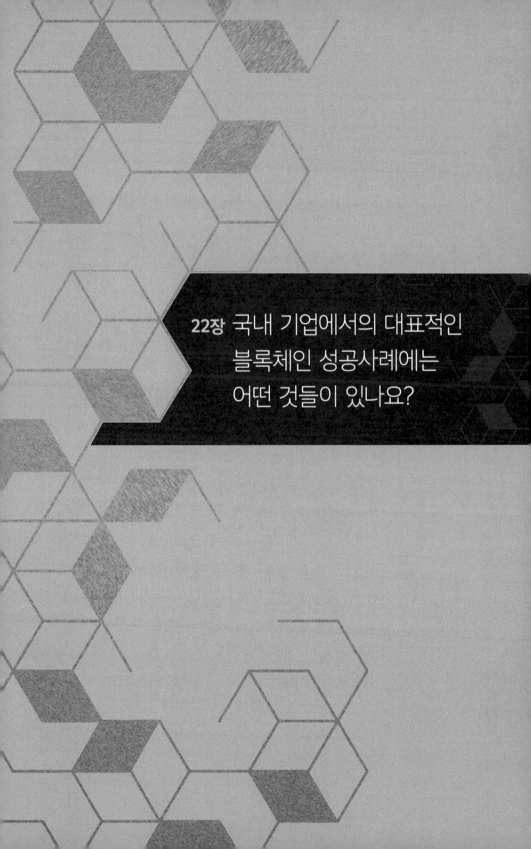

22장 국내 기업에서의 대표적인
블록체인 성공사례에는
어떤 것들이 있나요?

사실 블록체인이 본격적으로 시작된 것이 2017년 비트코인 가격이 1월 초 100만 원 하던 것이 11월 25일경 2,500만 원을 달성하면서 2017년 말부터 올해 2018년 상반기까지 참으로 암호화폐에 대한 관심이 최고조에 달했던 시기였던 것으로 기억된다.

　더불어 비트코인을 만들어 낸 블록체인 기술에 대한 관심이 증대되기 시작하였고, 단순히 암호화폐에 대해 관심을 갖던 데서 이제는 기업차원 및 공공기관 차원에서 근본적인 블록체인 기술에 기반한 비즈니스 혁신(트랜스포메이션, transformation)에 관심을 갖게 되었다. 우리나라 대한민국의 대표적인 블록체인 적용 사례들을 꼽으라고 하면 글쎄 쉽게 쓰일 수 있는 부분은 아닌 것 같다. 수많은 ICO가 있었고, 지금도 진행 중이다. 몇 가지 대표적인 사례를 살펴보자.[12]

　대략 10개월 전에 작성된 것이니 블록체인 계에서 1개월이란 거의 1년에 버금가는 시간이라고 하니 그 사이 많은 기업이 블록체인을 적용하고 지금도 접목하고 있을 것이다. 이상의 10개 그룹을 대략적으로 구분하여 살펴보면 다음과 같다.

투자 및 엑셀러레이터

　블록체인 스타트업에 투자(investment)하거나 보육하는 엑셀러레이터

---

12)　대한민국 블록체인 생태계 지형도(Korea Blockchain Business Landscape), http://bit.ly/2FDm8hH 참조.

(Accelerator) 그룹이다. 해외에서도 널리 알려진 국내의 투자그룹인 해시드(Hashed), 표철민 대표가 이끄는 체인 파트너스(Chain Partners), 그리고 파운데이션엑스(Foundation X) 등이 이 그룹에 속한다.[236] 이 외에도 Blockwater Capital, BRP, Chaineer, 500 등이 있다.

거래소

암호화폐를 사고팔 수 있는 거래소(Exchange)를 의미한다. 현재 가상계좌를 통해 원화로 입출금이 가능한 빗썸, 코빗, 업비트, 코인원을 중심으로 거래시장이 형성되어 있다. 현재 전 세계적으로 20,000개의 거래소 오픈을 했다가 5,000개 정도는 사라지고 15,000개 정도의 거래소가 존재한다고 한다. 한국에도 수많은 거래소가 지금도 문을 열고 있다. 다만, ICO가 금지된 관계로 한국인 대표(CEO)가 비즈니스를 시작했지만 싱가포르나 몰타 홍콩 일본 스위스 에스토니아 등에서 시작하는 경우도 많이 존재한다.

마케팅 및 컨설팅

ICO(가상화폐공개) 기업의 마케팅(Marketing)을 지원하는 사업 영역이다. 주로 보도자료 작성 및 배포, 온 오프라인 행사 진행, 공식 채널방 운영, ICO 컨설팅 등을 진행하는 조직이다. 국내에서는 넥스트블럭(NextBlock)과 블록몬(Blockmon), 디센트레(Decentre) 등이 대표적인 곳이다.

ICO 플랫폼

크라우드 토큰 세일 플랫폼이다. 일종의 공동구매 형식으로 생각하면 쉽다. 국내에서는 넥스트아이씨오(NextICO)와 토큰뱅크(Token-Bank)가 대표적인 곳이다.

미디어 및 커뮤니티

블록체인과 암호화폐 관련 미디어(Media)와 커뮤니티(Community)이다. 국내에서는 코인타임, 데일리토큰, 디코인뉴스(DecoinNews), 블록체인투데이 등이 블록체인 전문 미디어로 알려져 있으며, 코인판(Coinpan)[237], 비트데이즈(Bitdays)와 같은 커뮤니티도 다수 존재한다. 블록체인 세상이나 블록체이너즈와 같은 영상을 기반으로 한 미디어 채널도 많은 인기를 끌고 있다.

유틸리티 및 서비스

코인 매니저(Coin manager) 등과 같은 유틸리티 앱과 브릴리언츠(Brilliantts)와 같은 암호화폐 하드웨어 지갑회사가 이 영역에 포함된다.

블록체인 교육 플랫폼(Learning Platform)

블록체인과 관련된 교육 서비스를 제공하는 그룹이다. 국내에서는 디센터(Decenter) 유니버시티와 패스트 캠퍼스(Fast Campus), 4IR Academy 등에서 블록체인 교육이 진행되고 있다.

코인

국내 창업자를 주축으로 한 대표적인 국내 코인으로는 메디블록 (Mediblock), 엔퍼(nPer), 아이콘(ICON), 에이치닥(HDAC), 하이콘 (Hycon)들이 대표적인 선두주자들이다. 심버스(SymVerse), 월드미스유니버시티(WMU), 케이스타페이(KStarpay), 위피드(WePeed), 리바이브 (Revive) 등도 열심히 토큰 생태계를 구축해 가고 있는 후발주자들 중의 몇 곳이다. 최근에는 한빛소프트(Hanbit Soft), 스포카(Spoqa), 핀다 (Finda), 코자자(Kozaza), 힌트체인(Hintchain) 등 기존 법인 사업자들이 토큰을 발행하는 일종의 리버스 ICO가 증가하는 추세이다. 블록체인 기술은 의료 서비스 산업에 적용될 잠재력이 크다. 블록체인 기술을 활용해 공유된 데이터베이스에 의료 정보를 저장하면 병원은 물론 의사와 간호사, 기타 의료인들이 환자 데이터에 접근할 수 있다. 환자를 치료할 때도, 자세한 의료 기록 정보를 모두 확인할 수 있어서 시간을 절약하면서도 더 명확하고 포괄적인 데이터를 통한 의사결정을 내릴 수 있다. 기존 병력을 상세하게 아는 것은 환자의 건강 문제를 야기하는 원인을 파악하는 데도 큰 도움이 된다.[238]

최근에는 카카오가 자회사 그라운드X를 통해 개발 중인 자체 '클레이튼(Klaytn)'이 2018년 10월 보상형 코인 '클레이'를 발행한다고 발표했다. 라인은 보상형 코인 '링크'를 발행했다. 카카오의 블록체인 자회사 그라운드X의 한재선 대표는 2018년 9월 4일 서울 삼성동 코엑스에서 열린 개발자 콘퍼런스 'if kakao'에서 카카오 자체 블록체인 플랫폼 클레이튼을 내년 1분기 오픈소스 형태의 메인넷으로 정식 출시할 계획이라고 밝혔다.[239] 특히 카카오는 블록체인 네트워크 속도를 높이는 데 주력하고 있다. 한 대표는 "현재 비트코인은 초당 속도가 7TPS에 불과한 반면, 비자카드의 거래속도는 2만4,000TPS에 달한다."라며, "기존 시장 대비 속도 효율이 여전히 동떨어진 만큼, 완전한 탈중앙화는 포기하더라도 당장은 속도와 운영효율을 높이는 데 주력할 계획"이라고 말했다. 카카오는 카카오톡 ID에 개별 지갑을 구동하는 방식을 검토 중이다.

라인도 카카오와 마찬가지로 자체적인 '메인넷'을 개발한다. 라인은 상반기 자체 개발한 메인넷을 발표한다. 이를 기반으로 라인 메신저 플랫폼에 블록체인 기술을 접목해 토큰 이코노미 생태계를 구축하고, 인센티브형 정보서비스 중심으로 디앱(dApp) 서비스들도 오픈할 예정이다. 디앱 서비스 엑셀러레이팅도 지원한다. 외부 업체들이 경쟁력 있는 블록체인 서비스를 개발할 수 있도록 적극 돕겠다는 얘기다. 이를 위해 한국, 일본에서 출범한 언블락과 블록체인랩 뿐 아니라 다른 국가들에서도 블록체인 개발 거점을 마련하고 적극적인 인재채용에 나서기로 했다. 라인은 4월 초 블록체인 기술 전문 자회사 언블록(Unblock)을 출범시키고 블록체인 사업에 본격적인 시동을 걸었다. 언블록 설립을 통해 라인은 그동안 글로벌 메신저 서비스를 운영해 온 기술적 역량을 기반으로 블록체인 사업에 박차를 가할 계획이다.[240] 2019년에는 일본에서 거래소 오픈을 기획하고 있다고 한다.

개발사

개발사(Development)란 블록체인과 관련된 개발중심의 업체 그룹을 의미한다. 루프체인으로 널리 알려진 더루프(Theloop), 서트온(CertOn), 블로코(Bloko), 글로스퍼(Glosfer), 그리고 약진하고 있는 더필홀 딩스 등이 이 그룹에 속한다. 더루프는 2016년 탄생한 프라이빗 블록체인 전문 기업이다. 블록체인 기술을 이용해서 공유와 신뢰에 필요한 사회적 비용을 감소시키고 서로 신뢰할 수 있는 디지털 세계를 만들기 위해 노력하고 있다. '루프'라는 이름은 외부에 폐쇄되고 내부가 모두 연결된 또한 중지 없이 운영되는 블록체인 네트워크 환경을 상징한다. 루프체인은 우선적으로 금융거래를 지원하는 것을 목적으로 개발되었다. 추후 IoT 환경 등 블록체인이 적용 가능한 다양한 서비스를 구성하기 위한 엔진 개발을 목표로 하고 있다. 금융투자업권 컨소시엄은 금융투자협회 내 26개 증권사와 IT 기술회사 5곳이 모여 금융권을 혁신할 블록체인 기술에 대해 연구 개발 및 실제 서비스를 하기 위해 만든 국내 최초의 블록체인 컨소시엄이다. 더루프는 금융투자업권 컨소시엄에서 블록체인 엔진 및 솔루션을 지원하고 있다. 블록체인 기업 글로스퍼(대표 김태원)는 국내 1세대 블록체인 기업으로 실생활에 블록체인 도입을 위해 다양한 노력을 기울이고 있으며, 지방자치단체에 블록체인 기반 암호화폐를 도입한 지역암호화폐 사업 및 제안평가 시스템 사업 등 다양한 사업 실적을 기록한 바 있다. 글로스퍼(Glosfer)는 한국저작권위원회(Korea Copyright Commission, 위원장 임원선)가 공모한 '2018년도 저작권기술개발사업-BM연계형 자유공모' 연구기획 1단계에 선정됐다고 밝혔다. 해당 사업은 새로운 저작권 이용환경에서의 저작권 보호와 이용 활성화를 위한 BM연계형 자유공모 1단계로 '블록체인 기반 음원 서비스 유통 플랫폼' 관련 연구기획을 수행하며, 연구기간은 2018년 9월 1일부터 2018년 12월 31일까지 진행된다. 글로스퍼 김태원 대표는 "저작권 분야는 블록체이너스로서 반드시 해야 하는 사업이라고 생각하고 있었으며, 이번 사업 선정을 통해 블록체인 기술을 제공할 수 있어 기쁘다."라며 "기존의 저작자가 보호되지 않는 유통구조에서 블록체인을 도입하여 새로운 생태계를 조성할 수 있는 연구기획을 추진하겠다."라고 밝혔다.[241] 최근에는 자체 블록체인 암호화폐 플랫폼 하이콘(HYCON)을 성공적으로 메인넷을 런칭했으며, 해외 거래소에 상장시키는 등 국내와 세계 시장으로 진출하고 있다.

법률사무소

스타트업 기업 등 블록체인 기업들도 법인 설립, ICO 단계에서부터 다양한 법률적 자문이 필요하다. 이런 차원에서 블록체인 전문 법무법인(Law Firm) 등을 간략히 살펴본다. 국내 법무법인 중 블록체인 법인설립과 투자 등에 필요한 법률 서비스를 제공하는 법무 법인으로는 세움, 세종, 우일 등이 블록체인 관련 법률 자문이 가능한 것으로 알려져 있다. 법무법인 세움[242]은 스타트업 자문 1호 로펌으로 설립 이후 다수의 스타트업 및 IT기업의 법률파트너 역할을 수행해 왔으며, 그 경험을 바탕으로 블록체인/암호화폐 분야로 전문영역을 확장하고 세계 4대 로펌 네트워크인 TAGLaw 멤버로도 가입하였다고 한다.

위에서 나온 주요 업체들의 홈페이지를 정리한 내용이다.

○ **Blockchain Investment & Accelerator Companies**
- Hashed: https://www.hashed.com/
- Chain Partners: https://chain.partners/?lang=en
- Foundation X: https://www.foundationx.io/

- BRP(Blockchain Revolution Partners): https://brpartners.org/
- Chaineers: https://chaineers.io/
- 500: https://500.co/

○ Marketing & Promotion

- Nextblock: https://nextblock.io/
- Blockmon: http://blockmon.io/

○ ICO Platform

- NextICO: https://www.nextico.co.kr/
- TokenBank: https://tokenbank.co.kr/

○ Media & Community

- Cointime: http://www.cointime.com/
- DailyToken: http://www.dailytoken.kr/
- Bitdays: https://bitdays.jp/
- Coinpan: https://coinpan.com/
- Blockchainers: http://blockchainers.uk

○ Utility & Service

- Coin Manager: https://coinmanager.io
- Brilliantts: http://www.brilliantts.com/home/index.html

○ Blockchain Education

- Decenter: https://www.decenter.kr/
- Fast Campus: https://www.fastcampus.co.kr

○ Coin

- Mediblock: https://medibloc.org/ko/
- nPer: http://nper.io/En
- ICON: https://icon.foundation/?lang=en
- HDAC: https://www.hdactech.com/en/index.do
- Hanbit Soft: http://www.hanbitsoft.com/Home/Home.aspx
- KStarpay: https://www.starpay.tv/
- Spoqa: https://www.spoqa.com/
- Finda: https://www.finda.co.kr/
- Kozaza: https://www.kozaza.com/ http://wehome.foundation/
- WePeed: http://www.wepeed.net
- Revive: http://www.filling-revive.com

○ 개발사

- Theloop [블록체인 톺아보기] 더루프, 루프체인: https://www.bloter.net/archives/275305
- CertOn: http://www.certon.co.kr/
- Blocko: https://www.blocko.io/
- Glosfer: https://glosfer.com/
- The Fill: http://www.thefill.co

○ Law Firm

- http://www.seumlaw.com
- https://www.shinkim.com/kor
- http://www.wooillaw.com/

23장 해외 정부의
성공적인 블록체인 적용사례에는
어떤 것이 있나요?

IBM[243]이 지난해 발표한 보고서에 따르면 올해까지 세계 정부기관의 14%가 블록체인을 도입하는 것으로 나타났다. 현재 미국은 블록체인 기반 의료정보 공유시스템 도입을 검토 중이다. 한편 전자 투표에 블록체인을 활용하고 있다. 영국은 공공서비스 전반에 블록체인과 스마트 콘트랙트 적용을 추진 중이다. 스웨덴은 블록체인 기반 토지 등기부 등본 저장과 스마트 콘트랙트를 도입했다. 세계 각국에서는 블록체인에 대한 관심이 폭발적으로 증가. 미국의 몇몇 주에서는 블록체인 공증문서의 법적 효력을 보장하려는 움직임이 있다, 총기 추적관리와 전자 투표 관련 법안 논의도 이루어지고 있다. 영국의 고용연금부는 복지 수당 운영에 블록체인을 적용하는 방안을 모색 중이다. 두바이에서는 블록체인을 활용해 입국심사를 간소화하는 방안을 연구하고 있다.[244]

두바이

정부 시스템에 블록체인 기술을 가장 선도적으로 도입하고 있는 나라 혹은 도시로는 에스토니아, 두바이, 영국, 싱가폴, 네덜란드, 스웨덴, 중국 등을 꼽을 수 있다. 2018 블록체인 미들 이스트 포럼(Dubai Blockchain Middle East Forum) 두바이 상업은행 최고조직책임자(COO)

가 나서 블록체인과 암호화폐 기술이 제공하는 새로운 기회를 자신 있게 표명했다. 두바이는 2020년까지 블록체인 기반의 정부 시스템 (Blockchain based Government System)을 구축하겠다는 야심 찬 전략 하에 프로젝트를 활발하게 진행하고 있다. 두바이 미래박물관 재단은 2016년 4월 정부 기관, 국제 기업, UAE 은행 및 국제적인 블록체인 기술 회사 등이 참여하는 서른두 명의 인사로 '글로벌 블록체인 협의회 (GBC)'를 구성했다. GBC는 5월 관광, 상속 및 재산 이전, 다이아몬드 확인 및 교역, 건강 기록 및 디지털 금융거래 서비스 등에 관한 일곱 개의 블록체인 파일럿 프로그램을 발표했다. 이어 10월에는 두바이 미래 전략을 총괄하는 막튬 왕세자가 두바이 블록체인 전략(Dubai Blockchain Strategy)[245]을 발표했다.

여기에서 그는 세계 최초로 2020년까지 모든 정부 문서를 블록체인에 담겠다는 계획을 공개했다. 두바이 정부는 2017년 2월 IBM과 협약을 맺어 블록체인 기술을 활용해 두바이의 세관과 무역, 기업의 물품·선적 상태에 대한 실시간 정보를 제공하는 무역거래 시스템을 구축한다고 발표했다. 단순한 정보 전달이나 처리를 넘어 블록체인 기반으로 정보의 실시간 처리 및 처리 자동화를 시도하는 것이다. 이어 2017년 6월 두바이 정부는 두바이 국제공항에 블록체인 기반 디지털 여권을 도입하기 위해 영국에 기반을 둔 블록체인 신생 기업인 오브젝트 테크(ObjectTech)와 계약을 체결했다. 세계 최초로 기존의 수동 여권 검증 절차를 없애고 게이트 없는 공항 출입 시스템을 만들려는 것이다. 이처럼 두바이는 과감하게 블록체인 기술을 도입하면서 종이 없는 사회, 현금 없는 사회를 향해 야심 찬 계획을 진행 중이다. 두바이 정부가 진행하고 있는 또 다른 프로젝트인 블록체인 기반 의료정보시스템은 진료기록, 처방전, 환자의 병력 등을 블록체인에 저장함으로써 의료정보 공유와 관련된 문제를 해결하려는 것이다. 지금까지 각 개인의 의료정보는 개별 의료기관에 흩어져 있어 의료정보를 공유하는 것이 원활하지 않았다. 한국 역시 이전 의료기관에서 받았던 진료기록을 다른 의료기관에 제공하려면 환자가 이전 의료기관에서 의료기록을 받아서 직접 제출해야 했다. 두바이 의료당국의 컨설턴트인 마진 가디르(Mazin Gadir, Consultant for Dubai Health Authority)는 두바이가 구축하려는 새로운 의료정보 시스템의 핵심을 '환자를 따라가는 서비스'라고 설명했다. 의료정보 관리 전체 과정을 블록체인으로 연결함으로써 환자의 동선을 따라가는 서비스를 구현하겠다는 것이다. 2016년 콘퍼런스에서 두바이 정부의 스마트 시티 실행부(Smart City Enablement Department)의 실행이사 소헤일 무니르(Dr. Sohail Munir)는 두바이 정부에서 진행 중인 블록체인 프로젝트 현황을 소개했다. 소헤일 무니르는 두바이가 2016년에는 블록체인 기술 도입을 위한 전략과 실행 계획을 수립하는 데 주력했고, 2017년에는 여러 블록체인 프로젝트들의 기술 로드맵을 수립하고 프로토타입을 개발해왔다고 기간의 경과를 설명했다. 그리고 2018년에는 블록체인 기술들을 테스트하고 검증하는 단계를 넘어 실제 도시에 적용하는 과정이 진행될 것이라고 밝혔다. 만약 이 목표대로 진행이 된다면 두바이는 세계에서 가장 빠르게 블록체인 기술을 실생활에 도입하는 도시가 될 것이다.

두바이가 블록체인 기술을 과감하게 도입하는 목적은 다음의 세 가지로 요약된다. 첫 번째, 블록체인 기술을 도입해 정부의 효율성을 획기적으로 증대시키려는 것이다. 두바이 정부는 블록체인 기술을 도입해 종이 없는 행정 시스템을 구축하는 것만으로도 매년 한화로 약 1조 6000억 원을 절약할 수 있을 것으로 예상하고 있다. 종이를 없애는 것만으로도 이 정도의 효율성을 얻는다면 블록체인 기술을 통해 행정 시스템을 투명하게 만들고 행정 시스템을 자동화함으로써 얻을 수 있는 유익은 몇 배는 더 클 것이다. 두 번째, 두바이 정부는 블록체인 기술 도입을 촉진함으로써 블록체인 산업을 육성하려고 한다. 두바이의 실리콘밸리라 불리는 두바이 실리콘 오아시스(Dubai Silicon Oasis)에서 블록체인 기술을 전략적으로 육성하고 있다. 두바이 정부는 해외의 유수 블록체인 기술 업체들에게 두바이 실리콘 오아시스에 입주해달라는 의사를 공개적으로 표명했다. 더불어 블록체인 기술이 완성된 기술이 아니라, 오히려 해결해야 할 문제들이 더 많다는 점을 공개적으로 시인했다. 특히 개인 식별, 개인 인증(KYC) 영역은 아직 자기들도 명확한 해결책을 가지고 있지 않으며 블록체인 기술 기업들에게 해결책을 제안해달라고 요청했다. 그들은 누군가가 블록체인 기술을 완성시키기를 기다리지 않고 오히려 선도적으로 하나씩 실험을 해가며 해결해야 할 문제들을 파악하고, 그것을 감추지 않고 해결책을 같이 찾아보자고 제안한 것이다. 블록체인 기술은 아직 초기 기술이기에 당장 이 기술로 확실한 답을 만들고자 한다면 실패할 가능성이 크다. 두려워하지 않고 열린 마음으로 하나씩 해답을 만들어가려는 이들의 접근 방법에서 오히려 이 프로젝트에 대한 두바이 정부의 진지함을 엿볼 수 있었다. 세 번째, 두바이 정부는 정부 행정 시스템에 블록체인 기술을 선도적으로 도입함으로써 글로벌 리더십을 구축하고자 한다. 두바이는 이미 두바이 미래전략을 통해 세계적인 트렌드를 선도하는 도시로 자리매김한 바 있다. 그 연장선상에서 블록체인 정부의 포문을 먼저 열어젖힘으로써 미래 전략을 선도하는 도시로 확실하게 각인시키겠다는 것이다.[246]

에스토니아 정부 플랫폼에 활용되는 블록체인

에스토니아는 국민의 개인 ID를 활용하여 주민정보, 진료기록, 처방전 등과 같은 건강정보 관리, 납세, 투표 등 다양한 행정 서비스를 전자화했다. 국민들의 편의성을 높이고 비용이 적게 드는 전자정부를 실현한 것이다. 비거주자도 영주권자와 마찬가지로 에스토니아 정부로부터 안전한 디지털 ID를 부여받아 공중 서비스를 받을 수 있게 되어 회사 설립도 가능해졌다. 기존 시스템을 직접 연결하는 '엑스로드(X-Road)'[247]라는 상호 연계 네트워크가 플랫폼으로 이 플랫폼이 에스토니아 정부 내 정보 연계의 핵심이다. 엑스로드는 각 부처가 개별적으로 가진 데이터베이스를 인터넷으로 연결하여 상호 참조할 수 있게 만든 데이터 교환 기반 플랫폼이다. 암호화된 데이터에 서명을 해서 송신한다. 정부의 데이터베이스에는 은행이나 통신회사도 접속이 가능하다. 엑스로드에 무상으로 기술을 제공한 회사가 바로 2006년에 에스토니아에서 시작된 가드타임(Guardtime)이다. 가드타임의 독자적인 블록체인 기술 KSI(Keyless Signature Infrastructure)는 대대적으로 분산된 데이터의 조작을 실시간으로 검출할 수 있다. 사실 현실적으로 내부자 소행이라면 데이터 조작을 완전히 방지하는 것은 불가능하다. 그래서 KSI는 조작을 발견하면 조작 이전의 상태로 돌려놓는 방식을 통해 안전성과 신뢰성을 확보하고 있다. 안전성에 대한 국민들의 신뢰도가 납세, 건강정보를 비롯한 새로운 행정 서비스를 차례차례 만드는 이유 중 하나라고 할 수 있다.**248**

몰타

지난 2018년 9월 29일 열린 73회 UN 총회에 참석한 조지프 무스카트 몰타(Malta) 총리는 "블록체인은 암호화폐를 피할 수 없는 미래의 돈으로 만들었다."라고 말했다.**249** 그는 "분산 원장 기술은 환자들에게 그들의 의료 기록에 대한 진정한 소유권을 줄 것이며, 회사와 정부에 더욱 강력한 신뢰감을 줄 것"이라고 덧붙였다.**250** 그는 몰타를 "법적 공백을 채운 세계의 첫 블록체인 섬"이라고 강조했다. 몰타는 지난 6월 블록체인 국가를 추진하기 위한 법안 세 개를 의회에서 통과시켰다. 지중해에 있는 몰타는 인구 43만 명의 소국이다. 관광업이 주요 산업인 몰타는 블록체인 산업을 육성하면서 새로운 도약을 꿈꾸고 있다. 지난해 2017년 7월 몰타는 암호화폐와 블록체인 기술을 수용한다는 국가 계획을 최초로 공식 발표하였다. 몰타는 암호화폐공개(ICO) 기업을 적극 유치하고 있다. 글로벌 암호화폐 거래소인 바이낸스와 오케이엑스 등도 몰타에 법인을 두고 있다.

몰타는 암호화폐라는 새로운 경제 현상을 과거의 법과 제도로 담아

내려는 노력에서 한 걸음 더 나아가 아예 사상 최초로 스마트 계약을 인정하고 탈중앙 자율조직(DAO, Decentralized Autonomous Organization)을 인정하고 포용하는 법을 새로 쓰는 쪽을 택했다.[251] 몰타는 2018년 초 DAO를 "기술협정(Technology Arrangement)"이라는 새로운 종류의 법인격으로 정의하는 법적 기틀을 마련했다. 기술협정 법안과 암호화폐 법안이 통과된 데 이어 몰타 디지털 혁신 당국(MDIA, Malta Digital Innovation Authority)이라는 규제 기관도 신설하였다. 기존에 있던 몰타 MFSA(미국의 증권거래위원회에 해당)가 완전히 새로운 현상이라 할 수 있는 블록체인에 관한 규제를 굳이 직접 맡아야 할 이유가 없다고 판단했기 때문이다. MDIA는 수십 년 전에 지정된 요건에 따라 거래 관련 업무를 승인하는 대신 스마트 계약 코드를 직접 감사할 계획이다. 코드를 바탕으로 해당 기업의 업무와 책임을 분석해 그 기업이 사업을 하는 데 당국의 허가를 받아야 할지를 결정하게 된다. MDIA는 DAO의 코드를 감사하고, 요건을 충족하는 기업에는 기술협정 법인으로 인증하는 증서를 수여한다.

"몰타는 블록체인(분산 원장 기술·DLT)에 있어서 기회의 땅이다. 우리는 전 세계 모든 기업에게 문호를 활짝 열어두고 있다. 어떤 기업이든 우리가 만든 운동장에 와서 뛰어놀 수 있도록 초청할 것이다." 전 세계에서 최초로 블록체인과 암호화폐를 규제하는 법적 장치를 만들어 제도권 내로 받아들여 '블록체인 아일랜드(Blockchain Island)'로 불리고 있는 몰타가 또 한 번 전 세계 블록체인과 암호화폐 기업을 상대로 러브콜을 보냈다.[252] 조셉 무스캣 몰타 총리는 1일(현지시간) 오전 몰타 수도인 발레타에서 열린 '2018 몰타 블록체인 서밋'에 참석해 가진 연설에서 이같이 밝혔다. 앞서 몰타 의회는 지난 7월 가상금융자산법 (VFA)과 몰타 디지털혁신청(MDIA) 신설법, 혁신기술 보급 및 서비스법 등 3건의 법안을 통과시켜 암호화폐, DLT 기업들을 위한 법적 체계를 최초로 갖추었다. 이날 무스캣 총리는 "몰타는 이미 매년 6%라는 국내총생산(GDP) 성장률을 기록하며 유럽연합(EU) 국가 중에 가장 빠른 성장세를 보이고 있다."라며 "DLT와 암호화폐로 인해 이제 앞으로 더 큰 기회의 바다가 우리 경제를 기다리고 있을 것"이라고 낙관했다. 이어 "블록체인이라는 새로운 기술의 씨앗이 여기 몰타의 비옥한 토양 위에 뿌려졌고 이제 그 씨가 스스로 자라도록 돕기 위해 우리가 물을 주기 시작했다."라며 "적당한 때에 열매를 맺을 것이라 믿는다."라고 말했다. 무스캣 총리는 "어느 시점에 암호화폐가 법정화폐에 대한 의존도를 낮출 만큼 발전할지 그 누구도 점치지 못하는 상황"이라고 전제하면서도 "그러나 그 가능성만으로 현재 세계를 지배하고 있는 보수적인 기관들이 이를 어떻게 회피하려 하는지를 보고 있으며 정치는 암호화폐가 침투하지 못하도록 장벽을 치겠지만 우리는 그 벽을 무너뜨릴 신기술을 논의하고 얘기할 것"이라고 말했다. 아울러 "헬스케어부터 금융 분야까지 블록체인 기술이 적용될 가능성은 무궁무진하다."라며 "다만 법규를 어떻게 만드냐에 따라 그 한계가 정해질 것인데 우리는 그 한계를 넓혀 '블록체인 아일랜드'로서의 명성을 이어갈 것"이라고 말했다. 또 "양적으로 블록체인 적용 분야를 넓히고 이것이 사람들의 삶을 실질적으로 개선시키는 걸 확인하고자 하는 게 우리 목표"라며 "물론 우리도 아직 미완성이며 앞으로 그 영역 밖에 있는 기업들이 기회를 갖도록 돕는 일을 더 할 것"이라고 덧붙였다. "몰타는 블록체인 외에도 인공지능(AI)과 각종 인지과학에서 선도적인 역할을 하고 자 하며 그 분야의 규제 역시 선도하고자 한다."라며 "무작정 속도를 내진 않겠지만 모두가 납득할 분명하고 구체적인 기준을 만들고 싶고 기업들 앞에서 솔직해지는 게 우리 철학"이라고 강조했다.

기타

우크라이나 정부는 블록체인을 사용한 의결 투표시스템 'e-Vox' 개 발에 힘쓰는 중이다. 운영 및 선거에 투명성을 담보하기 위해서이다. 벨기에의 앤트워프시에서도 '디지털 앤트워프'라는 슬로건을 내걸고 출생, 생존 증명, 주민등록, 생애학습, 공공의사 결정 분야에서 블록체 인에 기초한 행정 서비스를 제공한다. 스웨덴 정부에서도 블록체인을 토지등기 분야에 응용하기 위해 테스트를 진행 중이다.[253] 부동산 분 야 여러 의견이 많이 있지만[254] 공유부동산 경제를 중심으로 블록체인 이 적용될 여지가 있을 것으로 보인다. 스위스와 이스라엘도 블록체 인 산업 규제를 마련하는 데 힘을 모으고 있다. 18일(현지시간) 코인텔 레그래프 보도에 따르면, 스위스 율리 마우러(Ueli Maurer) 재무장관과 국제금융문제(IFM) 사무국장 요에르크 개서(Joerg Gasser)는 스위스 은 행의 지역시장 접근 권한을 공식 요청하기 위해 이스라엘을 방문했 다. 이스라엘 재무장관은 성명을 통해 "양국이 암호화폐와 자금세탁 방지를 위한 가이드라인 등 핀테크 규제안을 공유하는 데 동의했다." 고 발표했다. IFM 사무국장은 "올해 말까지 종합적인 블록체인 규제

보고서를 준비할 계획이다. 내년 해당 규제 안건이 이스라엘 의회 승인을 받으면, 2020년부터 효력이 발생하게 된다."라고 전했다. 스위스는 암호화폐·블록체인 포용 정책을 보이며, 기술 발전과 기업 유치에 힘쓰고 있다. '크립토 밸리'가 위치한 주크(Zug)시에서 최초의 블록체인 투표를 진행[255]해 정부 차원의 블록체인 도입 가능성을 실험하기도 했다. 암호화폐 법인계좌 개설, 암호화 자산 운용[256]을 지원하는 스위스 은행도 늘고 있다. 암호화폐 업체 스마트 밸러(Smart Valor)는 스위스 금융 중개업체로 허가[257]를 받았으며 뱅킹 라이선스 획득을 추진하고 있다. 이스라엘 또한 정부 플랫폼, 드론 등록 시스템, 국영 암호화폐와 같은 다양한 블록체인 프로젝트를 진행 중이다.

암호화폐·블록체인 산업이 커지면서, 적절한 규제 마련을 위한 국가 간 협력이 나타나고 있다. 암호화폐 반대 입장을 취해온 인도의 규제 기관은 더 나은 규제 수립을 모색하기 위해 최근 일본, 영국, 스위스와 같은 산업 선도국 규제기관에 공식 시찰단[258]을 파견하기도 했다.

블록체인 관련 해외 규제 현황은 간략히 살펴보면 다음과 같다.[259] 전 세계적으로 규제당국은 블록체인 및 분산 원장 기술에 대한 규제에 대해 관망적인 태도를 유지해 왔다. 규제의 명료성 부족으로 인해 블록체인 기술을 산업에 활용하는데 어려움이 있었다. 그러나 분산 원장 기술의 개발이 활성화됨에 따라 규제당국의 블록체인 규제에 대한 관심도도 차츰 높아지고 있다. 미국 상품선물거래위원회(US Commodity Futures Trading Commission, CFTC)와 미국 증권거래위원회(US Securities Exchange Commission, SEC)는 분산 원장 기술혁신을 기존의 법규체제에 도입하는 방안을 시도하였다. 작년 6월 프랑스 의회는 분산 원장 기술에서의 특정 증권의 발행 및 거래를 허용하였다. 영국의 FCA(Financial Conduct Authority), 스위스의 FINMA(Financial Market Supervisory Authority), 싱가포르의 MAS(Monetary Authority of Singapore)는 기업의 혁신기술 개발을 육성하기 위해 금융규제 샌드박스(regulatory sandbox)를 도입하였다. 유럽의회(European Parliament)는 블록체인과 관련된 보고서를 통해 유럽연합 집행위원회가 블록체인에 대해 '불간섭원칙(hands-off approach)'을 채택하도록 권고하고 있다. 정책당국이 블록체인의 기술적 한계나 부작용에 집중하기보다는 혁신의 과실을 충분히 향유하는데 정책의 우선순위를 두어야 한다는 의미라고 볼 수 있다.

블록체인 관련 규제 이슈에는 어떤 것들이 있는가? 미국 금융산업 규제기구(FINRA)는 분산 원장 기술을 도입하기에 앞서 거버넌스(governance), 운영체제(operational structure), 네트워크 보안 및 규제 고려 사항, 고객의 정보보호, 거래 요건, 감독 및 감시, 수수료, 고객 확인 및 투자자 계정 보고서(account statements) 그리고 업무 연속성 계획(business continuity planning) 관련 사안에 대해 분산 원장이 미칠 영향에 대해 고려해야 한다고 하였다. 유럽증권감독청(ESMA)은 분산 원장 기술의 활용으로 인해 발생될 수 있는 위험에는 사이버공격(cyber-attacks), 사기성 행위(fraudulent activity), 오류가 유포될 경우 발생할 수 있는 운영 리스크, 공정경쟁 이슈(fair competition issues), 시장 변동성이 있다고 설명하였다.

국제증권감독기구(IOSCO)[260]는 보고서를 통해 새로운 기술이 투자자 및 증권시장 그리고 규제기관에게 가져다줄 기회와 위험성에 대해 설명하고 있다. 발생될 수 있는 위험요인에는 자동화 기술을 기반으로 한 알고리즘에서 발생할 수 있는 프로그램 오류, 사이버 보안 위반, 무면허 국경 간 영업 그리고 투자자들의 불충분한 금융제품 및 서비스 이해가 있다고 하였다. 핀테크 산업에서 불충분한 고객확인으로 인해 자금세탁 및 사기 위험이 발생될 수 있다고 하였다. 또한 규제는 나라별 또는 주별로 상이하기 때문에, 핀테크 기업이 국경 간 영업을 할 때 규제 차익(regulatory arbitrage)을 이용하여 국가 간 상이한 규제 강도와 형태를 이용할 수 있음을 지적하며 규제기관의 국제적인 협력 및 정보 교환을 하려는 노력이 필요하다고 주장하였다.

블록체인은 ICT 기술에 강점이 있는 우리나라가 잘할 수 있는 분야이다. 따라서 국가 차원의 조기 경쟁력 확보를 위해 적극적인 정책 추진이 필요하다.[261] 세계 블록체인 시장은 향후 5년간 10배 이상 성장할 것으로 전망된다. 2025년이면 전 세계 총생산의 10%가 블록체인 기술로 저장될 것이다[2016년, 세계경제포럼(WEF)]. 블록체인 유관시장은 2025년 1,760억 불 2030년에는 3조 1,600억 불로 성장할 것이다(2017년 가트너). 블록체인 기술은 거래비용 감소와 데이터 위·변조 방지가 장점이다. 다양한 산업과 결합하여 효율성을 높이고 새로운 경제적 가치 창출이 가능하다.

① 금융 분야	② 의료 분야	③ 콘텐츠 분야
• 비상장 주식 거래 • 실손 보험금 청구	• 개인 의료정보 관리 • 유전체 정보 공유	• 디지털 음원 유통 • 사진 저작권 관리
④ 공공 분야	⑤ 물류·유통 분야	⑥ 에너지 분야
• 전자증명서 유통 • 온라인 투표	• 개인 통관 • 다이아몬드 유통	• 이웃 간 전력 거래 • 전기자동차 충전

출처: 신뢰할 수 있는 4차 산업혁명을 구현하는 블록체인 기술 발전전략, 과학기술정보통신부, 2018. 6.

공공부분에서 블록체인은 공공서비스의 편의성을 증대시키고, 신뢰성을 확보하는데 기여할 수 있다. 이는 에스토니아 정부 사례를 통해서도 앞서 살펴보았다. 블록체인으로 공공서비스의 신뢰성 제고, 불필요한 행정 비용 절감, 민간의 직접 참여 확대 등 공공부문 혁신이 가능하다. 행안부가 모바일로 발급받고 제출하는 간편한 전자증명서 사업은 다음과 같다. 주민등록등본 발급은 인터넷으로 편리하게 가능하나, 제출은 직접 방문, 우편송부, 팩스 전송 등이 필요해 서류를 제출하는 국민이나 접수하는 기업 모두 불편하다. 행정·공공기관에서 발급하는 증명서는 2,700여 종이다. 2015년 기준 3억 7천만 건의 종이 증명서를 발급하였다. 이를 블록체인을 활용하여 주민등록등본 등 각종 증명서를 전자파일 형태로 발급받은 후 요청기관에 직접 전송(다운로드할 수 있는 주소 전달)할 수 있도록 한다면, 시간 절약과 종이사용 절감이 가능하다.

선관위에서는 2018년부터 편리하고 믿을 수 있는 온라인 투표 시스템을 블록체인을 통해 개발한다. 선관위는 학교· 아파트 등의 신청을 받아 스마트폰· PC 기반 온라인투표서비스(K Voting)를 제공하고 있으나, 해킹이나 위·변조 우려로 공직선거에는 아직 도입하지 않고 있었다. 선관위 온라인투표는 2018년 4월 현재 총 3,786회를 활용하였다. (美) 버지니아 선관위는 해킹을 우려하여 온라인투표 계획을 취소하였다. 프랑스도 총선에서 해킹 의혹에 대한 사전 예방을 위해 온라인투표를 인정하지 않기로 2017년 결정하였었다. 그러나 온라인투표 정보를 블록체인에 기록, 선거 후보자· 참관인 등 이해관계자가 직접 투개표 과정·결과를 검증할 수 있어 신뢰할 수 있는 온라인투표가 가능하다면 이러한 우려들은 해소될 수 있을 것이다. 해킹이나 위·변조가 불가능한 블록체인의 특성을 활용, 공직선거 등에 활용되어 직접 민주주의 구현에도 기여할 수 있을 것으로 기대된다.

2018년 과학기술정보통신부는 블록체인 기술을 발전시켜야 한다는 기본적 입장을 표명하고 관련 정부지원예산을 확대하여 산업활성화를 촉진키로 하였다. 전자 투표, 전자화폐, 통관, 유통 등 다양한 분야에서 블록체인을 접목한 공공 서비스를 시범 운영 중이다. 현재 대한민국의 경우 범정부 차원의 대응보다 지역 정부 차원에서 실시되는 공공서비스가 다수이나 향후 적용 범위를 확대할 것으로 예상된다. 미국, 중국이나 유럽에 비해 관련 법 제도 및 산업 육성 정책 수립이 다소 늦은 편으로 최근 사회 각 층이 관련 논의를 진행 중이다.

응용 현황

첫째는 전자 투표 분야이다. 지역 공동체를 중심으로 투표 참여율 제고 및 투표의 투명성, 객관성, 신뢰성 확보 및 정책 수용성 효과 증진을 위해 블록체인 기술을 도입하고 있다. 2017년, 경기도 따복 공동체에서 주민제안 공모사업 심사 투표에 블록체인 기술을 활용하였다. 703개 공동체의 1만 2,000여 명의 주민 중 공동체별 대표 1인만 현장에 참여하여 투표하고 나머지는 온라인 생중계를 통해 전자 투표하는 시스템이다.

둘째는 전자화폐 분야이다. 지역 정부 차원에서 공공복지 프로그램이나 공공계약에서 활용할 예정으로 서울시를 중심으로 도입을 활성화하고 있다. 2018년, 서울시는 고유의 암호 화폐 S-coin 발행을 예정하고 있다. 이를 공공 복지 프로그램이나 민간 하청업체 대금 지급에 활용할 예정이다. 서울시 노원구는 자원봉사, 기부 등에 지폐나 상품 권 형태로 제공되던 지역 화폐를 대신하는 노원(NW) 코인을 발급·운 용하여 지역 내 사회적 가치를 선순환시키는 구조를 확보하였다.

셋째는 통관 분야이다. 수출 기업이 서류를 블록체인 망에 공유하 여 서류의 신뢰성을 담보하고 절차를 간소화하여 통관업무 효율 증진 에 활용하고 있다. 2017년, 관세청은 블록체인을 수출통관업무(수출신 고 및 적하목록 제출 절차)에 적용하고 있다. 2018년부터 수출통관·물류 및 FTA 국가 간 원산지 증명서 자료교환 서비스에 시범 적용하고자 한다.

넷째는 유통 분야이다. 우수 농특산물을 블록체인을 기반으로 인 증하여 신뢰를 확보하고 관련 유통 정보 확인이 용이한 시스템을 구 축하고자 한다. 2017년, 경기도는 인증 우수 농특산물 인증 마크(G마 크) 발급에 블록체인을 활용할 예정임을 발표했다. 소비자 의견 등 정 보 제공 범위를 확대하고 QR코드로 출력 제공하여 소비자가 실시간 으로 정보를 확인할 수 있도록 지원한다.

다섯째는 잉여전력 분야이다. 잉여전력 판매자와 소비자를 연결하 고 전기차 충전소 데이터 등을 관리하는 용도로 블록체인을 활용할 수 있다. 2017년, 한국전력은 블록체인 기반 이웃 간 전력 거래 및 충 전 시범서비스를 시작했다. 실시간으로 잉여전력 판매자와 소비자를 연결하고 전기차 충전소 데이터, 충전 서비스 대외업무처리, 충전이용 지원서비스 등을 통합 관리하고자 한다.

여섯째는 부동산 부문이다. 부동산 거래 정보의 보안 강화를 위해 블록체인 기술을 계획하였다. 향후 스마트 거래가 가능한 종합 시스템을 개발 활용할 예정이다. 2018년, 국토부는 블록체인 기술 기반으로 스마트 거래를 제공하는 부동산종합공부시스템(KRAS) 개발 계획을 추진, 디도스 등의 해킹 위험 및 서면 기록물의 위·변조를 방지하여 국민의 재산권을 안전하고 투명하게 보호할 수 있을 것으로 기대하고 있다.

전반적으로 살펴보면 범정부 차원의 응용보다, 서울을 중심으로 한 지방 정부의 블록체인 도입사례가 다수임을 알 수 있다. 그리고 금융권 및 부동산 거래 등 재산권 확보 관련 분야에서 활발한 논의가 진행 중이며, 전자 투표, 지역화폐, 전력거래, 유통 등 다분야에 도입 시도 중[262]임을 알 수 있다.

많은 국가가 암호화폐를 불법으로 판단하거나 아직 결정하지 않은 주된 이유는 DApp에서의 신원 문제 때문이다. 비트코인 사용자 계정은 연관된 신원정보를 가지고 있지 않으며 자금세탁을 위해 사용될 수도 있다. 암호화폐는 매우 변동적이므로 사람들이 돈을 잃을 수 있는 위험성도 높다. 암호화폐를 사용하는 것은 현재로서는 세금 회피도 쉽게 할 수 있다.[263]

2018년 1월 행정안전부(장관 김부겸)와 한국정보화진흥원이 2018년 주목해야 할 전자정부 10대 유망기술을 발표했다. 이 중에는 블록체인 네트워크를 통해 각종 전자문서를 유통해 문서 위·변조를 방지하고 국민에게 편리하고 신속한 서비스를 제공할 수 있도록 한다는 내용이 포함되어 있다. 과거 소련연방에 속했던 에스토니아는 2005년부터 전자시민권 발급에 블록체인 도입을 검토, 적용에 나섰으며, 우크라이나도 선거관리에 블록체인을 적용하고 있다. 블록체인 도입에 정부가 적극적으로 나서고 있는 이유는 블록체인이 기본적으로 비즈니스의 기본인 신뢰를 기술에 담아냄으로써 다양한 이해관계자 간의 신속하고 효율적인 거래를 가능하다고 보기 때문이다.

블록체인은 빈번한 상호 거래와 검증, 강력한 보안유지, 업무 자동화 등이 필요한 영역에 우선적으로 고려가 가능하다. 예를 들어 국내에서는 행정업무의 경우 중고차 매매와 관련한 서류와 제신고 영역, 공공 바우처 등이 조기에 적용 가능할 것으로 보인다. 이와 함께 계약 문서의 진위 여부 확인과 이와 연계된 전자문서 프로세스 혁신에도 관련이 있어 다양한 공문서를 다루는 공공업무에 적용이 되면 새로운 혁신을 이뤄낼 수 있을 것이다. 특히 모든 거래가 하나의 블록체인 원장으로 공유돼 단계별 프로세스의 복잡도가 감소하고 기존의 사일로시스템(SILO System)[13]을 하나의 시스템으로 운영할 수 있는 효과가 있다. 이는 현재 각 정부 부처별로 운영되고 있는, 더욱 진화된 형태의 행정 시스템의 통합 가능성을 열어준다.

가트너[264]는 최근 '실용적인 블록체인 정부 활용 사례' 보고서를 통해 정부 CIO들 중 66% 이상이 블록체인 기술에 주목하고 있지만 단 20%만이 실질적인 계획을 세우고 있다고 밝혔다. 블록체인은 그 자체로 기초 기술이며, 추가 기능(스토리지, 스마트 계약, 투표 및 공급망)과 주변 기술은 모두 미숙한 상태라는 점을 고려해야 한다. 또 기술 자체와는 별도로 거버넌스 및 비즈니스와 같은 기타 비즈니스 과제 워크플

---

13) 시스템 측면에서는 가장 불완전하다. 각각의 부서 간에 다른 곳들이 무엇을 어떻게 왜 하고 있는지 모르는 상황이 벌어진다. CEO는 모든 부서의 보고를 받아 전체적인 상황을 그림 그리는 반면, 부서끼리는 서로 어디까지 위기 대응을 하고 있는지 큰 그림이 없다. 출처: http://jameschung.kr/archives/tag/사일로-시스템

로(workflow)도 해결해야 한다. 이는 기술 자체만큼이나 복잡한 문제라고 지적했다. 그럼에도 불구하고 업계에서는 장기적으로 블록체인 핵심기능을 기반으로 공공분야에 특화된 서비스 설계가 가능하고 이를 통해 대국민 서비스 신뢰 강화 및 새로운 행정 서비스 가치를 창출할 수 있을 것으로 보고 있다. 이미 세계 각국 정부는 블록체인을 통한 새로운 대국민 행정 서비스와 정책을 연계시키기 위한 파일럿 사업에 여념이 없는 상황으로 국내에서도 블록체인과 관련한 공공서비스의 사업 발주가 올해 계속될 전망이다. 현재 진행되고 있는 서울시 블록체인 사업과 같이 지자체 차원의 사업도 속도를 낼 것으로 보이는 가운데 공공기관에서 적용될 수 있는 표준 블록체인 플랫폼 구축 논의도 불거질 전망이다.[265]

2018년 6월 22일 대한민국 과학기술정보통신부의 보도자료에 의하면 대한민국 정부가 그려가고 있는 블록체인 기술개발 로드맵은 다음과 같다.[266]

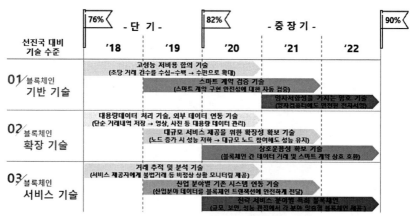

출처: 과학기술정보통신부, 블록체인 기술개발 로드맵, 2018. 6. 22. 보도자료

이러한 큰 틀의 로드맵 하에서 정부는 2018년 6대 과제를 선별하여 추진을 해왔다. 축산물 이력관리, 개인 통관, 간편 부동산 거래, 온라인 투표, 국가 간 전자문서 유통, 해운 물류 등이다. 2019년에는 12개로 정부지원과제 수를 확대하고 블록체인 상용화 서비스로의 확산을 지원하고자 하고 있다.

○ **안심하고 먹을 수 있는 소고기 이력관리(농식품부 협업)**
  - 사육부터 도축·판매에 이르기까지 전 단계의 정보를 블록체인으로 공유하여 문제 발생 시 추적기간을 최대 6일에서 10분 이내로 단축

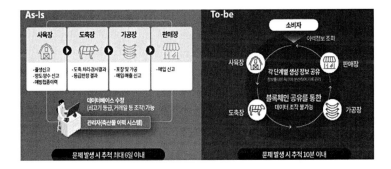

○ **신속하게 처리하고 허위 신고도 예방하는 개인 통관(관세청 협업)**
  - 주문부터 선적·배송·통관 전 과정을 블록체인에 기록, 실시간 수입 신고로 통관 시간 단축 및 물류비용 절감, 저가 신고 사례도 예방

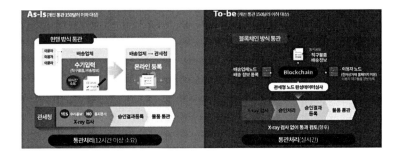

○ **간편한 부동산 거래**(국토부 협업)

- 부동산 담보대출 요청 시 서류 제출을 위해 주민센터, 국세청 등 여러 관계기관을
방문해야 하는 번거로움을 해소

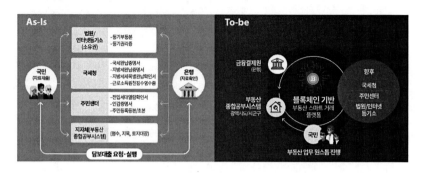

또한, 민간주도 혁신을 지원하기 위해 스마트시티, 스마트공장 등 8대 혁신성장 선도사업에 블록체인 기술을 우선 적용한다.

초연결 지능화	스마트공장	스마트팜	핀테크
암호기술과 결합한 안전한 개인정보 활용	스마트 계약 기반 해외 구매계약 관리	실시간 농축산물 유통 이력 관리	수수료가 낮고 신속한 해외송금
에너지 신산업	스마트시티	드론	미래자동차
신재생에너지 및 탄소 배출권 거래	투명한 주민투표 및 편리한 지역화폐	기기 간 상호 자율합의	안전한 자율주행 정보 공유

8대 혁신성장 선도분야 적용 과제(예시)

대한민국 정부는 블록체인 기술개발 로드맵을 마련하고 2022년까지 세계 최고수준 국가 대비 90% 수준의 기술력을 확보하고자 하는 계획을 갖고 있다. 산업분야 조기 적용 필요 기술은 단기적으로 2018년에서 2019년에, 대규모 서비스 확장 기술은 중장기적으로 2020년부터 추진할 예정이다.

블록체인 기반의 디지털 신뢰사회 구현

공공·민간 업무 효율화 블록체인 산업발전 생태계 조성

⑤ 블록체인 초기시장 형성

- 🤝 선제적 공공선도 사업 추진
- ✴️ 다수가 참여하고 협업하는 민간주도 개방형 혁신 지원

- 공공선도 사업 추진으로 업무 효율화 ('18년 6개, '19년부터 확대)
- 민간주도 블록체인 국민 프로젝트 진행 (매년 3개 민간매칭 '19년~)

⑤ 블록체인 기술경쟁력 확보

- 📶 블록체인 핵심기술 확보로 기술경쟁력 제고
- 👁 신뢰성 평가를 위한 블록체인 기술 지원센터
- ⚖️ 블록체인 기술 선도를 위한 표준화 활동 강화

- 핵심기술 확보 (선진국 대비 90% 기술 달성 목표)
- 신뢰성·성능 평가 및 개발 테스트베드 제공 (대규모 시험환경 제공, '19년~)
- 표준화 로드맵 고도화 및 표준화 활동 전문가 지원 확대

⑥ 블록체인 산업 활성화 기반 조성

- 👤 블록체인 핵심인력 양성
- 🏛 글로벌 경쟁력을 갖춘 블록체인 전문기업 육성
- ⚒ 걸림돌이 되는 법제도 개선
- 💡 대국민 인식제고를 통한 활성화

- 실무인력 양성을 위한 놀이터 구축 및 전문인력 육성을 위한 블록체인 연구센터 지정확대 (전문인력: '17년 약 6백 명 ▶ '22년 1만명)
- 블록체인 창업 여건 조성 및 글로벌 진출 확대 (전문기업수: '17년 300여개 ▶ '22년 100개)
- 규제개선 연구반 운영
- 블록체인 진흥주간 매년 정례화 (글로벌 컨퍼런스, 블록체인 챌린지 등)

기대효과

블록체인 기술 상대 수준	블록체인 전문인력	블록체인 전문기업
76.4% / 90%이상	약 6백 명 / 1만 명	30여개 / 100개
'17년 / '22년	'17년 / '22년	'17년 / '22년

25장 저는 회사 대표인데요.
ICO를 하려면 무엇부터
해야 하나요?

세계 최초로 ICO는 언제 어떻게 이루어졌을까? 이더리움, 테더, 이오스가 암호화폐 시장에서 맹활약하기에 앞서 이들을 위한 초석을 깐 괴짜들이 있었다. 세계 최초로 2013년 7월 ICO(가상통화공개)에 성공한 마스터코인을 만든 사람들이다.[267] 미국인 개발자 제이알 윌렛(JR Willet)[268]과 이스라엘의 론 그로스(Ron Gross)는 2013년 비트코인을 기반으로 다른 화폐 시스템인 코인을 만드는 마스터코인을 창업했다. 최초의 ICO는 제이알(JR)이 주도했다. 이들은 인터넷에 사업 계획서를 올렸고 비트코인을 주면 마스터코인을 발행해서 주겠다고 약속했다. 당시 암호화폐 시장에는 비트코인을 제외하곤 어떤 암호화폐도 없을 때였다. 소수의 개발자만 공유하던 '블록체인' 기술이었다.

은행의 공증도 없이 인터넷상에 올린 블록체인 기술만으로 마스터코인은 당시 4,740 BTC를 모금했다. 약 4억 7천만 원의 돈이었다. 2014년 이더리움이 196억을 모금한 것에 비하면 보잘것없어 보이지만 암호화폐 세상에서는 첫 성과였다. "저희가 꿈꾼 건 새로운 탈중앙화 시스템이었어요. 코인을 교환할 수 있었죠. 비트코인이 하지 못한 걸 저희가 만들려고 했어요." 개발자 론 그로스[269]의 이야기다.

김형중 고려대 정보보호학부 교수는 마스터코인의 창업자가 노벨경제학상 감이라고 이야기한다. "마스터코인은 최초로 ICO를 했고 비트코인을 받아서 사기를 치지 않았죠. 그것이 세상을 바꾼 셈이에요."라고 평가한다. 현재 마스터코인은 옴니코인으로 바뀌었고 펙텀, 테더 등이 옴니 플랫폼에서 작동하는 중이다. 제이알은 현재 미국에서 비트코인 ATM기 사업에, 론 그로스는 또 다른 회사의 개발자로 일하고 있다. 이더리움, 이오스처럼 벼락부자가 되지는 않았지만, 이들의 꿈은 점점 실현되고 있는 셈이다.

최초의 마스터코인 이후 수많은 ICO가 이루어지고 있다. 미국, 서유럽의 선진국을 넘어 러시아, 체코 등 전 세계가 비트코인이 아닌 블록체인에서 새로운 기회를 찾고 있다. 전 세계적으로 한 달에 200건에 가까운 ICO가 이루어지고 있다. 주식 시장에 상장하는 기업은 기업공개(IPO, Initial Public Offering)를 통해 외부 투자자에게 주식을 판다. 암호화폐 시장에서는 코인을 공개하고(ICO, Initial Coin Offering) 투자금을 모은다. 백서(White Paper)라 불리는 문서로 암호화폐 기술로 이루고 싶은 계획을 제시하고 투자자에게 코인을 판매한다. 지금도 수많은 ICO가 진행이 되고 있다. CoinSchedule(https://www.coinschedule.com)을 현재 진행되고 있는 ICO 현황을 볼 수 있다.

블록체인은 프로세스 개선에 그치지 않으며 잠재성이 최대로 발현되는 순간 파괴적 기술(disruptive technology)로 거듭난다.[270] 우리는 블록체인을 구현하기에 앞서 이 점을 염두에 두어야 한다. 대다수의 주요 블록체인 플랫폼은 투명성, 협력, 오픈소스를 기반으로 개발되었으며 여러 참여자의 탈중앙화를 향한 노력이 깃들어 있다. 이로써 발생된 결과는 두 가지로 요약할 수 있다. 첫째, 블록체인 구현 과정은 생각만큼 대단하거나 매력적이지 않다. 둘째, 결과물 도출을 위한 타협 과정 역시 특별한 것 없이 늘 봐왔던 일상의 연속이다. 블록체인 기술이 성숙기에 접어들 때(2018~2020년경)까지 구현 과정에서의 난관들은 개별 주체가 스스로 헤쳐나가야 한다. 블록체인은 초기 웹 시절과 비슷한 흐름을 보일 것으로 전망한다. 초기에 웹 시장에 발을 들인 많은 비즈니스가 실패의 고배를 마셨다. 기술이 취약해서 혹은 경험 부족으로 비즈니스 모델을 너무 확장해서 혹은 두 가지 모두 문제였던 경우도 있다. 그렇지만 결국 인터넷과 웹 기술은 개선과 진화를 이루었고 강력한 구현 체계를 갖추어나갔다. 보수파는 기술이 무르익어 블록체인의 모든 불확실성이 제거된 후에야 시장에 진입할 것이다. '일찍 일어나는 새가 벌레를 잡기도 하지만, 두 번째 생쥐가 치즈를 먹는다'는 속담도 있듯이 조심성 있게 계획을 세우고 접근하는 것이 이득일 때도 있기 때문에 일부는 보수적 입장을 취할 것이다. 이와 반대로 남들보다 먼저 더 큰 수확을 얻기 위해 위험을 기꺼이 감수하며 선구적인 혁신가가 되길 원하는 이들은 주저 없이 도전할 것이다. 현재 블록체인 구현은 크게 두 가지 접근법을 가지고 시도되고 있다. 첫째는 조직 외부 접근법으로서 기존의 업무 절차에 연연하지 않는 스타트업에 의해 주도되는 유형이고 둘째는 부가 기술 개념으로 기존 조직 내부에서부터 접근하는 유형이다. 조직 내부에서 일어나는 블록체인의 초기 구현 단계에 대해서는 43, 44장에서 리버스 ICO(Reverse ICO)의 개념으로 좀 더 자세히 다루기로 하자. 이번 장과 다음 장에서는 스타트업에서 새롭게 시작하는 개념의 순수 ICO에 대해 살펴보기로 한다. 이는 우리 사회 블록체인의 발전 흐름과도 일치하는 현상이다.

ICO란 무엇인가?

출처: ICO(Initial Coin Offering) 동향 및 국내외 규제 현황, https://spri.kr/posts/view/21908?code=i-ndustry_trend

ICO는 Initial Coin Offering의 약자로서 '암호화폐 공개(또는 가상화폐 공개)'라고 번역할 수 있다. 기업이 기존 사업 또는 신사업을 블록체인 시스템을 기반으로 구현하고, 구현된 블록체인경제 내에서 소비자는 경제활동을 수행하는 대가로 코인을 수령하고 이를 다시 블록체인 경제 내에서 소비할 수 있는 선순환 구조를 구축하기 위한 자금을 조달하는 것이다. 한편, 투자자는 반대급부로써 회사가 발행하는 코인을 수령하여 향후 코인생태계(토큰 이코노미)에서 활용하거나 그 코인이 거래소에 상장되면 시세차익을 실현하고자 유동화하게 된다. 다시 말하면, ICO는 회사가 새로운 암호화폐(Crypto Currency) 혹은 암호토큰(Crypto-token)을 투자자에게 발행하며 이를 기존의 유통 중인 암호화폐와 교환하는 크라우드 펀딩의 한 종류이다. ICO는 전 세계적으로 회사의 자금 모집을 활성화하는 새로운 대체수단(New Alternative)으로 활용되고 있다.

ICO와 IPO의 차이점은 무엇인가? 새로운 자금조달수단인 ICO를 기존의 자금확보 및 마케팅 수단(IPO)과 비교하여 보면 다음과 같다.[271]

ICO(Initial Coin Offering)는 '코인'을 매개로 하여 비즈니스 모델을 만들고 사업적 가치를 제안한다. 토큰은 새로운 제품 및 서비스 사용자들에게 사용에 대한 인센티브를 제공하여 해당 기술을 사용하는 생태계 확장의 도구가 된다. 이해 당사자는 토큰을 사용하는 것을 통해 현금 가치보다는 토큰의 상품 가치를 활용한다. 사용자는 토큰을 자유롭게 교환하고 사용하며 현금, P2P 플랫폼, 교환소 등에서 사용할 수 있다. 현재까지 ICO에 대한 명확한 가이드라인이나 규제가 없는 상황이다.

IPO(Initial Public Offering)는 소유 지분 혹은 신주 매각을 통해 투자자에게서 자본을 조달하는 방법이다. 투자자들은 해당 기업의 성장에 따라 해당 기업으로부터 소유한 지분의 가치 및 해당 지분의 배당금을 통해 투자 이익을 실현한다. 이해 당사자 계정의 증감은 현금의 가치로 대차대조표에 반영된다. 스타트업의 경우 일반적으로 단계별로 여러 번의 투자 라운드를 거치며 기업을 성장시키며 IPO를 실현한다. 각 시장의 금융당국으로부터 규제를 받게 된다.

ICO의 준비 절차

ICO가 처음 계획된 비즈니스 모델대로 성실하게 수행되기 위해서는 철저한 시장분석과 계획이 먼저 세워져야 한다. ICO의 절차는 크게 비즈니스 모델 수립, 토큰 이코노미 설계, 마케팅, 토큰세일의 네 단계로 진행된다. 첫째, 비즈니스 모델 수립 단계이다. 최초 단계로서 전반

적인 사업취지 및 사업계획, 사업모델을 문서화하는 단계이다. 사업
개요 및 목표와 비전에 대한 기술, 해당 비즈니스 프로젝트의 주요사
항 및 특징, 팀 구성원 및 이력 소개, 비즈니스 모델을 블록체인에 구
체적으로 실현하기 위한 기술 소개 및 기술개발팀 소개 등의 내용이
백서에 들어가야 한다. 최근에는 기술백서(White Paper)와 경영백서
(Blue Paper)로 나누어 기술하기도 한다.

둘째, 토큰 이코노미 설계 단계이다. 토큰 이코노미가 원활히 가동
될 수 있는 경제구조를 설계하는 단계이다. 즉, 유저들이 계속해서 토
큰을 구매하고, 보유하며, 사용해 갈 수 있도록 보상 및 동기부여 시
스템을 잘 구성해야 한다. ICO에 요구되는 필수 조건을 정의하고, 투
자 목표를 설정한다. ICO 기한을 설정하고, ICO를 통해 발급될 토큰
을 정의한다. 해당 토큰이 가지는 권리를 정의한다. 토큰 세일의 시작
일 발표와 마케팅 활동을 개시한다.

셋째, 토큰 마케팅 단계이다. 설계된 토큰 이코노미 사업구조를 홍
보하는 단계이다. 성공적 ICO를 위한 전략적 마케팅 캠페인은 필수이
다. 필요시 ICO 마케팅을 위한 에이전시를 고용하기도 한다. 투자자
모집을 위한 사전 홍보, 국내외 암호화폐 커뮤니티 활용, 다양한 콘퍼
런스, 로드쇼, 피칭 이벤트 등을 통해 홍보를 한다. 캠페인은 평균 1
달 이상 소요된다. 마케팅 절차가 끝나면 본격적 토큰의 세일이 시작
된다.

넷째, 토큰 세일의 단계이다. 본격적으로 ICO 개시 및 코인(토큰) 발
행을 통해 자금을 모집하는 단계이다. ICO 개시 및 토큰 발행은 발행
사의 전략에 따라 토큰은 즉시 발급하여 분배한다. 특정 플랫폼 및

상품이 개시된 후 출시되는 경우도 있을 수 있다.

　ICO가 성공적으로 이루어지면 실제 코인이 현금으로 교환될 수 있도록 거래소에 상장하게 된다. 참고로 다음은 ICO 관련 사이트들이다. 내 회사의 코인을 글로벌하게 세일하기 원한다면 아래 사이트들에 런칭을 하는 것도 한 방법이다.

http://www.coinschedule.com	https://www.ico-list.com	https://tokenmarket.net
https://icoalert.com	https://cointelegraph.com	https://www.coindesk.com
https://icowatchlist.com	https://topicolist.com	https://www.bitcoinmarketjournal.com
https://www.smithandcrown.com	https://icodrops.com	https://topicolist.com
https://www.icohotlist.com	https://www.tokendesk.io	http://icowhitelists.com
https://coincentral.com	https://icopanic.com	https://icomarks.com
https://crushcrypto.com	https://icolistview.com	https://www.coinhills.com
http://www.the-blockchain.com	https://www.listico.io	https://icotoinvest.com
https://bitcoinchaser.com	https://cryptoslate.com	https://icodrip.com

　아래와 같은 웹사이트로부터 ICO 등급을 지정받을 수도 있다.

https://digrate.com	https://icorating.com	https://icobence.com

　각국의 ICO 허용 상황은 서로 상이하다.[272] 미국의 증권거래위원회 방향은 ICO를 부분적으로 허용한다. 99명 이하의 인가된 투자자에 한해서 가능하다. 미국의 국세청은 비트코인을 자산으로 취급하여 수

익과 손실에 대해 세금을 적용한다. 주별로 수용단계가 서로 상이하다. 미국 재무부의 경우 암호화폐를 법정화폐로 인정하지 않는다. 그러나 자금세탁법 강화 필요성은 강조한다. 두바이의 경우 ICO 공식 제한은 없다. 호주는 투자자산으로 적용 예정이며, 자금세탁법 강화 조치를 할 예정이다. 중국은 ICO나 암호화폐는 금지하되 정부 차원에서 관리하는 거래소 등록은 예상된다. 에스토니아는 ICO나 암호화폐 수용정책 및 자금세탁법 관련 규제를 제시할 예정이다. 싱가포르, 케이맨제도, 영국령 버진 제도, 스위스 지브롤터 등은 ICO를 수용하고 자금세탁법을 적용시키고 있다. 덴마크나 브라질, 벨기에 오스트리아 등은 암호화폐를 부분적으로 규제할 예정이다.

우리나라의 경우 현재 ICO는 금지상태이고 ICO에 대한 적절한 규제나 제도적 뒷받침, 입법화를 준비하고 있는 상태이다.[273] 블록체인은 4차 산업혁명 특히 IoT, AI 등 사물인터넷, 인공지능을 필두로 하는 초연결, 초지능 사회 구현을 위한 신뢰로운 데이터 확보를 위한 필수 기반기술이다. 블록체인 기술이 성공적으로 잘 안착을 하여야 4차 산업호가 제대로 잘 순항을 해 나갈 수 있다. 이를 위해 정부와 민간 많은 관계자가 협력하여 좋은 방안을 마련해야 할 것이다.

그리고 ICO에 있어 가장 중요한 것은 실행 가능한 비즈니스 모델, 암호화폐 기술 역량, 그리고 팀의 반드시 이루고자 하는 열정과 의지, 역량이 중요하다 하겠다.

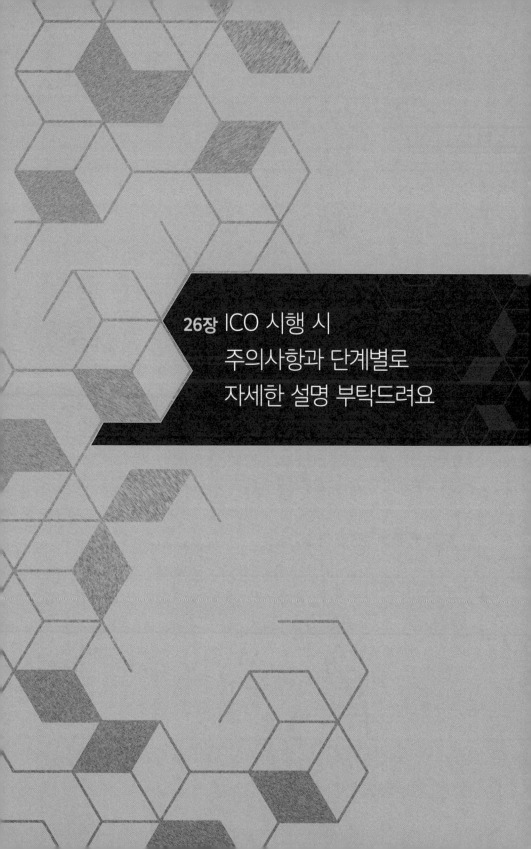

26장 ICO 시행 시
주의사항과 단계별로
자세한 설명 부탁드려요

ICO 시행 시 주의사항

사업자 및 투자자들은 ICO 과정상의 다양한 위험들을 고려해야 한다. 우리나라에서 코인 공개상장(ICO, Initial Coin Offering)를 진행하든, 외국에 법인을 설립하여 ICO를 진행하든, 우리나라 사업자가 우리나라의 투자자로부터 자금을 모집할 경우에는 우리나라 법률의 적용 가능성을 염두에 두고 ICO 절차를 진행해야 한다. 또 투자자의 입장에서는 어떤 ICO에 참여하더라도 사전에 여러 가지 점들을 체크한 후에 투자할 필요가 있다. ICO를 진행하면서 유의해야 할 법률적 쟁점에 대해서 간단하게 소개하고자 한다.[274]

쟁점 1. 자본시장법 적용 가능성

ICO는 기업공개상장(IPO) 및 크라우드 펀딩과는 개념상 구별되지만 '자본시장과 금융투자업에 관한 법률'이 적용될 여지는 없는지를 살펴볼 필요가 있다. 이 중에서도 토큰이 투자계약 증권에 해당되는지를 살펴야 한다. 크라우드 펀딩 관련 규제 적용 가능성 여부도 따져봐야 한다. 우선 미국 증권위원회(SEC)는 다오(DAO)토큰을 투자 계약 증권

에 해당하는 것으로 판단한 바 있다.[275]

DAO 토큰은 이더리움으로 지급받은 투자금에 대한 대가로 발행되는데, 이러한 투자금으로 조성된 펀드는 투자금을 각종 프로젝트에 투자하고 DAO 토큰 소유자들에게 투자로 발생한 이익을 분배하는 구조였다. 그리하여 미국 SEC는 DAO 토큰이 미국 증권법 및 증권거래법상 투자계약에 해당하는 것으로 보고 그 제공 및 판매에 있어서 증권 관련 법령의 준수가 필요하다고 봤다.[276] 이처럼 토큰을 발행하면서 토큰 발행을 매개로 모집한 자금을 투자하여 그 결과에 따른 손익을 귀속 받는 형식이라면 토큰이 투자계약 증권에 해당할 여지가 있다. 만일 발행된 토큰이 그 성질상 위와 같은 요건에 따라서 투자계약 증권에 해당한다면 자본시장법 제119조[277]에 의해 토큰을 발행하고자 하는 사업자가 50명 이상의 일반투자자를 대상으로 모집할 경우 증권신고서 제출 등 공모에 관한 규제를 받을 수 있다는 점에 유의해야 한다.

자본시장법에서는 증권형 크라우드 펀딩과 관련해 '온라인소액투자중개업자'에 관한 규정을 두고 규제하고 있다. 자본시장법 제9조 제27항에 따르면 온라인소액투자중개업자란 온라인상에서 누구의 명의로 하든지 타인의 계산으로 다음 각 호의 자가, 대통령령으로 정하는 방법으로 발행하는 채무증권, 지분증권, 투자계약증권의 모집 또는 사모에 관한 중개(이하 "온라인소액투자중개"라 한다)를 영업으로 하는 투자중개업자를 말한다.[278] 즉, 온라인소액투자중개업자란 채무증권·지분증권·투자계약증권의 모집 또는 사모를 중개하는 자다. 크라우드 펀딩과 ICO 발행은 엄밀하게는 다른 개념인데, ICO는 토큰 '발행'업이라고 할 수 있고 '중개'로 볼 수는 없기 때문이다. 다만 토큰을 중개해 소액투자자들과 연결하는 서비스가 생긴다면 크라우드 펀딩의 규제와 동일하게 온라인소액투자중개업자로서 규제를 받을 수 있을 것이므로 신규 사업을 준비 중인 사람이라면 온라인소액투자중개업에 대한 규제를 살펴볼 필요도 있다. 하지만 발행된 토큰이 투자계약 증권에 해당할 경우에는 이러한 온라인소액투자 중개에 대한 규제 대신에 자본시장법상 IPO에 대한 규제를 받게 될 가능성이 더 크다. 일반적으로 ICO를 하는 경우 그 자금 조달 규모는 매우 큰 반면 온라인소액투자 중개로서 규제를 받는 경우는 모집 가액이 7억 원 이하인 경우로 제한되어 있기 때문이다.[279]

쟁점 2. 외국환거래법 적용 가능성

외국환 거래와 관련하여서는 국내 참여자가 해외에 근거지를 둔 ICO 발기인에게 비트코인, 이더리움 등의 가상화폐 또는 법정화폐를 보내고 ICO를 통해 발행된 코인이나 토큰을 취득하는 경우, 또는 국내에 근거를 둔 ICO 발기인이 코인이나 토큰을 해외로 송금하는 경우에 있어서 '외국환거래법' 적용이 문제 될 수도 있다. 최근 검찰에서 중국에서 위안화로 가상화폐를 산 사람이 한국의 가상화폐거래소에서 가상화폐를 원화로 환전한 경우에, 해당 거래소를 미등록 외환거래에 따른 외국환거래법 위반으로 기소한 사례도 있다. ICO뿐만 아니라 거래소 운영 시에도 외환거래 관련 법규들의 위반 소지에 대해서 유의할 필요가 있다.

쟁점 3. 유사수신행위 규제에 관한 법률 적용 가능성

ICO가 '유사수신행위의 규제에 관한 법률' 상 유사수신행위에 해당하는지 여부도 문제 될 수 있다. 유사수신행위란 다른 법령에 따른 인가·허가를 받지 않고, 등록·신고 등을 하지 않고, 불특정 다수로부터 자금을 조달하는 것을, 업(業)으로 하는 행위로, 장래에 출자금의 전액 또는 이를 초과하는 금액을 지급할 것을 약정하고, 출자금을 받는 행위 등을 의미한다.[280] 일반적으로 코인 또는 토큰의 투자자는 향후 이들의 가치 상승을 기대하고 ICO에 참여하기는 하나, 원금 보장 약정이나 출자금 반환 약정 등을 하지 않는다면 유사수신행위에 해당하지 않을 것으로 보인다. 하지만 유사수신행위에 해당하지 않더라도 만일 ICO 과정 중에 사업자가 백서를 통해 과도한 기대 수익을 보장하거나, 실제 기술 자체가 구현 불가능함에도 구현이 가능한 것처럼 투자자를 오인하도록 했다면 사기죄의 성립도 문제 될 수 있다. ICO를 통해 투자금을 모집하려는 회사에서는 이러한 점에 유의하여 백서를 작성할 필요가 있다. 투자금에 대해 과도한 장밋빛 미래를 약속해서는 안 된다.

쟁점 4. 방문판매 등에 관한 법률 적용 가능성

ICO는 통상적으로 인터넷 홈페이지를 통해서 일반 투자자를 직접 모집하기 때문에 투자자가 다른 투자자를 유치해 온다고 해서 그에 대한 대가로 후원수당을 받는 경우는 거의 없다. 다만 일부에서는

ICO를 빙자해 불법적으로 투자 권유에 따른 수익을 보장하면서 다른 투자자를 유치해 온 투자자에게 돈을 지급하기도 하는데 이 경우에는 방문판매법상의 다단계판매에 해당할 여지가 있다. 이러한 유형의 ICO를 하지 말아야 함은 물론 투자자 역시 이런 유형의 ICO에 대해서는 다시 한번 주의를 기울여 접근할 필요가 있다. 일본의 가상통화 사업자협회(일본에서는 '가상통화'라는 용어를 사용)는 협회 회원들에게 ICO 토큰 심사 및 이용자에 대한 설명에 관해 다음의 사항들을 유의하도록 지도하고 있는데 투자자들의 고려사항으로 참고할 만하다.

- 토큰의 가격변동 리스크
- 사기 가능성
- 정보 불충분 여부
- 사업자의 프로젝트 초기단계에서의 자금 조달 가능성
- 보증인이 없는 토큰의 내재적 성질에 따른 리스크
- 거래량에 따른 유동성 리스크
- 하드포크에 의해 상호호환성이 없어질 리스크
- 사이버 공격 리스크
- 네트워크에 의한 리스크
- 법령과 세제 변경에 따른 리스크

하드포크란 기존 블록체인과 호환되지 않는 새로운 블록체인에서 다른 종류의 암호화폐를 만드는 것을 말한다.

결국 ICO는 상당한 자금이 유입되는 통로인 동시에 많은 법률적 쟁점이 문제 될 수 있다는 점에서 이를 직접 수행하는 사업자나, 자금을 투자하는 투자자 모두 주의를 기울여서 진행할 필요가 있다.

ICO 단계별 주의사항

왜 ICO를 해야 하는가? 사업을 운영하면 항상 유동성 문제에 시달리게 된다. 실리콘밸리에서조차 스타트업이 엔젤투자자 혹은 벤처캐피털에게 투자받을 확률은 평균 1% 미만이라고 한다. ICO는 자금을 확보하는 중요한 수단이 될 수 있다. 어떻게 ICO를 진행하는가? 앞장에서는 간략히 4단계로 구분했는데 이번 장에서는 좀 더 자세히 살펴보기 위해 6단계로 세분화해서 살펴보기로 한다. ICO의 진행 단계는 아이디어 구상(기술자와 설립자들이 기존의 시스템을 블록체인으로 바꾸었을 때 더 나아질 것이라고 여기는 아이디어를 떠올림, 혹은 전혀 새로운 비즈니스 아이디로 출발) - 팀구성(이 아이디어를 구체화할 프로그래머 등을 모집) - 사업 모델 구상 - 토큰 런칭 준비(SNS에 프로젝트 소개, 백서를 통해 프로젝트 소개, 어느 정도의 자본이 필요하며 어떠한 캡을 사용할지를 결정) - ICO 진행할 비영리재단 설립 - 지갑과 제네시스 블록(최초 블록)을 생성 - 영리 기업 설립 - 비영리재단과 MOU 등의 협정을 맺음 - 영리 기업에서 비영리재단의 운영을 위탁받음 - 토큰 런칭과 ICO 실시 - 토큰 상장 등의 순서로 이어지게 된다.

ICO 진행 1단계: 아이디어 구상

ICO 진행 1단계는 아이디어 구상으로부터 시작된다.[281] 고객이 필요로 하는 서비스를 블록체인을 활용하여 어떻게 보다 잘 해결할 수 있는가에 대한 물음으로부터 시작된다. '이 아이디어가 정말로 블록체인으로 만들 가치가 있는가?' 카를 뷔스트(Karl Wüst)와 아서 제라이스(Arthur Gervais)는 당신의 회사는 블록체인이 필요하십니까?(Do you need a Blockchain?")[282]에서 문제 해결을 위해 블록체인이 정말로 필요한 기술인지를 확인하는 방식을 다음과 같이 이야기하고 있다. 우선 완전히 새로운 사업을 만들어 내야 하는지, 기존의 사업을 수정해야 하는지를 결정해야 한다. 새로운 사업을 만들어 내야 한다면 린 캔버스(Lean Canvas)[283] 등을 통해 비즈니스 모델을 구성할 수 있다. 기존에 존재하는 사업을 블록체인화 하는 것이라면 "지금까지 어떻게 이 방식이 블록체인 없이 유지됐는가? 그리고 왜 이제 와서 그 방식을 바꾸어야 하는가?" 카를 뷔스트와 아서 제라이스 정말로 블록체인이 필요한가를 특정 사례에 빗대어 공개형 블록체인으로 할 것인지 아니면 프라이빗 블록체인을 적용할 것인지, 아예 블록체인을 적용 안 해도 되는지를 보여주고 있다. 만일 다수의 참여자가 생태계에 참여하는데 그 참여하는 사람을 모르기 때문에 신뢰관계가 형성되어 있지 않고, 지속적으로 거래관계나 작업 내용 등을 업데이트해서 기록하고 공유해야 한다면 퍼블릭 블록체인이 필요하다. 그러나 참여하는 사람들을 알고 있지만, 완전히 신뢰할 수는 없어 뭔가 신뢰가 보증되어야 한다면 프라이빗 블록체인으로 이루어져야 한다. 그러나 기록될 필요도 없고, 다수도 아니고, 모두 알고 있고, 모두 다 신뢰할 수 있는 생태계라고 하면 군이 블록체인이 필요하다고 볼 수 없다는 것이다.

ICO 진행 2단계: 팀 구성

팀 구성 시 필수적인 구성요소는 기술 분야의 설립자(Technical Founder), 사업 분야의 설립자(Business Founder), 고문(Advisors), 파트너(Partners)등이다. CEO와 CTO 서로가 같은 미래를 공유하는 것은 매우 중요하다. 고문은 특히 스타트업 형태의 경우 매우 중요하다. 파트너는 이 프로젝트와 관련이 있고 연관성을 가진 사업체 혹은 사업자를 뜻한다.

ICO 진행 3단계: 사업 모델 구상

ICO 진행 3단계는 사업 모델을 구상하는 단계이다. 제반 환경적인 요인을 확인하고 대처해야 한다. 법적인 문제 혹은 등록 문제에 더하여 세금 문제도 미리 파악해야 한다. ICO로 얻은 수익을 어떻게 세금으로 처리하는지, 그 수익을 영리 기업으로 전환할 때의 세금 문제 등을 미리 파악해 두어야 한다. 이 단계에서 비영리재단을 설립하고 영리 기업과의 협력 계약 등을 통해 수익을 배분하게 된다. 프로젝트 타임라인 만들기. 이는 후에 백서에 로드맵으로 들어가게 된다. 해결해야 하는 문제들을 리스트로 만들어 '지속' 혹은 '일시'로 분류하여 관리해야 한다. 지속적으로 해야 할 일은 커뮤니티 관리, 소셜 미디어 활용, 뉴스레터, 문의에 대한 대응 등을 포함한다. 일시적으로 해야 할 일은 토큰 개발, 로고 제작, 웹사이트 제작 등이다. 로드맵이란 '일시'에 해당하는 것 중 미래의 토큰 발전과 관련된 내용이다. 언제까지 어떤 식으로 발전시킬 것인가? 어디와 협업 예정이며 네트워크를 어떻게 업그레이드할 것인가 등 미래의 블록체인 네트워크에 대한 그림을 보여주는 것이다.

ICO 진행 4단계: 토큰 런칭 준비

ICO 진행 4단계 토큰 런칭 준비에서 중요한 내용은 백서 제작이다. 비트코인의 사토시 나카모토가 쓴 『비트코인: 개인 간 전자 화폐 시스템(Bitcoin: A Peer-to-Peer Electronic Cash System)』이나 이더리움의 비탈릭 부테린이 쓴 『차세대 스마트 콘트랙트와 탈중앙화된 애플리케이션 플랫폼(A Next-Generation Smart Contract and Decentralized Application Platform)』이 초창기 백서에 해당된다. 프로젝트에 관한 전반적인 설명과 사업계획, 팀의 소개, 발전 계획과 타임라인 등의 내용을 20장에서 60장 사이의 문서로 제공하게 된다. 최근 그 형태에 구애받지 않고 비디오 형태 혹은 게임과 같이 변형된 형태로도 나오기도 한다. 백서를 제작하고 토큰을 준비하고 마케팅 준비를 하게 된다. 커뮤니티와 SNS에 백서를 배포하고 유명인들을 섭외하여 프로젝트를 대외적으로 홍보할 때 오픈소스 플랫폼인 기트허브(Github)에 코인의 소스코드를 공개하여 기술적 검증을 받는 등의 투명성 확보를 통해 예비 투자자들에게 신뢰를 확보하는 것이 중요하다.

ICO 진행 5단계: 토큰 런칭과 ICO 실시

ICO에 있어서 매주 중요한 위치를 차지한다. 한 번 토큰을 네트워크에 올려 작동시키고 나면 수정할 수 없으므로 지금까지의 과정에서 매우 많은 테스트를 통해 오류나 보안상 허점이 없는지를 확인해야 한다. 만약 오류나 보안상 문제가 생긴다면 그 자체로 모든 ICO 프로젝트가 허사가 될 수 있다. 토큰 런칭 및 ICO와 함께 투자자들과의 커뮤니케이션 채널이 필요하다. 토큰을 런칭하고 ICO를 진행한 뒤에도 지속해서 투자자들과의 관계를 유지하면서 뉴스레터와 SNS로 소통하는 것이 매우 중요하다. 특히 초기 투자자들은 다른 ICO 투자자들을 불러오는 마중물로 작동하기 때문에 이들과 얼마나 관계를 잘 쌓아 올리는지가 중요한 요소가 된다. 일반적으로 런칭 준비 단계에서 프라이빗 세일과 프리 세일을 진행하게 된다. 대략 각 단계별로 1~3개월 정도의 기간을 두고 있으며, 메인 세일에서는 코인에 따라 다양한 기간을 두고 있다. 프라이빗, 프리, 메인(Private, Pre, Main Sale)의 과정에서 사업의 진행사항을 지속적으로 따르게(Follow Up) 하는 것이 중요하다. 현재 대한민국은 ICO를 금지하고 있기 때문에 관련 법적 검토를 마친 뒤에 진행하는 것이 필수이다.

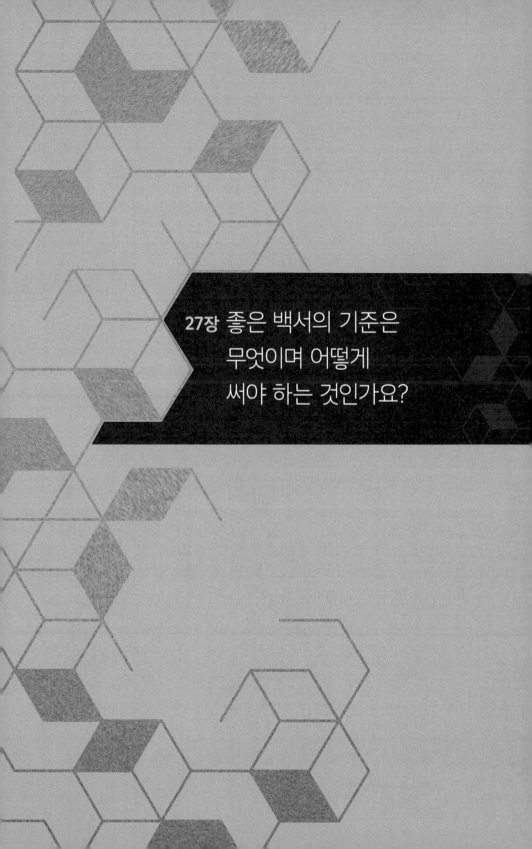

27장 좋은 백서의 기준은
무엇이며 어떻게
써야 하는 것인가요?

좋은 백서의 기준

암호화폐 거래소 '코인센트럴(Coincentral)'의 집필진 중 한 명인 버넷 가너(Bernett Garner)[284]는 비트코인 백서가 이해하기 쉽게 쓰인 백서 중 하나라고 평가하면서, 이를 먼저 읽어볼 것을 권유한다. 암호화폐 백서가 어떻게 진행되는지에 대한 좋은 기준을 제공한다는 것이다.

백서란 무엇인가? 백서는 ICO를 기업체가 일반 유저들에게 회사의 사업모델과 구현하고자 하는 기술을 알려주는 소통의 중요한 통로이다. 백서는 블록체인 프로젝트의 기술을 정하는 문서이다. 이 문서는 일반적으로 시스템 구성과 사용자와의 상호 작용에 대한 자세한 설명이 포함되어 있다. 현재 시장 데이터 및 성장 기대와 토큰 사용에 대한 요구 사항들을 정리하고, 프로젝트 멤버들, 어드바이저들과 파트너사들을 소개하기도 한다. 백서를 적절하게 모델링하지 않으면 프로젝트 팀이 성공적인 ICO 절차를 수행하기가 어려울 수 있다. 일종의 사업계획서로서의 역할도 하게 된다. 투자자들에게 이 프로젝트의 투자에 참여할지를 결정하게 하는 중요한 의사결정 기준이 된다. 비즈니스 모델이 이해하기 쉽게 명확히 정의되어 있어야 하고, 이를 기술적으로 어떻게 잘 구현해 낼 것인지에 대한 그림이 일목요연하게 투자자들의 머릿속에 그려질 수 있어야 한다. 팀 구성원들의 경력 소개와 올바른 기술 정보가 기재되어 있지 않으면 투자자들의 관심을 끌기가 쉽지 않다.

좋은 백서의 기준은 무엇이며 백서란 어떻게 써야 하는가? 투자하는 입장에서도 스캠 코인에 따른 투자금 손실을 방지하기 위해 훌륭한 백서를 발견하는 방법을 찾아낼 필요가 있다.[285] 코인센트럴의 블록체인 컨설턴트 버넷 가너(Bernett Garner)는 훌륭한 백서 구별법에 대해 2018년 3월 10일 몇 가지 기준을 제시했다.[286]

첫 번째, 이 프로젝트는 무엇을 목적으로 하는가? 백서는 간단하지만 기술 전문 용어 등이 섞여 있어 일반적으로 이해하기 힘들 때가 있다. 가장 중요한 질문이지만 백서에서 이 질문에 대한 대답이 정확히 기술되지 않는 경우가 많다. 만약 투자자가 백서를 읽고서도 프로젝트의 내용을 잘 이해하지 못했다면 그 이유는 다음 두 가지 이유이다. 하나는 프로젝트가 지나치게 유행을 앞서 많은 지식이 필요하거나 아니면 실질 프로젝트가 없는 것이다. 후자에 해당한다면 프로젝트에 투자하지 않는 게 좋다. 소셜네트워크서비스(SNS)와 포럼에서 읽은 내용과 상관없이 백서를 읽고 프로젝트를 이해하지 못했다면 투자를 미뤄야 한다. 프로젝트의 내용이 이해가 잘 가지 않을 경우에는 섣불리 투자하지 않는 편이 좋다.

두 번째, 암호화폐를 발행해 이루고자 하는 프로젝트를 찾았다면, 다음에 던져야 할 질문은 '어떻게?'이다. 백서를 통해 기술이 어떻게 작동하는지를 설명해야 한다. 기술적인 서술인 만큼 높은 이해도가 필요한 부분이다. 역시 프로젝트가 제시하는 목표와 이를 해결하기 위한 방법이 분명한지를 살펴봐야 한다. 좋은 암호화폐 백서는 프로젝트의 해결책이 어떻게 적용되는지 설명될 수 있어야 하며, 이를 위해서는 백서 내의 다양한 수준의 기술적인 지식이 요구된다. 예를 들어 비트코인 백서는, 지금까지 쓰인 가장 읽기 쉽고 이해하기 쉬운 좋은 백서다. 백서를 다 읽을 무렵, 이 암호화폐의 프로젝트가 해결할 문제점과 그 문제점을 명확히 분석해낼 수 없다면, 그것은 좋은 백서가 아니다.

세 번째, 프로젝트의 정당성도 고려해봐야 한다. 왜 이 프로젝트가 필요한가? 누가 현실에서 이 프로젝트를 사용할 것인가? 이 프로젝트의 해결책이 현재 기존의 해결책보다 더 좋은 이유는 무엇인가? 이 질문에 대해, 백서가 왜 이 프로젝트가 필요한지, 그리고 그것이 왜 필요한지에 대한 확고한 해답을 제시할 수 있다면 좋다. 그러나 프로젝트에 시간과 돈을 투자하기 전에 이미 다른 사람이 동일한 프로젝트를 진행하고 있는지도 조사해야 한다. 이미 시장에는 수백 개의 블록체인 프로젝트가 있으며, 몇몇 유사한 프로젝트는 이미 존재할지도 모른다.

마지막으로 왜 이 프로젝트에 블록체인이 필요한가? 모든 프로젝트에 블록체인이 구축될 필요는 없다. 인터넷도 있고, 블록체인 ICO의 많은 부분이 실제로 웹 응용 프로그램을 사용하게 되는 만큼, 꼭 블록체인이 사용되지 않아야 하는 경우도 많다. 또한, 많은 기업이 자본에 쉽게 근접하기 위해 블록체인 트렌드를 이용하려고도 한다. 즉, 자금 모집을 위해 ICO를 이용하는 회사들도 있는 만큼, 이 프로젝트가 꼭 블록체인이 필요한 프로젝트인지 백서를 통해 잘 살펴보아야 한다.

백서는 어떻게 써야 하나요?

"그럼, 이 백서는 어떤 형식으로 작성해야 하나요?" 블록체인 전문가이자 Benja.co[287] 및 Ship Ninja[288] 프로젝트의 공동 창립자인 앤드루 채핀(Andrew Chapin)은 해커눈(HackerNoon) 칼럼[289]을 통해, 완벽한 백서에 대해 설명하고 있다. 올바른 백서는 주로 아래와 같은 내용을 포함한다.[290]

- 문제 제시
- 제안 솔루션과 제품에 대한 설명
- 토큰 상용화에 대한 설명(제품, 경제 및 상용화 기술 조항)
- 팀 구성원 소개
- 토큰의 문제와 여러 관점

백서의 가장 중요한 요소 중 하나는 프로젝트팀에 대한 정보이다. 아이러니하게도 이 부분은 보통 문서 마지막 부분에 위치하곤 한다. 채핀에 따르면 신생 기업에 투자하는 사람들은, 자신들이 투자가치가 없는 프로젝트에 참여한 이유는 바로 강한 팀원들의 구성 때문이라고 이야기한다. 강한 팀원이 존재한다면 충분한 가치를 가진 제품을 개발할 수 있는 힘이 있다는 것을 믿기 때문이다. 예를 들어, 안드로이드는 원래 카메라 운영체제였다. 노키아는 목공과 제지 생산을 했었고, 핀터레스트(Pinterest)의 경우 쇼핑 앱이었다. 물론 최근에 쇼핑 쪽으로 다시 진출했지만, 원래는 소셜 네트워크가 아니었다. 그래서 팀원들이 멀티 - 전문가들이어야 하고, 경력도 뒷받침을 해줘야 한다. 완벽을 추구한다면, 이 팀원들 모두 블록체인 분야에 경험이 있을 것이다. 때론 이런 팀들이 경쟁력이 있는 엔지니어가 함께하지 않을 때는 모금 활동 후에 그것을 기반으로 엔지니어를 고용하고자 하기도 한다. 이렇게 모금 운동에 매진하는 창업자들은, 모금 자체가 가장 중요한 것이라고 하여, 엔지니어는 차후에 고용해도 무리가 없다고 한다. 하지만, 투자자들이 프로젝트에 돈을 기부하려면, 팀이 계획한 것을 모두 이루어 낼 수 있다는 것을 그들이 확신해야 한다.

백서의 두 번째 섹션에는 프로토타입 데이터, 첫 번째 사용자 및 개발 전략과 같은 제품 설명이 포함되어야 한다. 종종 ICO 과정에서 프로젝트팀은 완벽하게 설계된 pdf와 몇 가지 모형만 가지고 있다. 실제 제품과 잠재 사용자 및 개발 전략은 없는 경우가 있다. 프로젝트에 이미 생태계와 사용자가 있는 경우 시장에서 토큰 생존 가능성이 커진다.

또 다른 필수적인 요소는 기금 활용에 대한 자세한 기획안이다. 요즘 ICO는, "산업 컨소시엄", 비영리 단체 또는 "산업 발전"과 관련된 이벤트를 언급하는 많은 기관이 있다. 이것은 팀 구성원들이 제품 개발이 아닌 또 다른 목적으로 자금을 사용하려 한다는 의문을 주는 것밖에 안된다. 토큰에 대한 정보는 증권거래소를 통해 제공되며, 상세하게 표기되어야 한다. 만약 이런 부분이 이루어지지 않을 시, 혹은 지금 당장은 아니지만 30~60일 내에 제공될 예정이라고만 말을 한다면, 계획이 올바르게 진행되지 않는다는 것을 증명하는 것밖에 안 되는 것이다. 채편에 따르면, 이런 경우에는 프로젝트팀이 자유 무역 개방 시점에 토큰 가격을 조작할 가능성이 크다고 한다.

일반적으로 대중은 발행된 토큰과 회사의 향후 협력 업무에 관심이 있다. 이 상황에서 몇 가지는 명확하게 알려줘야 하는 부분들이 있는데, 예를 들어 "사전 판매(Pre-Sale) 전에 발행 수가 제한됩니까?", "언제 판매가 시장에서 시작됩니까?", "상환은 가능한가요?" 등이다.

백서에 프로젝트의 상세한 기술 설명과 향후 개발 계획(개발 로드맵)이 포함되어 있어야 한다. 이론적으로 팀은 향후 보통 12~18개월 동안 베타 출시를 포함하는 세부적인 작업 계획을 제시해야 한다. 로드맵의 일부 작업이 이미 수행된 경우 프로젝트팀의 이점으로 간주될 수 있다.

마지막으로 최근 ICO 시장을 통해 설문 조사를 통해 정리된 몇 가지 유익한 팁을 전달하고자 한다.**291**

○ 백서가 아무리 완벽하더라도 퀄리티 낮은 프로젝트라면 소용이 없다.

팀이, 존재하지도 않는 문제에 해결책을 제시하거나, 필요하지도 않은 부분을 언급하고, 구성원들이 경력 부실과 블록체인에 미숙하다면, 이 프로젝트는 성공하기 매우 어렵다. 백서가 훌륭하더라도 프로젝트가 성공하지 못한다. 현재 시작하는 창업자들이 반드시 명심해야 하는 부분이다.

○ 패턴이 팀에 적합해야 한다.

백서 작성도 팀 패턴에 맞추어 프레젠테이션 형식이든, 동영상이든, 논문 형식이든 팀이 가장 잘 소화해 낼 수 있는 형태로 작성하는 것이 좋다.

◦ 대중을 고려하는 것은 필수!

백서의 스타일과 패턴은 독자들에 달려 있다. 목표 대상에 따라 차이가 생기는데, 대상이 전문지식을 지닌 과학자들이라면, 연구 논문 패턴을 사용하여 정보를 제공할 수 있다. 대상이 조금 더 포괄적인 대중 쪽이라면, 기술용어는 자제하는 것이 좋다. 이상적인 방법은 두 가지 형식으로 문서를 작성하는 것이다. 예를 들어 광범위한 대중을 위한 형식(Blue Paper), 그리고 또 다른 하나는 전문가를 위한 기술적인 내용이 담긴 형식(White Paper)이다.

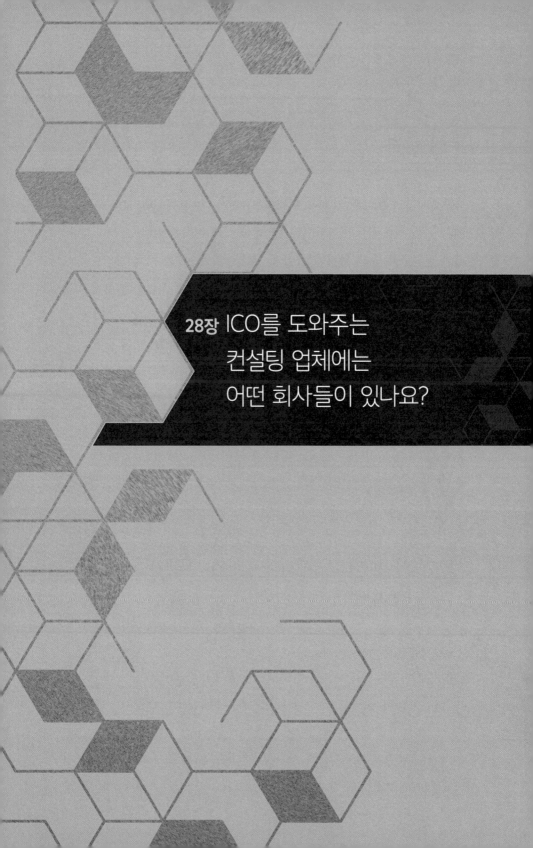

28장 ICO를 도와주는
컨설팅 업체에는
어떤 회사들이 있나요?

블록체인이 새로운 기술이고 새롭게 떠오르는 분야이다 보니, 기업에서 이를 적용해서 진행하고자 할 때 축적된 지식이 없다. 그러다 보니 실질적으로 많은 부분 컨설팅 업체에 의뢰하는 경우가 현실적으로 많다. 앞장에서 살펴보았던 ICO Listing 업체나 ICO 순위를 평가하는 업체들이 사실 ICO와 관련되거나 도와주는 컨설팅 업체들인 경우도 많이 있다. 이번 장에서는 구체적으로 이에 대해 살펴보자. 우선 ICO를 도와주는 컨설팅 업체들의 컨설팅 절차이다. 완벽하게 블록체인 마케팅 솔루션을 제공할 수 있다고 내걸고 있는 토큰타켓(https://www.tokentarget.com)이 말하는 ICO 각 단계에서 컨설팅 업체들이 도움을 주는 부분이라는 관점으로 다시 한번 성공적인 ICO가 되기 위한 각 단계를 조명해보자.

1단계: 아이디어를 구체화하여 사업화시키기
(From Idea to Product)[292]

프로젝트 검증(Project Validation)

프로젝트 유효성을 검증하여 아이디어를 구체화하도록 돕는 단계이다. 프로젝트가 비즈니스로 성장할 수 있는 잠재력이 있는지를 확인하는 데 도움을 준다. 불필요한 자원을 사용하지 않도록 프로젝트에 블록체인이 정말 필요한지를 평가하는 단계이다.

예산수립 단계(Budget)

프로젝트가 검증되면 다음 단계는 비즈니스로 구체화하고 실행하는 데 드는 비용을 파악하는 것이다. 프로젝트 및 비즈니스 예산 수립에 대한 지식과 전문성을 가지고 기술에서 인적 자원에 이르기까지 의뢰하는 회사의 요구를 평가하게 된다. 각 요인에 숫자를 첨부하여 합리적이고 신뢰할 수 있는 예산을 세울 수 있도록 돕는 단계이다.

핵심 성과 지표를 세우는 단계(Key Performance Indicators)

모든 비즈니스 목표를 금전적인 가치로만 셈할 수는 없다. 일을 해나가면서 핵심적인 성과지표가 무엇인지를 파악하고 이러한 지표를 중심으로 비즈니스 가치 모델을 구축하도록 돕는 단계이다.

로드맵(Roadmap)

명확하게 정의된 로드맵을 마련함으로써 비즈니스가 나아갈 방향을 알 수 있을 뿐만 아니라 투자자에게 실행 가능한 계획이 있음을 확신시키게 된다. 비즈니스 목표를 반영하고 잠재적인 투자자들에게 호소할 수 있는 로드맵을 정의할 수 있도록 돕는 단계이다.

2단계: 프라이빗 설정(Private Sale Setup)

첫인상은 중요하다. 잠재적인 투자자에게 프로젝트를 처음으로 보여주는 단계이다. 프로젝트의 첫 번째 시현이 매력적으로 보일 수 있도록 다양한 서비스를 준비해야 하는 단계이다.

브랜드 정체성(Brand Identity)

모든 비즈니스에는 강력한 브랜드가 필요하다. 쉽게 알아볼 수 있고 제공하는 제품과 서비스에 쉽게 연결될 수 있는 브랜드를 갖는 것이 중요하다. 브랜드의 힘은 ICO 프로젝트에서 아주 중요(Vital)하다. 많은 사람이 새로운 아이디어를 시장에 제공하고 있으며 이를 대표하는 브랜드를 통해 자금 조달의 기반이 더욱 강화될 수 있다. 회사의 프로젝트를 진정으로 대표하는 강력한 브랜드를 창출하도록 돕는 단계이다.

프레젠테이션(Presentation)

프로젝트를 위해 프리젠테이션을 간결하게 잘 정리해야 한다. 대략 5페이지에 전체 개념을 표현해야 한다. 회사가 갖고 있는 아이디어와 계획을 잠재적인 투자자에게 명확하고 직선적으로 보여줄 수 있는 프리젠테이션 작성을 돕는 단계이다.

백서

백서는 전체 프로젝트를 지원하는 기술 문서여야 한다. 여기에는 프로젝트 구현 방법에 대한 기술적인 내용뿐만 아니라 프로젝트가 대상 분야를 어떻게 변경할지에 대한 분석도 포함되어야 한다. 백서가 전문적인 텍스트, 놀라운 그래픽과 매력적인 이미지를 표현할 수 있도록 돕는 단계이다.

스플래시 페이지

프라이빗 세일 단계를 위한 스플래시 페이지가 반드시 필요한 것은 아니지만 잠재적인 투자자에게 실제로 투자하고자 하는 프로젝트의 맛을 보여줄 수 있다. 브랜드에 맞는 스플래시 페이지를 디자인하고 실행하는 데 도움을 주며 최상의 방법으로 프로젝트를 설명할 수 있도록 돕는 단계이다.

3단계: 퍼블릭 세일 준비(Public Sale Preparation)

프로젝트의 프라이빗 세일(Private Sale) 단계가 프로젝트 출시의 가장 중요한 부분을 만드는 데 도움이 된다. 그러나 퍼블릭 세일(Public Sale)도 중요하기 때문에 퍼블릭 세일을 시작하기 전에 해야 할 일이 많이 있다.

웹사이트(Website) 디자인

프로젝트 웹사이트는 퍼블릭 세일의 가장 기본이면서 첫 대문이다. 모든 마케팅 활동에 있어 사용자를 안내하는 곳이 된다. 매력적이고 기능적이며 프로젝트 KPI(핵심성과지수)를 염두에 두고 웹사이트가 디자인되어야 한다. 웹사이트 디자인이 판매 대상에 맞게 최적화되었는지를 점검하고 돕는 단계이다.

온라인 ICO 트래커 웹사이트인 코인스케쥴(Coinschedule)[293]에 따르면, 2018년 11월 7일까지 939개의 ICO 프로젝트들이 210억 달러의 펀딩을 받고 있는 것으로 나타나고 있다. 그중에 EOS만이 독보적으로 40억 달러를 성공적으로 모금하였다고 한다. 성공적인 프로젝트는 좋은 프로젝트 아이디어와 비즈니스 계획, 강력한 크립토 커뮤니티 등에 달려 있다.

TokenMarket[294]은 가장 훌륭한 ICO 웹사이트 요건을 다음과 같이 제시하고 있다.[295] 참고가 될 좋은 내용이다.

모바일 친화적(Mobile Friendly), 홈페이지 초기 화면의 빠른 로딩(Fast Loading), 검색엔진 최적화(Search Engine Optimised), 콘텐츠 관리 시스템 가능(Content Management System Enabled), 트래픽, 목표달성 등 사이트 성과를 분석할 수 있는 분석기능(Analytics Enabled), 변환이 용이함(Conversion Optimised), 방문자들에게 이메일 마케팅이 가능하도록 설계, 이메일 마케팅(Email Marketing), 소셜미디어들과의 링크(Social Media Links), 강력한 보안 설계(Strong Security Features), 강한 임팩을 줄 수 있는 헤드라인(A Strong Headline), 잠재적 투자자들에게 프로젝트에 대한 가치, 혜택, 사용된 기술 등에 대한 충분한 설명(Engaging Explanation), 백서(The Whitepaper), 로드맵(The Roadmap), 토큰 생태계(Tokenomics), 팀과 어드바이저들(Team and Advisors), 법률적인 검토(Legalese) 등이다.

웹사이트 개발

웹사이트 디자인이 결정되었으면 웹사이트 개발을 통해 이를 현실화할 수 있어야 한다. 기존의 기본적인 웹사이트 플랫폼을 각 사의 프로젝트에 맞게 커스터마이제이션과 애니메이션화 그리고 고객자원관리(CRM, Customer Resource Management)나 프로젝트 요구에 따라 사용자 지정 기능 개발까지 포함된다.

동영상 제작

잠재 투자자에게 프로젝트가 작동하는 방식을 보여줌에 있어 동영상은 좋은 도구이다. 특별히 라이브 비디오를 만드는 것은 팀을 소개하고 프로젝트에 대한 열정을 보여줄 수 있는 좋은 방법이다. 라이브 비디오는 잠재 투자자에게 프로젝트의 인간적 측면을 보여준다. 스크립팅부터 스토리보드 및 촬영까지 프로젝트팀과 직접 협력하여 동영상을 만들어나가도록 돕는 단계이다.

웹 배너(Web Banners)

프로젝트에 사용할 다양한 배너 세트도 준비해야 한다. 구글은 정적 배너와 HTML5 배너를 모두 제공하므로 매력적이고 흥미진진한 배너를 사용하여 브랜드가 최대한의 도달 범위를 확보할 수 있도록 돕는 단계이다.

분석 및 추적 설정(Analytics and Tracking Setup)

퍼블릭 세일 설정을 하는 가장 중요한 부분 중 하나는 웹사이트에서 방문자를 추적하고 있는지 확인하는 것이다. 또한, 웹사이트에서 마이크로 전환을 식별하고 추적하여 트래픽 소스를 기반으로 마케팅 노력을 최적화하는 데 필요한 데이터를 제공할 수 있어야 한다.

영업 유입 경로(Sales Funnel)

판매 유입 경로가 타겟 고객을 염두에 두고 최적화되어야 한다. 방문자의 참여도를 높이기 위해 판매 유입 경로를 평가하고 최적화하는 데 도움을 주는 단계이다.

4단계: 퍼블릭 세일 개시(Public Sale Launch)

프로젝트가 실제 운영될 준비가 되면 마케팅에서 커뮤니티 관리에 이르기까지 모든 서비스를 제공하는 단계이다.

블록체인 광고 네트워크(Blockchain AD Network)

개시의 일환으로 크립토(Crypto) 집중형 광고 네트워크에 연결하여 모든 주요 암호화 및 금융 웹사이트에서 잠재 고객과 연결될 수 있도록 한다. 사이트의 특정 마이크로 전환에 대한 광고 지출을 최적화하도록 캠페인을 설정할 수 있도록 돕는 단계이다.

블록체인 제휴 네트워크(Blockchain Affiliate Network)

제휴 마케팅은 블록체인 및 ICO 공간에 상대적으로 새로운 것이다.

그러나 실적 기반 마케팅은 새로운 개념이 아니며 과거에는 다른 분야에서도 매우 성공적으로 수행되었다. 프로젝트를 제휴사 네트워크에 제공하게 되며, 수행하는 트래픽에 대해서만 비용을 지불하게 된다.

암호화 리타기팅(Crypto Retargeting)

구글의 광고 네트워크인 Adexchain[296]을 통해 크립토 통화, ICO 또는 블록체인 프로젝트에 특정 관심을 보이는 잠재 고객을 리타기팅할 수 있도록 도울 수 있다.

금융 사이트에 리타기팅(Financial Retargeting)

또한, 세계 최대 규모의 금융 웹사이트를 방문하는 사용자를 대상으로 리타기팅을 제공한다. 이렇게 하면 프로젝트가 금융 산업에 더 폭넓게 접근할 수 있게 되고 암호화 트래픽에만 국한되지 않게 된다.

경쟁자 타기팅(Competitor Targeting)

기존 및 현재 모두 실행 중인 블록체인 프로젝트 및 ICO의 포괄적인 목록을 보유하고 있고, Adexchain(https://www.adexchain.com/)을 통해 잠재적인 구매자를 이 목록을 통해 타기팅할 수 있도록 도와준다.

키워드 타기팅(Keyword Targeting)

고도로 맞춤화되고 효과적인 키워드 목록을 통해 문맥마케팅(Contextual Marketing)을 타기팅하고 노출을 확보할 수 있도록 돕는다. 배너는 전 세계 수천 개의 우수한 사이트에 표시된다.

게재 위치 타기팅(Placement Targeting)

현재 온라인 상태인 최상위 암호화 포털 목록이 있다. Adexchain[297]을 통해 이 목록에 있는 특정 사이트를 타기팅하여 가장 영향력 있는 암호화폐 관련 포털 온라인에 브랜드 노출을 유도할 수 있다.

직접 미디어 구매(Direct Media Buying)

개별 웹사이트만을 타기팅하는 보다 직접적인 솔루션을 찾고 있는 경우, 해당 웹사이트에서 직접 미디어를 구매할 수 있도록 도와줄 수 있다. 여기서 미디어라 함은 CoinMarketCap, CoinGecko, Coin-Worz, BlockchainNews, Crytocoins, Bitcoins, Forklog, Newsbtc, CoinDesk, Bitcoinist.net, CryptoCompare 등을 의미한다. 또한, 직접 매체 구매 실적을 추적할 수 있도록 설정 추적을 지원할 수 있다.

검색 마케팅(Search Marketing)

검색 엔진 마케팅(SEM)은 유료 검색 목록을 통해 키워드 등을 구매하는 것과 관련이 있다. SEM 전략을 실행하고 원하는 결과를 얻을 수 있도록 돕는다.

소셜 미디어 관리

소셜미디어로는 유튜브, 페이스북, 트위터, 링크드인, 블로그, 텔레그램 등이 있을 것이다. 프로젝트를 위한 커뮤니티의 상당 부분이 바이럴 마케팅(Viral Marketing)**298**의 주요 도구 중의 하나인 다양한 소셜 채널을 통해 이루어지게 될 것이다. 소셜 미디어 관리서비스를 제공하여 소셜 프로필이 지속적으로 업데이트되고 잠재 고객이 관심을 갖도록 돕는다.

ICO Listings

점점 더 많은 잠재적 투자자들이 ICO 리스팅 사이트들을 이용하여 새로운 투자 기회를 발견하고 연구하고 있다. 이러한 ICO 리스팅 사이트들에 프로젝트를 등록할 수 있도록 도와주며, 사용된 콘텐츠가 프로젝트와 브랜드를 잘 나타낼 수 있도록 돕는 역할을 한다. 대표적인 ICO Listing 사이들은 앞장을 참고하기 바란다.

커뮤니티 관리(ICO Management)

커뮤니티는 성공적인 ICO를 시작하는 열쇠이다. 전략적 파트너와 함께 프로젝트 커뮤니티에 정보를 제공하고 참여시키는 커뮤니티 관리를 돕는다.

보도자료(Press Releases)

보도 가치가 있는 보도자료를 작성하고 배포하여 프로젝트에 대한 노출을 확보하도록 돕는다. 보도자료가 암호 및 금융 부문의 모든 주요 미디어 매체에 잘 전달될 수 있도록 돕는 역할을 한다. 다음은 ICO 보도자료 게시를 고려할 수 있는 상위 10개 사이트이다.

- The Cointelegraph: https://cointelegraph.com/press-release-submission

- Bitcoin.com: https://news.bitcoin.com/submit-press-release/
- Cryptoverze: https://cryptoverze.com/
- CCN: https://www.ccn.com/submit-a-bitcoin-press-release/
- CryptoRadar: https://cryptoradar.org/submit-press-release/
- CryptoCurrencyNews: https://cryptoradar.org/submit-press-release/
- Crypto News: https://www.crypto-news.in/submit-crypto-press-release/
- Blokt: https://blokt.com/submit-a-press-release
- Invest In Blockchain: https://www.investinblockchain.com/submit-press-release/
- CryptoSlate: https://cryptoslate.com/advertising/

문맥 타기팅(Contextual Targeting)

Adexchain은 프로젝트와 관련된 모든 카테고리에서 최고의 실적을 올리는 키워드를 찾아 잠재적인 공헌자를 문맥 타기팅할 수 있는 기능을 고객에게 제공하여 고객의 제품에 진정한 관심을 가지고 있는 고객에게 다가갈 수 있도록 한다.

콘텐츠 마케팅(Content Marketing)

콘텐츠 마케팅은 검색 엔진 최적화(SEO)의 중요한 초석이다. 프로젝트의 유기적인 성과를 높이는 데 도움이 되는 콘텐츠 마케팅 전략을 수립하고 실행하도록 돕는다.

보상 프로그램(Bounty Programs)

바운티 프로그램은 사용자가 브랜드를 홍보하고 참여할 수 있는 좋은 방법이지만 이러한 프로그램은 프로젝트의 가치를 창출할 수 있도록 잘 계획되고 실행되어야 한다.

모니터링 및 보고

마케팅 예산을 현명하게 지출하고 실적이 우수한 채널을 확보하기 위해 구글은 웹사이트 트래픽을 평가하는 모니터링 및 보고 서비스를 제공하고 다양한 소스의 트래픽 실적을 보고한다.

이상의 내용을 도와주는 컨설팅 회사들을 몇 군데 살펴보면 다음과 같다.

- ICOBOX[299]: https://icobox.io/[300]
- Tokentarget: https://www.tokentarget.com/
- IBC Group[301]: https://ibcgroup.io/
- INXY[302]: https://inxy.io
- Trade[303]: https://trade.io/en/ico-services
- Coinfabric[304]: https://coinfabric.com/
- M&K PR[305]: http://mnkpr.com/
- Pro-Crypto Group[306]: https://cbblockchain.org/

이 외에 사이트들은 Top 65+ STO Agencies/ STO Service Providers 글[307]을 참조해 볼 수 있을 것이다.

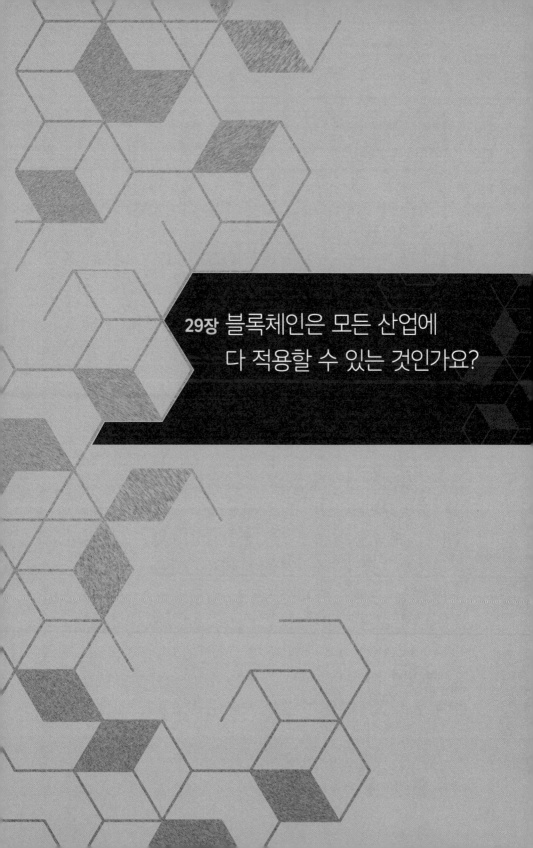

29장 블록체인은 모든 산업에
다 적용할 수 있는 것인가요?

블록체인 기술이 필요한 산업분야는 다수의 사람이 참여하고, 그 안에서 신뢰가 제3자에 의해 보증이 되어야만 할 때, 중개자를 대체하여 신뢰를 만들어 줄 필요가 있는 산업이면 적용할 수 있다. 또한, 한편으로 프라이빗 블록체인처럼 제한된 참여자들이 존재하며 그 안에서 신뢰를 보증해 줄 필요가 있을 때도 블록체인이 적용될 수 있다. 즉, 블록체인 기술은 제3자를 대신해 신뢰를 보증해 줄 필요성이 있을 때 유용한 기술이라고 하겠다. 그 커뮤니티에 참가하는 모든 사람이 신뢰할 수 있는 관계라면 굳이 블록체인을 적용하지 않아도 될 것이다.

블록체인(Blockchain)을 생각할 때 미래에 이루어질 일이라고 생각하기 쉽다. 그러나 이미 블록체인은 우리의 삶에서 그 이야기들이 시작되고 있다. '세계경제포럼 (World Economic Forum)'은 2025년까지 세계 GDP의 10%가 블록체인에 저장될 것으로 예상하고 있다. 즉, 세계적인 임원들이 지진 변동을 대비하고 있으며 이행 준비를 하고 있다. 분산 원장 기술의 영향은 인터넷 혁명 자체만큼 큰 영향력이 있을 수 있다.[308]

이용 사례(use case)는 다르지만 블록체인 기술 사용으로 얻는 이점들은 투명성, 불변성, 중복저장성 및 보안성과 같은 이점은 비슷해 보인다. 2018년에 이어 2019년에도 새로운 블록체인 프로젝트들이 세팅될 것이다. 전 세계적으로 사용되는 블록체인 적용 분야는 다양하다. 폐기물 관리, 신분증, 건강관리, 의료, 음악, 카본, 공급망, 부동산, 어업, 미술, 공공시설, 관광여행, 국가 안보, 배송, 과세, 모바일 결제, 토지 등록, 계산, 보험, 멸종 위기종 보호, 저널리즘, 스마트 도시, 석유 산업, 철도, 게임, 자동차 임대, 중고자동차 매매, 에너지 산업 등 다양한 분야에서 실제적으로 적용시키는 프로젝트들을 추진하고 있다.[309]

블록체인이 바꿀 19개의 산업(19 Industries The Blockchain will Disrupt)에서는 블록체인은 5년에서 10년 이내 수많은 산업을 바꾸어 놓거나 이미 바꾸고 있는 산업들을 소개하고 있다.[310]

- **금융, 은행산업:** 블록체인 기술은 전통적인 은행에 접근조차 할 수 없었던 제3세계의 가난한 이들까지 포함하여 모두에게 금융을 가능하게 한다. 블록체인 기술을 기반으로 하는 비트코인은 국경을 넘어 누구나 누구에게나 낮은 수수료에 보낼 수 있다.
- **보안:** 블록체인 기술로 저장된 데이터는 변경되지 않고, 해킹될 수 없다. 블록체인 기술은 암호화 과정을 통해 유저와 데이터 간의 중간단계 - 중앙화된 서버 - 를 생략할 수 있어 이전의 보안 시스템보다 효율적이다.
- **물류:** 블록체인 기술은 물류 과정에서 발생하는 노동력과 시간, 폐기물 등을 모니터링할 수 있다. 어떤 물건이 환경에 얼마나 큰 영향을 미치는지 분명하게 기록할 수 있다.
- **분석, 예측시장:** 블록체인 기술은 조사, 컨설팅, 분석, 예측 시장 등을 바꾸어 놓을 수 있다. 온라인 플랫폼 Augur는 탈중

앙화된 예측시장을 만들고 있다. 이를 통해 유저들은 스포츠, 주식, 선거까지 모든 분야를 둔 예측을 하고 그 내용에 기반한 시장을 만든다.

- **네트워크, IoT:** 삼성과 IBM은 블록체인 기술을 이용해 IoT 기기들을 위한 탈중앙화된 네트워크를 구축하고자 한다. 중앙 서버의 필요를 없애고, IoT 디바이스 간에 직접 통신하여 소프트웨어 업데이트, 버그 관리, 에너지 사용량 모니터링 등을 가능케 한다.

- **보험:** 블록체인은 상호 신뢰를 관리할 수 있는 새로운 기술이다. 보험 시장에 이용되는 수많은 데이터는 블록체인 기술을 통해 안전하게 관리될 수 있다.

- **운송, 차량 공유:**
  (Ride Sharing) 블록체인 기술은 탈중앙화된 P2P 차량 공유 애플리케이션에 사용할 수 있다. 이런 플랫폼 위에서 자동차 소유주와 이용자는 3자의 개입 없이 이용약관 등을 정할 수 있다. 블록체인 기반의 지갑은 자동으로 주차, 통행료, 유류비 등을 내고 기록할 수 있다.

- **클라우드 스토리지:** 중앙화된 서버는 해킹과 데이터 손실, 사람의 실수 등에 취약하다. 블록체인 기술을 이용하면 해킹에 안전하고, 데이터 손실 위험도 없는 클라우드 서비스를 제공할 수 있다.

- **기부:** 기부, 자선 사업에 발생하는 문제는 내가 낸 기부금이 어디에 쓰이는지 정확히 알 수 없다. 이런 기록을 블록체인 기술을 이용해 저장하면, 기부금을 추적해

내가 낸 돈이 어디에 쓰이는지 정확히 알 수 있다.

- **투표:** 변경할 수 없고 누구나 볼 수 있는 투표를 하게 되면 선거가 훨씬 공정하고 민주적으로 변할 수 있다. 블록체인 기술은 투표자 등록, 인증, 개표 과정에도 쓰일 수 있다. 개표과정에서는 적합한 투표자의 표만 계산할 수 있다.

- **정부, 행정:** 정부 시스템은 느리고, 불투명하며 부정을 저지르기도 한다. 관료화의 문제를 블록체인을 통해 해결하여, 보안과 효율성, 투명성까지 더할 수 있다. 두바이 정부는 2020년까지 정부의 모든 문서를 블록체인 위에 올리겠다고 발표한 바 있다.

- **공공복지:** 블록체인 기술은 실업 급여나 의료 보험 등의 시스템의 효과를 측정하고, 효율적으로 나누어 줄 수 있다. 영국의 고브코인(GovCoin)은 공공복지 시스템을 블록체인과 결합해, 효율적으로 복지혜택을 나누어주는 서비스를 개발하고 있다.

- **의료, 헬스케어:** 의료 분야는 블록체인을 통해 많은 혁신이 가능한 산업 영역이다. 병원들이 직면하고 있는 한 가지 문제는 민감한 정보를 담고, 공유할 수 있는 안전한 플랫폼이 없다는 것이다. 의료업계가 사용하는 플랫폼의 문제 때문에 해킹 피해를 겪기도 한다. 블록체인 기술을 이용하면 치료 기록, 환자의 정보와 같은 민감한 데이터들을 블록체인 위에 저장하고, 오직 인증받은

의사나 환자들만 열람할 수 있도록 할 수 있다.

- **에너지:** 에너지 산업은 산업의 특수성 때문에 매우 중앙 집중화되어 있는 산업이다. 현재 에너지 생산자들과 사용자는 전력망을 이용해 직접(정부의 허가 없이) 전기를 거래할 수 없다. 블록체인을 이용할 경우 생산자와 사용자들이 전력을 직접 사고팔 수 있는 시스템을 만들 수 있다.

- **온라인 음악:** 블록체인 기술을 이용할 경우 중개자 없이 사용자가 뮤지션들에게 직접 음원 수익을 지불할 수 있는 서비스를 만들 수 있다. 이렇게 하면 중간 단계 서비스에 지불하는 비용을 절감하여 실제 제작자에게 더 많은 몫이 돌아가도록 할 수 있다.

- **소매업:** 스마트 콘트랙트는 안전한 거래를 보장하고, 구매자와 판매자의 평판을 기록하는 방식으로 둘 사이의 신뢰를 대체한다. 블록체인 위에서는 구매자와 소비자가 중개인과 수수료 없이 거래할 수 있다.

- **부동산:** 부동산을 사고파는 과정에서 투명성과 사기 그리고 공공기록에 의한 문제들이 발생할 수 있다. 블록체인 기술을 이용하면 문서 기반의 정보 입력은 불필요해지기 때문에 더 신속하게 거래를 할 수 있다. 또한, 부동산 거래 기록 추적과 소유권, 문서의 진위 파악 등에 편리하게 할 수 있게 된다.

- **크라우드 펀딩:** 크라우드 펀딩 플랫폼은 크리에이터와 투자자들 간

에 신뢰를 제공하지만 높은 수수료를 취한다. 블록체인 기반 크라우드 펀딩 플랫폼은 신뢰는 스마트 콘트랙트와 평판 관리 시스템을 통해 만들어지기 때문에 중개인의 필요가 없어진다. 새로운 프로젝트를 시작하려면, 제품이나 서비스로 교환될 수 있는 토큰을 만들어 판매하기면 하면 된다. 그러나 이 부분의 경우 자본시장법 등 법적인 요건을 잘 갖추는 것이 중요하다.

블록체인이 우리 생활 속에서 간편하게 자주 사용될 수 있는 방안 중의 하나는 스마트폰을 활용한 것이 아닐까? 핀니(FINNEY)는 블록체인 스마트폰 이름이다. 블록체인 스마트폰이 출시된다는 소식이다.[311] 2018년 11월부터 2019년 1월 11일 현재도 계속 사전주문을 받고 있다.[312] 비트코인, 이더리움과 같은 암호화폐를 안전하게 저장하는 전자지갑 역할을 하면서도 블록체인을 활용한 메신저, 웹서핑 등을 지원하는 분산애플리케이션(Dapp)을 쓸 수 있게 한 스마트폰이다. 스위스 소재 스타트업으로 2014년 설립된 시린랩스(SIRIN LABS)는 블록체인이 보다 대중화되는 시대를 맞아 이러한 기능을 제공하는 전용 스마트폰 '핀니(FINNEY)'를 출시하였다. 이 스마트폰은 안드로이드 운영체제(OS) 기반에 자체 개발한 '실드OS(Shield OS)'를 탑재한다. 여러 개인과 P2P 방식으로 네트워크 자원을 공유하며 암호화폐를 거래하는 전자지갑을 스마트폰 내 하드웨어 기반 저장소를 사용하는 방식으로 안전성을 높인다. 가격은 최대 999달러를 목표로 한다. 핀니의 하드웨어는 5.2인치 QHD 디스플레이, 256GB 내부 저장소, 8GB RAM과 함께 와이파이, 블루투스를 기본 제공하며 후면 16M 픽셀 카메라를, 전면에는 12M 픽셀 광각렌즈 카메라를 탑재했다. 보안 기능을 강화하기 위해 핀니는 내부에 자체적인 침입방지시스템(IPS)를 적용한다. 전자지갑을 보호하기 위한 물리적인 보안 스위치 역할을 하는 일명 '블럭실드(Blockshield)'라는 기술을 적용해 IP주소 숨기기, 기기 고유의 정보인 MAC 주소 무작위 변경하기 등을 지원한다. 사용자 인증의 경우 생체, 패턴 잠금 해제, 행동 기반 등 세 가지 형태로 구성했다. 블록체인 기반 인터넷전화(VoIP), 메신저, 이메일 등을 지원한다. 시린랩스는 핀니 내부에 블록체인 기반 스마트 계약서와 분산앱을 활용할 수 있도록 모바일 이더리움 클라이언트인 '스테이터스(Staus)'를 사전 탑재할 계획이다. 이를 활용하면 해당 기기 사용자들 간에 오픈소스 메신저, 모바일 웹브라우저 등을 이더리움 네트워크상에서 운영할 수 있게 된다. 시린랩스는 또한 소프트웨어 개발 키트(SDK)를 공개해 분산앱 개발자 커뮤니티가 무료로 빠르면서도 안전한 방법으로 자신들의 자산을 배포하는 데 도움을 줄 계획이다. 이 기기 사용자들은 또한 독립적인 블록체인 네트워크를 구성한다. 사물인터넷(IoT)에 특화된 암호화폐인 '아이오타(IOTA)'에 적용된 '탱글(Tangle)'이라는 거래 합의 방식을 도입해 사용자 스스로가 채굴자이자 거래기록을 남기는 주체가 되는 만큼 채굴기업이나 채굴연합에 주어야 하는 수수료가 없게 된다. 시린랩스 공동 창업자 겸 최고경영자(CEO)인 모시 오젝은 "우리의 목표는 단순하고 친근한 사용자 경험을 제공해 블록체인 기술을 표준화하는 것이라고 했다.313

삼성전자도 블록체인 스마트폰 출시의 움직임을 보이고 있다. 2018년 12월 17일(현지시간) 다수의 언론 보도에 따르면 삼성전자가 유럽에서 블록체인 관련 브랜드 상표를 출원하며 '갤럭시 블록체인 폰'인 '갤럭시S10'에 암호화폐 거래내역이 탑재될 것임을 밝혔다.³¹⁴ 갤럭시S10 출시와 관련해 삼성전자 측이 내놓은 공식입장은 없지만, 업계 측의 보도에 따르면 삼성전자는 2019년 2월, 바르셀로나에서 열리는 MWC 2019에서 암호화폐 거래 기능이 탑재된 갤럭시S10 라인업을 발표할 예정이며, 2019년 4월 5일경 암호화폐 지갑을 탑재한 5G를 지원하는 갤럭시S10 모델이 시장에 출시될 것으로 예상되고 있으니 이 책이 출간될 즈음에는 이미 S10이 출시되었을 가능성이 높다고 보인다.

현재 전 세계적으로 블록체인 기술을 응용한 스마트폰을 만들고 있는 곳은 이스라엘 스타트업인 시린랩스(Sirin Labs), 대만의 스마트폰 제조사인 HTC, 중국 기업인 레노버와 슈가(Sugar), 창홍(Changhong) 등이 있다. 만일 삼성의 갤럭시S10가 블록체인을 탑재한다면, 삼성의 갤러시가 해당 목록에 속하게 된다. 외신보도에서는 삼성전자가 '콜드월렛' 앱 서비스를 출시하고 내년 출시하는 갤럭시 S10에 적용할 것이라는 전망을 밝히고 있다. 콜드월렛은 오프라인 상태로 암호화폐를 관리하고 거래를 할 때만 인터넷에 연결되기 때문에 더 높은 보안성을 자랑한다. 또한, 갤럭시S10에 생체 인식 서비스 '삼성패스'에 블록체인 기술이 혼합되어 보다 강화된 보안 서비스가 제공될 것이란 전망도 나오고 있다.

그러나 코인텔레그래프(Cointelegraph)에 의하면 삼성은 S10에 콜드월렛을 탑재할 것이라는 소식을 공식적으로 부인했다.³¹⁵ 블록체인 이

슈는 여전히 완전하게 법, 제도적인 차원에서 규범이 마련되기 전까지
는 민감한 부분이 사실이다. 어찌 되었든 블록체인 기술을 활용하여
산업의 경쟁력을 높이고 비용을 절감하고 소비자의 효용성과 기업의
효율성을 높일 수 있다면 적용 안 할 이유는 없다고 보인다.

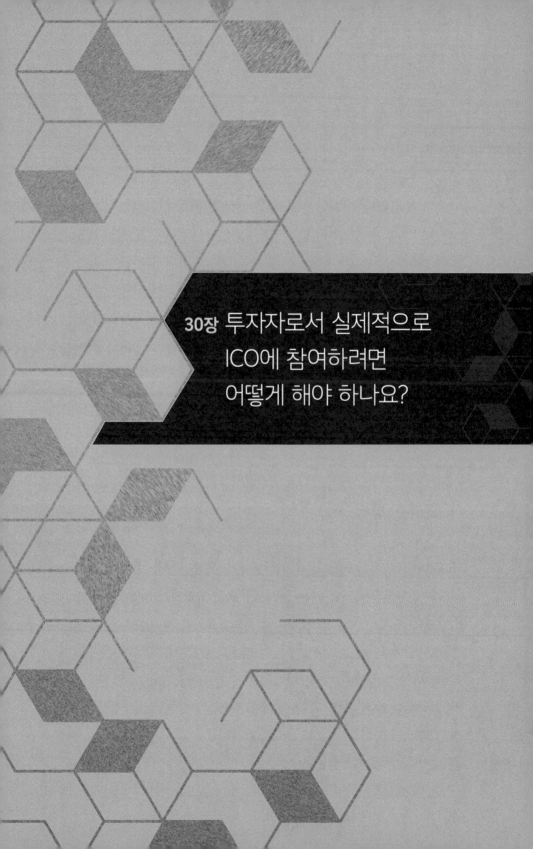

30장 투자자로서 실제적으로
ICO에 참여하려면
어떻게 해야 하나요?

ICO에 있어 가장 중요한 것은 실행 가능한 비즈니스 모델, 암호화폐 기술 역량, 그리고 팀의 반드시 이루고자 하는 열정과 의지, 역량이 중요하다 하겠다. 요즈음 투자자의 성향은 예전과 같이 어눌하지 않다. 꼼꼼하게 백서를 살펴보고, 비즈니스 모델이 정말 현실적으로 실현 가능한지, 그리고 프로젝트를 수행할 팀 구성은 어떠한지 등을 꼼꼼하게 살펴보고 투자를 한다. 이제는 ICO를 하려는 기업도, 투자를 하려는 개인, VC, 기관들도 ICO를 잘 준비하고 현명하게 잘 판단해야 할 것이다.

ICO 참여 방법

ICO(Initial Coin Offerings)는 기업 설립 후 불특정 다수의 외부 투자자에게 주식을 공개하고 자본금을 조달하는 일반적인 기업공개(IPO)의 형태와 유사하다. ICO의 차이점은 암호화폐를 사용한다는 것이다. ICO는 사업자가 블록체인 기반의 암호화폐 코인을 발행하고 이를 판매해 사업 자금을 확보하는 방식이다. 코인이 암호화폐 거래소에 상장되면 투자자들은 이를 사고팔아 수익을 낼 수 있다. 투자금을 현금이 아니라 비트코인이나 이더리움 등의 암호화폐로 받기 때문에 국경에 상관없이 전 세계 누구나 참여할 수 있다. 암호화폐가 상장에 성공하고, 거래가 활성화될 경우 높은 이익을 기대할 수 있다.

ICO 형식은 다양하다. 암호화폐를 받고 수익을 배분하거나 권리 배당을 부여하는 방식인 '증권형'이 있다. 이를 보통 STO(증권형토큰, Security Token Offerings)[316]라 부른다. 투자금을 받고 플랫폼에서 신규 암호화폐를 발행하여 넘겨주는 형식인 '코인형' 등이 있다. 요즈음에는 거래소를 펀딩을 도와주는 개념의 IEO(Initial Exchange Offerings) 개념이라는 말도 사용되고 있다. ICO가 무엇인지에 대해 이해하였다면, 지금부터는 ICO에 어떻게 참여하는지 알아보도록 하자. **ICO 참여방법은 다음과 같다.**[317]

개인 지갑 준비

참여하는 토큰의 종류에 따라서 이더리움이나 네오 등의 개인 지갑이 필요하다. 이더리움 기반의 신규 ICO 코인들은 거래소에서 이더리움을 보내게 되면 허공에 날리게 된다. 반드시 프라이빗 키가 있는 개인 지갑에서 보내야만 한다. 원화로 코인을 사면 거래소의 개인 지갑에 코인이 저장된다. 하지만 거래소가 해킹당할 경우, 거래소 개인 지갑의 코인은 분실될 수 있으므로, 안전한 보관을 위해 개인 오프라인 전자지갑, 즉 하드월렛을 사용하는 것을 요즈음 많이 권장하고 있다. 대표적인 개인 전자지갑으로는 마이이더월렛(MyEtherWallet)[318], 베리드월렛[319], 우리나라에서 일반적으로 많이 사용되는 아임토큰[320] 등이 있다.

사전조사

소중한 자산을 움직이기 전, 참여하는 프로젝트에 대한 사전조사는 필수이다. ICO 참여에 있어서도 진행하는 프로젝트에 대한 충분한 사전조사가 있어야 한다. 백서 검토(Whitepaper), 깃허브에 올라온 소스코드 검토 (github), 팀 멤버들의 경력과 링크드인 등SNS 검토, 개발과정 로드맵, 총 코인 공급량과 가격, 유투브나 Medium 등 다른 전문가가 하는 리뷰 등 이렇게 사전조사가 중요한 이유는 ICO 사기 사례가 늘어가고 있기 때문이다.[321] 신규 토큰 발행사가 발행 목적, 규모, 운용 계획 등을 포함한 백서(white paper)를 홈페이지에 게재하면, 참여자들은 이 백서를 보고 가치를 판단해 참여를 결정하게 된다. 이외에, 팀원의 경력과 사업 파트너를 확인하여 신뢰할 수 있는 프로젝트인지를 알아보아야 한다. ICO 평가 사이트[322]를 적극 활용하여 전문가들의 평가도 참고하는 것도 중요하다.

KYC 등록

코인 종류를 정했다면 KYC 등록은 필수이다. KYC는 'Know Your Customer'의 약자로, 불법적인 거래를 막기 위해, ICO를 참가하는 사람들의 신원을 증명하는 과정이다. 보통, 해당 코인 공식 홈페이지 등을 통해서 간편하게 등록이 가능하다. 투자하고 싶은 ICO를 정했다면 가입하고 KYC(Know Your Customer) 본인인증 과정을 미리 해두면 좋다. 토큰판매 시간에 맞춰 투자금과 최대한 빨리 전송할 수 있게 가

스비를 최대한 높여야 한다. 인기 있는 ICO는 사이트에 접속하기 전에 마감되는 경우가 생길 수도 있기 때문이다.

토큰 받기

ICO 컨트랙 주소로 원화 또는 거래 가능 암호화폐를 전송하면 해당 가치만큼의 토큰을 개인 전자지갑 주소로 받게 된다. 개인 전자지갑으로 들어온 토큰은 해당 토큰의 개별 주소를 통해 확인할 수 있다. 유의할 점은, ICO가 모금하고자 하는 최대 금액, 하드캡이 채워지면 더 이상 프로젝트에 참여할 수 없다는 것이다. 쉽게 말해, 인기 많은 콘서트의 티켓이 매진된 경우 더 이상 티켓을 구매할 수 없는 것과 같다. 그리므로, 참여 시 희망하는 개수만큼의 토큰을 구하기 위해서는 정확한 참여시간에 빠르게 전송하는 것이 중요하다.

지금까지 ICO에 어떻게 참여할 수 있는지에 대해 알아보았다. ICO로 획득한 토큰이 거래소에 상장된 후, 해당 암호화폐의 거래가 활성화될 경우 높은 실적을 기대할 수 있지만, 소중한 자산을 움직이는 만큼 충분한 사전 조사를 통해 신뢰할 수 있는 프로젝트를 선별하는 개인의 노력이 무엇보다 중요하다. 좋은 ICO, 좋은 코인을 찾는 것도 중요하지만 얼마나 실수 없이 투자하는가도 그에 못지않게 중요하다. 갈수록 암호화폐를 활용한 사기 수법과 가짜 코인이 더 성행하는 만큼, 투자자 스스로 암호화폐 백서를 파악해보고자 하는 노력이 필요하다.[323]

어떤 이는 실전 투자 경험들을 통해 이런 경험의 노하우를 알려주기도 한다. "이런저런 일들을 겪다 보니, 어떠한 퍼블릭 블록체인 프로젝트를 판단하는 기준이 생겼습니다. 그 기준은 다음과 같습니다."[324]

- 백서(Whitepaper)의 참신성
- 운영진과 개발자들의 이력
- ICO의 투명성
- 코드의 존재(특히 블록체인 로직과 관련된)

ICO가 일어날 때 코인을 이러한 네 가지 기준으로 판단해 보면 그 프로젝트가 사기인지 아닌지 어느 정도의 판단이 된다고 한다. 위 조건은 최소요구사항에 가깝다. 심지어 이를 모두 충족한다 해도 100% 성공을 보장할 수는 없다. 각각의 코인은 각각 하나의 스타트업(벤처기업)과 같다. 아주 참신했고, 조건도 좋고, 운영과정이 투명했던 많은 프로젝트가 그럼에도 불구하고 예를 들어 DAO처럼 예상치 못한 요인으로 인해 많은 경우 실패를 했다. 현실에서 100개의 기업이 창업하면 99개는 망한다는 경험법칙에 기반할 때, 100개의 코인이 생기면 대부분은 망하고 한두 개만 살아남는다는 것을 투자 당시 명확히 인지하고 있어야 한다.

어떤 프로젝트이든 간에 ICO 전 과정을 투명하게 공개해야 하고, 그렇게 모인 자금이 어떤 방식으로 어디에 사용되었는지에 대한 제3자의 감시 및 감사가 필요하다. 백서의 내용은 실질적으로 구현 가능한 부분인지 살펴보아야 한다. 현실적인지, 참신하고 이게 정말 필요한 것인지에 대해서 문제제기를 해보아야 한다. 특히 백서와 코드를 볼 줄 아시는 블록체인 개발자분들의 도움이 필요하다.

ICO 참여자들을 통해 네트워크와 컴퓨팅 파워를 확보할 수 있고, 투자자인 동시에 최초 고객이자 피드백 그룹, 테스터들을 확보할 수 있다. 확고한 비전과 열정, 전문성으로 무장한 해외 블록체인 전문가들과 정면 승부를 펼치기 위해서는 정부 지원보다 비즈니스 모델을 검증받을 수 있는 ICO가 더 절실하다. 한국 정부는 2017년 9월 ICO를 금지했다. 블록체인 기술은 장려하면서 암호화폐에 대한 투자는 막겠다는 정부의 정책은 투자자 보호를 위해 필요한 부분도 있겠지만 전면적인 금지는 블록체인 산업발전 자체를 저해하고 1조 이상의 국부를 유출시키는 결과를 가져오기도 했다.[325] 채굴에 대한 보상인 코인 없이 분산형 기술인 블록체인이 유지될 수 없다. 그래서 암화화 기술을 비롯해 다양한 P2P 기술이 기존에도 있었지만 비트코인을 창시한 나카모토 사토시의 2008년 논문을 시작으로 블록체인이 본격화될 수 있었던 것이다. 앞으로는 새로운 코인보다 토큰이 더 많이 발행될 것으로 예상된다. 코인이 자신의 망을 가지고 있는 통신사라면, 토큰은 기존 망을 빌려 통신 사업을 하는 알뜰폰 같은 통신 서비스이다. 블록체인이나 암호화폐는 초기에 투자해야 비용 효율적이다. ICO를 할 때 투자하는 것은 청약으로 아파트를 취득하는 것과 비슷하다. 블록체인 기업에 투자하기 위해서는 블록체인 기술에 대한 기본적인 이해가 요구된다.

다음은 ICO 투자에 있어 참고가 될 만한 사이트이다.

- http://www.tokenmarket.net: ICO 캘린더에서 ICO의 개최시기와 종료시점을 알려줌
- http://www.icocountdown.com: ICO의 남은 시간을 알려줌
- http://www.smithandcrown.com: 암호화폐 기업이 발행한 백서를 요약해서 기사로 제공함
- http://www.icorating.com: 진행 중인 ICO들에 등급 및 평가를 함
- http://www.tokenbank.co.kr: ICO 진행 예정인 비상장 암호화폐를 알려줌

백서를 판단하는 육하원칙[326]

누가(Who) 주체인지 판단한다. 기술팀과 사업 주체의 백그라운드는 어떤지 살펴보고 실력이 있는 기업인지를 판단한다. 언제(When) 어떻게 사업 추진이 되는지 로드맵을 시계열로 파악한다. 소스 코드가 공개되어 있는지 혹은 공개될 예정인지 등에 대해 파악한다. 어디서(Where) 어떤 분야 혹은 어떤 지역에서 특화된 사업을 추진하려고 하는지를 파악한다. 무엇을(What) 혹은 어떤 서비스를 구체적으로 구현 또는 제공하려고 하는지 등의 사업내용을 파악한다. 어떻게(How) 어떤 기술을 통해 사업을 실현하려는 지를 파악하고 실현 가능한지를 판단한다. 왜(Why) 이 사업을 하려고 하는지 사업의 목적과 비전을 파악한다.

ICO 참여 시 필수로 알아야 할 정보 및 사이트 http://bit.ly/2FUIjQz 등을 참조해보는 것도 도움이 된다. 기타 앞장에서도 살펴보았는데 https://topicolist.com, https://tokenmarket.net/ico-calendar, https://icobench.com/icos, http://www.coinschedule.com을 참조할 수 있다. 다음과 같은 웹사이트로부터 ICO 등급 지정을 받기도 하므로 투자하는 입장에서도 참고될 수 있다. https://digrate.com, https://icorating.com, https://icobench.com.

비트코인을 시작하려면? 이제 비트코인을 한번 시작해보자. 비트코인을 손에 넣는 가장 일반적인 방법은 비트코인 거래소에서 구매하는 것이다. 최근 일본의 자이프(Zaif)라는 판매소에서는 신용카드로 비트코인을 구매할 수 있는 서비스를 시작했다.[327] 그리고 은행 자동이체로 매일 비트코인을 구매해 적립하는 서비스도 실시 중이다. 비트코인 자동입출금기(ATM)를 이용하여 비트코인을 직접 획득하는 방법도 있다. 비트코인 월렛(wallet)이란 말 그대로 지갑을 뜻한다. 일반적으로는 모바일월렛이 가장 널리 쓰이는데 스마트폰에 다운로드하는 형식이다. 인터넷에 연결하지 않는 "콜드월렛"도 있다. 비트코인을 인터넷과 분리하여 보관하므로 그만큼 보안이 강력하다. 가장 유명한 콜드월렛은 트레저(Trezor)이다. 비트코인 거래는 과거부터 현재까지 있었던 모든 기록이 네트워크상에 공개된다. 자기 월렛에서 송금할 때는 비밀키가 사용된다. 비밀키는 본인이라는 사실을 증명하는 데이터이며 전자서명을 할 때 이용된다.

암호화폐를 해킹당하지 않으려면 어떻게 해야 하는가?[328] 암호화폐의 보관과 송금 기능을 제공하는 인터페이스가 필요하다. 지갑의 경우 거래소에서 제공하는 웹 형태의 지갑은 편리한 대신 인터넷에 항상 연결되어 있어 해킹의 위험이 있다. 인터넷에 연결된 지갑은 핫월렛(hot wallet)이라고 부른다. 인터넷에 연결되어 있지 않고 디바이스에 따로 저장하는 하드웨어 지갑은 콜드월렛(cold wallet)이라고 부른다. 하드웨어 지갑은 USB 메모리와 비슷하다. 하드웨어 지갑 안에 개인키를 넣어두고 거래가 성사됐는지를 확인한 다음 거래내역만 컴퓨터에 전달한다. 참고로 콜드월렛의 대표 주자라고 할 수 있는 렛저가 상륙했다는 소식이 2018년 3월 27일 전자신문에 게재되었다.[329]

31장 좋은 코인을 분별하는
기준은 무엇인가요?

ICO 투자 시 확인해야 할 내용으로 일반적으로 시장에서는 백서(Whitepaper) 확인, 팀 구성원 및 경력사항, 프로젝트 진행상태, 프로토타입 존재여부, 사업현실성, 경쟁 프로젝트와의 비교평가 등이 이야기된다.[330]

코인 분별 기준

코인마켓캡(https://coinmarketcap.com/ko)이라는 웹사이트를 이용하면 대략 코인들의 시가총액, 거래량, 거래되는 거래소, 가격 등을 확인할 수 있다. 가령 비트코인에 대해 알기 원한다면 코인마켓캡 비트코인 섹터[331]에 들어가 보면 비트코인에 대한 여러 가지 정보를 알 수 있다.

코인의 가격이 상승하기 위해서는 두 가지 조건이 필요하다. 공급의 제한과 수요의 증가이다. 먼저 공급의 제한이다. 수요가 계속해서 증가하더라도 계속 토큰을 찍어낸다면 가격이 오르기가 쉽지 않을 것이다.[332] 따라서 공급량에 제한을 주어야 한다. 공급을 제한하는 방법세 가지는 첫째, 발행량을 제한하는 것이다. 토큰을 사려는 사람이 늘어난다 하더라도 그만큼 계속 토큰을 발행해낸다면 가치는 변하지 않을 것이다. 그래서 몇몇 코인들은 최대 발행량을 정해 놓는다든가 발행량을 점차 줄여나가는 토큰설계를 한다. 발행량에 제한을 걸어두고 이후에 수요보다 적은 발행량을 통해 가치의 상승을 노린 전략이라고도 볼 수 있다.

둘째, 유동성을 제한해야 한다. 이미 발행된 토큰이라 할지라도 이 토큰을 거래소에 팔려는 사람이 사려는 사람보다 더 많을 수 있다. 이런 경우에 아무리 발행량이 적을지라도 토큰을 사려는 사람들은 언제든지 싼 가격에 살 수 있고 토큰 가치는 하락한다. 그렇기 때문에 유동성을 제한해야 한다. 즉 팔려는 사람을 말릴 수 있어야 한다.

가령 EOS의 경우 토큰을 많이 보유할수록 EOS 메인넷의 대역폭을 더 많이 사용할 수 있게 된다. 보유했다는 말은 조금 더 자세히 말하면 EOS coin을 Staking(보증금처럼 예치)해야 함을 뜻한다. 그러므로 메인넷 대역폭을 사용하기 위해서는 EOS를 팔 수가 없다. EOS에 DApp을 구동시키려는 개발자에게는 EOS의 대역폭이 필수이며 EOS를 팔 수 없다. Steem의 경우도 Steem을 보유하고 있어야 할 유인을 제공한다. 그것은 바로 보팅파워(Voting Power)이다. Steem을 많이 보유할수록 보팅파워가 강해진다. 보팅파워가 강할수록 더 많은 Steem 보상을 가져갈 수 있다. https://www.steemnow.com/upvotecalc.html은 스팀 보팅파워를 계산하는 사이트이다.[333]

보유할 유인은 지분증명 합의 방식에서도 활용할 수 있다. 지분증명 합의 방식은 토큰을 많이 보유하면 '검증자' 역할을 할 수 있다. 검증자는 비트코인의 채굴자처럼 블록을 생성하고 검증하는 일을 하고 '토큰 보상'을 받기 때문에 해당 토큰을 보유할 유인이 될 수 있다. 또 하나의 방법은 소각, 즉 태워버리는 방법이다. 리플에서 송금 수수료로 사용된 XRP는 자동으로 소각이 된다. 토큰 소각을 하면 결국은 토큰의 유동량이 줄어들기 때문에 일정한 수요, 더 큰 수요가 있는 상황이라면 토큰의 가치는 상승할 수 있다.

셋째, 수요의 증가이다. 사려는 사람이 많다면 가치는 상승한다. 수요가 상승하려면 해당 토큰의 실사용자가 증가해야 한다. 미래의 가치를 믿는 투자자들의 투자 수요가 토큰 가치에 큰 영향을 미친다. 그러나 토큰설계를 하는 시점으로 이 부분은 예측이 불가능하다. 설계 시점에서 수요가 증가할 수 있도록 설계할 수 있는 방법은 토큰의 실용성을 제공하는 방법이다. '보유해야 할 유인'은 사실(구매를 해야 보유를 하기 때문에) '구매해야 할 유인'으로도 작용한다. 보팅파워를 가지기 위해 Steem을 구매해야 하고 대역폭을 사용하기 위해 EOS를 구매해야 한다. 또 지불수단으로 토큰이 사용되는 경우 역시 실용성을 가진다. 해당 토큰으로 재화나 서비스를 구매할 수 있다면 당연히 실용성을 가진다. 예를 들어, 쇼핑몰에서 재화나 서비스를 10% 정도 더 저렴하게 사용할 수 있다면 구매할 유인으로 작용될 것이다. 또 해당 토큰은 사용하면 혜택이 주어지는 경우도 있다. 보통 거래소에서 출금을 하게 되면 거래소를 위해 수수료를 지불해야한다. 보통 출금하려는 토큰으로 수수료를 지불하게 되는데 바이낸스 BNB 토큰을 구매하면 바이낸스 거래소 내에서 수수료를 50% 절감할 수 있다.[334] 따라서 수수료 부담을 줄일 수 있는 유인책으로서 해당 토큰의 수요를 증가시킬 수 있다.

지금까지 토큰의 가치를 상승시킬 수 있는 유인을 가진 토큰 설계방법과 예를 살펴보았다. 어떤 코인(토큰) 프로젝트를 볼 때 이게 사용자 입장에서 참여자 입장에서 투자자 입장에서, 사야 할 이유가 무엇인지, 보유해야 할 이유가 무엇인지 발행량이 어떤지 생각해보는 사고를 길러야겠다. 실용성 있는 토큰이라도 발행이나 유동량이 제한적이지 않거나 공급량을 잘 설정했더라도 실용성이 없으면 문제가 된다. 투자자 사용자 참여자 모두에게 매력적인 토큰이 되어야 하기 때문에 쉽지 않은 일이긴 하다. 좋은 코인을 분별함에 있어 이러한 요인들을 다각적으로 분석할 수 있는 안목이 있어야 할 것이다.

앞장에서 살펴보았던 ICO 평가 사이트들을 통해 업계 전문가들의 의견을 들어보는 것도 참고는 될 수 있을 것이다. 그러나 투자라는 것은 스스로 선택하고 스스로 그 의사결정에 대한 책임을 지는 것이기 때문에 스스로 좋은 코인들을 길러내는 안목을 키워야 할 것이다.

코인의 종류

스위스 금융시장감독위원회(FINMA)의 가이드라인에 의하면 코인은 다음과 같이 세 가지로 나뉘어진다.[335] 이러한 분류 기준들을 알고 있으면 조금 더 코인을 분별하고 이해하는 데 도움이 되리라 생각된다.

- **지불형 코인:** 비트코인, 라이트코인, 모네로, 비트코인 캐시 등 코
  (Payment Coin) 인이 상품 혹은 서비스 구매를 위한 지불수단으로
  사용된다. FINMA는 지불 토큰(Payment Token)을 원

칙적으로 증권으로 보지 않는다고 밝혔다.

- **기능형 코인:** 이더리움, 이오스 등 블록체인 네트워크상에 디앱 같
  (Utility Coin) 은 서비스 혹은 애플리케이션을 작동시키기 위해 사
  용되는 코인이다. 예로 게임, 음악감상을 할 수 있도
  록 플랫폼으로 작동하는 디앱이나 애플리케이션 서
  비스에 접근할 수 있는 전자적 권리 부여를 목적으
  로 하는 유틸리티 토큰은 일반적으로 증권으로 간주
  되지는 않는다. 발행 시 투자 목적이 있다면 자산 토
  큰 같이 증권형으로 볼 수도 있다.

- **자산형 코인:** 쿠코인, 트루플립 등 블록체인 자체가 배당, 이자, 수
  (Asset Coin) 익에 대한 권리 및 투표권 등을 주는 것이다. 예를 들
  어 어떤 회사에서 자사의 서비스에 블록체인을 적용
  하고 그 서비스 수익을 코인 소유자에게 나누는 것이
  이에 속한다. 쿠코인은 거래소의 수익을 나누는 코인
  이다. 트루플립은 블록체인 복권 서비스를 하는 코인
  이다. 자산 토큰(Asset Token)은 채권, 지분권과 같이
  권리가 내재되어 있는 토큰으로, 해당 토큰이 인허가
  를 받지 않고, 표준화되어 있으며, 대량 거래에 적합
  한 경우 스위스 법 「Financial Market Infrastructure
  Act(FMIA)」에 따라 증권으로 간주된다.

증권에 해당하는 토큰에 적용되는 규제

스위스 증권거래법(Stock Exchange Act)상 제3자에게 토큰을 발행하는 경우에는 규제 적용대상으로서 발행 시 증권신고서 등을 제출할 의무가 발생한다. 다만 자기 자신에게 발행하는 토큰의 경우에는 규제 대상이 되지 않는다.

또 다른 중요한 규제는 스위스 자금세탁방지법(Anti-Money Laundering Act)의 적용이다. 지불 토큰의 경우에는 이를 발행·관리하는 자 혹은 지불 서비스를 제공하는 자는 자금세탁방지법상 법적 의무를 지는 financial intermediary에 해당한다. 따라서 지불 토큰의 발행은 자금세탁방지법상의 절차 및 요건을 준수하여야 한다. 반면, 유틸리티 토큰의 경우에 해당 토큰이 비금융 애플리케이션에 접근 권한을 제공하는 것에 제한되는 한 자금세탁방지 규제의 적용을 받지 않는다.

자금세탁방지법의 적용을 받게 되면 수혜적 소유자의 실명을 밝혀야 하며, SRO 및 FINMA의 직접적 감독하에 놓이게 된다. ICO를 하려는 자는 자금세탁방지법상 인증된 중간기관(intermediary)에 자금을 위탁함으로써 이러한 감독 의무를 이행할 수 있다.

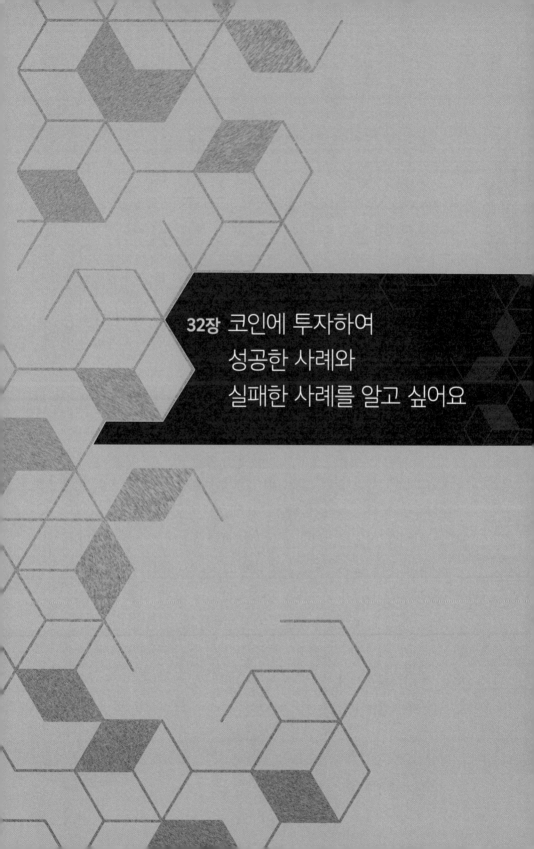

32장 코인에 투자하여
성공한 사례와
실패한 사례를 알고 싶어요

ICOStats는 ICO 이전과 이후의 얼마만큼의 투자수익을 보여주고 있는지를 일목요연하게 보여준다.[336] ICO한 날 대비 지금 현재 가격을 비교해 ROI를 나타내준다. ICO를 진행했던 코인들이 ICO 이후부터 얼마나 가격이 올랐는지 USD, ETH, BTC 선택해서 볼 수 있다. 주로 장기적인 투자를 하는 경우 참고할 만하다. 참고로 ICO를 진행했던 모든 코인이 다 표시되는 것은 아니다. 일단 가격을 알아야 하기 때문에 필수적으로 거래소에 상장된 것만 보여준다.

ICO(Initial Coin Offering)란 무엇인가? 코인을 개발하고 그 코인을 시장에 공개하여 투자할 수 있도록 창구를 여는 것이다. 자금을 확보하기 위한 것으로 최초의 ICO는 마스터코인(Mastercoin)이다. 이더리움은 2014년 12시간 만에 3,700 BTC의 모금에 성공하였다. 2017년 기준 IPO에 들어간 자금이 전년도 대비 2% 미만으로 증가했지만, ICO는 4,000% 이상 증가했다. 이는 암호화폐 시장의 활성화를 의미한다. ICO는 매우 높은 수익률을 자랑한다. 2013년 진행한 NXT의 경우 8,500배이상 가격이 상승했다. IOTA 코인은 4,000배 이상, NEO는 1,700배 이상의 가격이 상승했다. 투자에 필요한 요구사항이나 자격이 없다는 점이 큰 장점이다. 가장 큰 단점은 사기의 위험성이 높다는 점이다. 높은 프로젝트 실패율도 문제이다. 따라서 ICO의 투자에는 매우 큰 주의가 필요하다.

성공적인 프로젝트의 세 가지 사례로 거의 완벽한 백서를 보여주고 있는 사례를 소개하고자 한다. 이상적인 ICO 문서를 제작하는 과정에 대해서, 가장 쉽게 파악하려면, 실제 성공 사례들을 참고하는 것이 좋은 방법이다.

첫 번째 사례: 모네타[337]

모네타(Monetha)는 블록체인을 위한 지불시스템 프로젝트이다.[338] 18분 만에 3,700만 달러(95,000 ETH)를 모았다. 해당 시스템의 백서에는 위에서 언급한 모든 섹션이 포함되어 있다. 이들의 백서는, 프로젝트의 작업 계획, 토큰 경제, 기금 사용 계획 및 팀 구성원의 대한 정보 (이전 사업 모금 운동 관련 정보까지 포함)에 대한 자세한 설명이 있다. 이러한 세부사항은 모든 백서에서 매우 중요하다. 제품에 관련된 기술적인 설명 외, 구조적인 면을 묘사하는, 보기 쉬운 다이어그램도 있다.

두 번째 사례: 애터니티[339]

두 번째 사례는 3,400만 달러를 모은, "애터니티(Aeternity)" 프로젝트이다. 깃허브(https://github.com/aeternity/protocol)에서 이들의 백서[340]를 보면, 여기서 제안하는 포괄적인 작성 방식이 필요 없겠다는 생각이 들 수도 있다. 다만, 이 문서는 아름답게 디자인되지 않았다는 건데, 기본적인 논문 형식으로 만들어졌다. 이런 논문 형식이 신뢰를 얻어간다. 그리고, 문서 자체는 길지 않아도 되는 것을 보여준다.

세 번째 사례: 파일코인[341]

마지막 사례는 2억 7,700만 달러를 모은 엄청난 프로젝트 파일코인 (Filecoin)이다. 여기서도, 창립자들은 논문 패턴으로 백서를 작성했다. 프레젠테이션 스타일은 패턴과 일치하는 많은 수식과 스키마가 등장한다.

ICO 관련 용어에 대해 간략히 살펴보자.

- Private Sale: 비공개로 진행되는 코인의 사전 판매, 특정 투자기관 혹은 투자자를 대상으로 진행, 전환율이 가장 높음, 최소 투자금 역시 가장 높음
- Pre Sale: 정식 ICO 이전에 진행하는 코인판매단계, ICO보다 전환율이 높으며 투자의 문턱이 Private Sale보다 낮음. 이 단계에서 ICO의 성공여부가 판가름 남
- Main Sale: 본격적인 ICO, 크라우드 세일(Crowd Sale), 퍼블릭 세일(Public Sale)이라고도 함, 최소 투자금이 가장 낮지만 그만큼 전환율 역시 가장 낮음

ICO 관련 용어
- 투자금액에 따른 종료방식에 따라 다음과 같이 나눌 수 있다.

- 소프트 캡(Soft Cap): 목표 금액을 넘어서고 사전에 약속했던 시간이

되면 종료하는 방식. 만약 사전에 약정했던 시간이 되었는데 목표 금액을 넘지 못한다면 프로젝트가 취소되고 투자금은 모두 환불됨

- 하드 캡(Hard Cap): 기관과는 무관하게 목표 금액이 달성되면 그 즉시 ICO가 종료되는 방식, 소프트캡은 목표 금액이 달성되어도 기간이 끝나지 않았다면 추가 투자가 가능함
- 히든 캡(Hidden Cap): 목표 투자금을 공개하지 않고 진행하는 ICO
- KYC(Know Your Customer): 고객의 개인 신분을 인증하는 과정
- 화이트리스트(Whitelist): ICO에 참여할 수 있도록 자신의 계정을 등록시키는 절차
- 밋업(Meet Up): 프로젝트의 대표 혹은 CEO,CTO 등의 주요 인물을 만나는 자리를 뜻함
- 토큰 락(Token Lock): 토큰을 이동하지 못하는 경우. 이는 상장 후에 많은 양의 토큰이 판매되면서 가격을 떨어뜨리지 않게 하기 위한 조치임
- 토큰 소각(Token Burn): 전체 수량을 조절하여 토큰 가치를 조절하기 위한 수단
- 백서(Whitepaper): 해당 코인에 대한 전반적인 설명서, 투자 설명서와 비슷, Why/How/Who/What 등의 내용이 담김
- 리버스 ICO(Reverse ICO)기존의 상용화되어 있는 사업 모델에 블록체인을 추가하는 방식

새롭게 등장하는 모든 산업에서 초기 단계에 많은 기업이 뛰어들곤한다. 그러나 시장이 성숙하면 업체의 숫자는 줄고, 최종적으로 몇 개

의 주요 기업 및 브랜드만이 남는다. 결국, 코인에 투자하여 성공한다는 것은 좋은 프로젝트를 잘 발굴하는 안목을 가지고 초기에 투자한다는 것일 것이다.

33장 해외에서는
ICO 투자 가이드라인을
어떻게 제시하고 있나요?

스위스 FINMA의 ICO 가이드라인

스위스의 금융시장감독위원회(FINMA: Financial Market Supervisory Authority)라고 할 수 있는 FINMA에서 지난 2월 16일 ICO 가이드라인을 발표하였다.[342] FINMA의 ICO 가이드가 큰 주목을 받은 이유는 크게 두 가지이다. 첫째, 전세계 최초로 발표한 ICO 규제라는 점 때문이다. 물론 일본이 지난해 자금결제법을 개정하여 세계 최초로 암호화폐를 법제화하였으나 개정된 자금결제법에 ICO에 대한 구체적인 방침이 명시되지 않았다. 반면, FINMA는 ICO에 관한 법령이 존재하지 않는 상황에서 ICO를 기존 금융규제 체계 내에서 다룰 수 있는 방안을 제시하고 있다. FINMA의 ICO 가이드라인은 ICO 규제의 목적, 대상, 적용규제 등을 상세하게 밝혀 현행 금융규제 하에서 ICO를 어떻게 규제할 수 있을지 실무적으로 소개하고 있다. 둘째, 스위스 주크주가 ICO의 메카였다는 점 때문이다. 스위스의 주크주가 암호화폐 친화적인 정책을 펼친 이래 수십 건의 대형 ICO가 스위스 법인을 통하여 이루어졌다. 이 과정에서 FINMA는 다른 규제 기관에 비하여 ICO에 대한 데이터를 충분히 축적하였을 것이다. FINMA는 이를 바탕으로 가이드라인을 제정하였다는 점에서 해당 가이드라인이 향후 다른 국가의 ICO 규제에 미칠 영향이 매우 클 것으로 보인다.

가이드라인 발행의 목적

FINMA가 이 가이드라인을 발표한 이유는 ICO에 대한 감독 및 규제 원칙을 밝히고, ICO 실무자들이 이 원칙을 따를 수 있도록 세부방침을 제공하는 데 있다. FINMA가 ICO를 평가하는 주요 원칙은 해당 ICO가 현존 금융규제를 우회하기 위한 경제적 목적을 숨기고 있는지이다. 즉, 모든 ICO를 일반화하기 어려운 상황에서 각각 ICO를 실질적으로 분석하여 그 숨은 의도를 파악하겠다는 것이다. FINMA는 그동안 축적한 평가자료를 바탕으로 토큰의 종류를 다음과 같이 세분화하여 종류별 규제 방침을 제시하고 있다.[343]

- **지불형 토큰:** 상품 또는 서비스를 구매하기 위한 지불 수단 또는 (Payment Token) 돈이나 가치를 이전하는데 사용되는 토큰이다. 자금 세탁방지와 관련된 규정 준수가 요구되겠지만 일반적으로 지불형 토큰은 증권으로 취급되지는 않는다.
- **기능형 토큰:** 블록체인 기술 기반 인프라를 통해 애플리케이션 또 (Utility Token) 는 서비스에 대한 디지털 접근을 가능하게 하는 토큰이다. 전적으로나 부분적으로 경제적 측면의 투자로서 기능하지 않는다면 기능형 토큰도 역시 일반적으로 증권으로 취급되지 않는다. 또한 발행된 주요 목적이 비금융 분야의 기술 애플리케이션에 대한 접근

권한을 제공하는 경우라면 자금세탁방지 관련 규제 대상에 해당되지 않는다.

- **자산형 토큰:** 발행자에게 권리를 주장할 수 있는 채무증권이나 지
  (Asset Token) 분증권과 같이 자산의 성격을 갖는 토큰을 의미한
  다. 그 경제적인 기능으로 인해 주식, 채권 또는 파생
  상품과 유사하다. 자산형 토큰은 일반적으로 증권으
  로 간주되며 증권 규정이 적용된다.

이에 대한 내용을 토큰 발행 조건과 ICO 토큰의 종류에 따라 요약 정리하면 다음과 같다.[344] 토큰이 발행되지 않았지만 사전자금조달과 사전 판매를 통해 토큰에 대한 권리들이 거래될 수 있을 경우이다. 이때는 지불형 토큰 ICO, 기능형 토큰에 대한 ICO, 자산형 토큰에 대한 ICO 모두 증권으로 취급되지 않으며, 자금세탁금지법의 대상이 아니다. 그러나 토큰이 발행되는 경우 다음과 같은 차이가 있다.

- **지불형 토큰 ICO:** 증권으로 취급되지 않는다. 자금세탁금지법
  에 의해 지불수단으로 취급한다.
- **기능형 토큰에 대한 ICO:** 기능형 토큰으로만 사용될 경우에는 증권으
  로 취급되지 않는다. 투자용도로만/으로도
  사용된다면 증권으로 취급된다. 자금세탁금
  지법에 의해 지불수단으로 취급되지 않는다.
- **자산형 토큰에 대한 ICO:** 증권으로 취급된다. 자금세탁금지법에 의해
  지불수단으로 취급되지 않는다.

즉, 지불형의 경우 자금세탁금지법의 제한을 받으며, 기능형인 경우 특별한 제한이 없다, 자산형인 경우에는 증권으로 취급되어 증권법의 규제를 받게 된다.

아래 내용은 FINMA에서 요구하는 정보요구사항들이다. 스위스에서 ICO를 진행할 경우 유념해서 보아야 할 내용들이다. 꼭 스위스가 아니더라도 ICO 진행 시 참고가 될 수 있을 것이다.

[별첨: ICO 문의사항에 관련한 최소한의 정보요구사항 [345]]

일반적인 정보
프로젝트 이름/회사이름/회사 주소, 이메일 주소 그리고 홈페이지, 프로젝트주최자 이름(개인 혹은 다수)/참여자에 대한 세부사항(주소 그리고/혹은 회사거주지를 포함하여), 특히 설립자/토큰 발행인/토큰 판매인/다른 이차 거래 참여자(플랫폼, ICO 주최자 등등)/다른 나라에서 금융시장법에 따라 위에 명시된 사람들이 허가서를 받았는지의 여부 등 이에 대한 관련 세부사항들을 제시

프로젝트 설명
프로젝트 이름, 목적, 프로젝트 계획/제공될 서비스의 주요 특징들/ICO는 어떤 시장참여자들(투자자들)을 타겟으로 하고 있는가?/투자자들과 관련하여 제한사항들이 있는가?/프로젝트 주최자와 프로젝트계획과 관련된 사항(ICO에 관한 일정, 연혁 등에 관한 시기)/사용될 기술에 관한 정보(사용될 분산 원장 기술; 사용될 신기술과 기존기술; 오픈소스 프로젝트인지, 기타사항)/어떤 가상화폐(법적통화)를 통해 ICO에 자금조달이 되며 어떤 방식으로 이루어지는가?/ICO의 자금조달규모는 어떻게 되는가?(스위스통화로)/자금이 특정프로젝트에 배정이 되었는가?/잉여자금에 대해서는 어떻게 처리할 것인가?

토큰에 관한 사항
토큰이 ICO의 과정에서 만들어지는가?/위에 대한 답이 '네'일 경우: 어떤 절차에 따라 토큰이 만들어지는가(기술적 기준, 예를 들면, ERC20, 사용되는 기술, 기타사항)?/언제, 누구에 의해 그리고 어떤 방식으로 토큰이 투자자들에게 송금되는가?/토큰에 어떤 기능들을 갖추어질 것인가(세부사항 제시)?/어느 시점에 이런 기능들이 적용이 될 것인가?/투자자들은 어떤 권리를 갖게 되는가?/이 권

리들은 어떻게 기록이 되는가(특정 참여와 발행조건들을 기재)?/스위스 내에서 자금세탁방지법 대상인 금융중개인이 자금세탁방지법 실시조건을 충족하기 위해 채용될 계획이 있는가?/
위에 대한 답이 '네'일 경우: 관련 과정들과 위에 언급된 금융중개인에 대한 세부사항들을 제시

송금과 이차시장
토큰은 어떻게 송금되는가(호환되는 지갑, 기술적 기준들에 관한 정보를 제시)?/토큰이 송금시점에 이미 기능을 갖추고 있는가?, 그 수준은 어느 정도인가?/발행 이후에, 어떻게 그리고 언제 토큰을 획득할 수 있고 판매되는가(이차마켓플랫폼이 존재하는가)?/토큰을 이용하여 재화나 서비스를 사거나 제3자에게 지불할 수 있는가?/프로젝트 운영자/발행인이 토큰을 재구매할 계획이 있는가?

리투아니아의 ICO 가이드

2018년 6월 8일 리투아니아는 ICO 가이드라인을 발표하였다.[346] ICO를 스타트업이나 벤처업체들의 중요한 자금마련 통로로 인정하고 떠오르는 블록체인 산업을 지원하고 확대하며 국가 차원에서 규제안을 마련하기 위한 조치이다. 리투아니아 재무부는 암호화폐를 증권으로 취급하며 국내 토큰 판매 시 적용할 법률을 담은 ICO 가이드라인을 발표했다. 재무부는 가이드라인을 통해 "ICO를 통해 판매된 토큰은 투자자에게 수익 또는 주권적 권리를 가진다."라고 명시했다.[347] 이제 리투아니아 내에서 지불수단이나 상품에 대한 소유권으로 사용되는 토큰의 경우 기존 리투아니아 민사법이 적용되지만, 수익이나 주권적 권리를 가질 경우 개정 법률이 적용된다.

빌리우스 사포카(Vilius Šapoka) 재무장관은 "발행되는 토큰의 종류,

판매를 담당하는 조직, 유통시장 판매여부, 자금조달 방법 등 ICO를 몇 가지 기준으로 분류해 규제안을 적용한다."라고 언급했다. 특히 리투아니아에서 진행되는 ICO가 기존의 증권관리법, 자금조달에 관한 법 및 금융상품시장법에 위배되지 않아야 함도 명시했다. 재무부는 해당 가이드라인이 아직 공식적으로 채택된 것은 아니며, 규제된 환경을 마련해 ICO를 촉진하고 산업 전반에 투명성을 더할 수 있도록 노력하겠다고 밝혔다.

가이드라인에는 ICO 및 토큰 프로젝트가 증권으로 규정되는지에 대한 조세 및 자금세탁방지 등의 내용이 담겼다. 내용에 따르면 가상화폐 거래로 인한 수익의 표준 15% 법인세율이 부과된다.[348] 개인 투자자는 가상화폐의 개별 구매 및 판매로 인한 소득에 세금이 부과된다. ICO 설립자의 경우 토큰이 활성화되어 있지 않거나 잠겨있을 경우, 또는 투자자에게 배당금 또는 이자 지급을 위해 보유하고 있는 경우에는 과세하지 않는다. 채굴자들은 다른 사람들에게 지불을 받고 마이닝 서비스를 제공하는 경우 세금을 부과받는다. 다만 채굴된 가상화폐를 판매 및 교환하는 것은 부가가치세 면제에 해당한다.

2017년 4월 1일 일본에서 가상화폐법(개정자금결제법)이 시행되었다. 현재 일본에서는 가상화폐법이 가결, 성립하여 법 규제가 진행되고 있다. 미국 뉴욕 주에서는 비트라이선스(BitLicense)[349]를 새로 도입했다.[350] 가상화폐 활동 관련 비즈니스 라이선스이다. 이용자를 위한 보호법이라고 하겠다. 세금 문제와 관련하여 뉴욕 주 세무, 재무부에서는 비트코인 매매에 판매세를 부과하지 않겠다는 의사를 명확히 했다. 유럽연합도 2015년 10월 유럽사법재판소에서 비트코인 매매는 부가가치세법에 근거하여 비과세에 포함된다고 판결했다. 한편 싱가포르에서는 비트코인에 소비세를 부과한다.

대한민국의 경우 2018년 10월 2일 국회에서 ICO 법제화를 위해 관계 상임위원회 정무위원장과 과학기술정보방송통신위원장 공동 주최로 '대한민국의 새로운 기회, 블록체인' 토론회가 개최됐다. 여기에서 한국블록체인협회는 ICO의 대략적인 가이드라인을 제시하였다.[351] 가이드라인에 따르면 독립기구인 사업성 심사기관은 ICO 심사에 필요한 주요 서류와 정보, 요건을 게시한다. 또 암호화폐 발행자는 자금 사용 내역, 재무제표 등 공시·감사 의무를 부과받는다. 자금세탁 위험을 방지하기 위해 투자자의 신원을 확인한 후 투자금을 모집하는 조항도 포함됐다. 산업적 안정성을 높이기 위해 공식 절차를 거치면 유사수신행위 등 사후적 처벌로부터 보장받는다는 내용도 담겼다.

34장 암호화폐 거래소는 어떤 곳인가요?

한국의 대표적인 거래소라고 하면 빗썸[352]과 업비트[353], 코인원[354], 그리고 잘 알려지지 않았지만 게이트 아이오(gate.io)[355] 등이 있다. 전세계 거래소 거래량, 암호화폐 가격 등을 보여주고 있는 코인마켓캡에 의하면 세계적인 Top 10위권 안에 드는 거래소에는 대표적으로 바이낸스[356], ZB.com[357], OKEx[358], Huobi[359], Coinbene[360] 등이 있다.

거래소 개요

암호화폐 거래소(Cryptocurrency Exchange)는 암호화폐와 법정 화폐 (Fiat Money)를 환전해주는 거래소이다. 달러나 엔화를 환전해주는 외환 거래소를 생각하면 된다. 해외에서는 암호화폐 시장(Cryptocurrency Market)으로 부르기도 한다.[361] 대한민국에서는 아직 관련 법률이 제정되지 않아 명확한 규제 없이 운영되고 있다. 이러한 사정은 대다수의 외국 거래소들도 마찬가지다.

암호화폐 거래소를 은행으로 착각하고 거액을 장기간 넣어놓는 사람들이 많은데 암호화폐 거래소는 은행이 아니라 외환 거래소에 가깝다. 특히 시중 은행과 달리 신용도가 낮은 거래소이다. 길거리의 암환전상에게 달러 등 외환을 환전할 때 그 자리에서 바로 돈을 환전하고 거래를 끝내지, 다음번 거래에 쓰려고 자신의 돈을 맡겨놓는 사람은 없을 것이다. 사설 외환 환전소에서 외환과 원화를 환전해주는 것처럼 암호화폐 거래소도 그저 그때그때 환전 업무를 할 뿐이다. 원래 환전 거래소는 즉석에서 환전하는 곳이지, 장기간 거액을 보관하는 장소가 아니다. 장기 보관은 Electrum[362]이나 오프라인의 콜드 스토리지에 하는 것이다. 원래 콜드 스토리지는 냉장 또는 냉동 저장고를 뜻하는 단어이다. 하지만 비트코인 분야에서 오프라인 저장소를 의미하는 단어로 쓰이기 시작하면서 다른 암호화폐에서도 오프라인 저장소를 의미하는 단어로 쓰인다.[363] 암호화폐의 지갑은 온라인에 연결되어 바로 출금이 가능한 핫 월렛(hot wallet)과 오프라인에 존재하여 바로 출금이 불가능한 콜드 스토리지(cold storage)로 나뉜다.

퍼블릭 블록체인에서 거래소는 코인과 현실 세계의 화폐를 이어주는 중요한 역할을 한다. 사토시는 비트코인을 만들 때 이러한 시스템을 같이 제안하였으며, 이것이 비트코인 시스템의 생태계를 유지하게 만들 것이라고 보았다. 단지 코인을 얻는 것만으로는 인간이 장부를 유지해줄지 확실하지 않으므로 그것을 현실 세계의 화폐로 교환해주면 유지될 것이라고 본 것이다. 블록체인을 화폐라는 곳에 이용한 사토시가 대단해 보이는 이유다. 암호화폐 거래소가 현실의 화폐 거래소와 크게 다른 점은 역시나 보안성과 신뢰성이 낮다는 것이다. 이러한 이유로 인하여 탈중앙화 거래소가 관심을 받기도 한다.

탈중앙화 암호화폐 거래소 개요

오미세고[364]는 이더리움 기반 전자지갑 플랫폼이자 탈중앙화 거래소 (ODEX)로서 금융기관 간 상호 호환의 문제점을 해결하고 은행 없이 입금, 출금, 결제, 송금 등의 금융 서비스를 제공한다. 태국 등 동남아시아를 중심으로 전자결제 서비스를 제공하고 있으며, 태국 은행과 태국 재정부의 지원을 받고 있다. 이더리움 창립자인 비탈릭 부테린 (Vitalik Buterin)과 게빈 우드(Gavin Wood)가 고문이다. 플라즈마(Plasma)[365] 솔루션을 블록체인 최초로 도입함으로써 전체 네트워크의 과부하를 방지하고 한꺼번에 많은 수의 트랜잭션을 처리할 수 있게 되었다. 소프트웨어 개발 도구인 "White-label Wallet SDK"를 개발하였는데, 이는 오픈소스 SDK로 별도의 허가 없이 기존 결제 서비스를 오미세고 네트워크 위에서 손쉽게 구축할 수 있을 뿐 아니라 다양한 지불 솔루션을 추가 및 실행 등이 가능하다. 맥도날드 태국, 알리페이 등 업계 Top Player들과 파트너십을 구축하였다. 지난 10월 말에는 일본 최대 VC(벤처캐피탈)인 Global Brain으로부터 시리즈 B++ 투자를 받기도 했다. 11월 초 오미세고의 첫 디앱(DApp)인 "Plasma Dog"(2D 게임)가 출시[366]되었다.

탈중앙화 거래소(DEcentralized Exchange) DEX는 토큰을 교환할 수 있는 서비스[367]이다. 탈중앙화 거래소는 사용자의 돈을 전혀 보관하지 않고, 거래를 연결하는 역할만 한다.[368] 이더리움 스마트 콘트랙트를 사용해서 자동으로 P2P 거래가 일어나게 만든다. 디앱들은 하나의 독립적인 경제, 각자 독자적인 토큰을 사용한다. 따라서 외부 거래소에서 사와야 하는데 중앙화 거래소는 모든 토큰을 팔지는 않는다.

DEX는 개인 간의 P2P 형태로 거래를 하게 된다. 사용자들의 토큰을 중앙화 거래소처럼 중앙 서버에 저장하는 것이 아니기 때문에 해킹 위협에서도 안전하다.[369] 예를 들어 카이버 네트워크(Kyber Network)[370], 제로엑스(0X), 오미세고(OmiseGo), 에어스왑(Airswap) 등이 탈중앙화 거래소의 예이다.

거래소 참고 사이트

거래소의 목록과 순위는 다음 사이트를 참고할 수 있다.

- 항목이 없는 거래소와 자세한 거래 액수 거래소 순위:

  https://www.coinhills.com/market/exchange/
- 거래소 순위: https://coinmarketcap.com/rankings/exchanges/
- 거래소 별 코인 순위:

  https://coinmarketcap.com/exchanges/volume/24-hour/no-fees/

거래소 순위는 위 두 개의 순위 사이트가 약간 다르고, 또한 계속 바뀌어 나간다. 전 세계 거래 총액 순위 기준 대한민국의 주요 암호화폐 거래소의 순위는 다음과 같다.

빗썸(Bithumb, https://www.bithumb.com/). 오랫동안 대한민국 최대의 암호화폐 거래소였고 한때 세계 1위를 차지하기도 했으나 후발주자인 업비트에게 자리를 내주었다가 현재 엎치락뒤치락을 반복하고 있다. 전 세계 거래 총액 6~7위 정도를 하고 있다.

업비트(UPbit, https://upbit.com/). 2017년 10월 오픈베타를 시작한 비트코인 거래소로, 카카오스탁의 두나무가 운영한다. 2018년 5월 기준 거래량 기준 국내 1위이자 세계 6~7위로 빗썸과 경쟁하고 있다. 비트코인, 이더리움, 테더 마켓은 Bittrex와 제휴관계로서 거래량을 공유한다. 한동안 자체 거래량은 공개하지 않았다. 비트렉스의 거래 총액은 전 세계 5위이나, 2018년 1월 15일 자체 원화 마켓의 거래량이 비트렉스와 별도로 코인마켓캡(Coinmarketcap.com)에 리스팅되었으며, 그와 동시에 당시 세계 1위 거래소인 바이낸스를 제치고 원화 마켓 거래량만으로 세계 1위를 차지하기도 했다.

코인원(Coinone, https://coinone.co.kr/landing/main). 전 세계 거래 총액 14위 암호화폐 거래소다.

코빗(Korbit, https://www.korbit.co.kr/). 대한민국 최초의 암호화폐 거래소로 전 세계 거래 총액 18위이다.

고팍스(Gopax, https://www.gopax.co.kr). 신한은행의 투자를 받아 만든 스트리미가 운영하는 거래소이다. 전 세계 거래 총액 24위. 빗썸에 한국 원화를 입금하려면 농협이나 신한은행 계좌가 필요하고, 업비트에 한국 원화를 입금하려면 기업은행 계좌가 필요한데, 고팍스는 자기가 기존에 쓰던 은행 계좌를 이용해서 고팍스 법인계좌에 한국 원화를 보내면, 몇 분 뒤에 고팍스 한국 원화 지갑에 돈이 들어온다. 이에 따라 농협, 신한, 기업 계좌가 없는 사람들도 신규 계좌 개설 없이 암호화폐 거래를 할 수 있다는 게 고팍스와 다른 거래소 간의 차이다.

탈중앙화된 거래소 올비트(Allbit, https://allbit.com, 업비트에서 투자).[371] 국내 최초 이더리움 기반 사이드체인 탈중앙화 거래소 올비트가 세계 암호화폐 거래소 거래량 순위에서 탈중앙화 거래소(DEX) 부문 1위를 기록해 업계의 이목이 쏠리고 있다.[372] 2018년 10월 8일 기준으로 전 세계 암호화폐 거래 정보를 제공하는 코인마켓캡에 따르면 탈중앙화거래소 올비트(Allbit)는 일 거래량 기준 약 875억 원 상당 (5,513만 3,469달러)의 거래량으로 전체 거래량 순위에서 22위, 탈중앙화 거래소 부문 1위를 기록했다고 한다.

35장 자꾸 해킹 뉴스가 뜨는
암호화폐 거래소,
과연 안전한가요?

대표적인 거래소 해킹 사건들

비트코인 역사상 가장 큰 거래소 해킹 사건은 마운트곡스 사건이라고 할 수 있다.[373] 마운트곡스(Mt. Gox)는 일본에 거점을 둔 세계 최대 비트코인 거래소로 당시 약 70%의 시장 점유율을 자랑했다. 그 마운트곡스에서 일반 고객이 맡긴 비트코인의 99%가 내부 비리로 소실되는 사건이 일어난 것이다. 피해 총액이 당시 환율로 약 5억 달러(약 5,600억 원)에 달하였다. 또 하나의 떠들썩한 사건은 비트파이넥스 사건이다. 비트파이넥스(Bitfinex)는 홍콩에 있는 세계 최대급 비트코인 거래소이다. 2016년 8월 비트파이넥스에서 외부의 해킹 공격을 받아 약 12만BTC(약 6,500만 달러: 약 693억 원)의 비트코인을 도난당했다. 이러한 위험을 대비하기 위해 일본의 대형거래소 비트플라이어(bitFlyer)는 미쓰이스미토 해상화재보험과 손을 잡고 암호화폐를 도둑맞거나 분실했을 때 손해를 보상하는 보험판매를 발표하였다.

한국의 경우 최근 3년간 암호화폐 거래소를 대상으로 한 해킹 공격이 7건 발생했고, 이로 인해 총 1천 139억 원 상당의 암호화폐가 부정 인출됐다는 분석 결과가 나왔다.[374] 국회 과학기술정보통신위원회와 방송통신위원 그리고 경찰청에서 분석한 자료에 따르면, 최근 3년간 암호화폐 거래소에서 발생한 암호화폐 탈취를 노린 해킹은, 2016년 7

월 리플포유(3억 원 상당 피해), 2017년 4월 야피존(55억 원 상당 피해), 2017년 6월 빗썸(70억 원 상당 피해), 2017년 9월 코인이즈(21억 원 상당 피해), 17년 12월 유빗(259억 원 상당 피해), 2018년 6월 코인레일(530억 원 상당 피해), 2018년 6월 빗썸(350억 원 상당 피해) 등 총 7건이다.[375]

과기정통부와 인터넷진흥원은 계속해서 발생하고 있는 가상통화 거래소의 해킹사고 예방과 피해 확산 방지를 위해 암호화폐 취급업소로부터 신청을 받아 보안점검을 실시한 결과 다음과 같은 내용이 가장 취약한 것으로 나타났다.

- 방화벽 등 정보보호시스템 구축 미흡(14개사)
- 시스템 접근 통제 미흡(19개사)
- 악성코드 예방 미흡(9개사)
- 침해사고 대응 절차 및 지침 미흡(16개사)
- 비밀번호 보안 관리 미흡(10개사)
- 가상통화 지갑관리 미흡(23개사)
- 이상징후 모니터링 수행 미흡(20개사)

위와 같이 상당수의 업체가 취약점이 있는 것으로 드러났다. 거래소 구축 계획이 있는 업체의 경우 이런 보안 부분들까지도 세밀하게 신경을 써서 준비해야 할 것이다.

거래소의 안전성에 대해 정형화되고 객관적인 평가가 나오기까지는 시간이 좀 걸릴 것으로 판단된다. 2018년 6월 21일 암호화폐 전문 매체 CCN은 여태껏 해킹사고가 없는 거래소로 미국의 코인베이스

(Coinbase)[376], 제미니(Gemini), 비트렉스(Bittrex), 크라켄(Kraken), 비트멕스(Bitmex) 등 5곳과 중국계 바이낸스(Binance), 후오비(Huobi)[377], 한국의 업비트(UPBit)와 코빗(Korbit) 등 총 9곳을 꼽았다.[378]

암호화폐는 블록체인으로 보안성과 안전성이 확보되었다고 하는데 거래소는 중앙화 방식을 취하고 있어, 취약한 부분이 있는 것이 사실이다. 따라서 앞장에서 살펴본 것과 같이 탈중앙화 방식의 거래소들이 많이 생겨나고 있다. 진정한 P2P 블록체인 방식의 거래소는 가능할 것인가? 블록체인 기반 기술이 점점 더 진화하고 발전하고 있으니 희망을 걸어볼 만하다고 생각한다. P2P 거래소가 되기 위해서는 안전하고 다양한 코인을 정당한 가치로 교환할 수 있어야 할 것이다. 내 암호화폐를 안전하게 보관하기 위한 보완조치로써 하드월렛 사업도 점점 더 발전할 것으로 예측된다.

36장 믿을만한
암호화폐 거래소에는
어떤 곳이 있습니까?

거래소를 여러 가지 기준에 의해 평가하고자 하는 시도들은 계속 있었다. 가장 대표적인 것은 코인마켓캡의 거래량을 기준으로 한 평가이다.[379] 그러나 거래소의 안전성에 대해 정형화된 평가가 나오기까지는 그리고 객관적인 평가기관이 나오기까지는 시간이 좀 걸릴 것으로 판단된다. 그럼에도 불구하고 나름대로 평가를 내놓은 것을 보면, 글로벌 암호화폐 전문 리서치 업체인 토큰인사이트[380]는 전 세계 주요 암호화폐 거래소를 평가해 'AAA'부터 'D'까지 10개 등급으로 순위를 매긴다. 평가는 보안체제, 상장된 코인과 토큰의 수, 트랜젝션 비용, 거래량 등을 종합한다. 이 기준에 따르면 우리나라 빗썸과 업비트는 BB 등급으로 평균적인 리스크 컨트롤 가능 단계지만 외부의 평균적인 생태계 위험요소들의 영향을 받을 수 있다고 평가했다. A등급을 받은 곳은 바이낸스, 코인베이스 프로, 후오비 등 단 3곳에 불과했다. 물론 토큰 인사이트의 평가가 절대적인 것은 아니다. 일부 업계 전문가들은 반론의 여지가 있다고 보기도 한다. 그러나 어느 정도 참고는 될 수 있을 것으로 보인다.

거래소를 결정할 때에는 꼭 신중히 비교해야 한다. 거래소를 선택할 때 알아봐야 할 점은 다음과 같다. 먼저 거래소 자체의 안전성, 즉 운영회사가 신뢰할 만한지 알아봐야 한다. 고객의 자산은 당연히 따로 관리해야 하고, 시스템의 안전성 또한 놓쳐서는 안 된다. 입금 방식에는 어떤 종류가 있고, 제휴하는 은행은 어디인지 확인해야 한다. 출금 수수료도 중요하다. 입금은 무료지만 출금할 때 수수료를 떼는 곳이 있으니 꼼꼼하게 확인해야 한다. 그리고 거래 수수료가 얼마인지, 거래 수단이 사용하기 편한지, 스마트폰 앱을 지원하는지, 차트는 보기 쉬운지, 어떤 기술적 분석이 표시되는지 등도 확인해 둘 필요가 있다.

한국의 주요 거래소들은 이전 장에서 살펴보았다. 일본의 주요 거래소로는 비트플라이어(bitFlyer), 비트뱅크(bitbank)[381], 코인체크(coincheck), 비티시박스(BTCBOX), 자이프(Zaif) 등이 있다. 비트플라이어는 2014년 1월에 설립된 일본 최대 비트코인거래소이다. 비트뱅크는 2014년 5월에 설립된 거래소로 20배의 레버리지(거래회사에 증거금을 맡기면 맡긴 금액 이상으로 거래할 수 있는 방식이며 외환거래에서 일반적인 거래방법)를 걸고 비트코인을 거래할 수 있다.[382] 거래소에서 구매한 비트코인은 실제 쇼핑에서도 사용할 수 있다. 일본에서는 비트코인 결제를 인정하는 상점이 확산되어 2018년 1월 현재 26만 곳을 넘어섰다는 기사가 나왔다. 인터넷 쇼핑 쪽에서도 일본의 대기업 디엠엠(DMM)이 비트코인을 결제 수단으로 인정했다. 할인점인 월마트와 타킷, 인터넷 쇼핑몰인 이베이는 물론 마이크로소프트, 델, 스타벅스에서도 비트코인 결제를 인정했다. 거래소에서 구매한 비트코인을 사용하기 위해서는 일단 자기 월렛에 넣어야 한다. 월렛에 비트코인을 넣었다면 본인의 스마트폰의 월렛 애플리케이션을 이용해 처리하면 송금이 완료된다. 비트코인은 해외 송금이 편리하다. 비트코인을 이용하면 상대방에게 직접 송금이 가능하면서도 수수료는 저렴하다. 게다가 365일 24시간 언제든 거의 실시간으로 입금이 완료된다. 비트코인을 송금할 때에는 먼저 송금을 받을 상대방의 비트코인 주소를 알아야 한다. 비트코인 주소는 QR코드 형식으로도 표시가 가능하기 때문에 스마트폰 카메라로 스캔해서 송금할 수도 있다.

비트코인을 직접 보관하는 경우에는 많은 위험이 존재한다. 그중 하나가 피싱(Phishing)이다. 피싱이란 평소 이용하는 거래소나 혹은 컴퓨터상의 웹월렛과 똑같이 생긴 유사 사이트로 유도한 후 로그인 정보를 도둑질하는 사기 수법을 말한다. 스마트폰에 애플리케이션을 설치하는 형식의 모바일월렛은 대부분 '복원' 패스프레이즈가 존재한다. 복원 패스프레이즈는 12개 혹은 24개의 무의미한 단어들을 나열한 문자열이다. 송금을 잘못할 위험성도 있다. P2P를 이용한 분산형 네트워크에서는 한번 송금을 하고 나면 다시는 철회하지 못한다.

비트코인을 가장 손쉽게 판매하는 방법은 비트코인 거래소를 이용하는 것이다. 비트코인 거래소에서는 비트코인 구매와 판매가 모두 가능하다. 비트코인 거래소는 365일 24시간 거래가 가능하다. 설날도 국경일도 없다. 일본은 판매소에서도 판매가 가능하다. 이때 주의할 점은 구매가와 판매가의 차이이다. 외환거래에서는 이것을 스프레드(spread)라고 부른다. 비트코인의 가격은 본인이 매매하는 거래소의 거래 화면에서 시세를 확인한다. 일반적인 시세 확인 방법은 차트 데이터를 보는 것이다. 다만 한 가지 주의사항이 있다. 비트코인은 전 세계에 있는 다양한 거래소에서 거래되기 때문에 거래소마다 시세가 다르다. 이로 인해 일부 투자자 중에는 이런 차이를 이용해 재정거래(arbitrage)를 하는 사람들도 있다. 일본의 경우 가상화폐를 거래해서 소득을 얻은 경우에는 판매한 시점의 이익만 과세 대상에 들어간다.

평가이익(미실현이익)에는 세금이 부과되지 않는다. 실제 신고할 때는 관할 세무서나 세무사에게 상담하는 것을 추천한다. 해외 송금을 할 때 비트코인은 소액도 가능하다. 게다가 개인이 상대방에게 직접 돈을 보낼 수도 있다. 이런 특징은 사실 기부라는 행위를 할 때 안성맞춤이다. 일본에서는 기부 전용 사이트인 키즈나(Kizna)가 문을 열었고 성장하고 있다.

믿을 만한 거래소 사이트들은 글쎄 거래량이 많거나 거래소 순위 랭킹 사이트의 상단에 위치한 거래소들이라면 조금 더 신뢰가 갈 수 있을 것인가? 최고의 거래소는 그만큼 세간의 주목을 많이 받고 있기 때문에 항상 해커들의 공격 대상이 될 수도 있을 것이다. 코인힐즈(https://www.coinhills.com/ko/market/exchange/)는 암호화폐 거래소의 거래량 순위를 보여주고 있다.[383] 일단 마켓 크기와 등록된 코인의 수 등을 참조하고 전체적으로 많은 거래량을 보여주고 있는 거래소를 우선적으로 참고하되, 각 암호화폐마다 각각 다른 거래소 순위를 보여주고 있으니 본인이 관심이 있는 코인이 가장 많이 거래되는 시장도 관심을 가져봄 직하다. 중요한 것은 원화로 출금이 가능한지를 살펴야 할 것이고 수수료 정책이 어떻게 되는지도 살펴야 한다.

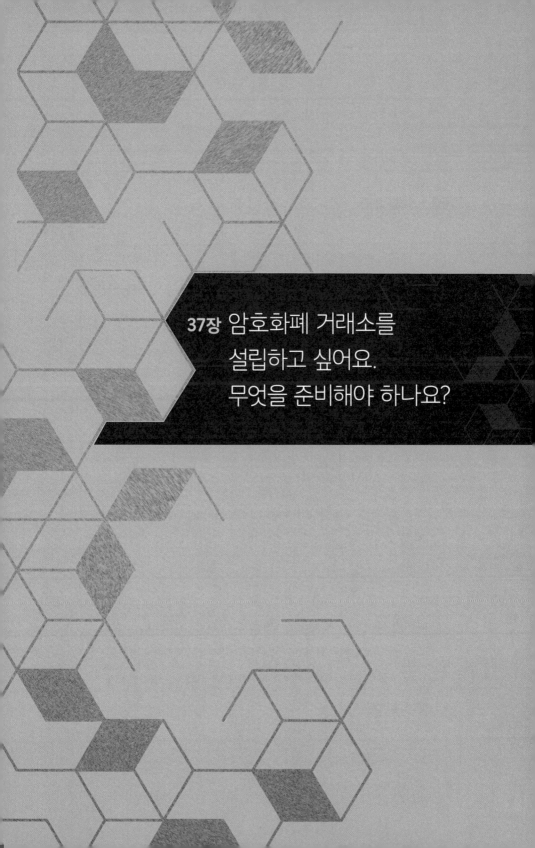

37장 암호화폐 거래소를 설립하고 싶어요. 무엇을 준비해야 하나요?

거래소 설립 요건

2017년 12월 14일 현재까지 관련 법령과 2017. 12. 13. 정부 규제안을 참고하여 법무법인 충정에서 정리한 거래소 설립 요건이다.[384] 2019년 1월 18일 현재까지 특별히 변화된 상황은 없다. 따라서 충정에서 정리한 설립 요건을 참조하면 되겠다.

거래소 설립

현재는 통신판매업 신고가 유일하게 필요한 법적 절차이다. 다만 2017년 12월 13일 현재 발의된 박용진 의원(더민주)의 전자금융거래법 개정(안)에 따르면 암호화폐 거래소는 다음과 같은 요건을 갖추고 정부의 인가를 요한다고 규정하고 있다(단, 정부는 인가제를 고려하지 않는다고 밝힘).[385]

- 5억 원 이상으로서 대통령령으로 정하는 금액 이상의 자기자본을 갖출 것
- 가상통화취급업자를 통하여 가상통화이용자에 대한 보호가 가능할 것, 가상통화 취급업을 수행하기에 충분한 인력과 전산설비, 그 밖의 물적 설비를 갖출 것

- 사업계획이 타당하고 건전할 것

- 대통령령으로 정하는 건전한 재무상태와 사회적 신용을 갖출 것

- (해외송금 서비스를 하고자 할 경우) 소액 해외송금업 등록(등록 요건은 외
  국환거래법 시행령 제15조의2 제2항 참조)

거래소 운영

- 2017. 12. 13. 정부 규제안 중 가상화폐 거래소 부분 중심으로

- 고객자산의 별도 예치

- 신용공여행위 금지, 이용자 예치금 보호제도 마련

- 설명의무 이행

- 금융 소비자 보호장치 중 피해 예방장치와 유사

- 가상화폐 투자 시 위험성 및 유의사항에 대한 사전 고지

- 투자대상 가상화폐에 대한 충분한 공시

- 이용자 실명확인

- KYC(Know Your Customer)로서 거래 투명성 보장

- 자금세탁방지(AML)과 연결

- 암호키 분산보관

- 개인 정보보호 위한 보안 체계 구축

- 해킹 방지 위한 보안 체계 구축

- 가상통화 매도매수 호가·주문량 공개

- 시세조종 금지

- 자금세탁 방지의무

- 금융실명거래 및 비밀보장에 관한 법률, 특정 금융거래정보의 보고 및 이용 등에 관한 법률, 공중 등 협박목적 및 대량살상무기확산을 위한 자금조달행위의 금지에 관한 법률 등에서 금융회사 등에게 KYC와 AML에 대한 의무를 부과하고 있다. 암호화폐 거래소도 이에 준한 자금세탁방지 준수의무를 고려해야 한다.
- 개인정보 보호
- 정보보호 관리체계(ISMS) 인증
- 개인 정보보호 관리체계(PIMS) 인증
- 소비자 보호
- 개인정보 유출 등 해킹 대비한 보험 가입
- 불공정 약관 시정
- 서버다운 등 불완전이행 시정

거래소의 성공요인[386]

코인베이스는 2010년 비트코인이 거래되기 시작하면서 이 기회를 먼저 본 에어비앤비(Airbnb) 엔지니어 출신 브라이언 암스트롱에 의해 2011년 7월에 창설됐다. 초기 자금은 Y콤비네이터에 의해 제공됐다. 역시 실력 있는 창업 액셀러레이터 지원과 초기 자금에 이어 매년 후속 투자를 통해 지금까지 2억 1700만 달러 자금이 유니콘 기업을 성장시키고 있다. 투자자 가운데에는 유니온스퀘어 캐피털, 앤드리슨 호로위츠 등 브랜드 벤처캐피털과 기업투자 및 엔젤투자자 등 다양한 투자원으로부터 자금 유입이 계속되는 것도 코인베이스 성공 요인이다.

현재 기업 가치가 16억 달러이지만 약 1조 8000억 원 기업 가치를 인정받고 있는 암호화폐 관련 유니콘 기업이다. 32개국에서 서비스하고 있다. 암호화폐는 190여 국가에 걸쳐 분산 저장하고 있다. 코인베이스는 비트코인, 이더리움, 비트코인 캐시 등 암호화폐와 일반 화폐 간 거래를 연결하는 거래소다. 많은 암호자산 거래소는 암호화폐 간 교환 거래에 집중하는 반면에 코인베이스는 공식화폐와 암호화폐 간 거래로 차별화했다.

코인베이스 서비스는 크게 네 가지다. 첫째, 일반 소비자가 암호화폐를 사고 파는 코인베이스 서비스다.[387] 전문 트레이더나 기관투자가의 대량 거래를 위한 서비스는 Coinbase Pro[388](예전에는 GDAX라 불림[389])를 통해 별도 플랫폼이 제공된다. 일반인 거래에 동원되는 암호자산이 코인베이스 프로에서 유동화 되기 때문에 코인베이스는 암호자산 유동화를 내부 시장에서 해결하는 장점이 있다.

코인베이스의 또 다른 사업은 암호화폐 지갑의 보관 서비스[390]다. 암호화폐는 좀처럼 외우기 어려운 암호키로 구분된다. 키값을 분실하면 자신의 암호자산을 찾을 길이 없다. 이를 안전하게 보관해주는 서비스가 거래소의 암호화폐 지갑이다. 코인베이스 암호화폐 지갑은 고객이 가지고 있는 다양한 디지털 자산 혹은 코인들을 한 곳에서 편리하고 안전하게 보관할 수 있도록 한 것이다. 코인베이스는 지난해 11월 현재 1,330만 고객, 4,500만 개 지갑[391]을 보유하고 있다. 거래소 서버 지갑에서 안전하게 오프라인 저장 장소로 옮기는 콜드 스토리지를 위해 하드웨어 회사와 협력한다. 2017년 11월로 코인베이스 고객 수는 2대 증권회사 찰스 슈와브보다 무려 110만 명이 많다. 회사가 얼마나 급성장했는지를 보여준다.

코인베이스는 신규 사업으로 기관투자자 암호자산을 보관하는 커스터디안 서비스와 이더리움의 블록체인에서 제공되는 많은 수의 스마트 계약, 애플리케이션, 암호자산을 쉽게 검색할 수 있는 모바일 앱(Toshi, 토시[392])을 제공한다. 그리고 페이팔 등 모바일 지급결제 회사에 코인으로 지급할 수 있는 연동 서비스를 제공, 투자뿐만 아니라 암호화폐가 지불 수단[393]으로 쓰일 수 있도록 한다.

우리는 코인베이스가 암호화폐 거래에서 출발, 많은 연관 서비스로 사업을 확장하는 과정을 통해 새로운 금융 산업의 놀라운 성장과 확장 진화를 보고 있다. 이러한 성공에는 금융 산업 본산인 미국 뉴욕주의 발 빠른 지원도 한몫하고 있다. 뉴욕주 금융국은 암호화폐 거래·보관 관련 사업 인가 비트라이선스 제도를 통해 암호화폐 거래소를 금융 규제 틀 속으로 포함시켰다. 영국 런던도 유사한 제도를 운영한다. 이를 통해 암호화폐 거래소가 금융 기관으로서 신뢰를 확보하고 감독이 가능해져서 소비자 신뢰를 확보한 것이다.

반면에 대한민국 거래소는 일반 통신판매업자 상태로 방치되고 있다. 크립토 밸리를 만드니 블록체인 전문 인력을 양성하니 하는 뜬구름 잡는 이야기만 하면서 정작 암호화폐를 금융 제도권으로 연착륙시키는 일에는 어느 부서도 선뜻 나서지 않는 코인 공포증에 사로잡혀 있기 때문이다.

거래소의 설립 절차

영세 사업자나 기업이 거래소 신규 설립에 앞다퉈 발을 들이는 이유는 수수료 수익 때문이다. 가상화폐 거래소는 거래액의 0.05~0.15%를 수수료로 받는다.[394] 이는 증권사가 주식 거래마다 떼는 수수료보다 10~30배 많은 수준이다. 특히, 초기 개발이나 투자에 드는 비용이 많지 않아 그동안 쌓아온 기술을 활용해 비교적 쉽게 시장에 진출할 수 있다. 시스템통합(SI) 업체 입장에서는 거래소 수익 모델이 매력적으로 다가올 수밖에 없다. 한국블록체인협회 준비위원회가 2017년 말 국내 가상화폐 거래소를 운영하려면 자기자본 20억 원 이상을 보유해야 한다는 자율규제안을 내놓았지만 이에 대한 강제성은 없다. 현재 국내 가상화폐 거래소 설립은 신고제라 관할 구청 등 지방자치단체에 수수료 4만 원을 내고 사업자등록증 등 서류를 제출해 통신판매업자로 등록하면 된다. 사실상 특별한 요건 없이 누구나 거래소를 설립할 수 있는 셈이다.

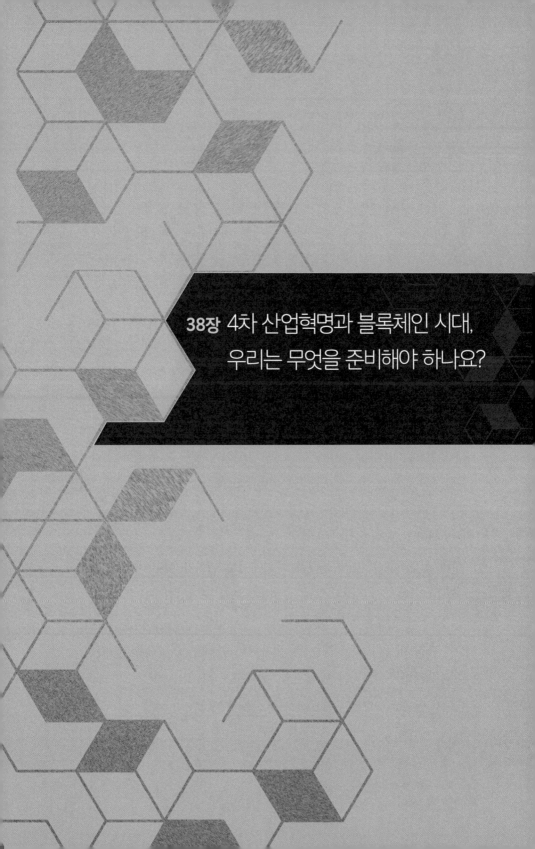

38장 4차 산업혁명과 블록체인 시대,

우리는 무엇을 준비해야 하나요?

4차 산업혁명(4IR, The Fourth Industrial Revolution)은 정보통신기술 (ICT)의 융합으로 이루어낸 혁명 시대를 의미한다. 핵심은 인공지능, 로봇공학, 사물 인터넷, 무인 운송 수단(무인 항공기, 무인 자동차), 3D 인쇄, 나노 기술과 같은 6대 분야에서의 새로운 기술 혁신이다.[395]

4차 산업 시대에는 모든 것이 연결되고 더욱 지능적인 사회로 진화 하게 된다. 4차 산업의 핵심은 Connected World이다. IoT, 스마트카, 스마트 시티, 웨어러블 기기 등이 연결의 주요 도구가 될 것이다. 데이 터 중심의 의사결정(Data-Centered Decision Making)이 이루어질 것이 다. 여기에 빅데이터가 중요 역할을 할 것이다. 프로그래밍이 가능한 사회(Programmable Control)가 가능할 수 있게 해주는 원동력은 인공 지능, 3D 인쇄, 로봇, 스마트카 등이다. Shared Economy의 대표기업 은 우버(Uber), 에어비앤비 등을 들 수 있고, 고객맞춤형(Customization) 서비스가 주요 키워드가 될 것이다.

4차 산업혁명에 따라 플랫폼 차원에서도 변화가 이루어지고 있다. 과거 우리 사회 인프라와 규제는 전통적으로 중앙집권적인 특징을 가 졌으며 비암호화된 hub and spoke 데이터베이스 구조[396]를 가지고 있어 관리 비용이 많이 들고 종종 사이버 공격에 노출되기도 해왔다. 이를 해결하기 위한 한 방법으로 분산구조로 시스템[397]으로 전환할 필요가 있고, 그 핵심은 암호화와 분산장부[398]이다.

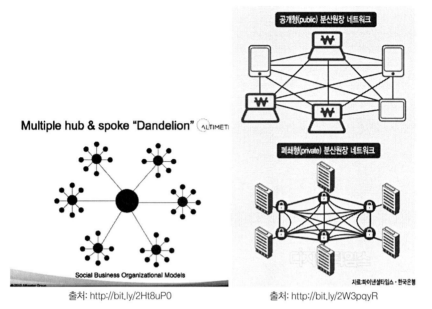

Multiple hub & spoke "Dandelion" ⟨ALTIMETE

Social Business Organizational Models

출처: http://bit.ly/2Ht8uP0

공개형(public) 분산원장 네트워크

폐쇄형(private) 분산원장 네트워크

자료:파이낸셜타임스·한국은행

출처: http://bit.ly/2W3pqyR

블록체인은 4차 산업혁명의 인프라이다. 블록체인(blockchain)은 탈중앙화, 보안성, 투명성의 특징을 갖고 있다. 4차 산업혁명의 신성장 산업을 발전시키는 데 있어 신뢰성을 강화하고 효율성을 제공하는 기반 기술로 블록체인은 4차 산업혁명의 바탕이 되는 기술이라 할 수 있다.

블록체인은 기술적으로 공개키 알고리즘과 해시(Hash) 암호화 기술, 분산처리구조에 따른 저비용을 무기로 현재의 중앙집중식 원장 구조를 분산 원장 구조(Distributed Ledger)로 대체 가능하게 한다. 블록체인 기술은 지급결제 중계시스템에 가장 위협적인데, 그 이유는 금융회사나 제3자(trusted third party, TTP)의 개입 없이도 인터넷만 가능하다면 당사자 간 P2P 금융거래가 가능하기 때문이다.

블록체인에 대비하는 우리의 자세는 과연 어떠해야 할까? 정부는 블록체인에 대한 관심과 다양한 실험이 지속적으로 발생할 수 있도록 환경을 조성하는 역할을 적극적으로 해야 한다. 과기부, 금융위 등 관련 부처들뿐만 아니라 산·학·연이 함께 참여하여 금융 분야 컨소시엄을 구성해 블록체인으로 구현하기에 적합한 금융거래를 발굴하고, 이를 참여기관 공동으로 구현하는 '블록체인 테스트베드(test bed)'를 구상할 필요가 있다. 우리에게 필요한 규제체계가 무엇인지, 또 어떤 방식으로 규제하는 것이 합리적일지에 대한 해답도 찾아야만 한다. 금융업계의 실험과정에서 제기되는 다양한 법률적 이슈들은 규제당국에 즉각 전달되고, 당국은 이러한 이슈들을 신속히 검토하여 시장의 불확실성을 줄여주는 역할을 충실히 해야 한다. 규제당국은 기술의 발달에 따라 새롭게 등장하는 분야에 대해서 기존 규제와 충돌하는 부분이 무엇인지, 또 새로 도입해야 할 규제는 무엇인지 파악해야 한다. 금융시스템의 안정성과 신뢰성을 확보하기 위한 규제(거시 건전성 규제), 금융기관의 건전성을 확보하기 위한 규제(미시 건전성 규제)와 소비자를 보호하고 시장경쟁을 촉진하기 위한 규제(영업행위 규제)로 크게 구분해 고려해야 한다. 현행 법체계 하에서 블록체인(비트코인)의 법률적 성격이 무엇인지는 명확하지 않다. 가상 화폐(비트코인 등)의 경우 그 순기능을 살리기 위해 소비자 보호와 자금세탁 방지 등의 관점에서 필요한 규제의 도입을 준비할 필요가 있다. 자금세탁, 테러자금지원 및 탈세 등의 수단으로 사용될 수 있고, 향후 사용량이 크게 늘어난다면 소비자 피해도 발생할 수 있다. 그러나 근래 IMF 보고서에서도 암호화폐가 국제적인 지급·결제에 사용될 경우 특히 유용성이 높고, 금융의 포용성(financial inclusion)을 높이는데도 기여할 것으로 보았다. 이러한 이유로 최근 몇몇 글로벌 금융회사들은 자사의 글로벌 망에서 구동이 가능한 자체 암호화폐를 개발하고 있다고 발표하였다. 최근 EU와 일본 등에서도 행정조치 또는 입법을 통해 암호화폐의 법적 성격을 정의하고, 거래소를 감독 대상에 포함시켜 이상거래에 대한 보고 의무를 부여하는 등의 조치를 도입하였다.

본질적인 이슈는 블록체인의 가능성을 여러 분야에서 타진하고 이를 기존체제에 접목시키는 작업의 어려움이다. 블록체인과 같이 획기적인 변화를 일거에 수용하기에는 저항이 클 것이다. 전례 없는 기술적 요인이 주도하고 있고 모든 인간과 사물이 연결되어 있는 환경이기 때문에 미래의 모습은 과거와 질적으로 다를 것이므로 사회구성원들의 공감대 형성이 필수적이나 시간이 걸릴 것이다. 우리나라는 워낙 중앙주도 및 관리방식의 배경을 가지고 있어 어느 정도까지 분산 시스템으로의 전환이 가능할지 모른다. 가시적이나 피상적인 성과에 치중할 경우 득보다 실이 커질 수 있다. 민간 스스로 다양한 연관을 만들 수 있도록 개방 생태계 차원의 접근에 주력해야 한다. 블록체인은 민간주체들의 주도, 그리고 정부를 포함한 기득권들의 포용적인 자세 등 다양한 요소들이 맞물려져야 비로소 우리 생활을 이롭게 하는 도구로 커나갈 수 있다.[399]

블록체인과 암호화폐의 핵심은 탈중앙화이며 스스로 만들어나갈 수 있는 프로그래밍 할 수 있는 경제(Programmable Economy)를 꿈꾼다. 왜 정부와 금융기관만이 신뢰를 가지고 화폐를 만들고 통제하는지에 대한 근본적인 질문을 던지며, 경제 주체로서 스스로 화폐를 발행하고 관리하고 책임지겠다는 것이다. 화폐는 하나의 예이고, 기존 경제체제에서는 없었던 새로운 경제 모델을 만들어 내는 것이 블록체인 기업이 하는 일이다. 이 모든 것이 중앙에 있는 누군가의 통제를 받는 것이 아니라 같은 생각을 가진 지지자들끼리 네트워크를 형성하고 그 안에서 만들어진 규칙을 알고리즘화해서 관리자의 개입 없이 운영된다. 통제에서 벗어나 특혜와 차별 없이 새로운 시도를 하는 것은 블록체인을 넘어 4차 산업혁명의 본질이다. 4차 산업혁명은 기존에 소수만이 독점하던 IT 기술이 대중화되어 누구나 이를 활용해 자신의 생각을 현실화하는 것이다.

새로운 경기 파동의 기반이 되는 기술을 범용 기술(GPT, General Purpose Technology)이라 부르는데, 범용기술은 포괄적인 단일 원천 기술을 기반으로 장기간에 걸쳐 폭넓게 '확산(Pervasiveness)'되고, 기술적 진화와 '개선(improvement)'을 이루어낸다. 또한, 범용기술이란 경제 사회의 '혁신을 촉진(innovation Spawing)'하는 기술로서, '제품, 프로세스, 조직'에 대한 창조적 변화를 가져온다[400]. 블록체인은 지능정보기술과 더불어 다양한 인더스트리에서의 혁신과 생산성을 향상시킬 수 있는 '범용기술'이자 혁신을 촉진하는 인에이블러 기술(Enabler Technology)이다. 초지능 사회의 핵심은 데이터와 기계 학습(Machine Learning), 그리고 알고리즘이 뛰어난 성능의 기계 학습모델을 만들기 위해서는 수많은 데이터가 지속적으로 공급되어야 한다. 그러나 데이터 진본성(Authenticity)과 보안, 프라이버시에 대한 우려로 연결과 공유가 제한되면 기계 학습의 성능도 개선될 수 없다. 블록체인의 기술로 투명하고 안전한 데이터 공유 환경을 지원하고 분석, 학습할 수 있는 환경이 갖춰져야 모집단의 확대로 금융, 건강, 리테일 산업에서의 맞춤형 컨시어즈 서비스들이 폭발적으로 성장한다. 4차 산업혁명은 개별 기술의 집합이 아니라, 지능기술과 신뢰기술이 만들어가는 새로운 혁신 시스템이다. 그리고 이 기술은 하나의 범용기술로서 소수의 기업과 집단을 위한 특수목적 기술이 아니라 인더스트리 가치사슬 전반의 혁신에 기여하는 '사회적 커먼즈(Social Commons)'로서 지속적으로 진화할 것이다.[401]

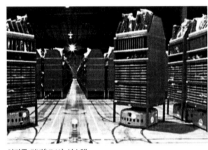 

아마존 키바(KIVA) 시스템   벡스터(Baxter)

출처: 4차 산업혁명에 따른 일자리의 변화, 홍성민(과학기술정책연구원 인재정책연구단장), Entrepreneurship Korea, 2017, Vol.5

　　우리는 변화할 노동시장에 발맞춰 준비해야 한다.[402] 인공지능이 인간보다 우수하게 활용될 수 없는 지점인 통찰력이나 창의력, 직관력, 예술적 감각, 소통 능력, 의미 부여, 이야기 전개 등이 활용될 수 있는 일자리 영역에 대한 경쟁력을 갖출 수 있도록 해야 한다. 4차 산업혁명과 관련되어 새롭게 생성될 수 있는 새로운 일자리에 대비할 수 있어야 한다. 기업은 일과 학습 병행제를 적극 고려하고, 국가는 블록체인 국가직무능력표준(NCS) 모듈을 개발하여 직무 역량을 강화할 수 있도록 하는 것은 곧 미래를 준비하는 일이 될 것이다. 블록체인은 4차 산업혁명의 바탕을 이루는 핵심 기술이다. 개인들은 자신만의 고유 역량을 갖추고 프리랜서(Freelancer) 시대[403]를 준비해야 한다. 이제는 기업이 특정 인간 전체를 고용하는 일자리(job)의 개념에서 특정의 일(work)에 대한 서비스만을 계약하는 시대이다. 즉, 정보통신기술의 발달과 더불어 늘어나고 있는 프리랜서(Freelancer) 활동이 주된 노동계약 형태가 될 가능성이 크다. 그러기에 자기가 핵심적으로 잘할 수 있는 분야를 개발하고, 그 분야에서만큼은 세계 최고를 자랑할 수 있도록 준비해야 한다. 즉 기업가 정신을 갖추고 자생할 수 있는 각자의 역량을 갖추어 나가야 한다.

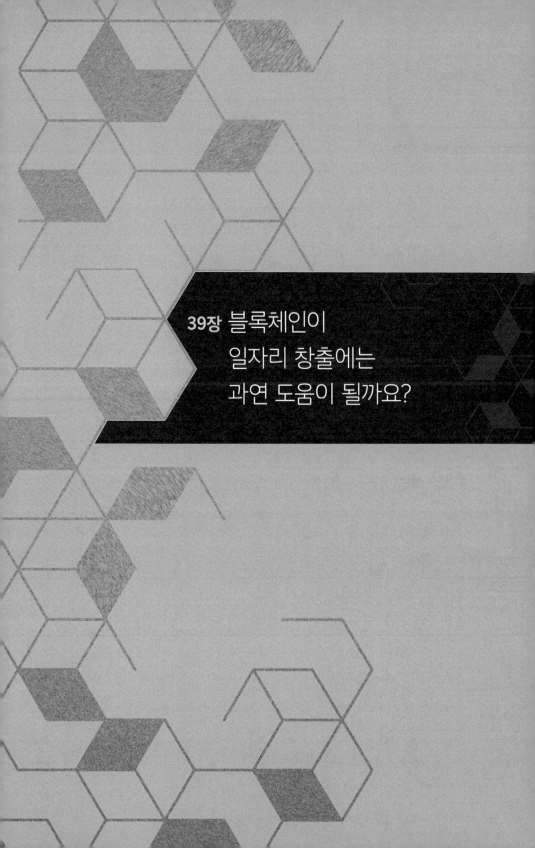

39장 블록체인이
일자리 창출에는
과연 도움이 될까요?

블록체인은 글로벌 비즈니스, 규제로 막으면 한국만 손실404이라는 기사가 한국경제신문에 2018년 10월 11일 자에 크게 났다. 블록체인 산업이 2026년까지 최대 170만 개의 일자리를 만들 저력이 있지만 정부 금지 기조에 고사하고 있다는 지적이 제기됐다. 2018년 10월 8일 국회에서 열린 '대한민국의 새로운 기회, 블록체인 - ABC 코리아' 세미나에서다. ABC란 인공지능(AI) 블록체인(Blockchain) 콘텐츠(Contents) 산업을 지칭한다. 이 연구는 한국블록체인협회가 '카이스트(KAIST)' 경영대학 이병태 교수팀에게 의뢰해 블록체인 및 암호화폐(가상화폐) 산업의 고용효과를 분석한 결과이기도 하다. 이 교수팀은 먼저 블록체인 산업 분야의 고용현황을 조사했다. 18년 6월 말 기준으로 ICO 및 블록체인 연관기업에 7,900명이 고용돼 있고 암호화폐 거래소에 2,200명이 고용돼 총 1만 100개의 일자리가 생긴 것으로 나타났다.405

이병철 KAIST(한국과학기술원) 교수는 시나리오 플래닝 기법으로 블록체인 산업이 활성화될 경우 고용 영향을 분석한 결과 막대한 일자리 창출 능력을 지녔다는 결론이 나왔다고 소개했다. 이 교수의 분석에 따르면 현재 국내 블록체인 산업의 고용 효과는 7,900명 수준. 분석에서는 정부 규제와 산업의 연간 기대 성장률(CAGR) 등을 상황별로 구분했다. 현재 고용현황을 기준점으로 삼아 **시장성장 가능성, 정부 정책**(규제 vs. 지원)에 따라 블록체인 산업의 신규 고용효과가 어떻게 변화하는지를 분석했다. 9곳의 대표적인 글로벌 시장분석 전문기관의 블록체인 산업 성장률 중 가장 보수적인 전망은 그랜드 뷰 리서치(Grand View Reearch. 2016)의 37.2%, 가장 낙관적인 전망은 마켓 앤 마켓(Markets and Markets. 2018)의 79.6%였다.

가장 보수적인 성장률 37.2%일 경우 현재와 같은 정부규제가 지속되면 신규일자리는 35,800개 증가하지만 정책지원(ICO 허용 및 거래소 육성) 상황에서는 59,600개 증가할 것으로 분석되었다. 가장 낙관적인 성장률 79.6%에서는 정부규제 시 10만 5,086개, 정책지원 시 17만 5,837개 증가로 나타났다. 두 경우 모두 정부규제가 지원으로 바뀌면 신규일자리 규모는 1.7배 늘어나는 것으로 전망되었다. 이병태 교수는 "지난 10월 대통령 직속 일자리위원회가 발표한 신산업 분야에서의 일자리 목표인 9만 2천 개와 비교하면 블록체인 산업은 최대 17만 5천 개의 일자리가 생겨나 거의 2배에 달하는 고용효과를 창출할 수 있다."라며 정부정책의 전환 필요성을 언급했다. 이 교수는 "일자리 만족도, 임금 등 블록체인 산업은 고용의 질도 높은 것으로 나타났다."라고 평가했다. 이어 "산업에서 본질적·기술적 패러다임 변화가 나타날 때는 후발 국가가 선도 국가를 앞지를 수 있는데, 우리 정부의 혁신성 부족으로 기회를 놓치고 있다."라고 지적했다. 정부의 금지 및 방치 기조로 국내 블록체인 업계는 큰 어려움을 겪고 있다. 이 교수는 "블록체인과 암호화폐를 분리한다는 것은 산업의 특성상 현실적으로 불가능하지만 암호화폐 없는 프라이빗 영역만 육성할 경우 신규 일자리 창출은 극히 제한적일 수밖에 없다."라고 전했다. 이번 연구는 실증 데이터에 입각한 분석연구라는 점에서 의의가 크다.

암호화폐 거래소 업비트를 운영하는 두나무의 이석우 대표는 중소벤처기업부가 거래소를 벤처 업종에서 제외한 것을 두고 "암호화폐 거래소가 졸지에 룸살롱·카지노와 같은 반열에 서게 됐다. 회사 이름이나 정관에 블록체인이 담겨있으면 해외 송금조차 금지된 상태"라고 하소연했다. 사기성 암호화폐 프로젝트(스캠)를 걸러내고 불법 자금세탁을 막는 등 자체적으로 소비자 보호 노력을 기울이고 있으나 정부의 부정적 견해 탓에 해외 서비스 파트너에게 지급해야 할 대금조차 지급하지 못하는가 하면 해외 지사 설립을 위한 자금 사용까지 막혀 있다는 것이다.

고우균 메디블록 공동대표도 "해외에서 벌어들인 돈을 국내로 들여오는 경우에도 송금 제한에 걸려 자금 운영에 어려움을 겪었다."라면서 "지난해 국내 최대 규모 병원과의 연구계약 체결을 앞두고 정부가 갑자기 암호화폐 공개(ICO) 금지를 발표한 탓에 무산되기도 했다. 정부의 부정적 시선이 기업활동에 큰 제약"이라고 털어놓았다.

김서준 해시드 대표는 정부 규제가 한국의 발목을 잡는 결과만 낳을 것으로 우려했다. 김 대표는 "블록체인은 국경을 뛰어넘은 글로벌 사업이다. 한국에서만 법률과 제도로 막으면 해외에서 사업이 이뤄져 결과적으로 한국의 손해로 되돌아올 것"이라고 지적했다. 또 "구글·페이스북 등의 대표는 중국이나 일본은 방문해도 한국엔 오지 않는다. 반면 세계적인 블록체인 프로젝트들은 한국을 꾸준히 방문하고 있다."라고 말했다. 그만큼 한국에 기회가 열려있다는 뜻이다. 그는 "한국의 높은 위상을 유지하고 최대한 활용해 앞서나가려면 정부의 명확한 규제가 필요하다. 엄격한 규제가 존재하는 싱가포르가 블록체인 허브로

자리매김한 것은 확실한 가이드라인이 있었기 때문임을 명심해야 한다.”라고 당부했다.

　민위원장은 “외국의 경우 다양한 성격을 지닌 암호화폐의 개념을 규정하고 산업의 성장을 보면서 규제를 적용한다.”라며 “업계에서도 규제의 필요성을 이해하고 원하고 있는 만큼 어떤 규제가 되어야 하는지 이젠 함께 고민하는 과정이 필요하다.”라고 강조했다. 앞으로 실질적으로 블록체인 개발자들과 홍보 마케팅 인원들이 많이 필요로 할 것이다. 아니 이미 블록체인 기업들은 많은 인력을 채용해왔고 계속해서 채용해 나갈 계획에 있다.[406] 블록체인 산업은 이미 상당한 양질의 일자리를 창출하고 있다. 아이콘루프, 글로스퍼, 블로코, 코인플러그 등 국내 주요 블록체인 기술기업의 인력 규모 변화를 조사한 결과, 모두 지난해 12월과 비교해 현재 2~4배 가량 늘어난 것으로 확인됐다. 아이콘루프의 인력 규모는 지난해 12월 22명이었다가 올해 진행한 세 차례 공개채용을 통해 현재 103명까지 늘었다. 368% 증가한 것이다. 이 기간 대학을 갓 졸업한 신입 사원도 15명 채용했다. 글로스퍼의 경우도 2017년 30명에서 2018년 90명으로 인력이 늘었다. 블로코도 33명에서 83명으로 늘어났다. 채용은 개발인력부터 서비스를 활성화 시키기 위해 필요한 서비스 기획, 사업을 추진하기 위한 비즈니스 기획 분야 등 전 직군에서 이뤄졌다.

　블록체인 산업의 또 다른 큰 축인 암호화폐 거래소도 인력확보에 적극적이다. 한국블록체인협회가 2017년 6월과 2018년 6월 기준으로 국내 암호화폐 거래소 협회사를 대상으로 인력 현황을 조사한 결과 최대 9배까지 채용을 늘린 곳도 있는 것으로 나타났다.[407] 지난해 6월 인력 규모 8명이었던 G사는 올해 6월 67명으로 838% 인력을 늘렸다. 이외에도 J사는 22명에서 101명으로(459% 증가), I사는 21명에서 84명으로(400% 증가) 임직원이 크게 늘어났다. 조사 대상에 포함된 16개 업체를 모두 합치면 481명에서 1천136명으로 236% 성장을 보였다.

해외 고용 현황을 보더라도 비슷하게 블록체인 시장의 인력에 대한 수요가 계속 늘어나고 있음을 알 수 있다. 채용 사이트 '글래스도어(Glassdoor)'가 실시한 조사 결과, 올해 암호화폐 및 블록체인 관련 취업 기회가 큰 폭으로 증가했다고 한다.[408] 글래스도어는 '블록체인', '비트코인', '암호화폐' 등 일반적인 블록체인·암호화폐 키워드가 포함된 미국 온라인 채용공고를 조사 분석했다. 보고서에 따르면, 구인 대행업체 건을 제외하고 1,175건의 관련 채용공고가 확인됐다. 작년 비슷한 시기에 조사된 446건보다 300% 증가한 수치다. 구인 활동은 뉴욕(24%), 샌프란시스코(21%), 산호세(6%), 시카고(5%), 시애틀(4%)을 포함한 15개 도시에 집중돼 있었다. 해당 15개 도시가 블록체인·암호화폐 직종의 79%를 차지했다. 가장 수요가 높은 직종은 기술·엔지니어링 부문으로 소프트웨어 엔지니어가 19%로 가장 높은 비율을 점했다. 엔지니어링, 기술, 과학 부문을 합치면 약 55%에 달했다. 주요 구인업체는 블록체인 소프트웨어 업체 컨센시스(ConsenSys)와 IBM으로, 각각 200건의 구직을 진행하고 있었다. IBM은 지난 8월 프랑스 지사 블록체인 부문 확대로 인력 충원 소식을 전한 바 있다. 코인베이스, 크라켄, 오라클, 핀테크 기업 피겨(Figure), 액센추어, KPMG도 주요 구인 기업으로 올랐다. 반면, 페이스북, 구글, 애플은 관련 채용 활동이 없었다. 글래스도어는 자체 툴을 사용해 블록체인 분야의 연봉 중간값을 산출한 결과, 84,884달러(한화 9,600만 원)로 미국의 종합 연봉 중간 값 52,416달러보다 61.8% 높게 나타났다. 연봉은 36,046달러(한화 약 4,000만 원)부터 223,667달러(한화 약 2억 5,000만 원)까지 다양했다. 지난 8월, 호주, 인도, 싱가포르, 말레이시아 등 아시아 시장의 암호화폐·블록체인 시장 직군이 50% 상승했다. 가장 선호되는 직무 능력으로 파이썬 프로그래밍 언어 활용이 꼽혔다.

40장 블록체인이 세상을(국경을) 어떻게 변화시켜 갈까요?

　블록체인은 세상을 어떻게 바꿀 것인가? A가 B와 거래할 때 기존에는 은행 등의 중개기관이 그 중개를 대신했다. 블록체인에서는 컴퓨터가 그 중개를 대신한다. 스마트 콘트랙트는 A와 B 사이에 일정 조건이 충족되면 A와 B의 거래를 실행하도록 규약을 만들어 놓는 것을 의미한다. 서로 믿지 못하는 A와 B는 스마트 콘트랙트가 있으면 안심할 수 있다. 스마트 콘트랙트는 모든 참가자에게 똑같은 장부를 나누어 주기 때문에 컴퓨터 한두 대 해킹한다고 조작이 불가능하다. 분산효과로 계약을 단단하게 묶었다고 하여 블록체인이라고 한다.

　블록체인은 왜 비트코인 같은 암호화폐로 시작했을까? 중앙집중화된 기존 시스템과 직접 경쟁하기 위해서이다. 암호화폐로 실생활에서 물건을 구입하고 결재할 수 있으면 정말로 기존 화폐를 대체할 수 있으니 말이다. 진짜 돈이 되고 금융을 움직이니까 다들 블록체인을 눈여겨보고 있다.

예를 들어 우버(Uber)는 중앙집중화된 카셰어링 시스템이다. 카셰어링(Car Sharing) 시장에선 거의 독점적인 지위를 누리고 있다. 그런데 가령 WePeed Car Sharing 서비스에서 운전자나 승객들에게 WePeed Coin을 나누어주고 사용하게 한다면, 또한 그 코인은 수량이 한정되어 있어 시간이 갈 수록 공급량 제한으로 가치가 올라간다면 점차 사람들은 우버에서 WePeed Car Sharing 서비스로 옮기게 될 것이다. 블록체인과 암호화폐는 동전의 양면처럼 뗄 수 없는 관계이다. 블록체인은 암호화폐라는 기반 위에서 가장 잘 작동한다.

블록체인은 우리 삶에 어떤 변화를 가져올까?[409]

공급자와 소비자의 직접 거래

생산자와 소비자가 직거래할 수 있는 길이 많아진다. 농산물도 직접 산지에서 사 먹게 될 것이다. 중고차 시장도 더욱 투명해질 것이다. 팝 아티스트들도 직접 팬들에게 음원들을 판매할 수 있게 된다. 정부, 지자체, 법률서비스, 금융기관, 유통기관, 대행업체 등등 중간에 길을 막고 수수료를 받는 모든 업종은 긴장을 해야 할 것이다.

국경 없는 암호화폐

해외 송금이나 환전이 편해진다. 지금 해외에 송금하려면 은행에 가서 수수료를 내야 한다. 웨스턴 유니온 같은 경우에는 100달러를 송금하면 수수료를 10달러나 떼어간다. 블록체인 세상에선 수수료가 거의 없고 또 빠르다.[410] 현재 비트코인 송금 수수료는 0.01달러에 불과하다. 또 암호화폐는 전 세계에서 통용되므로 환전도 필요 없다. 환율이 불안정한 나라에서는 엄청 이익이다.

탈중앙화된 기업의 등장

새로운 형태의 기업이 등장하게 된다. 누구나 조직원이 될 수 있는 탈중앙화 조직이 탄생한다. 임원 없이 조직원만으로 회사 운영이 가능해진다. 누구나 익명으로 조직원이 될 수 있고, 조직원들의 다수 결정에 의해 경영 판단을 내리고 수익도 분배한다. 주식회사와 전혀 다른 형태의 기업이 등장하는 것이다.

직접 민주주의 실현

선거 때마다 내 표가 제대로 집계되었는지 불안해할 필요가 없다. 블록체인으로 집계 확인이 바로 가능하고 투표 이력도 영구 보존된다. 비용도 덜 들기 때문에 국민투표 회수를 늘릴 수도 있다.

하나의 아이디로 모든 웹사이트 이용

로그인이 간편해진다. 우리는 누구나 까먹는 아이디와 비번 때문에 귀찮았던 경험이 있을 것이다. 블록체인 세상에선 모든 웹사이트를 하나의 아이디로 이용할 수 있다. 현재 공인인증서 없는 지문인증, 앱카드를 이용한 인증방식은 낮은 단계의 블록체인 로그인 운영사례이다.

투명한 기부

사람들은 자신이 기부한 돈이 제대로 쓰이지 않을까 불안해한다. 블록체인을 이용하면 내가 기부한 암호화폐가 이동할 때마다 거래내역이 남아서 투명한 기부문화가 정착될 것이다.

그럼 이처럼 많은 변화를 가져올 블록체인은 완벽한 시스템일까? 블록체인에는 해결해야 할 과제들이 많다. 그중 몇 가지를 살펴보자.

블록체인의 한계점

- 암호화폐가 투기의 장으로 변질되었다. 암호화폐는 블록체인 대중화를 위해 꼭 필요하지만 지금은 투기화돼 제대로 기능하지 못하고 있다. 적절한 규제로 관리될 필요가 있다.
- 분산화에 대한 우려이다. 중앙집중화 시스템과 달리 분산화 시스템에는 리더 즉, 책임자가 없다. 자칫하다간 우왕좌왕하면서 사회 전반에 혼란만 가중될 수도 있다.
- 프라이버시 문제이다. 블록체인은 해킹이나 조작이 불가능하다. 한 번 기록되면 평생 남게 되는 시스템이다. 인간은 24시간 감시체계 속에 갇히게 될 수 있다.

- 데이터화할 수 없는 정보 문제이다. 가령 딸기 원산지 추적에 블록체인 기술을 도입한다고 해보자. 딸기의 개수, 원산지, 이동 경로 등 디지털화된 데이터는 투명하게 관리되겠지만 실제로 딸기가 싱싱한지, 썩었는지 등 주관적인 정보는 데이터에 기록되지 않기 때문에 정보 불일치 문제가 발생할 수 있다.

블록체인은 만능 해결사는 아니다. 당장 암호화폐 투기로 인한 부작용도 나타나고 있다. 하지만 더 투명하고 탈중앙화된 사회를 만들어갈 기술로 주목받고 있는 것은 분명하다. 과연 앞으로 블록체인 세상이 만들어 갈 세상은 어떤 세상일까? 블록체인이 불러올 새로운 경제 질서가 궁금해진다.

블록체인은 개인 간 경제거래, 화폐거래, 모든 종류의 자산거래, 심지어 개인의 속성(attribute)의 거래까지 중개인 없이도 거래의 신뢰를 전자적으로 확보해 주는 기술이다.[411] 블록체인은 거래비용을 획기적으로 낮추어 모든 가치 거래를 활성화시킨다. 직접 거래 활성화로 가치생산자에게 대가가 더 배당되도록 하여 경제적 불평등을 줄이는 데 기여가 가능하다. 블록체인 기반 분산형 경제시스템은 현행 플랫폼 기반 경제시스템과 효율성 및 구성원의 참여 인센티브를 두고 치열하게 경쟁할 것이다. 두 시스템을 결합한 경제시스템이 구성원들의 더 많은 참여에 기반, 미래의 주축 경제시스템으로 자리할 것이다.

세계사를 보면 언제나 '정보 전달'이 사회 구조 혁명을 일으켰다. 인류의 역사는 정보 전달의 역사라고도 할 수 있다. 인쇄 기술의 발명은 정보 전달의 범위를 확장하였으며, 1990년대에는 인터넷이 발달하며 범위 확장이 가속화되었다. 블록체인은 '가치'를 전달할 수 있다는 점에서 대단하다. 앞으로는 비트코인 같은 화폐가 갖는 경제가치는 물론이고 주식, 부동산 등기, 공유사업 육성에 꼭 필요한 집이나 자동차의 사용권, 저작권으로 대표되는 지식재산권까지 다양한 가치의 전달이 가능해질 것이다. 비트코인은 화폐공급량의 상한이 미리 정해져 있고, 중앙은행(관리자)의 정책에 따라 가치가 좌우되지 않는 구조로 이루어진 것이다. 블록체인은 일련의 규칙(프로토콜)에 따라 움직인다.

블록체인은 미래사회를 바꿀 파괴적 기술이다. 블록체인은 무엇을 어떻게 혁신하고 우리 사회경제에 어떤 영향을 미칠 것인가? 블록체인의 비즈니스 모델은 무엇인가? 기본적으로 블록체인은 '혁신 인프라(Innovation Infra)' 기술이다. 블록체인은 다른 모든 네트워크 기반 기술에서 신뢰를 제공하는 '인프라 기술'이라는 점에서 무엇보다도 중요한 기술로 강조된다. 즉 블록체인은 기업의 혁신을 이끌고 기업과 시장의 가치사슬을 바꾸는 인프라기술이다. 블록체인은 사회경제 및 정치적 메커니즘에서 새로운 제도와 시스템을 기획하고 운영할 수 있게 하는 인프라 기술로서 이해되어야 한다.[412] 티모시 브레스나한(Timothy Bresnahan)과 마누엘 트라이텐베르그(Manuel Trajtenberg) 교수의 연구에 따르면 범용기술은 세 가지 특징을 가진다. 확산성(pervasiveness), 개선성(Improvement), 혁신 촉진성(innovation Spawning)이다. 범용기술은 세계 경제 성장에 모태가 된다. 개인의 생활 방식뿐만 아니라 기업의 비즈니스 방식에도 큰 변화를 일으키는 근본적인 기술이다.[413]

블록체인은 사회를 어떻게 변화시킬까?[414]

안심하고 이용할 수 있는 공적 서비스의 실현

에스토니아는 블록체인 기술을 활용한 전자정부화로 과감하게 정부 업무의 효율화를 추진했다. 세금 징수의 효율성을 보면 에스토니아는 압도적으로 높은 수준이다.[415] 의료나 부동산 등 다양한 분야에서 개인정보가 디지털화되어 기록되고, 허가된 개인이나 기업 등이 이 데이터를 활용할 수 있다. 이를 통해 민간 기업이나 의료 관계기관의 생산성이 높아지고 생활의 편의성도 향상되었다. 개인정보 보호 대책으로는, 허가되지 않은 타인이 개인의 디지털화된 익명 정보를 보면 그 사실을 바로 검출하여 데이터 이력으로 기록하고 굉장히 많은 벌점을 부과하도록 되어 있다. 안정된 정부가 존재하지 않아 사회 인프라가 충분히 정비되지 못한 개발도상국 사람들이나 중동 난민들에게도 블록체인 기반의 분산적이며 민주적인 사회 인프라를 제공할 수 있다면 사회적 약자에 대한 금융 서비스의 제공, 이른바 금융포용(Financial Inclusion) 등의 복리후생이 개선과 생활하는 과정에서의 여러 문제가 많이 해결될 수 있을 것으로 기대된다.

거래 이력 데이터를 활용한 새로운 비즈니스 기회

블록체인과 IoT가 결합하면 다른 업종 간 센서 데이터(검출한 분석에 적합한 데이터)를 활용, 이 정보를 바탕으로 한 스마트 계약의 자동제어와 안전 결제가 가능해질 것이다. 그러면 공급망과 물류의 효율화, 공유경제가 더 확대될 가능성이 있다. 가령 예를 들어, 세이프 셰어(영국)

가 보험을 제공하여 안심하고 공유 서비스를 이용할 수 있게 되면 카셰어링(자동차 공유)이나 홈셰어링(숙박 공유)이 더 확대될 수 있다.

금융 비즈니스 거래의 효율화

금융 비즈니스 측면에서도 무역금융, 증권 거래, 신디케이트론 등 여러 분야에서 거래의 효율화가 진행되면 금융기관의 시장 조작이 어려워지고, 효율화를 통해 얻은 정보를 활용한 새로운 금융 서비스가 시작될 수 있다. 보험 비즈니스도 블록체인의 발전과 함께 스마트 계약으로 보험금 지급을 자동화하는 등 새로운 서비스를 제공하는 기회가 확대될 수 있다.

미국의 중앙은행인 연방준비제도는 해외 송금, 무역금융, 증권 거래, 금융파생상품 거래 등의 분야에서 비용 감축과 신속성 보장 같은 잠재적인 사회적 이익이 크다고 보고 있다. 아직 개발단계인 기술이므로 결제 시스템의 신뢰성 확보에 충분히 주의를 기울이면서 지원한다는 입장을 확실히 하고 있다[라엘 브레이너드(Governor Lael Brainard) 연방준비제도이사회(FRB) 이사의 2016년 10월 7일 연설].[416]

2017년 4월부터 일본에서는 개정자금결제법에 따라 암호화폐는 불특정한 사람에게 대금을 지불하는 수단으로 사용할 수 있고 법정화폐와 상호 교환할 수 있으며 전자형태로 기록되어 이전이 가능한, 법적 화폐가 아닌 재산적 가치라는 위치를 가지게 되었다. 그리고 암호화폐 교환 서비스를 제공하는 사업자에게는 이용자 보호와 자금 세탁 대책의 관점에서 다양한 의무를 부과하여 안전하게 거래가 이루어지

도록 환경을 정비했다. 소비세를 폐지하여 취득비용을 줄였다.[417]

과연 암호화폐는 미래를 어떻게 변화시킬까? KBS 파노라마 '비트코인'을 다룬 내용에서는 현재 일반인들이 비트코인을 선뜻 사용하지 못하는 이유로 비트코인의 가격 변동성 즉 불안정한 가격 때문에 비트코인은 그저 투자의 수단일 뿐이라고 하였다. 그러나 암호화폐가 점점 더 우리 가까이 생활 속으로 파고들고 있다. https://coinatmradar.com에 의하면 비트코인을 ATM기에서 사고팔 수 있는 기기 장치가 2018년 12월 20일 현재 이미 미국이나 캐나다 등 전 세계 4,057군데에서 사용되고 있다. 2019년 1월 19일 현재 4,194개를 기록하고 있어 한 달 만에 137개가 증가한 것을 알 수 있다.

대한민국에서도 비트코인 ATM 기기에서 원화로 출금서비스를 시작한다고 블록체인 전문기업 코인플러그가 2018년 12월 20일 발표했다. 코인플러그는 자사 암호화폐 거래소(CPDAX)가 ATM 기기를 통해 원화 출금 서비스를 시작했다고 밝혔다.[418]

비트코인을 통하면 전 세계 모금을 더욱 쉽게 할 수 있다. 우크라이나 혁명 당시 비트코인 모금 시도 비트코인을 통해 전 세계는 기존 금융체계에서는 할 수 없는 일을 하였다. QR 코드만 있으면 전 세계를 상대로 모금을 할 수도 있다.

앞으로 블록체인을 기반으로 하여 우리 사회 많은 부분이 바뀌어 갈 것이다. 중요한 것은 얼마나 빨리 이러한 사실을 인지하고 준비해 나아가느냐 하는 것이다. 오늘 준비하지 않으면 내일은 뛰어야만 한다.

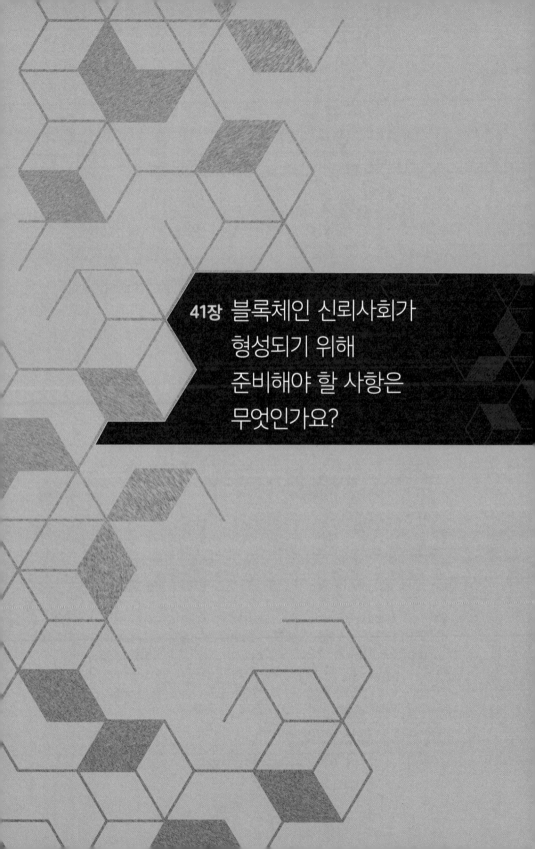

41장 블록체인 신뢰사회가
형성되기 위해
준비해야 할 사항은
무엇인가요?

결론부터 이야기하면 정부의 샌드박스 제도가 블록체인 분야에도 신속하게 도입이 되어야 한다.[419] 이와 더불어 실수를 허용하는 문화, 다시 말하면 심적 여유를 조금은 더 가지고 기다려 줄 수 있으면 좋지 않을까 생각해본다. 사용이 편리한 댑을 개발할 수 있는 인력들을 충분히 갖추어 가는 것도 중요한 과제 중의 하나이다.

□ 규제 샌드박스 개요

○ **(개요)** 현행 법·제도로 인해 사업시행이 어려운 ICT 新기술·서비스를 제한된 환경에서 규제 적용 없이 테스트하는 제도

  • 「정보통신 진흥 및 융합 활성화 등에 관한 특별법 개정안」 제36조의2 신설

○ **(제도구성)** 신청 - 규제특례 결정 - 실증관리 - 후속조치로 이루어짐

구분	내용
신청 및 규제특례 대상	사업자가 자유롭게 과기정통부에 신청하고, 신청한 실증관련 규제에 대해 한시적 특례
규제특례의 결정	과기정통부가 관계부처의 검토결과를 바탕으로 특례를 부여하는 실질적 관계부처 공동결정 구조
실증 관리 및 이용자보호	과기정통부와 관계부처의 공동관리, 이용자 보장하기 위해 보험가입 및 안전조치 등을 조건으로 부과
후속조치	관계부처는 샌드박스 결과를 참조하여 관련 법제도 정비 유무를 검토, 사업자는 법제도 정비가 완료된 이후 시장출시• 가능 • 샌드박스 이후 바로 시장출시가 가능한 것은 아님

□ 임시허가와 규제샌드박스 비교(개정안 기준)

구분	임시허가	규제 샌드박스
목적	○ 조기 시장 진출 지원	○ 실증 테스트
법적상황	○ 법령의 공백 • 허가등의 근거법령에 기준·규격·요건 등이 없거나 맞지 않는 경우	○ 법령상 허가 불가능 • 신청이나 법제도 적용이 불가능
유효기간	○ 2년, 1회 연장 가능	○ 2년 이하
유효기간 종료후	○ 유효기간내 법제도 정비의무 부과 • 본 허가 취득 후 시장 출시	○ 샌드박스 결과를 토대로 관련 법제도 정비여부 검토 • 법제도 정비완료 후 시장 출시 가능

백문이 불여일견이라고 했던가 실제 블록체인으로 구현된 댑(Dapp)을 사용해 보는 것도 그 한 가지 방법이 아닐까? 예를 들어, 스팀잇에서 글을 쓰고 소고기를 사 먹어 보자. 스팀잇에서 글을 쓰면 7일(168시간) 뒤 Payout이 된다. 보상 - 저자 보상에 들어가면 각 글로 SBD와 스팀파워가 얼마나 발생했는지 알 수 있다. 스팀파워는 파워다운을 해야 팔 수 있지만 스팀달러는 바로 팔 수 있다.

블록체인은 아직 미숙하지만 경제사회의 발전을 실현하는 잠재적인 가능성이 큰 기술이다. 블록체인 기술의 연구개발과 실용화를 위해서는 두 가지 인식이 필요하다.[420] 첫째, 잠재적인 가능성을 가진 새로운 기술은 그것을 적용하는 서비스 이용자가 '안심할 수 있고 사용하기 편리하며 이득이다'라고 느끼지 못한다면 신뢰를 얻지 못하고 결국 그 기술 효용성은 더 확대되지 못한다. 이 기술이 가진 '분산', '합의', '공유'을 특징으로 하는 개념에 대해 국민의 이해가 뒷받침되어야 한다.

둘째, 재화와 서비스의 가상화, 네트워크화가 진행되는 사회에서 거래 이력 정보의 관리 공유 기능을 가진 블록체인이 유형, 무형의 가치를 지키는 기술로 정의되고 있다. 블록체인은 IoT, 빅데이터 분석과 AI(인공지능) 활용 같은 정보기술을 사용하는 편의성이 뛰어난 사회, 이른바 소사이어티 5.0(초 스마트사회)을 실현하기 위한 하나의 중요한 기술이다.

정부는 앞으로 디지털 사회에 대한 비전을 제시하고 관민이 힘을 모아 과제 공유, 연구 개발을 추진해야 한다. 정부는 급속하게 진행되는 최첨단 정보기술 혁신에 대한 이해를 높이고 앞으로의 디지털 사회에 대한 명확한 비전을 제시하고 해결과제를 확실하게 진단하여 솔선해서 대책을 마련해야 한다. 영국에서는 정부 조직 중 하나인 과학청이 나서서 초기부터 관민 양방향으로 핀테크나 블록체인이라는 새로운 기술 발전이 가져올 미래사회의 비전, 기술과 보안 등 보급에 필요한 과제, 규제 방식 등을 정리한 보고서를 발표하고 기술 발전과 보급을 진행해오고 있다. 2014년 10월에 영국에서는 소비자 편의 향상과 경쟁 촉진을 위해 '프로젝트 이노베이트(Project Innovate)' 프로그램이 시작되었다.[421] 이른바 특구 안에서는 영국의 핀테크 기업이 실증실험을 할 수 있도록 만든 '규제 샌드박스(Regulatory Sandbox)'는 2016년 6월부터 도입되었다.[422]

일본에서는 2016년 경제산업성이 블록체인에 관한 보고서를 정리했다. 2017년 6월에는 일본 정부가 발표한 미래투자전략 2017에서 핀테크도 소사이어티 5.0 실현을 위한 전략[423] 분야 중 하나로 자리매김했다. 일본 총무성[424]은 2013년 6월에 '세계 최우선 IT 국가 창조 선언'[425]을 책정했고 2016년 12월에는 '관민데이터활용추진기본법'이 통과되어 시행되었다.[426] 정부는 '효율적인 정부의 실현', '편의성 높은 IoT 네트워크 사회 실현'을 위해 신기술 개발과 실용화를 포함한 디지털화를 추진해야 한다.

분야	목표		상세 계획
광물·에너지	· 해저 브로드밴드를 통한 해저 자원 조사의 고도화 및 효율화	단기	· 통신위성을 활용한 해저 브로드밴드 환경의 실현
		중장기	· 차세대 초고속 브로드밴드 통신 위성을 통한 최적의 자원 조사 환경 실현
물	· ICT를 활용한 종합 관리 시스템으로 수자원 이용을 최적화	단기	· ICT를 활용한 고도의 누수 감지 시스템 개발
		중장기	· 수자원 이용을 네트워크화한 수자원 스마트 그리드의 실현
식량(농업)	· ICT를 활용한 농업의 생산성 향상·고부가가치화 실현	단기	· 농업 생산성 향상을 위한 ICT 기술 활용
		중장기	· 생산, 유통, 소비까지 일원화된 밸류체인 구축을 통한 고부가가치화
사회 인프라	· ICT를 활용한 사회 인프라의 효율적인 유지 관리 실현	단기	· 정밀 조사 정보를 활용한 도로의 효율적인 유지관리 실현
		중장기	· 센서 기반 원격감시를 활용한 사전 유지 관리 시스템의 실현

〈표 2〉 초고령 사회의 ICT 활용 비전 및 활용 방안

비전	ICT 활용 방안
오랜 건강 유지와 자립적 생활	· ICT를 통한 건강 유지 및 예방 모델 확립 · 의료, 건강 분야의 데이터를 공유 및 활용하기 위한 의료 정보 인프라 정비 및 보급 · 물품 구매, 보안 등 생활 지원 서비스를 제공하는 ICT 기반 모델 개발
노년층의 의욕적인 사회 참여	· IT를 활용한 정보 습득 능력 향상을 위한 교육 및 정보 제공 · 재택근무, 텔레워킹 등 노년층을 위한 새로운 근무 형태 마련 · 신체 기능을 보완하거나 의사 소통을 지원하기 위한 로봇과 ICT 융합 기술 개발
초고령 사회를 위한 신산업 창출 및 글로벌 전개	· 오픈 이노베이션을 통해 실버 세대를 넘어 전 세대를 위한 스마트 플래티넘 산업군 창출 · ICT 시스템 표준화 및 해외 정부와의 공동 시범 사업 전개

출처: 일본 총무성의 ICT 전략 분석, NIPA, 정보통신산업진흥원, 해외 ICT R&D 정책동향(2013년 06호)

정부는 국제적인 관점에서 블록체인 기술을 이해하고 직접 도입, 검토해야 한다. 앞으로 본격적으로 시작될 디지털 사회에서는 관민 모두에게 방대하고도 다양한 업무의 효율화와 높은 신뢰성이 요구될 것이다. 이를 실현할 가능성을 가진 기술 중 하나가 바로 블록체인이다. 에스토니아 정부는 블록체인 기술을 활용하여 전자정부화를 실현하고

있다. 각 부처의 기존 데이터베이스를 인터넷으로 연결해서 비교적 저렴한 비용으로 데이터를 공유하고 상호 참조할 수 있게 만든 점, 민간 기업에도 개방적인 기간 시스템을 제공한다는 점 등은 참고할 가치가 있다. 에스토니아 정부는 IT 전략을 내걸고 국민의 IT 교육을 철저하게 시행 중이다. 사업화 면에서는 작은 사업으로 시작해서 과제를 해결해나가면서 크게 키우는 방법을 사용하고 있다.

정부는 민간 기업이 혁신을 추진하기 쉽도록 환경을 정비해야 한다. 일본에서는 암호화폐 거래소에 대해 2016년에 선진국과 같은 수준으로 자금 세탁 대응과 이용자 보호를 위한 법률 정비가 이루어졌다. 블록체인 기술뿐만 아니라 기존의 규제 적용이 불명확한 분야의 새로운 기술에 대해서는 정부가 이용자 보호와 위험 관리 등을 고려하면서 혁신을 위한 실험 공간 등을 지원하거나 혁신을 방해하지 않는 규제 수단을 마련해야 한다. 일본에서도 '미래투자전략 2017'에서 '규제 샌드박스' 창설을 결정했다.[427] 정부의 법령에 따른 규제보다 발 빠르게 대처할 수 있는 자율 규제나 유연한 가이드라인과 같은 소프트 로 (Soft law)의 도입을 검토해야 한다. 아래 그림은 규제 샌드박스가 필요한 이유를 설명한 그림이다.

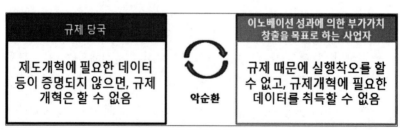

출처: 일본 국가전략인 「미래투자전략 2017」대응 정책과 시사점, 최해옥, 과학기술정책연구원

한·싱가포르에서 검토되고 있는 기능별 활동 기준의 규제로 나아갈 필요가 있다. 이용자가 안심하고 사용할 수 있도록 환경을 정비하고 결제 시스템의 신뢰성을 유지하면서 기술의 신뢰성을 향상하기 위한 관민 협력 체제를 구축해야 한다. 영국의 중앙은행인 잉글랜드 은행은 엑셀러레이터 프로그램을 직접 만들었다.

민간 기업은 시스템의 개방화, 표준화를 추진해야 한다. 블록체인과 같은 분산 시스템을 구축하려면 시스템의 개방화, 표준화 대응이 필수적이다. API를 공개하는 등 시스템의 개방화 표준화에 대한 대응도 필요하다. 국제표준화기구(ISO)에서는 '블록체인과 전자 분산 원장 기술에 관한 전문위원회'가 설립되어 논의가 진행되고 있다. 이 위원회에서는 블록체인 기반 시스템, 애플리케이션, 이용자 간 상호성과 데이터 교환에 관한 국제표준화가 논의될 예정이다. 오픈 이노베이션으로 이 기술이 다방면으로 확대되어 정보, 거래 네트워크가 정부와 기업 등 참가자 사이를 연결하고 세계적으로 뻗어 나간다면 더 높은 부가가치를 창출할 것이다. 기업은 업종에 상관없이 경영진에 기술계 인재를 배치하여 신속한 경영 판단이 이루어지도록 해야 한다. 또 기술과 비즈니스 양쪽 모두를 잘 아는 인재 육성과 적극적인 엔지니어 채용이 필수적일 것이다.

세상에는 하루에도 수없이 많은 좋은 제품이 출시된다. 기술의 우수성이 생존을 결정하는 것이 아니라 소비자의 채택률이 기술의 생존을 결정한다.[428] 탈중앙화된 블록체인은 프라이버시가 부족하다. 이는 블록체인이 완전히 보편화되는 데 큰 걸림돌이 될 것이다. 은행은 사기 사건으로부터 고객을 보호하고 지불을 추적해 손해를 방지하기 위해 노력한다. 블록체인 기반 시스템에서 거래를 되돌리는 것은 불가능하다. 최근에는 개인키를 안전하게 보관하기 위한 USB처럼 생긴 전용 하드웨어 지갑을 권장한다. 많은 사람이 제3자 중개인을 선택해 블록체인에 접근한다. 그들이 웹사이트에 로그인하기 위해서 사용하는 표준 비밀번호는 블록체인 기술의 핵심 혜택을 다 제거하는 것이다. 많은 이들이 자신의 잔액과 거래내역이 타인에게 공개되는 것을 싫어하므로 기존 시스템을 더 선호한다.

블록체인 네트워크에 대한 대중의 이해와 신뢰 제고는 블록체인이 주류 기술로 자리 잡는 데 중요한 전제조건이다. 일반인들이 블록체인 네트워크를 신뢰하고 거래를 편하게 느끼기까지는 오랜 시간이 걸릴 것이다. 블록체인 기반 시스템은 제3자 중개인을 대신하도록 설계되었다. 거래에 관련된 개인이 책임을 지고 통제해야 한다는 것이다. 네트워크 커뮤니티가 블록체인과 네트워크 미래 방향에 동의하고 결정해야 한다. 블록체인 네트워크는 탈중앙화되어 있기 때문에 네트워크 다수가 동의해야 변화가 가능하다. 비트코인 네트워크 안에서도 확장과 관련해 세그윗과 비트코인 언리미티드(Bitcoin Unlimited) 진영으로 갈라져 서로 다른 주장을 펼쳤다. 비트코인 네트워크를 정체하게 만드는 원인이 될지도 모른다. 느린 거래 속도와 확인 속도, 계속되는 확장성 이슈 등이 대표적이다. 이 때문에 탈중앙화 네트워크는 기업들이 사용하기에는 적절하지 않은 리스크를 내포하고 있다. 악의적인 사용자가 블록체인 네트워크에 있는 컴퓨터 중 50% 이상을 통제하는 것을 '51% 공격'이라 부른다. 대규모 마이닝 팜들이 협력해 자신들의 이익을 위해 블록체인 네트워크를 장악하고 조작할 수 있다는 사실을 간과해서는 안 된다. 현존하는 시스템에 비해 더 나은 기술이라 해도 꼭 사람들이 기존 방식을 버리고 새로운 방식을 채택하지는 않는다. 그러나 사용자가 여러 블록체인 기반 시스템을 관리하면서 개인키를 잃어버렸다고 가정한다면 이를 복구할 방법이 없다. 그래서 블록체인의 핵심적인 장점을 버려서라도 많은 사람은 개인키를 웹 지갑 혹은 유사한 소프트웨어를 통해 새로운 제3의 중개인에게 자신의 정보를 제공하는 아이러니한 상황이 벌어지고 있다.

좋은 기술을 넘어 사용하기 편한 기술로 성장해야 빠르게 주류가 될 수 있다. 퀸스랜드 대학(University of Queensland)의 존 퀴긴(John Quiggin) 교수의 계산에 따르면 블록체인 네트워크가 30분마다 사용하는 전기량이 평균적으로 미국 가정에서 1년 동안 사용하는 전기량과 동일하다. 전기 비용이 너무 높기 때문에 에너지 회사와 협상을 통해 가격을 내릴 수 있는 조직이거나 전기가 아주 저렴한 국가에서만 채굴 작업이 가능하다. 비트코인의 경우 10분마다 블록이 하나씩 추가되는데 각 블록이 약 2,000건의 거래를 포함한다. 이는 비트코인 네트워크가 1초에 약 세 개의 거래를 처리할 수 있다는 것을 의미한다. 블록 크기의 제한 때문에 비트코인 네트워크는 1초당 최대 일곱 개의 거래를 처리할 수 있다. 비자카드는 IBM과 함께 진행한 테스트를 통해 안정적인 거래 처리를 위해서는 초당 20,000건의 거래를 다룰 수 있는 네트워크가 필요하다고 결론 내렸다. 앞으로 기본적으로 이런 문제를 뛰어넘어야 일상생활 속에서 빈번하게 사용될 수 있을 것으로 보인다.

42장 블록체인 선두주자로서 자리매김하기 위해서는 무엇이 핵심 성공요소일까요?

이른바 강대국이란 다른 나라가 따라올 수 없는 전혀 새로운 제품과 참신한 서비스를 대량으로 생산해 낼 수 있는 나라이다, 세계적으로 앞선 기술과 과학 혁신을 배양하며 세계 문명의 방향을 인도할 위대한 사상과 이념을 추구하는 나라이다.[429] 즉, 강대국의 조건은 혁신적인 제품과 서비스, 과학 혁신, 그리고 사상문화 영역에서의 자신감이라고 할 수 있다.

블록체인이 가져올 변화의 본질은 한마디로 '정보의 민주화'이자 새로운 '거버넌스(Governance)'의 탄생이다. 전통적인 중개자 역할이 '하향감시(Surveillance)'라고 한다면 블록체인 기술은 일종의 '상향감시(Sousveilance)'이다. 데이터에서 플랫폼 권력이 나오듯이 권력의 분산은 데이터 권력의 분권을 수반하는 새로운 패러다임을 만든다. 블록체인은 궁극적으로 '프로그래머블 경제(Programmable Economy)'를 꿈꾼다. 디지털 비즈니스의 최종적인 목적지이다. 사람들이 제품과 서비스의 가치를 정의하고 그 가치교환 방식을 결정하는 것을 지원한다. 프로그래머블 경제는 미래 화폐 개념을 뛰어넘는, 경제 전반에 대한 근본적이고 포괄적인 트랜스포메이션이다. 사물인터넷과 인공지능 기술 그리고 블록체인 기술을 통해 실현된다. 다양한 디지털 기술들이 결합된 API(Application Programming Interface) 기반의 자율형 비즈니스 모델들이 새로운 경제 패러다임의 중심축을 이룬다. 미래사회 변화에 선제적으로 대응하기 위해서는 기업과 정부 차원에서 전략적 마스터 플랜을 수립하고 실행체계를 갖추어야 한다. 견고한 신뢰 구조를 기반으로 새로운 제도적 거버넌스가 실행되는 프로그래머블 경제를 통해 사람과 사물과 공간이 연결되어가는 초연결, 초지능, 초융합 사회를 열어갈 수 있기를 기대한다.[430]

게임산업에서의 블록체인 핵심성공요인에 대해 'Cocos-BCX' 하오즈 천 CEO는 킬러콘텐츠 - 안정성 - 수익성을 핵심 성공 요인으로 들고 있다.[431] 게임에 있어서 가장 중요한 요인 중 하나는 무엇보다도 게임성 그 자체이다. 재미있는 게임이 만들어져야 할 것이고, 게임상의 밸런스, 그래픽, 모션 등 블록체인 게임이라고 할지라도 게임성 자체가 보장되어야 한다. 블록체인상에서도 게임성이 뛰어난 킬러 콘텐츠가 필요하다.

블록체인 게임 플랫폼의 또 다른 성공 요인 중의 하나는 무엇보다 안정성이다. 신뢰를 핵심 가치로 하여 운영되는 탈중앙화 블록체인 게임이 보안적인 측면이나 메인넷 서비스 공급 측면에서 안정적으로 서비스가 공급되지 않는다면, 혹은 신뢰를 주지 못한다면 더 탈중앙화 게임으로의 가치가 없다고 볼 수 있다. 즉, 블록체인 기술에서 누구나 기대할 수 있는 핵심 가치인 안정성은 매우 중요한 성공 요인 중에 하나다.

세 번째는 개발사의 수익성 개선이다. 게임을 제작하는데 개발사는 인력, 장소, 운영, 라이선스 등 다양한 비용을 지출한다. DApp을 런칭하고 나서 기대한 만큼의 매출과 이익을 얻어 수익을 창출할 수 있을 것이다. 또 다른 대안은 게임 개발 비용 자체를 낮추면, 좀 더 손쉽게 흑자로 전환할 수 있다.

하버드대학 마이클 포터 교수의 경쟁우위(Competitive Advantage) 창출 이론[432]에 따르면 크게 경쟁 우위는 세 가지 전략에서 발생한다. 차별화, 원가 리더십 확보, 특정 분야 집중이다.

블록체인 산업도 마찬가지이다. 위 3가지 경쟁력 창출 요소 관점에서 바라볼 수 있다.[433] 퍼블릭 체인은 Industry Wide이며, 프라이빗 체인은 특정 산업별 특화 영역이다. 비트코인은 블록체인 기반의 최초 상용화 암호화폐로 차별화되어 있다. 모네로는 높은 익명성으로 차별화되어 있다. 이더리움은 블록체인 기반의 최초 월드 컴퓨터로 차별화되어 있다. 이오스(EOS)는 성능대비 원가 리더십을 지향한다.

이와 같은 관점에서 바라본다면 블록체인 선두주자로 자리매김하기 위해서는 확실히 차별화된 뭔가가 확실히 존재해야 한다. 고객들, 유저들을 사로잡을 수 있는 그 무엇 차별화 포인트가 우리 블록체인 서비스 안에 확실히 존재해야 한다. 혹은 확실하게 타사보다 경쟁우위에 있는 원가요소를 갖추고 있어야 한다. 가벼운 몸체로 언제든 어디로든 비상할 수 있는 준비가 되어 있어야 한다. 유형의 재화를 생산하거나 유통하고 있다면 최저가로 생산할 수 있어야 하고, 최저가로 유통할 수 있어야 한다. 모든 측면에서 다 잘할 수는 없다. 우리만의 특화된 영역이 있어야 한다. 그 영역에서만큼은 타의 추종을 불허할 수 있을 만큼 세계 최고가 되어야 한다.

DApp이 성공하기 위한 요소는 무엇일까? 현재 투자자들이 평가하는 척도는 두 가지, **성능**과 **안정성**이다.[434] 성능이란 해당 블록체인이 얼마나 많은 양의 트랜잭션을 처리해서(TPS) 결과적으로 수수료를 낮추게 될지를 말한다. 안정성은 해당 블록체인의 합의(consensus)를 만드는 과정이 얼마나 해킹으로부터 자유로울지를 말한다. 그 외 '프로젝트 팀이 유명한가', '커뮤니티가 활성화되어 있는가', '로드맵 대로 오픈소스를 론칭하고 있는가' 등등의 요인들은 모두 성능과 안정성이라는 목표로 훌륭하게 나아가는지 판단하기 위한 부가적인 척도일 뿐이다. 어떤 DApp 플랫폼이 성공하기 위한 요건은 명확히 도출된다. **현재 존재하는 비즈니스를 해석하고, 그 로직을 블록체인 위에 올려 기존 사업에 들던 비용을 줄일 수 있도록 하는 것**. 이것을 얼마나 잘하느냐가 아주 중요한 핵심이다.

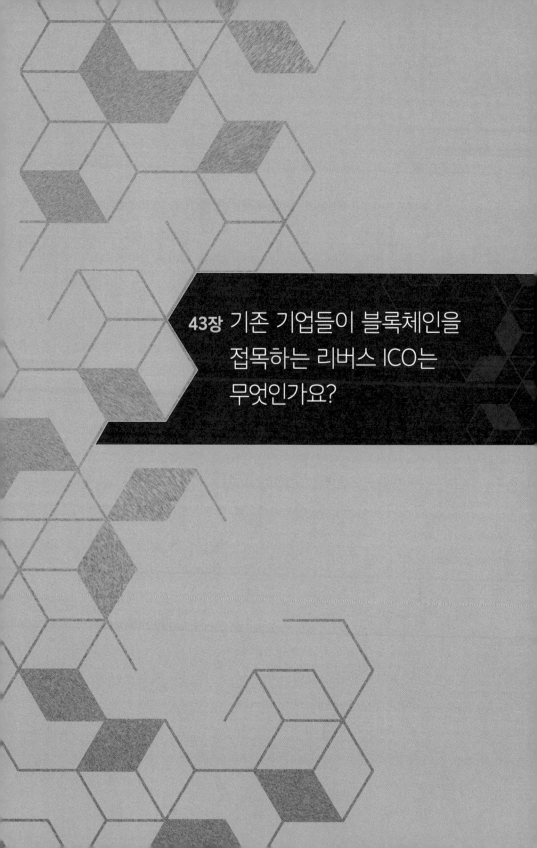

43장 기존 기업들이 블록체인을
접목하는 리버스 ICO는
무엇인가요?

리버스(Reverse) ICO는 이미 상용화된 플랫폼 또는 서비스를 제공하는 기업이 ICO를 하는 것을 말한다. 오랫동안 비즈니스를 영위해오면서 신용이 쌓인 기업(예: 텔레그램, 라인 등)이 리버스 ICO를 하는 경우, 스타트업 회사가 백서만 온라인에 공개하여 투자금을 모으는 기존의 ICO 방식에 비해 자금 조달(Funding raising)이 수월하다. 왜냐하면 이미 검증된 비즈니스 모델이 실제 이루어지고 있기 때문에 비즈니스 모델을 굳이 따로 할 필요가 없기 때문이다. 그만큼 스캠에 대한 위험성이 판단하는 투자자 입장에서는 줄어드는 것이기도 하다.

코인마켓랩에 따르면 2017년 1억 달러(약 1,112억 원)를 초과한 세계 ICO 규모는 56억 달러(약 6조 3145억 원)를 돌파했다. 1억 달러 미만 ICO 사례까지 합산하면 한국 전체 IPO 규모와 비슷한 수준일 것으로 추산된다. 잇따른 대규모 투자가 감행되자 주로 스타트업의 무대였던 ICO 시장에 기존 기업들도 발을 들이고 있다. 기존에 쌓아왔던 기술·브랜드·신뢰도를 바탕으로 대규모 자금조달을 노리는 기업들이 늘어난 것이다. 이미 기업 공개(IPO)를 마친 대기업이나 벤처캐피털을 통해 투자를 받은 유력 스타트업이 암호화폐를 공개하는 '리버스(Reverse) ICO'가 업계의 주목을 받기 시작한 이유다.[435]

리버스 ICO가 대중적으로 알려지게 된 계기는 전 세계 10억 명의 사용자를 거느린 모바일 메신저 '텔레그램(Telegram)'의 사례다. 텔레그램은 '그램'이라는 신규 암호화폐를 발행, ICO를 진행해 단기간에 17억 달러(약1조 9,000억 원)에 달하는 자금을 유치한 바 있다.

일본의 최대 전자상거래 업체인 라쿠텐(Rakuten)은 자사의 포인트 개념의 고객 충성도 리워드 시스템인 라쿠텐 포인트를 라쿠텐 코인(Rakuten Coin)이라는 암호화폐로 전환한다고 2018년 2월 라쿠텐 CEO 히로시 미키타니(Hiroshi Mikitani)는 밝혔다.[436] 이 회사는 가상화폐 발행을 위해 블록체인 스타트업을 인수하는 등 오랜 기간에 걸쳐 준비해온 것으로 알려져 있다. 라쿠텐은 라쿠텐 코인을 활용해 자사가 운영하는 다양한 서비스를 현금처럼 사용하게 할 전망이다. 라쿠텐은 블록체인을 통해 이를 보증하고 안정성을 높여간다는 계획이다.

필름회사 코닥(Kodak)도 블록체인 사업에 뛰어들며 가상화폐 '코닥'을 발행하겠다고 선언했다. 이 회사는 블록체인을 활용한 이미지 저장 관리 플랫폼 '코닥원(KodakOne)'[437]을 출시한다고 밝혔다.

글로벌 기업들의 이야기만은 아니다. 국내 기업들 역시 활발하게 리버스 ICO를 진행하고 있다.[438] 더루프가 선보인 '아이콘'은 스위스에서 진행한 ICO로 450억 원 규모 자금을 모집했다. 대표적인 국내 기업 ICO 사례로 꼽힌다. 정대선 현대 BS&C 사장이 지난해 스위스에서 ICO로 투자금을 확보하고, '에이치닥(Hdac)'을 발행했다. 당시 비트코인 1만 6,786개를 모은 것으로 알려졌다. 코스닥 상장사인 한빛소프트 역시 홍콩에서 ICO를 진행해 500억 원이 넘는 투자금을 유치한 것으로 알려졌다. 이외에 글로스퍼 '하이콘', 엑스블록시스템즈 '애스톤'은 스위스에서, 지퍼·메디블록 등은 홍콩에서 ICO를 진행 중이거나 완료했다.

한국블록체인산업진흥협회 정책실장은 "최근 국내에 ICO를 진행하고 있는 업체들이 급격하게 늘어 셈하기조차 어려운 상황"이라며 "약 400여 개 프로젝트가 진행 중인 것으로 추정되는데 그중 60~70% 정도는 리버스 ICO로 파악하고 있다."라고 밝혔다.

많은 기업이 ICO 시장에 문을 두드리는 이유는 기존 서비스와 연계해 생태계를 구축하고 시너지를 낼 수 있다는 점이다. 무엇보다 단기에 큰 자금 조달이 가능하기 때문이다. 카카오나 네이버와 같은 대기업이 가상화폐 발행에 적극적으로 나서고 있지만, 발행 목적이 반드시 ICO에만 있는 것은 아니라는 분석이다. 코인 발행을 통해 비용을 줄이고 소비자의 관심을 끌 수 있다는 다른 장점도 있다. 업계 관계자는 "글로벌 대기업이 암호화폐를 발행하는 이유는 꼭 ICO라고 볼 수만은 없다."라며 "암호화폐의 가장 큰 장점 중 하나는 거래 비용을 줄일 수 있다는 것인데, 인터넷 쇼핑을 예로 들면, 은행 등에 지불하는 결제나 송금 등 수수료를 줄이면 고객 유인효과가 훨씬 커지고 플랫폼 자체의 수익도 증가하게 된다."라고 밝혔다.

중앙화된 기업들이 리버스 ICO에 대해 지속적인 관심을 두는 것은 '네트워크 효과 선점의 우선권'과 '중앙화'된 시스템의 명백한 비효율성'에 기인한다고 주장하기도 한다.[439] 네트워크 효과란 해당 서비스를 이용하고 있는 사람들이 형성하고 있는 네트워크를 의미한다. 다시 말해 일일 트랜잭션(daily transaction)이나, 해당 네트워크에 기인하고 있는 숫자 '풀노드(full node)'를 예로 들 수 있다. 2018년 4월 현재 비트코인과 라이트코인을 기술적인 측면으로 비교하였을 때 라이트코인이 우위에 있다고 평가할 수 있다. 그러나 가격과 기술력이 정비례하지 않으며 토큰의 가치는 기술력만으로 평가받는 요소가 아닌, 해당 네트워크에 깊게 관심 있는 사용자 수와 얼마나 건전한 생태계를 구축하고 있는지 또한 관련되어 있다. 그리하여, 초기주자로 Reverse ICO를 통해 토큰을 발행해 지배적인 네트워크 효과를 형성할 수 있다면 기업은 토큰화에 대한 수요가 생기게 된다. 여기서 조금 더 주목해야 할 포인트는 "어떤 기업이 Reverse ICO에 적합한 포지션인가?"이다.

네트워크 효과 선점에 의해 리버스 ICO하기 적합한 기업들은 기존 산업의 파이(PIE)에 불만을 느낀 기업일 가능성이 높다. 중앙화된 기존의 중앙화된 시스템에 대한 문제를 공감하며, 블록체인 기술의 특징을 기존의 산업에 접목시켰을 때 확실히 문제 해결이 가능하다면, 기업들이 ICO를 통한 토큰화를 시도하는 것에 매력이 있는 것이다.

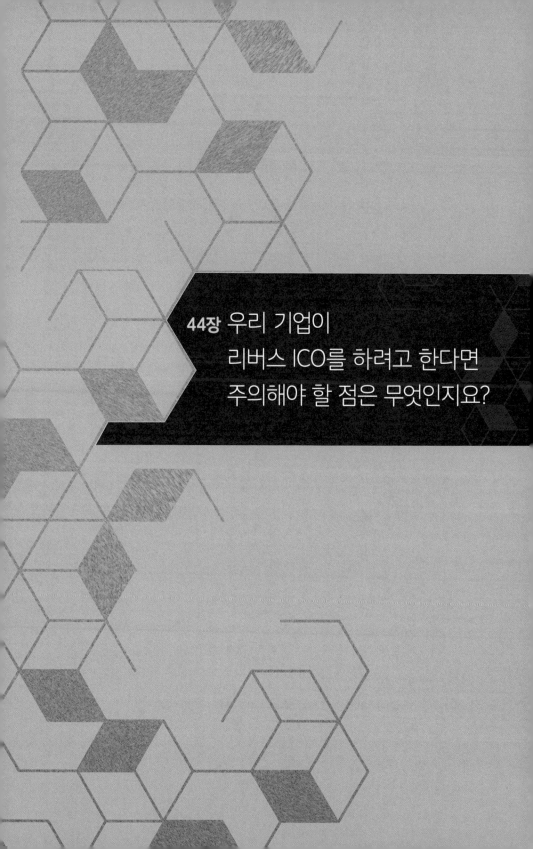

44장 우리 기업이
리버스 ICO를 하려고 한다면
주의해야 할 점은 무엇인지요?

꿈과 희망을 품고 야심 차게 추진했던 ICO가 줄줄이 실패하면서 시장은 '리버스 ICO'라는 새로운 분야에 관심을 쏟고 있다.[440] 리버스 ICO는 기존 시장에서 이미 안정화된 서비스를 제공하고 있거나 상용화된 플랫폼을 보유한 기업이 블록체인 기술 기반의 암호화폐를 발행하는 것을 말한다. 검증된 비즈니스 모델을 암호화폐 경제, 토큰 이코노미에 붙이면서 그에 필요한 자금을 ICO 형태로 조달하는 것이다. 신생 기업이 암호화폐를 발행하는 것이 ICO라면, 기존에 비즈니스를 하던 기업이 토큰을 발행해 기존 사업에 접목하는 것이 '리버스 ICO'이다.

2018년 6월 미국 샌프란시스코에서 열린 '블록체인 이코노믹 포럼(BEF)'에서 리버스 ICO가 단연 화제였다. 2018년 들어 2월까지만 해도 10%를 밑돌던 리버스 ICO 비중이 몇 달 만에 28%로 세 배 가까이 급증했기 때문이다. 이는 월 사용자 2억 명을 넘어선 메신저 텔레그램, 캐나다에서 개발돼 미국에서 인기를 끌고 있는 메신저 킥(Kik), 일본의 인터넷 쇼핑몰 라쿠텐 등이 리버스 ICO의 붐을 일으킨 것도 한몫했다.

텔레그램은 메신저 앱과 블록체인 플랫폼 TON(Blockchain platform Telegraph Open Network)의 개발자금을 위해 두 차례에 걸쳐 17억 달러(약 1조 8,045억 원)를 모았다. 투자자 신분은 공개되지 않았지만, 참여한 사람은 적격투자자 94명으로 알려졌다. 미국 증권법은 '연간 소득이 20만 달러를 넘거나 보유자산이 100만 달러를 넘는 투자자'에 대해선 ICO 참여에 제한을 두지 않는다.

킥은 지난해 세계 최초로 리버스 ICO를 통해 앱 내에서 사용할 수 있는 킨(Kin) 토큰을 발행했다. 라쿠텐은 지난 2월 말 '라쿠텐 슈퍼 포인트'를 91억 달러(약 9조 2,800억 원)에 달하는 라쿠텐 코인으로 전환할 계획이라고 밝혔다. 라쿠텐 코인은 라쿠텐이 운영하는 모든 곳에서 현금처럼 쓸 수 있다.

그렇다면 기업 입장에서는 왜 리버스 ICO를 택할까? 가장 큰 이유는 ICO가 IPO보다 자금조달 절차가 간단하고 쉽고 빠르기 때문이다. 이미 높은 '인지도'를 가진 상태에서 ICO를 진행하면 다른 프로젝트보다 투자자 모집에 유리하다. 프로젝트 성공 가능성도 상대적으로 높다. 새롭게 ICO 프로젝트에 나서는 곳들은 투자자금의 상당 부분을 자신을 알리는 마케팅 비용으로 소진하는 경우가 많지만 리버스 ICO는 그렇지 않다. 또 리버스 ICO 기업들은 기존 사업을 통해 수익 또는 매출을 내고 있기 때문에 암호화폐 거래소 상장에 걸리는 시간도 상대적으로 짧다. 기업들이 리버스 ICO를 택하는 또는 택하고자 하는 또 다른 이유는 '네트워크 효과(network effect)' 때문이다. 네트워크 효과는 사용자가 많을수록 제품 또는 서비스에 대한 사용가치가 급증하는 것을 말한다. 가령 전화기를 둘만 쓰는 것보다 10명, 100명, 1,000명이 쓸수록 전화기의 효용은 기하급수적으로 커진다.

암호화폐 생태계, 토큰의 가치도 마찬가지다. 단순히 기술력뿐만 아니라 해당 네트워크에 대한 사용자의 관심도 등을 비롯한 복합적 요인에 의해 평가를 받는다. 토큰 가격과 토큰 기술력은 언제나 정비례하지 않는다. 오히려 토큰 커뮤니티의 역할과 가치가 더 클 수 있다는 점을 주목해야 한다. 암호화폐 생태계도 네트워크 효과가 중요하다. 기업들이 중앙화된 본래 자신의 사업구조를 내려놓고 '인지도'를 기반으로 리버스 ICO에 나서면 네트워크 효과가 훨씬 더 커질 수 있다. 그렇다면 리버스 ICO가 기존 ICO가 안고 있던 모든 문제를 풀어주는 만능열쇠가 될 수 있을까? 현재 시점에서는 '아니요'라고 말할 수밖에 없다.

블록체인은 무엇보다 탈중앙화 가치를 실현하는 것에 목적을 둔다. 그러나 리버스 ICO는 이미 시장에서 독과점을 차지한 기업이 ICO마저 독과점할 소지가 다분하다. 이는 장기적으로 탈중앙화 가치의 실현을 방해하는 걸림돌이 된다. ICO의 본질적 취지인 '누구나 참여할 수 있다'는 개방형 구조의 목적과는 다르게 변질될 가능성이 있다는 것이다. 경우에 따라서는 블록체인 전체 생태계를 위협하는 요소가 되기도 한다.

기존 주주와의 이해 상충도 문제다. 리버스 ICO는 기존 투자자들이 있는 상태에서 암호화폐를 발행하는 것이기 때문에 기존 주주와의 갈등은 불가피하다. 보통 기업이 이익을 내면 주가가 올라 주주에게 이익으로 돌아가지만, 기업이 주식과 암호화폐를 모두 발행하면 기업의 가치 상승이 주식이 아닌 암호화폐의 가격 상승으로 이어져 기존 주주들이 반발할 가능성도 존재한다.

또 암호화폐에 대한 회계 기준이 아직 국내외로 정립되지 않았다는 점도 문제다. 기업의 재산인 암호화폐를 기업가치에 직접 반영할 수 없기 때문에 주주들의 이익을 해칠 우려가 있다. 마지막으로 수익모델이 없거나 확실치 않은 기업의 리버스 ICO는 암호화폐 가격 하락으로 이어질 수 있다. 현재 리버스 ICO 시장을 이끌고 있는 Kik, 텔레그램 등 모바일 메신저 서비스는 뚜렷한 수익창출 모델의 부재 속에서 기존의 비즈니스 모델에 블록체인 기술만을 접목한 구조다. ICO 초창기와는 달리 암호화폐 가격이 하락해 피해를 볼 가능성도 있다.

그렇다면 리버스 ICO에 적합한 비즈니스 모델은 뭘까? 한 마디로 표준화해서 설명하기에는 아직 이르다. 그럼에도 현재 리버스 ICO를 고민하는 경영진이 있다면 크게 두 가지를 기준으로 판단한다면 성공할 확률이 높아질 것이다. 우선 블록체인 생태계에 입각한 탈중앙과 자사의 비즈니스 모델이 적합한지에 대한 평가다. 리버스 ICO를 진행하고자 하는 기업은 자신들이 보유한 중앙화된 시스템의 이점을 포기하고 블록체인이 추구하는 탈중앙화의 개념을 수용해야 한다. 그러기 위해선 포기된 중앙화의 가치보다 선택한 탈중앙화의 가치가 더 높아야 한다. 충분히 적합하다는 판단이 선 후에 리버스 ICO를 선택하는 것이 좋다.

둘째는 리버스 ICO를 통해 이루고자 하는 비즈니스 모델이 명확해야 한다. 전 세계적으로 하루에도 수십 개의 ICO가 시작된다. 그러나 블록체인 도입의 타당성이 결여된 비즈니스 모델, 비즈니스 모델의 개연성 확보에 실패한 사례가 적지 않다. 기업들은 '왜 리버스 ICO를 해야 하는지', '리버스 ICO를 통해 수익구조가 만들어지는 비즈니스 모델인지', '조달된 자금은 어떻게 분배할 것인지' 등을 충분히 고민하고 '리버스 ICO가 꼭 필요하다'는 판단이 선 후에 진행해야 할 것이다.

암호화폐 공개(ICO)를 성공적으로 마무리한 뒤에도 벤처캐피탈 등에서 추가 투자가 이어지는 블록체인 프로젝트들이 속속 등장하고 있다. 이처럼 투자자들이 줄이 끊이지 않는 프로젝트들은 기존에 진행하던 사업에 블록체인 기술을 적용해 리뉴얼하는 이른바 '리버스 ICO' 프로젝트라는 공통점이 있다. 또 블록체인 기술을 적용한 서비스를 실제로 출시했거나, 출시를 앞두고 있어 불확실성을 해소한 프로젝트에도 투자자들이 몰리고 있다. 최근 ICO 실패 확률이 절반을 넘어서고 있지만, 성공 가능성이 보이는 프로젝트들은 ICO뿐 아니라 ICO 이후에도 투자 열기가 식지 않는다는 점에서 '리버스 ICO'와 '선 서비스 출시, 후 투자' 방식이 블록체인 업계의 새로운 투자 유치 전략으로 부상하고 있다.

블록체인 기반 뷰티 서비스 '코스미'를 출시한 블록체인 프로젝트 '코스모체인'이 최근 잇따라 크립토 펀드로부터 추가 투자를 유치했다. ICO 이후 실체가 있는 서비스(코스미)를 내놓으면서 외부 투자자들의 주목을 받고 있는 것이다. 최근 코스모체인에 투자한 크립토 펀드는 블록워터 캐피탈과 시그넘 캐피탈이다. 특히 시그넘 캐피탈은 코스모체인의 ICO에 참여했던 투자사다. ICO 이후 사업 진행 과정에서 성공 가능성을 보고 2차로 추가 투자에 나선 것이다. 블록워터 캐피탈도 '코스미' 등 실체가 있는 블록체인 기반 서비스를 선보이고 있다는 점을 높게 평가하며 투자를 결정했다. 조상수 블록워터 캐피탈 대표는 "많은 프로젝트와는 달리, 코스모체인은 ICO 이후 실제 사업모델 구현 및 사용자 확보에서 가시적인 성과를 보였다는 사실에 주목해 이번 투자 유치를 결정했다."라고 설명했다.

코스모체인 외에도 블록체인 기반 보험 플랫폼 프로젝트 '인슈어리움', 환자정보 관리 플랫폼 프로젝트 '휴먼스케이프', 오프라인 상점과 소비자를 연결하는 프로젝트 '캐리프토로콜' 등이 ICO 이후 추가 투자 유치를 받은 대표적인 프로젝트들이다. 인슈어리움을 주도하고 있는 스타트업 직토는 ICO와 별도로 더 웰스 인베스트먼트로부터 5억 원의 투자를 유치했다. 휴먼스케이프는 헬스케어 분야 코스닥 상장사 케어랩스와 사모펀드로부터 35억 원 규모의 투자를 유치한 바 있다. 캐리프로토콜에는 블록체인 플랫폼 프로젝트인 이오스트 산하의 벤처 캐피탈인 '블루힐'이 투자했다. 장민후 대표가 이끄는 휴먼스케이프는 최근 코스닥 상장사 '케어랩스'와 사모펀드로부터 35억 원의 투자를 유치했다.

리버스 ICO의 경우, 실제 서비스 출시 여부가 추가 투자 유치 '열쇠'이다. 이처럼 추가 투자를 받는 프로젝트들의 공통점은 기존에도 사업을 진행하고 있었던 '리버스 ICO' 프로젝트라는 점과 실제 서비스 출시가 임박했다는 점이다. 코스모체인을 주도하는 트릴리어네어는 중국 역직구 사업인 '후이서울'을 운영하고 있다. 후이서울을 통해 쌓은 역량을 바탕으로 뷰티 SNS 서비스를 진행하고 있는 것이다. 코스모체인이 지난 8월 선보인 블록체인 기반 뷰티 SNS 서비스 '코스미'는 출시 두 달 만에 이더리움 기반 서비스 가운데 일간사용자 수 1위를 기록하는 등 화제가 되고 있다. 휴먼스케이프는 중소 병원과 의원을 대상으로 모바일 고객관리 솔루션 '헬렌'을 개발, 운영하는 기업이다. 이 같은 사업경험을 토대로 블록체인 기반 환자관리 플랫폼 '휴먼스케이프'를 준비한 것이다. 캐리프로토콜은 전국 약 1만 곳의 제휴매장과

1500만 명의 누적회원을 보유한 멤버십 서비스 '도도포인트'를 운영하는 스포카가 주도하고 있다. 직토는 웨어러블 디바이스를 통해 소비자들의 걸음 데이터를 확보, 이를 보험상품 등과 연계하는 사업을 진행했던 기업으로 실제 '직토밴드' 등을 출시하기도 했다. 조만간 보험사들과 함께 블록체인 기반 보험상품 출시를 예고하고 있다.

업계 한 관계자는 "ICO 이후 추가 투자를 유치할 수 있다는 것은, ICO로 자금을 확보한 이후에도 백서 일정에 맞춰 개발이 잘 이뤄지고 있다는 반증이며, 이는 일반 투자자들에게도 긍정적으로 작용할 수 있다.", "추가 투자 유치를 받은 기업들은 대부분 리버스ICO 프로젝트로, 이미 실생활에 활용할 서비스를 내놨거나, 내놓기 직전인 프로젝트가 많다."라고 한다.[441]

비트코인을 통한 마약거래로부터 블록체인 기반의 사업은 경쟁회사가 하는 사업이 아닌, 경쟁회사가 아예 시작조차 할 수 없었던 사업이어야 한다고 주장한다. 블록체인 기반 사업은 "중앙화된 서비스보다 더 잘하자"가 아니라 "중앙화된 서비스가 못하는 것을 하자"라는 철학에서 시작해야 한다[442]고 말한다.

45장 블록체인 시장에
새롭게 떠오르는
IEO와 STO는 무엇인가요?

블록체인 산업은 그 모양새를 빠르게 변모시켜 가고 있다. ICO 위주의 시장에서 IEO, STO 시장으로 차츰 변모해가고 있다. 마지막으로 이 장에서는 블록체인 산업의 전반적인 발전 방향 중 IEO와 STO에 대해 간략히 살펴보고자 한다. 다음은 암호화폐 관련 정보 사이트이다. 사실 이외에도 수많은 사이트가 존재한다. 대표적인 사이트 몇 개만 올려두었다. 나머지 사이트는 앞장을 참조하거나 구글이나 네이버 등 검색사이트를 활용해 볼 수 있을 것이다.

암호화폐 시세정보 관련

- 코인마켓캡(Coinmarketcap): https://coinmarketcap.com/
- 라이브코인워치(LiveCoinWatch): https://www.livecoinwatch.com/
- 코인힐스(Coinhills): https://www.coinhills.com/ko/
- 트레이딩뷰(tradingview): https://kr.tradingview.com/
- 코인캡(Coinkapp): https://coinkapp.com/

블록체인 관련 사단법인

- 사단법인)한국블록체인산업진흥협회: http://www.kbipa.org/
- 사단법인)오픈블록체인산업협회: http://www.obcia.org/

- 사단법인)한국블록체인기업진흥협회(KBEPA): http://bit.ly/2v88B9J

- 사단법인)한국블록체인스타트업협회: http://kbsa.io/

- 사단법인)제주블록체인스마트시티 구성협회

ICO 관련 정보

- ICO Bench: https://icobench.com/icos

- The Cointelegraph:

  https://cointelegraph.com/press-release-submission

- Bitcoin.com:

  https://news.bitcoin.com/submit-press-release/

- Topico List: https://topicolist.com

- ICO Calendar: https://tokenmarket.net/ico-calendar

- Cryptoverze: https://cryptoverze.com/

- CCN: https://www.ccn.com/submit-a-bitcoin-press-release/

- CryptoRadar: https://cryptoradar.org/submit-press-release/

- CryptoCurrencyNews:

  https://cryptoradar.org/submit-press-release/

- Crypto News:

  https://www.crypto-news.in/submit-crypto-press-release/

- Blokt: https://blokt.com/submit-a-press-release

- Invest In Blockchain:

  https://www.investinblockchain.com/submit-press-release/

- CryptoSlate: https://cryptoslate.com/advertising/

IEO란 무엇인가?

IEO(Initial Exchange Offering)란 기업이 발행한 코인을 거래소로 보내 거래소를 통해 다수의 대중이 코인을 살 수 있도록 함으로 자금을 모집하는 방법이다.[443] 이렇게 거래소를 통해 IEO를 수행하면 어떤 이점이 있는가?

첫째, 현재 거래소의 고객들을 기반으로 코인 판매가 가능하다. 둘째, 세일 참여자들 간의 거래 수수료에 대한 분쟁이 없어진다. 셋째, 스캠에 대한 리스크 요인이 없어지기 때문에 훨씬 생태계 참여자들에게 신뢰감을 줄 수 있다. 넷째, 거래소나 스폰서에게 자신 있게 자사의 프로젝트를 소개할 수 있다. 다섯째, IEO를 수행한 후 거래소에 상장하는 것은 당연한 수순이다. 따라서 언제 상장될 것이라는 것에 대한 참여자들의 불안감을 제거해 줄 수 있다. 거래소 입장에서는 그 코인으로 인한 새로운 유저들을 확보할 수 있고, 트레이딩 볼륨(Trading Volume)을 늘릴 수 있으며, 수수료를 획득할 수 있다는 이점이 있다.[444]

이러한 IEO에 투자자로서 참여하기 위해서는 다음의 절차를 거치게 된다. 먼저 IEO를 모든 거래소에서 진행하는 것은 아니기 때문에 IEO를 진행하는 거래소들을 살펴보아야 한다. IEO를 하고 있다면 그 거래소에서 진행하고 있는 프로젝트들을 살펴보아야 한다. 참여하기 원한다면 그 거래소의 KYC(Know Your Customer) 절차들을 밟아 가입해야 한다. 거래소 회원가입을 해야 하고, 어떤 코인들이 받아들여지는지 살펴보아야 한다. 그리고 거래소를 통해 IEO를 진행하는 코인을 구매하게 된다.

IEO를 통해 코인에 투자하고자 하는 투자자들은 신규거래소가 거래 유입량 확보 차원에서 또는 무리하게 IEO의 성공률을 높이기 위해 법적인 제한 부분을 무시하고 진행할 수도 있기 때문에 어떤 거래소에서 IEO를 진행하는지 신중하게 검토해야 한다고 조언하고 있다.[445] 거래소는 IEO를 진행하게 되면 홈페이지와 텔레그램, 페이스북, 트위터 등을 통해 공지를 하게 된다

STO란 무엇인가?

ICO의 비중이 높아짐으로 인해 IPO의 비율이 65%로 다운되었다. 2014년 363개의 기업이 IPO를 진행했다면 2016년에는 128개 업체만이 IPO를 진행하였다.[446] ICO 시장의 성장은 2017년 40억 달러의 규모에 이르게 된다. 2018년 중반을 지나면서 비트코인에서 하드포크한 두 진영 BCH와 비트코인SV 간의 해시파워 내전이 붉어지면서 블록체인 업계가 전체적으로 약간은 자정과 침체 분위기로 들어서면서 2019년 1분기까지 그 여파가 미치고 있다. 어찌보면 2018년 한해는 블록체인 본연의 기술보다는 암호화폐에 대한 투기적인 접근에 대해 조용히 스스로를 돌아보는 시간이 되었던 것 같다. 그러면서 단순히 백서 하나로 몇백억을 투자받는 것의 한계를 많이 느끼게 되었고, 거의 95% 이상의 프로젝트들이 실질적인 결과물을 내지 못하고 있는 현실에 대한 자성의 분위기도 있었다. 그렇지만 얼음장 속의 고요히 흐르

는 물과 같이 블록체인은 우리 생활 저변에 더 가까이 다가왔고 대기업들의 소리 없는 조용한 준비의 흔적들이 조금씩 뉴스 보도들을 통해 포착이 되고 있는 시점이다. 그러면서 실제 눈에 보이는 자산의 디지털화를 통한 고정자산 혹은 자산의 디지털화에 의한 가치의 유동화 차원에서 STO로 관심이 쏠리고 있다.

STOs(Security Token Offerings)는 금융 증권과 거의 유사하다. 왜냐하면 STO는 전통적인 주식의 형태를 모방하기 때문이다. 이러한 유형의 토큰들은 회사에 대한 일정한 권리를 투자자들에게 부여한다. STO는 투자자가 회사 지분을 소유하고 수익도 분배받을 수 있는 주식과 비슷한 형태의 증권형 암호화폐이다. 현행 자본시장법(증권거래법)에 따라 발행, 공개하는 절차를 말한다.[447] 이러한 토큰들은 정부의 우려를 불식시킬 수 있는데 IPO를 진행하기 위해 여러 제출해야 하는 서류들처럼 이러한 증권형으로 인정받기 위해서는 다양한 서류들을 구비하여 제출해야 하기 때문이다. STO 시장은 2020년 20조 시장으로까지 확대될 전망이다.[448] 이러한 STO의 성장은 글로벌 국가의 장벽이 무너지고, 자유로운 이동과 자유로운 직무 증대, 이러한 시대적 상황에 맞추어 보다 쉽게 효율적으로 자신의 자산을 전 세계로 이동하기 위한 전조 단계라고 할 수 있다.[449] Trevor Koverko[450]가 이끄는 Polymath도 대표적인 STO 플랫폼 중의 하나이다.

STO 플랫폼은 Polymath라는 프로젝트에서 처음 시도했는데, POLY라는 ERC20 토큰을 통해 ICO를 진행했고 성황리에 투자금을 확보한 뒤, Polymath 플랫폼을 구현하고 있다. 뒤이어 SwarmFund나 Harbor, Securitze가 증권형 토큰이 유통될 수 있는 환경을 만들어 나가고 있다. 치열한 경쟁구도에서 어떤 플랫폼이 가장 성공한 모델로써 STO 시장에서 두각을 나타낼지 보는 것도 앞으로 지켜볼 만한 내용이다.[451]

STO를 진행하려면 어떻게 해야 하는가? 2018년 10월 30일 서울 장충동 신라호텔에서 서울시가 주최한 'ABF(Asia Blockchain & Fintech) in Seoul 2018'에 참석한 권단 법무법인 한별 변호사는 이렇게 조언한다. "국가마다 적용되는 법률이나 주어진 여건들이 제각각이기 때문에 이벤트를 진행할 국가를 먼저 선택해 그 나라의 법률적인 문제나 환경들을 준비해야 한다."[452] "한국의 경우 자본시장법상의 예외 규정만 준수하면 STO를 진행할 수 있지만 은행 계좌 설립부터 사후 신고까지 절차에서 어려움을 겪을 수 있다.", "정부 방침과 해당 행위가 배치될 수 있어 예상치 못한 어려움에 직면할 수 있다."라고 설명했다. STO의 장점으로는 실물 자산에 근거한 투명성이다. 권 변호사는 "시큐리티 토큰은 주식, 부동산 등 실물 자산을 근거로 한다. 때문에 기존 유틸리티 토큰에 기반한 암호화폐 공개보다 투기성이 덜하고 실물 자산을 담보로 평가도 가능하다 해외에서는 수익금, 투자한 기업의 토큰, 복권판매, 부동산 등 시큐리티 토큰을 활용한 다양한 형태의 STO가 진행돼 블록체인 캐피탈, 사이언스블록체인, 프로토스매니지먼트, 스파이스브이씨 등이 자금 모집에 성공했다.[453]

향후 STO 시장은 지속적으로 성장해 갈갈 것이다. 이에 관한 법이나 제도 등을 마련하고 정비해 나가야 할 것이다. 기술은 하루가 다르게 변하고 발전해 간다. 신속한 대응이 더욱 요구되어는 점이다.

46장 STO(Security Token Offering)란 어떻게 활용할 수 있나요?

STO(Security Token Offering)

정의

STO는 "Security Token Offering"의 약자로, 증권형 토큰 발행을 의미한다. 이는 전통적인 증권을 블록체인 기술을 활용해 디지털 형태로 발행하는 것을 말한다. 증권형 토큰은 주식, 채권, 부동산 등의 자산을 디지털화한 것으로, 블록체인에 기록되어 소유권과 거래 내역이 투명하게 관리된다. STO는 법적으로 규제되는 증권을 기반으로 하므로 ICO(Initial Coin Offering)보다 투자자 보호가 강화된 형태이다.

STO는 증권형 토큰을 발행하여 자금을 조달하는 방식으로, 기존의 ICO(Initial Coin Offering)와 달리, 발행하는 토큰이 증권으로 분류되어 보다 엄격한 규제를 받는다.

특징

- 합법성: 각국의 증권법에 따라 규제를 받으며, 투자자의 보호를 강화한다.

- 투명성: 모든 발행 정보와 거래 내역이 블록체인에 기록된다.
- 분할 소유: 자산을 작은 단위로 나누어 투자자들이 소액으로도 투자할 수 있게 한다.

절차

1. 준비 단계: 법적 자문을 받아 증권 규제를 준수하도록 준비한다.
2. 토큰 발행: 스마트 계약을 통해 증권형 토큰을 발행한다.
3. 마케팅 및 투자 유치: 투자자들을 대상으로 마케팅을 진행하고 자금을 유치한다.
4. 상장 및 거래: 발행된 토큰은 보통 탈중앙화 거래소에서 거래된다.

장점

- 투명성 강화: 블록체인을 통한 투명한 거래 내역 제공
- 유동성: 전통적인 증권보다 거래가 용이하여 유동성이 높음
- 글로벌 투자: 국경을 넘나드는 투자 기회 제공

STO 태동배경

STO는 블록체인 기술의 발전과 함께 등장한 개념이다. 전통적인 금융 시스템의 한계와 블록체인의 장점을 결합하여, 자산의 유동성 향상, 거래의 투명성, 비용 절감 등을 목표로 한다. 특히 ICO의 불확실

성과 규제 부족으로 인한 문제점을 보완하기 위해, 법적 규제를 준수하면서도 블록체인의 장점을 활용할 수 있는 새로운 자금 조달 방법으로 STO가 주목받기 시작했다.

각국의 STO 추진동향

1. 미국

미국 증권거래위원회(SEC)는 STO를 증권법에 따라 규제하고 있다. Reg D, Reg A+ 등의 규정에 따라 증권형 토큰을 발행할 수 있으며, 투자자 보호를 위한 엄격한 요건이 적용된다.

2. 유럽

유럽 연합은 STO에 대한 규제를 마련하고 있으며, 각국에서도 적극적으로 STO를 도입하고 있다. 독일, 스위스, 영국 등이 STO 관련 법규를 정비하고 있다.

3. 아시아

일본, 싱가포르, 홍콩 등이 STO에 대한 규제를 마련하고 있다. 특히 싱가포르는 블록체인 허브로서 STO를 적극적으로 지원하고 있다.

STO 활용방안

1. 자산 유동화

부동산, 예술품, 특허 등 전통적으로 유동성이 낮은 자산을 증권형 토큰으로 발행하여 쉽게 거래할 수 있다.

2. 투자 기회 확대

일반 투자자도 소액으로 다양한 자산에 투자할 수 있는 기회를 제공한다.

3. 비용 절감

중개자 없이 블록체인을 통해 직접 거래가 이루어지므로, 거래 비용을 절감할 수 있다.

4. 투명성 강화

모든 거래 내역이 블록체인에 기록되어 투명성을 보장한다.

STO 활용분야

1. 부동산

상업용 부동산, 주거용 부동산 등을 증권형 토큰으로 발행하여 소액 투자자도 부동산 투자에 참여할 수 있다.

2. 예술품

고가의 예술품을 증권형 토큰으로 분할하여 소유권을 나누고, 거래할 수 있다.

3. 채권

회사채, 국채 등을 증권형 토큰으로 발행하여 투자자들이 블록체인상에서 거래할 수 있다.

4. 스타트업 투자

스타트업이 자금을 조달하기 위해 증권형 토큰을 발행하여 초기 투자자들에게 투자 기회를 제공한다.

STO 적용 성공사례

1. Aspen Coin

Aspen Coin은 미국 콜로라도주 아스펜에 위치한 고급 리조트 '세인트 리지스 아스펜 리조트(St. Regis Aspen Resort)'를 기반으로 발행된 부동산 증권형 토큰(Security Token)이다. Aspen Coin은 부동산 자산의 유동성을 높이고 더 많은 투자자들이 참여할 수 있도록 하기 위해 블록체인 기술을 활용하여 발행되었다.

Aspen Coin의 특징

부동산 기반

실제 부동산 자산, 즉 세인트 리지스 아스펜 리조트를 기반으로 하여 발행된 증권형 토큰이다. 이는 투자자들에게 물리적 자산에 대한 소유권을 제공한다.

증권형 토큰

Aspen Coin은 미국 증권거래위원회(SEC)의 규제를 준수하는 증권형 토큰으로, 법적 보호와 규제의 대상이 된다. 이는 투자자 보호를 강화하고 신뢰성을 높이는 역할을 한다.

유동성 제공

부동산 자산을 디지털화하여 토큰 형태로 발행함으로써 투자자들은 전통적인 부동산 투자보다 더 쉽게 자산을 거래할 수 있다.

분할 투자

고가의 부동산 자산을 여러 개의 토큰으로 분할하여, 소액 투자자들도 고급 리조트의 일부를 소유할 수 있다.

2. tZERO

tZERO는 블록체인 기술을 활용하여 증권형 토큰(Security Token)을 발행하고 거래할 수 있는 플랫폼이다. 2014년에 설립된 tZERO는

Overstock.com의 자회사로, 블록체인 기반의 금융 기술 기업이다.

tZERO의 주요 기능과 서비스

1. 증권형 토큰 발행

tZERO는 기업이 증권형 토큰을 발행할 수 있도록 지원한다. 이를 통해 기업은 자금을 조달하고, 투자자들은 블록체인 기반의 증권에 투자할 수 있다.

2. 거래 플랫폼

tZERO의 거래 플랫폼에서는 증권형 토큰을 안전하고 투명하게 거래할 수 있다. 투자자들은 디지털 지갑을 통해 토큰을 보관하고, 거래할 수 있다.

3. 스마트 계약

블록체인 기술을 활용한 스마트 계약을 통해 거래를 자동화하고, 중개자 없이 신뢰할 수 있는 거래를 보장한다.

4. 투명한 거래 내역

모든 거래 내역은 블록체인에 기록되어 누구나 확인할 수 있어, 거래의 투명성과 신뢰성을 높인다.

STO 대표적인 상품

1. 부동산 토큰

특정 부동산 자산을 기반으로 발행된 증권형 토큰. 예: Aspen Coin.

2. 주식 토큰

기업의 주식을 디지털화한 토큰. 예: tZERO.

3. 채권 토큰

회사채, 국채 등을 디지털화하여 발행한 토큰.

4. 기타 자산 기반 토큰

예술품, 특허, 지적 재산권 등을 기반으로 한 증권형 토큰.

STO 투자방법

1. STO 플랫폼 가입

tZERO, Securitize 등 STO 플랫폼에 가입하고 계정을 생성한다.

2. KYC/AML 절차 완료

투자자는 KYC(고객 확인 절차)와 AML(자금 세탁 방지) 절차를 완료해야 한다.

3. 투자 프로젝트 선택

플랫폼에서 제공하는 STO 프로젝트를 검토하고, 투자할 프로젝트를 선택한다.

4. 투자금 입금

투자금을 입금하고, 증권형 토큰을 구매한다.

5. 토큰 관리

구매한 증권형 토큰은 디지털 지갑에 안전하게 보관한다.

STO 발행방법

1. 법적 검토 및 자문

법적 자문을 통해 해당 국가의 증권법과 규정을 준수하도록 준비한다.

2. 비즈니스 모델 수립

비즈니스 모델과 토큰화 전략을 수립하고, 백서를 작성한다.

3. 플랫폼 선택

Polymath, Securitize 등 STO 발행 플랫폼을 선택한다.

4. 스마트 계약 개발

증권형 토큰을 발행하기 위한 스마트 계약을 개발한다.

5. 토큰 발행

스마트 계약을 통해 증권형 토큰을 발행하고, 블록체인에 기록한다.

6. 마케팅 및 투자 유치

투자자들에게 프로젝트를 홍보하고, 자금을 유치한다.

STO 상장방법

1. 플랫폼 선정

tZERO, OpenFinance 등 STO 거래 플랫폼을 선정한다.

2. 법적 검토 및 승인을 위한 준비

법적 요구 사항을 준수하고, 관련 서류를 준비하여 플랫폼에 제출한다.

3. 토큰 상장 신청

거래 플랫폼에 토큰 상장 신청을 제출한다.

4. 상장 심사

거래 플랫폼의 심사를 거쳐 상장이 승인되면, 플랫폼에 토큰이 상장된다.

5. 거래 개시
투자자들이 플랫폼을 통해 증권형 토큰을 거래할 수 있다.

47장 NFT(Non-Fungible Token)이란 무엇인가요?

NFT(Non-Fungible Token)

NFT 정의

NFT는 "Non-Fungible Token"의 약자로, 우리말로는 "대체 불가능 토큰"이라고 한다. 블록체인 기술을 이용해 디지털 자산의 소유권을 증명하는 고유한 토큰이다. 마치 부동산 소유권을 등기소에 각 물건별로 등기를 함으로서 소유권을 표시함과 유사하다. 대체 불가능하다는 것은 각각의 NFT가 고유한 특성을 가지고 있어 다른 토큰으로 대체할 수 없다는 뜻이다. 이는 비트코인이나 이더리움과 같은 일반 암호화폐와는 달리, 하나의 NFT가 다른 NFT와 동일한 가치를 가지지 않는다는 의미이다.

NFT 활용분야

1. 디지털 예술품

아티스트들이 디지털 작품을 NFT로 만들어 판매할 수 있다. 이를 통해 디지털 작품의 소유권을 명확히 하고, 복제 불가능한 고유성을 부여할 수 있다.

2. 게임 아이템

게임 내 캐릭터, 아이템, 스킨 등을 NFT로 만들어 유저들 간에 거래할 수 있다. 이는 게임 속 아이템에 실제 소유권을 부여하는 방식이다.

3. 수집품

디지털 수집품, 예를 들어 디지털 카드나 한정판 작품을 NFT로 발행하여 소유할 수 있다.

4. 음악 및 미디어

음악, 비디오 클립, 영화 등의 디지털 콘텐츠를 NFT로 만들어 판매할 수 있다.

5. 가상 부동산

가상 세계에서의 부동산을 NFT로 소유하고 거래할 수 있다. 이는 메타버스와 은 가상 현실 플랫폼에서 주로 사용된다.

6. 기타 디지털 자산

도메인 이름, 트윗, 밈(meme) 등 다양한 디지털 자산에 NFT를 적용할 수 있다.

NFT 적용 성공사례

1. 크립토펑크(CryptoPunks)

2017년에 발행된 10,000개의 고유한 캐릭터 이미지 컬렉션이다. 이들은 높은 가치로 거래되며, NFT 시장의 선구자로 자리잡았다.

2. 비플의 디지털 아트

디지털 아티스트 비플(Beeple)의 작품 "Everydays: The First 5000 Days"가 6,900만 달러에 판매되며 큰 주목을 받았다.

3. NBA 탑샷(NBA Top Shot)

NBA 경기의 하이라이트 장면을 NFT로 발행하여 팬들이 소유하고 거래할 수 있게 한 프로젝트이다. 이는 스포츠와 NFT의 결합으로 큰 성공을 거두었다.

NFT 대표적인 Marketplace

1. 오픈씨(OpenSea)

세계 최대의 NFT 마켓플레이스로, 다양한 종류의 NFT를 사고 팔 수 있다. 디지털 아트, 게임 아이템, 도메인 이름 등 다양한 자산을 거래할 수 있다.

2. 라리블(Rarible)

사용자가 직접 NFT를 발행하고 거래할 수 있는 탈중앙화 마켓플레이스이다.

3. 슈퍼레어(SuperRare)

고품질의 디지털 아트를 거래할 수 있는 플랫폼으로, 아티스트와 컬렉터들이 직접 거래할 수 있다.

4. 파운데이션(Foundation)

예술가와 크리에이터가 NFT를 발행하고 판매할 수 있는 플랫폼이다.

5. 엔진 마켓플레이스(Enjin Marketplace)

게임 아이템과 같은 NFT를 거래할 수 있는 마켓플레이스이다.

NFT 활용방안

1. 소유권 증명

디지털 자산의 소유권을 명확하게 증명하여, 복제나 위조를 방지할 수 있다.

2. 수익 창출

아티스트나 크리에이터가 자신의 디지털 작품을 NFT로 만들어 직접 판매하여 수익을 창출할 수 있다.

3. 커뮤니티 강화

팬들과의 상호작용을 강화하고, 커뮤니티 중심의 프로젝트를 진행할 수 있다.

4. 게임 내 경제 구축

게임 아이템을 NFT로 만들어 게임 내 경제 시스템을 구축하고, 사용자 간 거래를 활성화할 수 있다.

5. 투자 및 자산 관리

디지털 자산에 투자하고, NFT를 통해 자산을 관리할 수 있다.

NFT 투자방법

1. 마켓플레이스 이용

OpenSea, Rarible 등 NFT 마켓플레이스를 통해 마음에 드는 NFT를 구매할 수 있다.

2. 경매 참여

크리스티, 소더비 등 경매 플랫폼에서 고가의 NFT 작품을 경매에 참여하여 구매할 수 있다.

3. 프로젝트 참여

초기 NFT 프로젝트에 참여하여 토큰을 구매하고, 프로젝트가 성장하면서 가치 상승을 기대할 수 있다.

4. 게임 아이템 투자

인기 게임의 NFT 아이템을 구매하여, 게임 내 경제 활성화에 따라 가치 상승을 기대할 수 있다.

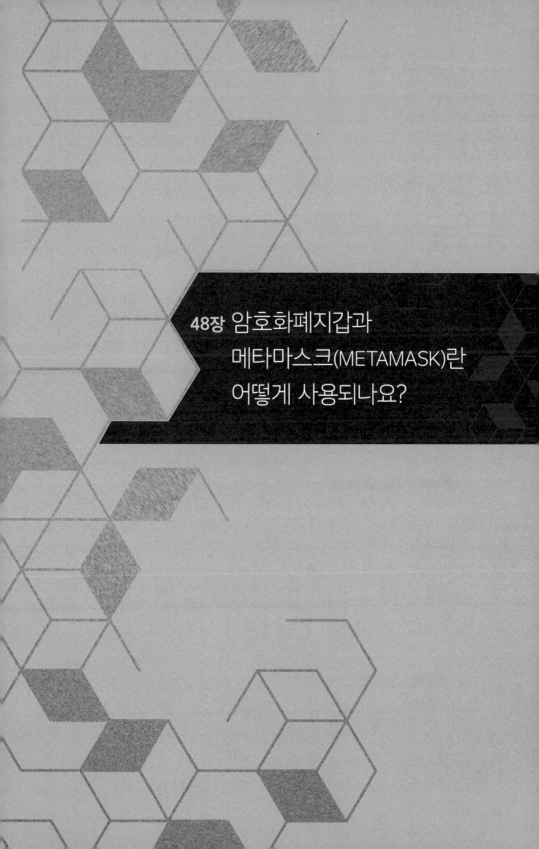

48장 암호화폐지갑과
메타마스크(METAMASK)란
어떻게 사용되나요?

암호화폐 지갑과 METAMASK

암호화폐의 정의

암호화폐 지갑(Cryptocurrency Wallet)은 암호화폐를 저장, 전송, 수신할 수 있는 디지털 도구이다. 암호화폐 지갑은 개인 키와 공개 키를 보관하며, 사용자가 블록체인 네트워크와 상호작용하여 거래를 수행할 수 있도록 한다.

암호화폐 지갑의 특징

1. 개인 키와 공개 키

개인 키는 암호화폐의 소유권을 증명하는 비밀 키이며, 공개 키는 암호화폐를 받을 수 있는 주소이다. 개인 키는 사용자만 알고 있어야 하며, 공개 키는 누구에게나 공개할 수 있다.

2. 블록체인 상의 상호작용

암호화폐 지갑을 통해 사용자는 블록체인 네트워크와 상호작용하여 거래를 생성하고 서명할 수 있다.

3. 보안 기능

암호화폐 지갑은 암호화폐를 안전하게 보관하기 위해 다양한 보안 기능을 제공한다. 예를 들어, 하드웨어 지갑은 물리적으로 개인 키를 보호한다.

암호화폐의 장점

1. 안전한 보관

암호화폐 지갑은 사용자의 자산을 안전하게 보관한다. 특히 하드웨어 지갑은 해킹 위험을 최소화한다.

2. 직접 관리

사용자가 자신의 자산을 직접 관리할 수 있어, 중앙화된 기관의 개입 없이 자유롭게 거래할 수 있다.

3. 다양한 기능

암호화폐 지갑은 송금, 수신, 자산 관리 외에도 스테이킹, DApp 접속 등 다양한 기능을 제공한다.

암호화폐 지갑의 대표적 성공사례

1. Ledger

하드웨어 지갑으로, 높은 보안성과 사용자 친화적 인터페이스로 많은 사용자에게 신뢰받고 있다.

2. MetaMask

이더리움 생태계에서 널리 사용되는 소프트웨어 지갑으로, DApp과의 손쉬운 연결 기능으로 성공을 거두었다.

3. Trust Wallet

다양한 암호화폐를 지원하며, 모바일 지갑으로 높은 사용자 만족도를 얻고 있다.

암호화폐 지갑의 활용 동향

1. DeFi 성장

탈중앙화 금융(DeFi) 서비스의 확산으로, 사용자가 암호화폐 지갑을 통해 다양한 금융 서비스를 이용하고 있다.

2. NFT 거래

NFT(Non-Fungible Token) 거래가 활성화되면서, 암호화폐 지갑의 사용도 증가하고 있다.

3. 크로스체인 기능

다양한 블록체인 간의 자산 이동을 지원하는 크로스체인 기능이 암호화폐 지갑에 도입되고 있다.

암호화폐 지갑 활용분야

1. 자산 관리

사용자는 암호화폐 지갑을 통해 자신의 디지털 자산을 안전하게 보관하고 관리할 수 있다.

2. 거래

암호화폐를 다른 사용자에게 송금하거나 받을 수 있다.

3. DApp 접근

암호화폐 지갑을 통해 다양한 탈중앙화 애플리케이션(DApp)에 접근하고 사용할 수 있다.

4. 스테이킹

암호화폐를 지갑에 예치하여 네트워크 운영에 참여하고 보상을 받을 수 있다.

암호화폐 사용방법

1. 지갑 설치

Ledger, MetaMask, Trust Wallet 등 원하는 지갑을 설치한다.

2. 지갑 생성

지갑을 설치한 후, 새로운 지갑을 생성하고 비밀번호를 설정한다.

3. 개인 키 보관

지갑 생성 시 제공되는 개인 키(또는 비밀 복구 구문)를 안전한 곳에 보관한다.

4. 자산 입금

거래소나 다른 지갑에서 암호화폐를 지갑 주소로 전송하여 입금한다.

5. 거래 수행

송금할 암호화폐의 주소와 금액을 입력하고, 거래를 수행한다. 이때 개인 키를 사용하여 거래에 서명한다.

메타마스크(MetaMask)의 이해

메타마스크(MetaMask)의 정의

MetaMask는 이더리움 블록체인과 호환되는 소프트웨어 지갑으로, 웹 브라우저 확장 프로그램 형태로 제공된다. MetaMask를 사용하면 사용자가 쉽게 이더리움 및 ERC-20 토큰을 관리하고, 탈중앙화 애플리케이션(DApp)과 상호작용할 수 있다.

메타마스크(MetaMask)의 사용방법

1. 설치
Chrome, Firefox, Brave 등 웹 브라우저에 MetaMask 확장 프로그램을 설치한다.

2. 계정 생성
MetaMask를 처음 실행하면 새로운 계정을 생성하고, 비밀번호를 설정한다. 비밀 복구 구문(12단어)을 안전한 곳에 보관한다.

3. 자산 입금
이더리움 또는 ERC-20 토큰을 MetaMask 지갑 주소로 전송하여 입금한다.

4. DApp 사용

MetaMask를 통해 다양한 DApp과 상호작용할 수 있다. DApp 사이트에 접속하면 MetaMask 지갑을 연결하고, 서비스를 이용할 수 있다.

5. 송금

MetaMask에서 "송금" 버튼을 클릭하고, 수신자의 주소와 송금할 금액을 입력한 후 전송한다.

메타마스크(MetaMask)의 활용방안

1. DApp 접근

MetaMask를 통해 다양한 탈중앙화 애플리케이션(DApp)에 접근하고 사용할 수 있다. 예를 들어, Uniswap에서 토큰을 거래하거나, DeFi 플랫폼에서 대출 및 스테이킹을 할 수 있다.

2. NFT 거래

MetaMask를 통해 NFT 마켓플레이스에 접근하여 NFT를 구매, 판매, 관리할 수 있다.

3. 토큰 스왑

MetaMask 내에서 다양한 토큰 간의 교환 기능을 제공하여, 손쉽게 토큰을 스왑할 수 있다.

4. 스마트 계약 상호작용

MetaMask를 통해 스마트 계약과 상호작용하여 다양한 블록체인 기반 서비스를 이용할 수 있다.

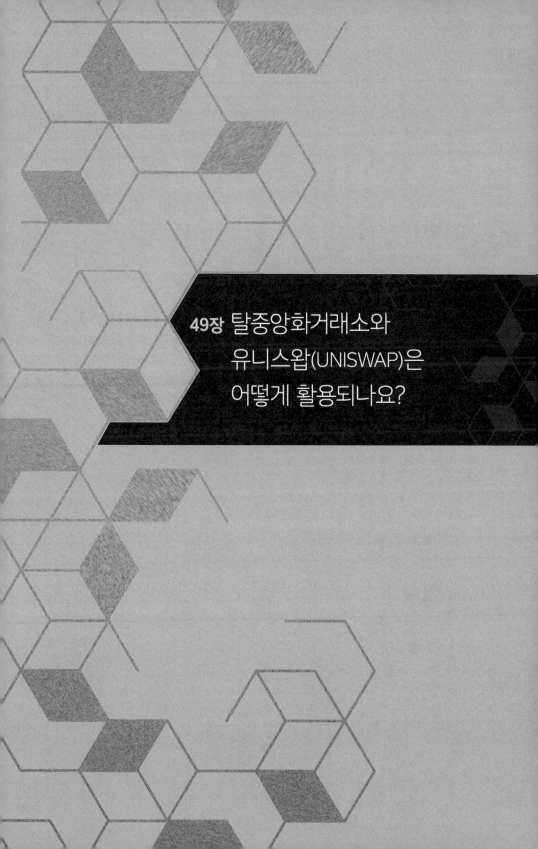

49장 탈중앙화거래소와
유니스왑(UNISWAP)은
어떻게 활용되나요?

탈중앙화거래소의 이해

탈중앙화 거래소(DEX)의 정의

탈중앙화 거래소(Decentralized Exchange, DEX)는 중앙 집중형 거래소(Centralized Exchange, CEX)와 달리, 중앙 권한이 없는 거래소이다. 블록체인 기술을 활용하여 사용자 간의 직접 거래를 지원하며, 중개자 없이 스마트 계약을 통해 거래가 자동으로 이루어진다. DEX는 사용자 자산을 직접 관리하지 않으며, 모든 거래는 블록체인 상에서 투명하게 이루어진다.

탈중앙화 거래소의 특징

1. 탈중앙화

중앙 서버나 중개자가 없는 분산형 시스템으로, 모든 거래가 블록체인에서 이루어진다.

2. 자산 관리

사용자가 자산을 직접 관리하며, 거래소가 자산을 보유하거나 관리하지 않는다.

3. 스마트 계약

거래 조건과 실행이 자동으로 이루어지는 스마트 계약을 통해 거래가 진행된다.

탈중앙화 거래소의 장점

1. 보안성

중앙화 거래소의 해킹 위험이 없다. 사용자가 자신의 자산을 직접 관리하기 때문에 해킹 위험이 줄어든다.

2. 프라이버시 보호

KYC(고객 확인 절차) 없이 거래가 가능하여 사용자 프라이버시가 보호된다.

3. 거래 투명성

모든 거래 내역이 블록체인에 기록되어 투명하게 공개된다.

4. 글로벌 접근성

누구나 인터넷만 있으면 접근할 수 있으며, 지역 제한이 없다.

탈중앙화 거래소의 대표적인 성공사례

1. Uniswap

이더리움 블록체인 위에서 운영되는 대표적인 DEX이다. AMM(Automated Market Maker) 모델을 사용하여 유동성 풀을 통해 거래를 지원한다. Uniswap은 사용자가 직접 유동성 풀에 자산을 예치하고 거래 수수료의 일부를 보상으로 받을 수 있다.

2. SushiSwap

Uniswap의 포크(Fork) 프로젝트로 시작되었으며, 유동성 제공자에게 추가 보상을 제공하여 빠르게 성장했다. SushiSwap은 다양한 DeFi(탈중앙화 금융) 기능을 추가하여 사용자 경험을 확장하고 있다.

3. Curve Finance

스테이블코인 거래에 특화된 DEX로, 매우 낮은 슬리피지와 수수료를 제공하여 스테이블코인 간의 거래에 최적화된 플랫폼이다. 여기에서 슬리피지(Slippage)는 거래를 실행할 때 기대한 가격과 실제로 거래가 체결된 가격 간의 차이를 말한다. 이는 주식, 외환, 암호화폐 등 다양한 금융 시장에서 발생할 수 있다. 슬리피지는 시장의 유동성이 낮거나, 거래량이 많을 때 주로 발생한다.

4. Balancer

유동성 풀을 통해 다중 자산 포트폴리오를 구성하고, 자동으로 자산 비율을 조정할 수 있는 DEX이다.

탈중앙화 거래소의 활용 동향

1. DeFi 성장

탈중앙화 금융(DeFi) 생태계의 성장과 함께 DEX의 활용도 증가하고 있다. 사용자는 DEX를 통해 대출, 차입, 스테이킹 등 다양한 금융 서비스를 이용할 수 있다.

2. 유동성 마이닝

유동성 제공자가 자산을 유동성 풀에 예치하고 보상을 받는 유동성 마이닝(Liquidity Mining)이 활성화되고 있다.

3. 크로스체인 거래

여러 블록체인 간의 자산을 교환할 수 있는 크로스체인 DEX가 개발되어, 다양한 블록체인 생태계 간의 상호운용성을 높이고 있다.

탈중앙화 거래소의 활용분야

1. 암호화폐 거래

사용자가 직접 다양한 암호화폐를 거래할 수 있다.

2. 유동성 제공

유동성 풀에 자산을 예치하여 거래 수수료의 일부를 보상으로 받을 수 있다.

3. DeFi 서비스

대출, 차입, 스테이킹, 수익 농사(Yield Farming) 등 다양한 DeFi 서비스를 제공받을 수 있다.

4. 토큰 스왑

다양한 토큰 간의 교환을 지원하여, 사용자가 원하는 토큰으로 쉽게 교환할 수 있다.

탈중앙화 거래소의 상장방법(상장 절차)

1. 지갑 준비

MetaMask와 같은 이더리움 지갑을 준비하고, 토큰을 보유한다.

2. 유동성 풀 생성

상장할 토큰과 거래할 상대 토큰(예: ETH, USDT 등)을 유동성 풀에 예치한다.

3. 스마트 계약 배포

유동성 풀을 관리하고 거래를 지원하는 스마트 계약을 배포한다.

4. 거래 시작

유동성 풀에 자산을 예치하고, 거래를 시작한다.

5. 마케팅 및 홍보

새로운 토큰 상장을 알리고, 유동성 제공자를 유치하기 위한 마케팅과 홍보를 진행한다.

여기에서 대표적인 탈중앙화거래소인 UNISWAP에 대해 좀 더 자세히 살펴보고자 한다.

유니스왑(Uniswap)의 이해

유니스왑(Uniswap)의 정의

Uniswap은 이더리움 블록체인 위에서 운영되는 탈중앙화 거래소(DEX)이다. 중앙화된 중개자 없이 스마트 계약을 통해 자동으로 거래가 이루어지며, 사용자가 직접 암호화폐를 거래할 수 있는 플랫폼이다. Uniswap은 AMM(Automated Market Maker) 모델을 사용하여 유동성 풀을 통해 거래를 지원한다.

유니스왑(Uniswap)의 작동 원리

Uniswap은 전통적인 오더북(Order Book) 방식 대신 유동성 풀(Liquidity Pool)을 사용한다. 유동성 풀은 두 가지 토큰의 자산으로 구성되며, 유동성 제공자들이 자산을 풀에 예치하고, 거래가 이루어질 때마다 거래 수수료의 일부를 보상으로 받는다. 이 과정은 스마트 계약에 의해 자동으로 처리된다.

유니스왑(Uniswap)의 특징

1. 탈중앙화

중앙 기관이나 중개자 없이 사용자들 간의 직접 거래가 가능하다.

2. 유동성 풀 기반

유동성 풀을 사용하여 거래가 이루어지며, 누구나 유동성 제공자가 되어 자산을 예치할 수 있다.

3. 스마트 계약

거래 조건과 실행이 자동으로 이루어지는 스마트 계약을 통해 거래가 진행된다.

유니스왑(Uniswap)의 장점

1. 보안성

중앙화 거래소의 해킹 위험이 없으며, 사용자가 자산을 직접 관리한다.

2. 프라이버시 보호

KYC(고객 확인 절차) 없이 거래가 가능하여 사용자 프라이버시가 보호된다.

3. 거래 투명성

모든 거래 내역이 블록체인에 기록되어 투명하게 공개된다.

4. 글로벌 접근성

누구나 인터넷만 있으면 접근할 수 있으며, 지역 제한이 없다.

5. 유동성 제공자 보상

유동성 제공자는 거래 수수료의 일부를 보상으로 받을 수 있다.

유니스왑(Uniswap)의 활용 현황

Uniswap은 다양한 암호화폐를 거래할 수 있는 플랫폼으로, 특히 DeFi(탈중앙화 금융) 생태계에서 중요한 역할을 하고 있다. 다음은 Uniswap의 주요 활용 현황이다.

1. 암호화폐 거래

다양한 ERC-20 토큰을 거래할 수 있으며, 새로운 토큰의 상장이 자유롭다.

2. 유동성 마이닝

사용자가 자산을 유동성 풀에 예치하고 거래 수수료의 일부를 보상으로 받는 유동성 마이닝(Liquidity Mining)이 활성화되고 있다.

3. DeFi 서비스 통합

다양한 DeFi 프로젝트와의 통합을 통해 대출, 스테이킹, 수익 농사 (Yield Farming) 등의 서비스를 제공한다.

4. 커뮤니티 주도 개발

커뮤니티의 참여와 기여를 통해 지속적으로 플랫폼을 개선하고 새로운 기능을 추가하고 있다.

유니스왑(Uniswap)의 상장방법

Uniswap에 토큰을 상장하는 과정은 비교적 간단하며, 다음 단계로 이루어진다.

1. 지갑 준비

MetaMask와 같은 이더리움 지갑을 준비하고, 상장할 토큰과 거래 상대 토큰(예: ETH)을 보유한다.

2. Uniswap 접속

Uniswap 웹사이트에 접속하여 지갑을 연결한다.

3. 유동성 풀 생성

Uniswap의 "Pool" 섹션에서 "Add Liquidity"를 클릭한다. 상장할 토큰과 거래할 상대 토큰(예: ETH)을 선택하고, 유동성 풀에 예치할 자산의 양을 입력한다.

4. 스마트 계약 배포

유동성 풀을 생성하고 스마트 계약을 배포한다. 이 과정에서 이더리움 네트워크의 거래 수수료(가스비)가 발생한다.

5. 거래 시작

유동성 풀이 생성되면, 사용자는 Uniswap에서 해당 토큰을 거래할 수 있다.

6. 마케팅 및 홍보

새로운 토큰 상장을 알리고, 유동성 제공자를 유치하기 위한 마케팅과 홍보를 진행한다. 이는 토큰의 인지도를 높이고 거래를 활성화하는 데 중요하다.

유니스왑(Uniswap)의 개요

유니스왑은 이더리움 블록체인 위에서 동작하는 탈중앙화 거래소(DEX)이다. 중앙화된 거래소와 달리, 유니스왑은 스마트 계약을 통해 자동으로 거래를 실행한다.

유니스왑(Uniswap)의 특징

- 자동화된 시장 메이커(AMM): 유니스왑은 전통적인 오더북 대신 유동성 풀을 이용하여 거래를 처리한다.
- 탈중앙화: 중앙 기관의 개입 없이 사용자가 직접 거래를 수행할 수 있다.
- 유동성 제공자: 누구나 유동성 풀에 자금을 예치하고 거래 수수료의 일부를 받을 수 있다.

유니스왑(Uniswap)의 작동 방식

1. 유동성 풀: 두 종류의 토큰으로 구성된 풀에 유동성 제공자가 자금을 예치한다.
2. 가격 결정: 유니스왑의 알고리즘에 따라 토큰의 가격이 자동으로 결정된다.
3. 거래 실행: 사용자는 원하는 토큰을 유니스왑 인터페이스를 통해 거래한다.

유니스왑(Uniswap)의 장점

- 자유로운 상장: 누구나 유동성 풀을 생성하여 토큰을 상장할 수 있다.
- 보안성: 중앙화 거래소의 해킹 위험이 적다.
- 거래 비용 절감: 중개자가 없으므로 거래 수수료가 상대적으로 낮다.

탈중앙화 거래소의 정의

탈중앙화 거래소(Decentralized Exchange, DEX)는 중앙화된 중개자 없이 사용자들 간에 직접 암호화폐를 거래할 수 있는 플랫폼이다. 블록체인 기술을 기반으로 하며, 스마트 계약을 통해 거래가 자동으로 이루어진다. DEX는 중앙 서버를 사용하지 않으므로 해킹 위험이 낮고, 사용자 프라이버시를 보호한다.

유니스왑(Uniswap)의 개요

Uniswap은 이더리움 블록체인 위에서 동작하는 대표적인 탈중앙화 거래소이다. Uniswap은 Automated Market Maker(AMM) 모델을 사용하여 유동성 풀을 통해 거래를 수행한다. 이 플랫폼은 사용자들이 직접 거래를 하고 유동성을 제공하여 수익을 얻을 수 있도록 설계되었다.

탈중앙화 거래소의 활용분야

1. 암호화폐 거래
사용자들이 직접 다양한 암호화폐를 거래할 수 있다.

2. 유동성 제공
유동성 제공자가 자산을 유동성 풀에 예치하여 거래 수수료를 받을 수 있다.

3. 탈중앙화 금융(DeFi)

대출, 차입, 스테이킹 등 다양한 금융 서비스를 이용할 수 있다.

4. 토큰 스왑

다양한 토큰 간의 교환이 가능하다.

5. 유동성 마이닝

유동성을 제공하고 보상으로 토큰을 받을 수 있는 유동성 마이닝에 참여할 수 있다.

탈중앙화 거래소 적용의 성공사례

1. Uniswap

2020년 "DeFi Summer"를 통해 폭발적인 성장을 이루었으며, 현재도 활발히 이용되고 있다.

2. SushiSwap

Uniswap의 포크 프로젝트로, 유동성 제공자들에게 추가 보상을 제공하여 빠르게 성장했다.

3. Balancer

여러 자산을 하나의 유동성 풀에 담아 분산 투자와 거래를 동시에 할 수 있도록 한다.

탈중앙화 거래소의 대표적인
Marketplace인 Uniswap 개요

Uniswap은 2018년 하이든 애덤스(Hayden Adams)에 의해 설립된 탈중앙화 거래소이다. Uniswap은 AMM 모델을 사용하여 유동성 풀 기반 거래를 제공한다. 누구나 유동성 풀을 생성하고 토큰을 상장할 수 있으며, 거래 수수료의 일부를 유동성 제공자에게 분배한다.

유니스왑(Uniswap)의 특징

- 자동화된 시장 메이커(AMM): 유동성 풀을 이용한 자동화된 거래
- 탈중앙화: 중앙 기관의 개입 없이 거래
- 유동성 제공자: 유동성 풀에 자산을 예치하고 거래 수수료의 일부를 획득

탈중앙화 거래소 활용방안

1. 자산 거래
다양한 암호화폐를 직접 거래하여 유동성을 확보할 수 있다.

2. 유동성 제공
유동성 풀에 자산을 예치하여 거래 수수료의 일부를 받을 수 있다.

3. 투자 및 수익 창출

유동성 제공, 유동성 마이닝 등 다양한 방법으로 수익을 창출할 수 있다.

4. 탈중앙화 금융 서비스

대출, 스테이킹, 보험 등 DeFi 서비스를 이용할 수 있다.

5. 토큰 발행 및 상장

프로젝트가 자체 토큰을 발행하고 Uniswap과 같은 DEX에 상장하여 자금을 조달할 수 있다.

탈중앙화 거래소 Uniswap의 사용방법

1. 지갑 준비

- MetaMask 설치: 웹 브라우저 확장 프로그램인 MetaMask를 설치한다.
- 이더리움 구매: 이더리움을 구매하여 MetaMask 지갑에 입금한다.

2. Uniswap 접속

- Uniswap 웹사이트 접속: Uniswap의 공식 웹사이트에 접속한다.

3. 지갑 연결

- MetaMask 지갑 연결: Uniswap 웹사이트에서 "Connect Wallet" 버

튼을 클릭하고 MetaMask 지갑을 연결한다.

4. 토큰 스왑

- 토큰 선택: 스왑하려는 토큰과 받을 토큰을 선택한다.
- 금액 입력: 스왑할 토큰의 금액을 입력한다.
- 거래 확인: 거래를 확인하고 MetaMask 지갑에서 트랜잭션을 승인한다.

5. 유동성 제공

- 유동성 풀 선택: 유동성을 제공할 토큰 페어를 선택한다.
- 토큰 예치: 두 가지 토큰을 유동성 풀에 예치한다.
- 수익 확인: 거래 수수료의 일부를 유동성 제공 보상으로 받는다.

6. 유동성 제거

- 유동성 제거: 원할 경우 유동성 풀에서 토큰을 인출할 수 있다.
- 보상 수령: 인출 시 유동성 제공 보상도 함께 수령한다.

참고문헌

1.   KBS 파노라마 비트코인, 가상화폐의 도전, 2014
2.   리샤오라이 등… 중국서 잠적한 암호화폐 대가는 누구?, https://www.blockdaily. com/2018/11/13/3368/
3.   https://en.wikipedia.org/wiki/Roger_Ver
4.   우지한: 비트메인 창업자, 중국 채굴왕 - 인공지능 칩 개발, 해시넷, https://blog.naver. com/hashnet/221368879274
5.   세그윗(Segwit)이란 무엇인가?, http://bit.ly/2S1wYTS
6.   중국 한 언론매체, 우지한의 사임을 언급하다, http://cointoday.co.kr/all-news/24731/
7.   블록체인노믹스, 오세현, 김종승 한국경제신문, pp. 15~17
8.   외계어 없이 이해하는 암호화폐: 비트코인부터 시작하는 블록체인 & 가상화폐 입문서, 송범근 지음, 책배, 2018
9.   블록체인의 미래, 오키나 유리, 야나가와 노리유키, 이와시타 나오유키 편저, 이현욱 옮김, 한스미디어, 2018. 6. pp. 102~105
10.   KBS 파노라마 가상화폐 비트코인, 2014
11.   만화로 배우는 블록체인, 윤진 글, 이슬 그림, Whale books, 2018. 7.
12.   분산경제 시대… 차움, 그릭, 부테린, 로저버 한자리에, https://crosswave.net/?p=4061
13.   블록체인 ICO의 개요, 딜로이트안진회계법인, 김유석, 2018. 5.
14.   https://www.blockchain.com/ko/charts/market-price?timespan=2year
15.   https://bitcoin.org/ko/
16.   https://bitcoin.org/ko/
17.   60분 만에 아는 블록체인, 가상화폐 비즈니스 연구회 지음, 국일증권경제연구소
18.   Bitcoin P2P e-cash paper, http://www.metzdowd.com/pipermail/cryptography/2008-October/014810.html
19.   https://bitcoin.org/bitcoin.pdf
20.   https://youtu.be/9sTvYuxcii8
21.   블록체인노믹스, 오세현, 김종승 한국경제신문, 2018 p. 29
22.   60분 만에 아는 블록체인, 가상화폐 비즈니스 연구회 지음, 국일증권경제연구소
23.   60분 만에 아는 블록체인, 가상화폐 비즈니스 연구회 지음, 국일증권경제연구소
24.   만화로 배우는 블록체인, 윤진 글, 이슬 그림, Whale books, 2018. 7.
25.   비트코인 전 세계 전기 0.5% 소모… "아일랜드 소모량과 맞먹어" https://tokenpost.kr/article-2697
26.   www.blockchain.com/ko/pools?(2019년 1월 27일 현재)
27.   블록체인의 미래, 오키나 유리, 야나가와 노리유키, 이와시타 나오유키 편저, 이현욱 옮김, 한스미디어, 2018. P86
28.   KBS 파노라마 가상화폐 비트코인, 2014
29.   http://it.chosun.com/site/data/html_dir/2018/07/03/2018070301753.html
30.   네델란드 스히폴(Schiphol) 공항에 설치된 비트코인 ATM, 조선일보(2018. 7. 3)
31.   https://coinatmradar.com/

32. 독일 베를린, 유럽 블록체인 수도로 떠올라, https://busan.fnnews.com/news/201810300749555507
33. https://www.ethereum.org/foundation
34. https://www.ethereum.org/
35. https://blog.naver.com/hashnet/221399618462
36. 블록체인노믹스, 오세현, 김종승 한국경제신문, 2018
37. https://etherscan.io/tokens
38. https://etherscan.io
39. http://ethstats.net
40. https://coinmarketcap.com/ko
41. https://coinmarketcap.com/ko/
42. https://coinmarketcap.com/kor/(2018년 12월 29일 현재)
43. 만화로 배우는 블록체인, 윤진 글, 이솔 그림, Whale books, 2018. 7.
44. 라이트코인, https://litecoin.com/en/
45. https://github.com/
46. https://www.bitcoincash.org/
47. 비트코인개시 하드포크 완료, 결국 둘로 쪼개져, https://www.coindeskkorea.com/bchhardforked/
48. https://worldpaymentsreport.com/wp-content/uploads/sites/5/2018/10/World-Payments-Report-WPR-2018.pdf
49. 만화로 배우는 블록체인, 윤진 글, 이솔 그림, Whale books, 2018. 7. pp.208-209
50. https://ripple.com/xrp/
51. https://www.stellar.org/
52. 만화로 배우는 블록체인, 윤진 글, 이솔 그림, Whale books, 2018. 7. pp.210-213
53. 이더리움을 활용한 블록체인 프로젝트 구축: 쉽게 접하는 블록체인 개발, 나라얀 프루스티 지음, 천민욱 옮김, 2018, Packt
54. 만화로 배우는 블록체인, 윤진 글, 이솔 그림, Whale books, 2018. 7. p. 180
55. https://www.dash.org/
56. https://ww.getmonero.org/
57. https://z.cash/
58. https://www.the4thwave.co.kr/index.php/2018/03/19/alt03191/
59. 새로운 인터넷의 백본이 될 이더리움, http://bit.ly/2VaDJ4t
60. https://cryptozombies.io/
61. 만화로 배우는 블록체인, 윤진 글, 이솔 그림, Whale books, 2018. 7. p. 180. pp. 250-254
62. 만화로 배우는 블록체인, 글 윤진, 그림 이솔, p. 31
63. 블록체인노믹스, 오세현, 김종승 한국경제신문, 2018, pp. 72-73 발췌 인용

64. 만화로 배우는 블록체인, 글 윤진, 그림 이솔, whale books pp140~153 발췌인용
65. 블록체인노믹스, 오세현, 김종승 한국경제신문, 2018 pp.71~72
66. https://www.ibm.com/blockchain/kr-ko/hyperledger.html
67. https://www.ibm.com/blockchain/kr-ko/hyperledger.html
68. 외계어 없이 이해하는 암호화폐: 비트코인부터 시작하는 블록체인 & 가상화폐 입문서, 송범근 지음, 책배, 2018
69. 라이트닝 네트워크, https://bit.ly/2yOOf5E
70. https://bit.ly/2Kl2nsq
71. 비트코인 캐시 하드포크, http://blockinpress.com/archives/10576
72. 블록체인의 미래, 오키나 유리, 야나기와 노리유키, 이와시타 나오유키 편저, 이현욱 옮김, 한스미디어, 2018. 6. p. 72
73. https://eos.io/
74. http://fortune.com/the-ledger-40-under-40/dan-larimer-12/
75. 만화로 배우는 블록체인, 윤진 글, 이솔 그림, Whale books, 2018. 7. pp. 218-221
76. 외계어 없이 이해하는 암호화폐: 비트코인부터 시작하는 블록체인 & 가상화폐 입문서, 송범근 지음, 책배, 2018
77. INSIDE FINTECH http://insidefintech.co.kr/2018/a1.php#AG0042
78. https://vc.eos.io/
79. 외계어 없이 이해하는 암호화폐: 비트코인부터 시작하는 블록체인 & 가상화폐 입문서, 송범근 지음, 책배, 2018
80. https://www.cardano.org/en/home/
81. https://youtu.be/EupjS7h4LRU
82. http://cardanoroadmap.com
83. https://qtum.org/en
84. https://neo.org/
85. 외계어 없이 이해하는 암호화폐: 비트코인부터 시작하는 블록체인 & 가상화폐 입문서, 송범근 지음, 책배, 2018
86. https://en.wikipedia.org/wiki/NEO_(cryptocurrency)
87. STO 플랫폼, 왜 필요해?, http://bit.ly/2EXTh63
88. 하룻밤에 읽는 블록체인, 정민아 미크 게이츠 지음, 안명호 감수, 블루메가수스, 2018
89. 블록체인 무엇인가?.....수학, 코딩 몰라도 이해하는 비유의 힘, 다니엘 드레셔 지음, 이병욱 옮김, 이지스퍼블리싱, 2018, p. 45
90. 금융권 블록체인 활용 방안에 대한 정책 연구, 홍승필, 전자금융과 금융보안, 제6호, 2016-04
91. 금융권 블록체인 활용 방안에 대한 정책 연구, 홍승필, 전자금융과 금융보안, 제6호, 2016-04
92. 블록체인노믹스, 오세현, 김종승 한국경제신문, 2018, pp. 64-68에서 발췌 인용
93. 블록체인노믹스, 오세현, 김종승 한국경제신문, 2018, pp. 65-66에서 발췌 인용
94. 블록체인노믹스, 오세현, 김종승 한국경제신문, 2018, pp. 69-70에서 발췌 인용
95. https://www.ibm.com/blockchain/kr-ko/hyperledger.html

96. 블록체인 ICO의 개요, 딜로이트안진회계법인, 김유석, 2018. 5.
97. 외계어 없이 이해하는 암호화폐: 비트코인부터 시작하는 블록체인 & 가상화폐 입문서, 송범근 지음, 책배, 2018
98. 외계어 없이 이해하는 암호화폐: 비트코인부터 시작하는 블록체인 & 가상화폐 입문서, 송범근 지음, 책배, 2018
99. 블록체인과 암호화폐는 경제학이 필요하다, ttps://bit.ly/2LVklCu
100. 블록체인 무엇인가? 수학, 코딩 몰라도 이해하는 비유의 힘, 다니엘 드레셔 지음, 이병욱 옮김, 이지스퍼블리싱, 2018, pp237~238
101. 대한민국 과학기술정보통신부, https://www.msit.go.kr/web/main/main.do
102. 블록체인의 약점 '속도': 샤딩 기술로 끌어 올린다, http://bit.ly/2EVtlTO
103. 블록체인의 미래, 오키나 유리, 야나가와 노리유키, 이와시타 나오유키 편저, 이현욱 옮김, 한스미디어, 2018, pp. 25~30
104. 블록체인 무엇인가?: 수학, 코딩 몰라도 이해하는 비유의 힘, 다니엘 드레셔 지음, 이병욱 옮김, 이지스퍼블리싱, 2018, p57
105. 블록체인의 미래, 오키나 유리, 야나가와 노리유키, 이와시타 나오유키 편저, 이현욱 옮김, 한스미디어, 2018, pp. 87~88
106. 블록체인 무엇인가?: 수학, 코딩 몰라도 이해하는 비유의 힘, 다니엘 드레셔 지음, 이병욱 옮김, 이지스퍼블리싱, 2018, p52
107. 블록체인 ICO의 개요, 딜로이트안진회계법인, 김유석, 2018. 5.
108. https://www.researchgate.net/figure/Typical-blockchain-structure_fig1_321140497
109. 암호를 풀어보자 http://bit.ly/2VjLLl5
110. https://en.wikipedia.org/wiki/David_Chaum
111. https://twitter.com/adam3us
112. https://en.bitcoinwiki.org/wiki/Wei_Dai
113. https://www.thetimes03jan2009.com/
114. 블록체인의 미래, 오키나 유리, 야나가와 노리유키, 이와시타 나오유키 편저, 이현욱 옮김, 한스미디어, 2018, pp. 100~101
115. 블록체인의 미래, 오키나 유리, 야나가와 노리유키, 이와시타 나오유키 편저, 이현욱 옮김, 한스미디어, 2018, pp. 35~37
116. 이더리움을 활용한 블록체인 프로젝트 구축: 쉽게 접하는 블록체인 개발, 나라얀 프루스티 지음, 천민욱 옮김, 2018
117. 60분 만에 아는 블록체인, 가상화폐 비즈니스 연구회 지음/ 주식회사 블록체인허브 감수/ 이해란 옮김, 국일증권경제연구소
118. 외계어 없이 이해하는 암호화폐: 비트코인부터 시작하는 블록체인 & 가상화폐 입문서, 송범근 지음, 책배, 2018
119. 블록체인노믹스, 오세현, 김종승 한국경제신문, 2018, p30
120. The Trust Machine, https://www.economist.com/leaders/2015/10/31/the-trust-machine

121. Who is Nick Szabo?, https://coincentral.com/who-is-nick-szabo/
122. A Beginner's Guide to Smart Contracts, https://youtu.be/RZXJMdAk5zk
123. 블록체인의 미래, 오키나 유리, 야나가와 노리유키, 이와시타 나오유키 편저, 이현욱 옮김, 한스미디어, 2018, pp220~222
124. 블록체인노믹스, 오세현, 김종승 한국경제신문, 2018, pp76~79
125. 만화로 배우는 블록체인, 글 윤진, 그림 이솔, whale books p46
126. 블록체인노믹스, 오세현, 김종승 한국경제신문, 2018, pp79~80
127. https://hackernoon.com/what-are-decentralized-applications-dapps-3b63b4d587fe
128. https://www.stateofthedapps.com/
129. 이더리움을 활용한 블록체인 프로젝트 구축: 쉽게 접하는 블록체인 개발, 나라얀 프루스티 지음, 천민욱 옮김, 2018, pp. 27~28
130. https://tokenpost.kr/terms/5447
131. 블록체인의 미래, 오키나 유리, 야나가와 노리유키, 이와시타 나오유키 편저, 이현욱 옮김, 한스미디어, 2018, p209
132. https://www.ethereum.org/dao
133. 블록체인의 미래, 오키나 유리, 야나가와 노리유키, 이와시타 나오유키 편저, 이현욱 옮김, 한스미디어, 2018, pp. 100~111
134. https://blockchainhub.net/dao-decentralized-autonomous-organization/
135. https://www.ethereum.org/
136. https://ethereumclassic.org/
137. 블록체인의 미래, 오키나 유리, 야나가와 노리유키, 이와시타 나오유키 편저, 이현욱 옮김, 한스미디어, 2018, pp. 61~62
138. 이더리움을 활용한 블록체인 프로젝트 구축, 나라얀 프루스티 지음, 천민욱 옮김, 2018, pp. 31~36
139. https://altcoinwiki.org/en/Decentralized_autonomous_corporation
140. 7 wild predictions Bill Gates has made that could come true, https://read.bi/2rg6Ntu
     Bill Gates's 7 predictions for our future, http://bit.ly/2zGd0mZ
141. KBS 파노라마 비트코인, 가상화폐의 도전, 2014
142. 620조 해외 송금시장을 잡아라, https://decenter.sedaily.com/NewsView/1S8IXTRVM4
143. 스위스 NGO, 아프리카 불우아동 기부금 암호화폐로 모금, https://tokenpost.kr/article-3179
144. http://www.stellar.org
145. BlockN's Pick, Amelia Lee, 2018. 11. 12
146. 블록체인과 4차 산업혁명: 뉴스 네트워크 분석을 중심으로, 이호, 정보통신정책연구원, 2018.5.15
147. 가트너(Gatner) 2017년 10대 전략기술 트렌드 분석 http://bit.ly/2FBCrM4
148. IoT란? https://en.wikipedia.org/wiki/Internet_of_things
149. 블록체인노믹스, 오세현, 김종승 한국경제신문, 2018, pp. 90~111
150. 60분 만에 아는 블록체인, 가상화폐 비즈니스 연구회 지음/ 주식회사 블록체인허브 감수/

이해란 옮김, 국일증권경제연구소

151. 사물인터넷(Internet of Things), 민경식, Net Term, OTT 서비스, 한국인터넷진흥원(KISA)
152. 블록체인노믹스, 오세현, 김종승 한국경제신문, 2018, pp. 90~94
153. 네이버 두산백과 '인공지능이란?'
154. 완벽한 인공지능구현, '기초과학 연구'가 필수, http://bit.ly/2ArOTsC
155. 블록체인 세상 여행하기…예정된 미래 2025, 김현우, 아시아경제TV 블록체인연구소 지음, 클라우드나인, 2018, pp. 24~25
156. 블록체인노믹스, 오세현, 김종승 한국경제신문, 2018, pp.59~61
157. 블록체인 생태계 분석과 시사점, 김성준, Issue Paper 2017-09, 한국과학기술기획평가원 KISTEP
158. 블록체인이 가져올 경영 패러다임의 변화, 금융을 넘어 전 산업으로(삼정 KPMG 경제연구원, 2016. 9
159. 블록체인 기술 활용 가능 분야, 삼정KPMG, 경제연구원
160. 블록체인 기술의 산업동향 및 특허동향, 한국지식재산연구원, 2017
161. 블록체인 보고서 총망라, https://brunch.co.kr/@kakao-it/265
162. 60분 만에 아는 블록체인, 가상화폐 비즈니스 연구회 지음/ 주식회사 블록체인허브 감수/ 이해란 옮김, 국일증권경제연구소
163. Jaarfar Jackson Tokenizing, http://bit.ly/2BSgGT0
164. 60분 만에 아는 블록체인, 가상화폐 비즈니스 연구회 지음/ 주식회사 블록체인허브 감수/ 이해란 옮김, 국일증권경제연구소
165. 60분 만에 아는 블록체인, 가상화폐 비즈니스 연구회 지음/ 주식회사 블록체인허브 감수/ 이해란 옮김, 국일증권경제연구소
166. 블록체인이란? 기업 분야에서의 활용성은?, http://bit.ly/2Ty4xdZ
167. https://en.wikipedia.org/wiki/Genpact
168. 블록체인이란? 기업 분야에서의 활용성은?, http://bit.ly/2Ty4xdZ
169. https://www.accenture.com/us-en/service-blockchain-financial-services
170. 50+ Examples of How Blockchains are Taking Over the World, http://bit.ly/2qXyAi2
171. https://essentia.one/
172. 50+ Examples of How Blockchains are Taking Over the World, http://bit.ly/2qXyAi2
173. 50+ Examples of How Blockchains are Taking Over the World, http://bit.ly/2qXyAi
174. 블록체인 세상 여행하기… 예정된 미래 2025, 김현우, 아시아경제TV 블록체인연구소 지음, 클라우드나인, 2018, p50
175. 60분 만에 아는 블록체인, 가상화폐 비즈니스 연구회 지음/ 주식회사 블록체인허브 감수/ 이해란 옮김, 국일증권경제연구소
176. 하룻밤에 읽는 블록체인, 정민아 마크 게이츠 지음, 안명호 감수, 블루메가수스, 2018
177. https://e-estonia.com/
178. 비트코인 세계를 장악하려는 일본의 야망, http://bit.ly/2QgSl98
179. https://www.stateofthedapps.com/rankings/category/social?page=1

180. 돈 버는 SNS '스팀잇(Steemit)'의 현황과 한계, KB금융지주경영연구소, 2018.7.16
181. 외계어 없이 이해하는 암호화폐: 비트코인부터 시작하는 블록체인 & 가상화폐 입문서, 송범근 지음, 책배, 2018
182. 만화로 배우는 블록체인, 윤진 글, 이솔 그림, Whale books, 2018, pp280~291
183. "리버스 ICO 주목하라" 개인방송+암호화폐 '기프토', http://www.ddaily.co.kr/news/article.html?no=166857
184. BlockN's Pick, Amelia Lee, 2018. 11. 12
185. https://www.upliveapps.com/home
186. 2세대 블록체인 기반 SNS가 온다, http://bit.ly/2QgHTYM
187. 가상통화 관련 주요국의 정책 현황과 시사점, 대외경제정책연구원(KIEP), 2018.02.18
188. 60분 만에 아는 블록체인, 가상화폐 비즈니스 연구회 지음/ 주식회사 블록체인허브 감수/ 이해란 옮김, 국일증권경제연구소
189. IMF, '블록체인·암호화폐'에 특별 관심…"기술 연구·실험에 전력할 것", https://tokenpost.kr/article-4844
190. SEC/암호화폐 관련 뉴스, https://cointelegraph.com/tags/sec
191. 블록체인의 5가지 문제점, http://bit.ly/2r30n0K
192. http://www.itworld.co.kr/news/107168?page=0,1
193. 3세대 블록체인이란 무엇인가?, https://brunch.co.kr/@kchain/1
194. 블록체인의 미래, 오키나 유리, 야나가와 노리유키, 이와시타 나오유키 편저, 이현욱 옮김, 한스미디어, 2018, pp. 57~62
195. 블록체인과 콘텐츠 생태계, 김정수, http://www.kocca.kr/n_content/vol09/vol09_09.pdf
196. EOS 플랫폼 하에서 디앱 사용자수(24시간), https://www.stateofthedapps.com/rankings/platform/eos
197. 블록체인과 콘텐츠 생태계, 김정수, http://www.kocca.kr/n_content/vol09/vol09_09.pdf
198. 서비스 사업 성공을 위한 4요소, http://www.hbrkorea.com/magazine/article/view/1_1/article_no/120
199. 서비스로서의 블록체인 시장 현황과 사용 사례, http://www.itworld.co.kr/news/110987
200. 블록체인, 플랫폼을 넘어 서비스로, https://news.joins.com/article/23045290
201. 블록체인 미래? '기술 상용화'에 달렸다, http://bit.ly/2DTHdmh
202. 블록체인 무엇인가? 수학, 코딩 몰라도 이해하는 비유의 힘, 다니엘 드레셔 지음, 이병욱 옮김, 이지스퍼블리싱, 2018, pp.267~270
203. 블록체인 생태계 분석과 시사점, 김성준, Issue Paper 2017-09, 한국과학기술기획평가원 KISTEP
204. "블록체인은 전자정부 이끌 미래의 인프라", http://bit.ly/2FBdXCs
205. https://www.funderbeam.com
206. 에스토니아 펀더빔, https://www.funderbeam.com/
207. 블록체인의 미래, 오키나 유리, 야나가와 노리유키, 이와시타 나오유키 편저, 이현욱 옮김, 한스미디어, 2018, p51

208.   Everledger, https://www.everledger.io
209.   블록체인의 미래, 오키나 유리, 야나가와 노리유키, 이와시타 나오유키 편저, 이현욱 옮김,
        한스미디어, 2018, pp. 52~54
210.   크립토 밸리, 스위스, https://cryptovalley.swiss/
211.   블록체인 세상 여행하기⋯예정된 미래 2025, 김현우, 아시아경제TV 블록체인연구소 지음,
        클라우드나인, 2018, pp. 55~58
212.   https://business.nasdaq.com/market-tech/
213.   미국의 장외 주식시장 "OTCBB", http://www.dt.co.kr/contents.html?article_
        no=20000303815002
214.   Chain.com https://chain.com/sequence/
215.   하룻밤에 읽는 블록체인, 정민아 마크 게이츠 지음, 안명호 감수, 블루메가수스, 2018
216.   https://www.webjetlimited.com/our-story/
217.   https://www.webjetlimited.com/
218.   https://www.webjetlimited.com/our-story/
219.   https://www.ubitquity.io/
220.   https://www.ubitquity.io/
221.   Is Singapore Airlines' blockchain-based loyalty program a good move for consumers
        and the company?, http://bit.ly/2DFYUF7
222.   https://www.ascribe.io
223.   https://www.teempla.com
224.   http://dev.bitproof.io
225.   http://bit.ly/2AkRPX5
226.   하룻밤에 읽는 블록체인, 정민아 마크 게이츠 지음, 안명호 감수, 블루메가수스, 2018
227.   https://openbazaar.org/
228.   이더리움을 활용한 블록체인 프로젝트 구축: 쉽게 접하는 블록체인 개발, 나라얀 프루스티
        지음, 천민욱 옮김, 2018
229.   https://filecoin.io/
230.   외계어 없이 이해하는 암호화폐: 비트코인부터 시작하는 블록체인 & 가상화폐 입문서, 송
        범근 지음, 책배, 2018
231.   https://www.civic.com/
232.   Civic Secure Identity Platform https://youtu.be/2XDGX41nr1o
233.   외계어 없이 이해하는 암호화폐: 비트코인부터 시작하는 블록체인 & 가상화폐 입문서, 송
        범근 지음, 책배, 2018
234.   https://www.factom.com/
235.   딜로이트안진회계법인, 김유석, 블록체인 ICO의 개요, 2018. 5.
236.   http://bit.ly/2FDm8hH
237.   https://coinpan.com/

238. 알기쉬운 암호화폐 용어 첫걸음, 한국블록체인기술금융㈜, 염후권, 최희송, 김회승 엮음, 중앙경제평론사, 2018

239. 카카오, 블록체인 플랫폼 '클레이튼' 10월 공개… 보상형 코인 '클레이' 발행, https://www.tokenpost.kr/article-4073

240. 카카오·라인 블록체인 전략의 실체, http://bit.ly/2DVqQFQ

241. '하이콘' 글로스퍼, 저작권 기술 R&D지원 대상으로 선정, http://www.coinreaders.com/2156

242. http://www.seumlaw.com

243. https://www.ibm.com/kr-ko/?ar=1

244. 블록체인노믹스, 오세현, 김종승 한국경제신문, 2018, p12

245. https://scgn.smartdubai.ae/pdf/dubai-blockchain-strategy.pdf

246. 두바이, 블록체인 정부의 포문을 열다, http://bit.ly/2BuXeNl

247. 에스토니아 X-Road https://e-estonia.com/solutions/interoperability-services/x-road/

248. 블록체인의 미래, 오키나 유리, 야나가와 노리유키, 이와시타 나오유키 편저, 이현욱 옮김, 한스미디어, 2018, p. 47

249. 몰타 총리, "블록체인 발전이 암호화폐를 미래의 돈으로 만들 것이다", https://www.coinpress.co.kr/2018/10/01/10338/

250. UN 총회 참석한 몰타 총리 "암호화폐는 피할 수 없는 미래의 돈", https://www.decenter.kr/NewsView/1S5R7R0WFU/GZ01

251. 유럽의 작은 섬나라 몰타는 어떻게 '블록체인 천국' 됐나, http://bit.ly/2TrnNZH

252. "누구라도 오라, 여긴 블록체인 기회의 땅"…전세계 향한 몰타의 '러브콜', http://bit.ly/2SBdNwW

253. 60분 만에 아는 블록체인, 가상화폐 비즈니스 연구회 지음/ 주식회사 블록체인허브 감수/ 이해란 옮김, 국일증권경제연구소

254. 블록체인과 부동산, http://www.retailon.kr/on/bbs/board.php?bo_table=r1_02&wr_id=820

255. 스위스 추크주, 블록체인 투표 성공리에 마쳐, https://tokenpost.kr/article-3263

256. 마어키바우만銀 "암호화폐 자산 수용 결정"…스위스 2번째, https://tokenpost.kr/article-3709

257. 스위스 블록체인 스타트업 금융업체 승인 받아…내년 은행 라이선스 목표, https://tokenpost.kr/article-4093

258. 인도, 미국·일본·스위스 등 선도국에 암호화폐 조사 시찰단 파견한다, https://tokenpost.kr/article-4044

259. 4차 산업혁명과 블록체인, 한국금융연구원 미래금융연구센터, 최공필

260. https://www.iosco.org/

261. 신뢰할 수 있는 4차 산업혁명을 구현하는 블록체인 기술 발전전략, 과학기술정보통신부, 2018. 6

262. 블록체인, 어디에 응용하고 있나? - 응용 사례와 분야별 특성을 중심으로 - 민대홍, 박종현,

263. 최선미, 허필선, 김헌진, 민수진, 박경진, 송근혜, 조진실, 최가은, ETRI_Insight Report 2018 이더리움을 활용한 블록체인 프로젝트 구축: 쉽게 접하는 블록체인 개발, 나라얀 프루스티 지음, 천민욱 옮김, 2018, p39
264. https://investor.gartner.com/governance/board-of-directors/default.aspx
265. 공공분야에 구현, 전자정부서비스 진화 빨라진다, http://bit.ly/2P2zhAg
266. 혁신성장을 위한 사람 중심의 4차 산업혁명 대응계획 주요 내용, http://bit.ly/2GxLEoX
267. 크립토 밸리에 가다. 세계 최초 ICO '마스터코인' 창업자 론 그로스, http://bit.ly/2F9J873
268. https://youtu.be/Pqh7EerSeXU
269. Ron Gross Twitter http://bit.ly/2C3OaOr
270. 블록체인은 우리 회사에 맞는 기술일까?, http://bit.ly/2DUWVhf
271. 딜로이트안진회계법인, 김유석, 블록체인 ICO의 개요, 2018. 5.
272. http://news.mk.co.kr/newsRead.php?year=2018&no=502032
273. http://news.mk.co.kr/newsRead.php?year=2018&no=502032
274. ICO 진행시 염두해야 할 법적 쟁점 네 가지, http://bit.ly/2Q3MG0m
275. Report of Investigation Pursuant to Section 21(a) of the Securities Exchange Act of 1934: The DAO, Release No. 81207 / July 25, 2017
276. https://steemit.com/coinkorea/@iceball12/sec-ico-or
277. 자본시장과 금융투자업에 관한 법률 제 119조, http://bit.ly/2QrxWUB
278. 자본시장과 금융투자업에 관한 법률, http://bit.ly/2TxBLt7
279. https://www.slideshare.net/paulark/initial-coin-offerings-an-overview-digital-ventures
280. 유사수신행위의 규제에 관한 법률(약칭: 유사수신행위법), http://bit.ly/2sfcVmb
281. 블록체인 ICO의 개요, 딜로이트안진회계법인, 김유석, 2018. 5.
282. Do you need a Blockchain? Karl Wüst, Arthur Gervais, https://eprint.iacr.org/2017/375.pdf
283. 비즈니스 모델 구축을 도와주는 일종의 도구, https://canvanizer.com/new/lean-canvas
284. How to Read a Cryptocurrency White Paper, BENNETT GARNER, https://coincentral.com/cryptocurrency-white-paper/
285. 백서를 보면 코인이 보인다, http://bit.ly/2Apy68U
286. 암호화폐 백서를 올바르게 읽는 방법, http://www.zdnet.co.kr view/?no=20180312082829
287. http://benja.co/
288. https://www.shipninja.io/
289. What to Look for in an ICO White Paper, http://bit.ly/2RdLc06
290. ICO 백서 (White Paper) 작성 팁 가이드라인, http://bit.ly/2zu1bQW
291. What to Look for in an ICO White Paper, http://bit.ly/2RdLc06
292. https://www.tokentarget.com
293. https://www.coinschedule.com/
294. https://tokenmarket.net/
295. Features of a great ICO Website, http://bit.ly/2RsFvel

296. https://www.adexchain.com/
297. https://www.adexchain.com/advertisers/
298. Viral marketing https://en.wikipedia.org/wiki/Viral_marketing#Social_media
299. https://icobox.io/
300. 블록체인 컨설팅펌 ICO박스, 지난해 4배 이상 성장, http://bit.ly/2D2ml5u
301. https://ibcgroup.io/
302. https://inxy.io
303. https://trade.io/en/ico-services
304. https://coinfabric.com/
305. http://mnkpr.com/
306. https://cbblockchain.org/
307. https://hackernoon.com/top-65-ico-agencies-ico-service-providers-24f64683ac29
308. 50+ Examples of How Blockchains are Taking Over the World, https://bit.ly/2J1DuSJ
309. 50+ Examples of How Blockchains are Taking Over the World, https://bit.ly/2J1DuSJ
310. 블록체인 혁신사업 19가지, https://brunch.co.kr/@bitcoin/1
311. SRN, 블록체인폰 '핀니(FINNEY)' 출시로 호재, https://chainnews.kr/k5/
312. https://sirinlabs.com/ko/shop/
313. http://bit.ly/2Q8WvtU
314. 삼성전자, 블록체인 스마트폰 출시의 움직임 보여, https://tokenpost.kr/article-5184
315. Samsung Dismisses Galaxy S10 Crypto Wallet Reports as 'Rumor and Speculation', http://bit.ly/2D2KlFl
316. Security Token Offerings—STOs are the new ICOs http://bit.ly/2VOsm2a
317. http://bit.ly/2Snn9w4
318. https://www.myetherwallet.com/
319. https://wallet.berith.co/main/index.do
320. 아임토큰 이더리움 지갑만들기, http://bit.ly/2zDd9YA
321. 가상화폐 ICO 참여방법과 꼭 알아야하는 주의사항, http://bit.ly/2SrUh5T
322. ICO 추천, 평가 사이트 총 정리, http://bit.ly/2SlUQOv
323. 아시아경제TV, http://www.aktv.co.kr
324. 다단계 코인을 판단하는 4가지 기준, http://bit.ly/2PZti4O
325. 오정근 학회장 "ICO 자금 최소 1조 원 해외서 소진…국부유출 심각", https://www.sedaily.com/NewsView/1S3JT4HJTN
326. 백서를 판단하는 육하원칙, https://www.smithandcrown.com/ico-tracker/
327. 60분 만에 아는 블록체인, 가상화폐 비즈니스 연구회 지음/ 주식회사 블록체인허브 감수/ 이해란 옮김, 국일증권경제연구소
328. 외계어 없이 이해하는 암호화폐: 비트코인부터 시작하는 블록체인 & 가상화폐 입문서, 송범근 지음, 책배, 2018
329. 콜드월렛 1위 브랜드 '렛저' 한국 상륙, http://www.etnews.com/20180327000278

330.　대기업도 뛰어드는 리버스 ICO란 무엇인가?, http://bit.ly/2Rj0Quk

331.　비트코인, https://coinmarketcap.com/ko/currencies/bitcoin/#markets

332.　토큰(코인)의 가치 상승조건 - 토큰 설계, https://brunch.co.kr/@khdrogbagmkz/19

333.　https://www.steemnow.com/upvotecalc.html

334.　BNB Token, https://info.binance.com/en/currencies/binance-coin

335.　하룻밤에 읽는 블록체인, 정민아 마크 게이츠 지음, 안명호 감수, 블루메가수스, 2018

336.　https://icostats.com/roi-since-ico

337.　https://www.monetha.io/about

338.　https://github.com/monetha/decentralized-reputation-framework

339.　https://aeternity.com/

340.　https://github.com/aeternity/protocol

341.　https://filecoin.io/

342.　FINMA publishes ICO guidelines, https://www.finma.ch/en/
news/2018/02/20180216-mm-ico-wegleitung/

343.　스위스 FINMA의 ICO 가이드라인, http://bit.ly/2Dy1ih4

344.　FINMA가 발표한 ICO가이드라인 (한글본), https://steemit.com/finma/@nacong/finma-ico

345.　FINMA가 발표한 ICO가이드라인 (한글본), https://steemit.com/finma/@nacong/finma-ico

346.　Lithuania ICO Guideline, https://finmin.lrv.lt/uploads/finmin/documents/files/
ICO%20Guidelines%20Lithuania.pdf

347.　리투아니아, "암호화폐 증권 취급" ICO 가이드라인 발표, https://tokenpost.kr/arti-
cle-3004

348.　리투아니아 ICO 가이드라인 공표, https://crosswave.net/?p=11793

349.　BitLicense, https://en.wikipedia.org/wiki/BitLicense

350.　60분 만에 아는 블록체인, 가상화폐 비즈니스 연구회 지음/ 주식회사 블록체인허브 감수/
이해란 옮김, 국일증권경제연구소

351.　블록체인의 엔진 'ICO' 가이드라인 만든다, http://bit.ly/2E8TgMR

352.　빗썸, https://www.bithumb.com/

353.　업비트, https://upbit.com/home

354.　코인원, https://coinone.co.kr/

355.　Gate.io, https://www.gate.io/

356.　바이낸스, https://www.binance.com/kr

357.　ZB.com, https://www.zb.com/

358.　OKEx, https://www.okex.com/

359.　Huobi, https://www.hbg.com/zh-cn/

360.　Coinbene, https://www.coinbene.com/#/

361.　암호화폐 거래소, http://bit.ly/2SsyE59

362.　https://electrum.org

363.　https://namu.wiki/w/콜드%20스토리지

364. http://omisego.network

365. Omisego Plasma https://omisego.network/

366. https://cryptobriefing.com/plasma-dog-omisego-dapp/

367. 외계어 없이 이해하는 암호화폐: 비트코인부터 시작하는 블록체인 & 가상화폐 입문서, 송범근 지음, 책배, 2018

368. 카이버의 시작과 탈중앙화 거래소, https://bit.ly/2MNo2je

369. Why Decentralized Exchange Protocols Matter http://bit.ly/2Ryq0C4

370. 카이버의 시작과 탈중앙화 거래소, https://bit.ly/2MNo2je

371. Allbit https://allbit.com/exchange/APOT

372. 올비트(Allbit), 탈중앙화 거래소 부문 거래량 세계 1위 우뚝, http://bit.ly/2RqSj9J

373. 60분만에 아는 블록체인, 가상화폐 비즈니스 연구회 지음/ 주식회사 블록체인허브 감수/ 이해란 옮김, 국일증권경제연구소

374. "3년간 암호화폐 거래소 해킹 피해 1139억원", http://bit.ly/2QLf5Io

375. 3년간 암호화폐 거래소 해킹 피해 1139억원, http://bit.ly/2QLf5Io

376. https://www.coinbase.com/

377. https://www.huobi.co/en-us/

378. 암호화폐 거래소 중에 바이낸스·후오비가 가장 안전?, https://www.sedaily.com/News-View/1S0W9OHBNM/GA01

379. https://coinmarketcap.com/ko/rankings/exchanges/

380. https://tokeninsight.com/bourse/index

381. https://bitbank.cc/

382. 60분만에 아는 블록체인, 가상화폐 비즈니스 연구회 지음/ 주식회사 블록체인허브 감수/ 이해란 옮김, 국일증권경제연구소

383. 코인힐즈, https://www.coinhills.com/ko/market/exchange/

384. 가상화폐 거래소 설립 및 운영 시 의무, 제도, 책임, http://bit.ly/2LjjNb6

385. http://bit.ly/2LjjNb6

386. 암호화폐 거래소의 선두 주자 코인베이스, http://www.etnews.com/20180704000382

387. https://www.coinbase.com/

388. https://pro.coinbase.com/

389. GDAX is now Coinbase Pro, https://blog.coinbase.com/gdax-is-now-coinbase-pro-b062a12758a0

390. https://custody.coinbase.com/

391. https://wallet.coinbase.com/

392. Crypto Wallet Browser Toshi Rebrands to 'Coinbase Wallet', http://bit.ly/2szEGWS

393. https://www.coinbase.com/usdc

394. 식지않는 가상화폐 거래소 설립 열풍, http://bit.ly/2C9ka4O

395. 4차 산업혁명과 블록체인, 한국금융연구원 미래금융연구센터, 최공필

396. https://www.flickr.com/photos/jeremiah_owyang/4522517513

397. 분산 시스템 구조(Distributed System Structure), http://bit.ly/2HisqUJ
398. 분산 원장기술의 발전과 미래, http://bit.ly/2W3pqyR
399. 4차 산업혁명과 블록체인, 한국금융연구원 미래금융연구센터, 최공필
400. Source: https://www.sciencedirect.com/science/article/pii/030440769401598T
401. 블록체인노믹스, 오세현, 김종승 한국경제신문, 2018, pp. 35~36
402. 블록체인 세상 여행하기… 예정된 미래 2025, 김현우, 아시아경제TV 블록체인연구소 지음, 클라우드나인, 2018. 5. pp. 38~39
403. 4차 산업혁명에 따른 일자리의 변화, 홍성민(과학기술정책연구원 인재정책연구단장), Entrepreneurship Korea, 2017, Vol.5
404. 170만 일자리 창출할 블록체인 산업, 정부 방치에 고사 위기, http://bit.ly/2rE4gtd
405. 카이스트 이병태 교수팀, "블록체인 17만5,000개 일자리 창출", http://bit.ly/2rzpTuS
406. "일자리 창출, 블록체인이 한몫할 수 있다", http://bit.ly/2EnXrDG
407. 거래소 고용현황, http://bit.ly/2EnXrDG
408. 블록체인·암호화폐 분야 취업문 '활짝'…전년 대비 300%↑, https://www.tokenpost.kr/article-4555
409. 블록체인은 세상을 어떻게 바꾸어 갈 것인가?, https://youtu.be/XNJym5_HymU
410. Decrypting the role of distributed ledger technology in payments processes, http://bit.ly/2MgW7o0
411. 블록체인(Blockchain)이 불러올 변화, 문영배, 디지털금융연구소, https://www.youtube.com/watch?v=b6lbOl7bOyM
412. 블록체인노믹스, 오세현, 김종승 한국경제신문, 2018, p. 32
413. 블록체인노믹스, 오세현, 김종승 한국경제신문, 2018, pp. 56~57
414. 블록체인의 미래, 오키나 유리, 야나가와 노리유키, 이와시타 나오유키 편저, 이현욱 옮김, 한스미디어, 2018. 6, pp. 63~69
415. 블록체인의 미래, 오키나 유리, 야나가와 노리유키, 이와시타 나오유키 편저, 이현욱 옮김, 한스미디어, 2018. 6, p. 64
416. https://www.federalreserve.gov/newsevents/speech/brainard20161007a.htm
417. 블록체인의 미래, 오키나 유리, 야나가와 노리유키, 이와시타 나오유키 편저, 이현욱 옮김, 한스미디어, 2018. 6, p. 69
418. 비트코인, ATM기기에서 원화로 출금한다, http://bit.ly/2EGXdIG
419. "ICO 가이드라인·샌드박스 도입 먼저", http://www.zdnet.co.kr/view/?-no=20181017164326
420. 블록체인의 미래, 오키나 유리, 야나가와 노리유키, 이와시타 나오유키 편저, 이현욱 옮김, 한스미디어, 2018. 6, pp. 70~79
421. https://www.fca.org.uk/firms/fca-innovate
422. 영국 FCA, Regulatory sandbox, https://www.fca.org.uk/firms/regulatory-sandbox
423. 일본, Society5.0 실현을 위한 데이터 활용 추진 전략, NIA, Special Report 2018-10
424. http://www.soumu.go.jp/johotsusintokei/link/link03_03.html

425. 일본 총무성의 ICT 전략 분석, NIPA, 정보통신산업진흥원, 해외 ICT R&D 정책동향(2013년 06호)

426. 일본, Society5.0 실현을 위한 데이터 활용 추진 전략, NIA, Special Report 2018-10

427. 일본 국가전략인 「미래투자전략 2017」대응 정책과 시사점, 최해옥, 과학기술정책연구원

428. 하룻밤에 읽는 블록체인, 정민아 마크 게이츠 지음, 안명호 감수, 블루메가수스, 2018

429. 화폐전쟁, 쑹훙빈 지음, 차혜정 옮김, 랜덤하우스, 2007, p. 427.

430. 블록체인노믹스, 오세현, 김종승 한국경제신문, 2018, pp. 49~50

431. 게임전용 블록체인 핵심 성공요인, http://bit.ly/2RjjUJe

432. What Is Competitive Advantage? Three Strategies That Work, http://bit.ly/2QXnSTy

433. 블록체인 레지스탕스, http://bit.ly/2Acfyd2

434. dAPP 플랫폼의 성공 요인으로 고려해야 할 두 가지 요인 도출, https://steemkr.com/blockchain/@sum-park/dapp

435. 새로운 기업 자금조달 창구 vs 주주가치 훼손…리버스 ICO를 보는 두 가지 시선, http://bit.ly/2V5Wqq0

436. https://www.coindesk.com/e-commerce-giant-rakuten-launching-cryptocurrency

437. https://kodakone.com/

438. [Reverse ICO] 새로운 기업 자금조달 창구 vs 주주가치 훼손… 리버스 ICO를 보는 두 가지 시선, http://news.mk.co.kr/newsRead.php?year=2018&no=502032

439. 왜 기업들은 Reverse ICO를 진행하는가?, http://bit.ly/2rRdgLB

440. 리버스 ICO, 만능열쇠 아니다, https://www.sedaily.com/NewsView/1S23SZ2DXD

441. ICO 끝나도 투자 끊이지 않는 블록체인 사업… 비결은 '리버스 &서비스', http://www.fnnews.com/news/201811041110463331

442. 세계에서 가장 성공한 리버스ICO로부터 배워야 할 것, http://bit.ly/2MnPUqE

443. What is an Initial Exchange Offering (IEO)? http://bit.ly/2T1ckQJ

444. What is an Initial Exchange Offering (IEO) and how does it work?, https://www.coinstaker.com/initial-exchange-offering-ieo

445. ICO 대안이라는 IEO에 숨겨진 문제점, http://bit.ly/2MooBw4

446. STO is the New IPO, https://blog.icoalert.com/sto-is-the-new-ipo

447. 후오비 코리아의 STO전망, http://bit.ly/2sC5PIH

448. https://blog.icoalert.com/sto-is-the-new-ipo

449. STO 플랫폼, 왜 필요해? -2-, http://bit.ly/2CyGUKB

450. https://twitter.com/trevorkoverko

451. STO 플랫폼, 왜 필요해? -2-, http://bit.ly/2CyGUKB

452. "STO 관심 급증…자율 가이드라인 마련 필요", http://bit.ly/2CJQ9rJ

453. http://www.thebchain.co.kr/news/articleView.html?idxno=2240

454. ChatGPT 4o ttps://chatgpt.com/